빅체인지
한국교회

빅체인지 한국 교회

2021년 10월 27일 1판 1쇄 발행

펴낸이 | 김창영
펴낸곳 | 생명의말씀사

등록 | 1962. 1. 10. No.300-1962-1
주소 | 서울시 종로구 경희궁1길 6 (03176)
전화 | 02)738-6555(본사) · 02)3159-7979(영업)
팩스 | 02)739-3824(본사) · 080-022-8585(영업)

기획편집 | 서정희, 장주연
디자인 | 김혜진
인쇄 | 예원프린팅
제본 | 정문바인텍

ISBN 978-89-04-16777-7 (03230)

빅체인지 한국교회

팬데믹 이후, 하나님이 세상을 빅체인지하신다

생명의말씀사

BIG CHANGE

CONTENTS

PART 1
세상은 미래로 빅체인지한다

---

1. 하나님이 세상을 빅체인지하신다

2. 경계를 게을리하면, 새로운 신들이 등장할 것이다

3. 경계를 게을리하면, 미래 인간은 전지, 전능, 영생을 훔칠 것이다

4. 빅체인지 시대, 새로운 미래 고통들이 몰려온다

PART 2
한국 교회, 어디로 빅체인지할 것인가

5. 한국 교회, 위기를 통찰하자

6. 한국 교회, 어디로 빅체인지할 것인가

PART 3
한국 교회, 빅체인지를 이끌라

코로나19 이후, 계속 변화시켜야 할 것은 무엇인가?
변화 속에서 우리가 찾아야 할 해답은 무엇인가?

필자는 전문 미래학자(Professional Futurist)다. 필자가 전문 미래학자로 공식 활동을 시작한 지도 15년이 다 되어 간다. 2009년, 필자가 첫 미래 예측서를 발표할 때는 '미래학'(Futures Studies) 혹은 '미래학자'에 대한 대중의 이해가 높지 않았다. 오해도 많았다. 미래학이나 미래학자를 '예언가' 혹은 '신비적 능력을 가진 별난 사람'으로 보는 시각이었다. 교회 안에서는 '기독교와 어울리지 않는 학문이나 직업'이라는 인식과 의심도 있었다.

하지만 지난 시간 동안 필자가 꾸준하게 미래 시나리오들을 담은 예측서를 출간하고, 강연을 통해 대중을 만나 미래에 대한 논리적이고 확률적인 가능성들을 제시하고, 교계를 비롯해서 사회 각계각층의 지도자들과 기업 경영자들을 만나 미래에 대한 영감을 나누면서 미래학과 전문 미래학자에 대한 기본적 오해나 신비감은 걷어 낸 듯하다.

교회 안에서도 성경적 기초 위에서 하나님이 주신 지혜와 통찰력을 기반으로 한 미래에 대한 다양한 가능성을 제시하는 필자의 시나리오에 귀를 기울여 주시는 분들이 많이 늘었다. 자연스럽게, 한국 교회 미래에 대한 질문을 던지시는 분들도 늘어났다.

2020년 코로나19 인플루엔자 바이러스가 일으킨 팬데믹 충격이 교회 안팎을 강타했다. 대면 예배는 멈췄고, '비대면, 화상 예배'가 교회 역사상 최초로 주류로 자리매김했다. 이전에는 상상도 못했고 불경시 여겨지던 모습이었다. 코로나19 초기에는 순교의 마음으로 대면 예배를 고수하려는 움직임이 있었다. 하지만 교회 안팎에서 사랑하는 이웃이 죽음을 당하고 경제적인 큰 고통에 빠지자 한국의 주류 교단들은 하나둘씩 새로운 예배 형태와 사역의 길을 선택했다.

이제 끝나지 않을 것 같던 코로나19 대재앙도 서서히 걷히고 있다. 그러자 한국 교회와 성도들은 또 다른 질문과 고민에 직면했다. 가장 큰 질문은 두 가지다.

"코로나19 이후, 세상 속 한국 교회의 새로운 미래 흐름은 무엇일까?"

"코로나19 이후, 우리는 어디로 되돌아가야 할까?"

첫 번째 질문은 코로나19 이후 '계속 변화시켜야 할 것은 무엇인가?'에 대한 것이고, 두 번째 질문은 '변화 속에서 우리가 찾아야 할 해답은 무엇인가?'에 대한 것이다. 이 책은 두 가지 빅 퀘스천(Big Question)에 대한 필자의 고민과 미래 연구의 결과물이다.

제1부에서는 코로나19 이후 거대한 변화(Big Change, 빅체인지)를 분류하고 자세하게 묘사했다. 빅체인지는 메시지다. 교회 지도자는 거대한 변화 속에서 하나님이 우리에게 주시는, '무엇을 해야 할지', '어디로 가야 할지'에 대한 메시지를 민감하게 통찰해야 한다. 제2부 5장에서는 빅체인지가 만들어 낸 미래 속에서 한국 교회가 안팎으로 '이미 직면한 위기'와 '앞으로 직면할 위기'를 분류하고 예측했다. 제2부 6장과 제3부에서는 이런 변화 속에서 한국 교회와 성도가 찾아야 할 해답은 무엇인가를 다루었다. '한국 교회와 성도는 어디로 빅체인지해야 하는가?'에 대한 필자의 생각을 정리했다.

교회 밖에서 일어나는 거대한 변화 예측은 필자가 전문 미래학자로서 연구한 결과다. 이 거대한 변화 속에서 한국 교회가 안팎으로 '이미 직면한 위기'와 '앞으로 직면할 위기'를 분류하고 예측하는 일은 필자가 모태 신앙인이자 장로교 목회자로서 목회적으로 고민하고 연구한 결과다. 마지막으로 이 거대한 변화 속에서 한국 교회와 성도가 선택해야 할 해답은 필자가 복음주의 진영에 서서 조직신학을 공부한 학자로서 내리는 결론이다.

이 책이 있기까지 도움을 주신 분들이 많다. 먼저, 생명의말씀사와 아시아미래인재연구소 연구원들, 사랑하는 부모님과 가족의 지원과 응원에 감사드린다. 무엇보다 이 책을 손에 집어 들고 필자의 미래 생각을 들어 주시는 한국 교회 목회자와 성도들에게 큰 감사를 드린다. 부디 이 책에 담긴 내용이 코로나19 이후 거대한 변화 속에서 한국 교회의 더 나은 미래와 하나님 나라 확장을 소망하는 모든 이에게 도움이 되기를 바란다.

한국 교회와 성도의
'더 나은 미래'를 위해
전문 미래학자 최윤식 목사

1. 하나님이 세상을 빅체인지하신다
2. 경계를 게을리하면, 새로운 신들이 등장할 것이다
3. 경계를 게을리하면, 미래 인간은 전지, 전능, 영생을 훔칠 것이다
4. 빅체인지 시대, 새로운 미래 고통들이 몰려온다

BIGCHANGE

PART 1

세상은 미래로 빅체인지한다

BIGCHANGE

CHAPTER. 1

하나님이 세상을 빅체인지하신다

월드스패즘(World-spasm), 거대한 변화의 파도는 이미 시작되었다

2009년 필자는 『2030년 부의 미래지도』라는 미래 예측서를 출간하면서 다가오는 미래를 이렇게 묘사했다.

"향후 20년에 걸쳐 우리는 그 폭과 깊이를 가늠할 수 없는 위기가 중첩되고 불확실성은 갈수록 커지는 시기를 살게 될 것이다. …다가오는 미래에는 우리의 생존을 담보로 하는 중요한 선택을 강요하는 심각한 난제들이 엄습해 오고 있다. 미국이 이끌어 왔던 수십 년간 세계 질서의 축이 흔들리면서 사회와 경제 및 국제적 헤게모니에 새로운 변화가 일어날 것이다. 이 과정에서 강대국 간에 고도의 정치적 투쟁이 벌어질 것이다."[1]

필자의 예측대로, 미국의 오바마(Barack Obama) 정부와 트럼프(Donald Trump) 정부는 시진핑(習近平)이 이끄는 중국과 '신냉전 시대의 도래'라고 평가받을 정도로 대충돌을 시작했다. 오바마 행정부에서는 미국의 경제 위기 탈출을 구실로 미국과 중국의 상생 관계였던 '차이메리카'(Chimerica) 시대의 종식을 선언했다. 러시아와 북한은 중국과 손을 잡았고, 미국은 동맹국과 손을 잡고 중국을 포위하는 전략을 시작했다. 트럼프 행정부에서는 강력한 보호무역주의 정책을 펼치면서 미국과 중국이 관세 폭탄을 주고받았다. 트럼프 행정부는 군비 지출을 늘리면서 미국과 중국 간 군비 경쟁에 불을 다시 붙였다. 바이든 행정부에 들어서면서 미국의 대중국 공세는 인권, 환경, 지식 재산권, 통화 전쟁 등으로 확전될 기세다.

이렇게 미중 간의 패권 전쟁이 전 세계를 혼란과 위기 고조 상황으로 빠뜨리는 도중, 2020년 코로나19 인플루엔자 바이러스가 전 세계를 강타해 수많은 인명 피해와 현대 역사상 가장 큰 규모의 경제 충격을 발생시켰다. 미국과 유럽연합은 코로나19 바이러스의 책임이 중국에 있다고 연일 공격 중이다. 중국은 거세게 책임을 부정하고 있지만, 불난 집에 기름을 부은 격이 되고 있다.

사실 2020년 코로나19 팬데믹 사건도 이미 예견된 미래였다. 필자는 2010년에 출간한『2020 부의 전쟁 in Asia』라는 미래 예측서에서 다음번 인플루엔자 바이러스가 만들 전염병 팬데믹이 11~39년 이내에 발생할 것을 예측한 바 있다. 다음은 2010년에 필자가 다음번 전염병 위기 가능성에 대해서 예측한 내용이다.

"전문가들은 바이러스의 대유행 주기를 11-39년 간격으로 보고 있다. 그리고 1977년 마지막 대유행 이후 거의 32년이 경과한 2009년 신종 플루가 대유행했다. 다행히 이전의 대유행들보다는 적은 사망자를 냈다. 하지만 2009년의 사태는 다가오는 죽음의 질병의 신호탄에 불과했을지도 모른다. …그러나 2010년 중국에서 인간에게 최초로 감염된 이후로 시간이 흐르면서 몇 번의 변이를 일으켜 인간을 쉽게 공격하는 새로운 바이러스 입자를 대량 생산할 가능성을 배제할 수 없다. 게다가 결정적으로 이 바이러스 변이가 의료 보건 인프라가 상대적으로 아주 낙후된 곳에서 발병한다면 초기의 제1차 저지선이 뚫리기 쉽다. 그다음은 2009년 일시적으로나마 세계 경제를 혼란에 빠뜨린 신종 플루의 사례를 통해 알 수 있듯이 전 세계로 퍼지는 것은 시간문제다."[2]

필자가 다음번 전염병 대유행에 대한 시나리오를 발표한 지 12년이 지난 2020년, 스페인 독감 이후 100년 만에 가장 큰 팬데믹 대재앙이 발생했다. 그것도 필자가 주목했던 국가인 중국에서 발생했다.

코로나19 팬데믹은 거의 모든 영역에서 혼란과 불확실성을 가속시켰다. 권력자와 일반인, 빈부격차를 가리지 않고 충격을 줬다. 영국 수상 보리스 존슨(Boris Johnson)과 미국 대통령 도널드 트럼프도 코로나19에 감염되어 죽음의 문턱까지 갔다가 돌아왔다. 마크 메도스(Mark Meadows) 백악관 전 비서실장은 코로나19에 감염된 트럼프 대통령이 혈중 산소 포화도가 한때 80%까지 내려가서 참모진들이 대통령이 사망할 수도 있다는 두려움에 사로잡히는 긴급 상황에 빠진 적이 있다고 회고했다.[3]

하지만 코로나19 팬데믹은 미래를 최소한 3-4년, 최대 10년 정도 앞당기는 역할도 했다. 특히 역사상 유례가 없는 비대면 환경을 2년 가까이 만들어 내면서 가상 세계의 미래 변화를 촉진시켰다. 현재 우리가 보고 있는 '거대 인공지능', '메타버스'(Metaverse) 등 가상 세계의 변화도 필자가 2009년 출간했던 『2030년 부의 미래지도』와 2016년 출간했던 『미래학자의 인공지능 시나리오』에서 이미 예측했던 미래다. 당시 필자는 가상 세계의 3단계 발전을 예측했다. 특히 머지않은 미래에 가상과 현실의 경계가 완전히 파괴되는 제2차 가상 혁신 단계가 시작되면서 산업 전반에 거대한 변화를 불러올 것이라고 예측했다. 다음은 필자가 당시 예측한 미래 모습이다.

> "후기 정보화 시대의 또 다른 변화 중의 하나는 '인텔리전트 3D 가상 공간'의 완성으로서, 정보화 시대부터 시작된 '가상의 땅'이라는 새로운 공간의 구축이 완벽하게 마무리될 것으로 예측된다. 이는 인류 역사상 수천 년에 한 번 올까 말까 한 공간적 대변혁인데, 이 변혁이 완성되면 비즈니스 환경에서 한 번 더 대혁명이 일어날 것이다. 즉 가상이 현실을 지배하고, 지식이 상품을 지배하는 시대가 완성될 것이다. …이처럼 3D 기술이 접목되면서 가상 세계는 점점 더 현실 세계를 닮아 가고 있으며, 머지않아 현실보다 더욱더 현실적인 세계가 되어 갈 것이다. 여기서 더 나아가 홀로그래피(Holography) 기술이나 증강 현실(Augment Reality) 기술이 접목되면 가상 세계가 모니터 밖으로 나오는 공간으로 진화될 것이다.
> …유비쿼터스 인프라가 사회 전반에 걸쳐서 완성되고 지능형 컴퓨팅 기술이 실용화되면 완벽한 '지능형 3차원 가상 공간 네트워크'가 완성된다. 이런 기술들이 총망라되어 '지능형 3D 가상 공간'이 완성되면 물리적 사물과 사람이 연결되는 사회, 온라인과 오프라인 공간

의 장벽이 무너지는 사회가 될 것이다. 이런 사회는 한마디로 '가상 세계의 현실 세계로의 탈출, 현실 세계의 가상 세계로의 흡수'의 시대라고 할 수 있다. 정리하자면, 텍스트 → 2D → 3D → 홀로그래피(Holography) · VR(Virtual Reality) · 유비쿼터스(Ubiquitous) · AI(Artificial Intelligence)를 거쳐서 가상 세계의 현실 세계로의 탈출, 현실 세계의 가상 세계로의 흡수가 완성될 것이다."[4)]

2020년에 코로나19 발생으로 가상과 현실의 경계 파괴가 가속되었고, 2021년에는 메타버스가 최고의 화두가 되었다. 그리고 이런 변화는 일상생활은 물론이고 교육, 문화, 비즈니스 환경 등 전역에 걸쳐 새롭고 혁명적인 대전환을 일으키기 시작했다. 필자는 우리에게 다가오는 미래 변화가 여기서 그치지 않을 것이라고 예측했다. 다음은 필자가 2009년에 예측한 또 다른 미래의 모습이다.

"사이보그 및 인공지능 기술의 진보가 가져올 인간 본연의 존재론적 문제, 줄기세포 기술과 기타 생명 공학 기술 등이 불러올 생명 윤리적 대립과 갈등, 가상 현실 기술의 발달로 인한 다양한 인격과 의식의 출현, 산업 이동을 통한 디커플링화되는 노동 시장, 그로 인한 실업 대란과 신용 붕괴, 점점 빠른 속도로 벌어지고 있는 국가적 빈익빈 부익부 현상으로 인한 글로벌 빈곤 문제와 이런 불평등을 매개로 한 지역 분쟁들과 국제적 테러의 증가, 종교 간의 대립과 갈등, 문화권의 충돌 등의 수많은 미래 문제들이 우리를 기다리고 있다. 어떻게 헤쳐 나가야 할까? 이런 심각한 도전들과 이런 환경 속에서 발생하는 혼란스런 사회 변화들은 당연히 개인, 기업의 생존 환경과 미래의 부에 큰 영향을 미치게 될 것이다. 가상 의식, 가상 국가, 가상 기업, 가상 학교, 가상 가족 등의 지난 수천 년의 인류 역사에 없었던 전혀 새로운 공간에서 만들어지고 있는 엄청난 변화의 물결들도 일어나고 있다.

…그 가운데 지금보다 더욱더 많은 개인들이 죽음의 충동을 느끼게 될 것이다. 더욱더 많은 기업들이 생존의 막다른 골목으로 몰릴 것이다. 더욱더 많은 국가들이 심각한 사회적, 경제적 혼란을 겪게 될 것이다. 그 가운데 정신적 질병을 앓는 개인이 증가하고, 파산한 기업이 속출하고, 붕괴된 정권들이 속출할 것이다. 분명 엄청난 위기의 파도가 시작되고 있는 조짐이 세계 도처에서 일고 있다."[5)]

필자의 예측대로, 2009년 이후부터 현재까지 사회, 경제, 기술과 산업, 환경, 정치, 종교 영역에서 거대한 미래 변화가 만들어 낸 세계관의 혼돈, 개인 상실, 기업 파산, 기존 질서의 붕괴 등을 계속 경험 중이다. 필자는 이런 미래를 '월드스패즘(World-spasm, 세계적 경련 현상)의 시대'라고 이름 붙이고 앞으로 일어날 심한 파동을 대비하라고 조언했다. 다음은 당시 필자가 예측한 미래 묘사다.

"[2008년] 금융 위기의 공포가 사라지고 난 후, 앞으로 세계의 모습은 시장의 완전 자유와 국가의 적절한 통제 사이의 균형 피드백이 서로 작용을 하면서 새로운 안정점을 찾아 가게 되기까지 심한 경제적, 사회적 파동이 빈번하게 일어나는 일명 '월드스패즘'(World-spasm, 세계적 경련 현상)의 시대가 약 10-20년 정도 지속될 것으로 보인다. 이 과정 속에서 세계 경제는 마치 롤러코스터를 타는 것 같은 현상을 보일 것이다. 때로는 잔인하게도 이번 금융 위기보다 더 견디기 힘든 침체가 나타날 수도 있다. …필자는 금융 위험과 신기술 버블로 인해 향후 20년 이내에 최소 5번의 전 세계적인 경제 혼란이 올 것으로 예측한다."[6)]

필자의 예측대로, 2011년 그리스, 스페인, 포르투갈, 이탈리아 등 유럽에서 금융 위기가 발생했다. 2015년부터 미국 중앙은행(연준)이 돈 풀기를 멈추고 기준 금리를 올리면서 긴축으로 전환하자 터키의 돈 가치가 폭락하고 아르헨티나, 브라질, 남아프리카공화국 등을 비롯한 신흥국에서 금융 위기가 발생했다. 2020년 코로나19 인플루엔자 바이러스가 전 세계를 강타하는 팬데믹 사건이 발생하자 경제 대충격이 발생했다.

2009년 필자의 예측 이후로 3회의 거대한 전 세계적 경제 혼란이 발생했다. 2020년에 발생한 경제 위기는 2008년에 발생했던 글로벌 금융 위기 시절보다 더 견디기 힘든 엄청난 경제 침체였다. 필자의 예측이 맞다면, 앞으로 몇 년 안에 추가로 두 번의 거대한 경제 위기가 우리를 기다리고 있다.

필자는 2013년『2020-2040 한국교회 미래지도』를 출간했다. 한국 교회의 미래에 대한 예측서였다. 필자는 한국 교회를 향해서도 앞으로 10년이 매우 중요한 시기라고 강조했다. 다음은 2013년 당시 필자가 한국 교회를 향해 던진 예측 메시지다.

"앞으로 10년, 한국 교회에 있어서 아주 중요한 시기다. 이 기간 우리는 그 어느 때보다 더 큰 위기와 새로운 변화를 맞게 될 것이다. 교회 안에서는 예전보다 더 큰 문제들이 발발할 것이고, 교회 밖에서는 아시아를 중심으로 펼쳐지는 전 세계의 부의 전쟁, 패권 전쟁, 인재 전쟁, 산업 전쟁 등이 발발하여 교인들의 삶을 변화시킬 것이다. 국내적으로는 '한국판, 잃어버린 10년'이라는 충격적 위협을 만날 가능성이 점점 커지고 있다. 이 모든 미래 변화의 힘들은 사회적, 경제적, 정치적, 문화적, 영적 구조와 흐름의 변화를 강요할 것이다. 새로운 시대로의 변화를 강요할 것이다. 이 거대한 파도를 제대로 넘지 못하면 한국 교회는 기독교 역사상 가장 빠르게 몰락할 수 있다.

…한국 교회는 성장이 잠시 주춤한 것이 아니라 이미 쇠퇴기에 접어들었다. 뼈를 깎는 노력으로 갱신하지 않고 그냥 이대로 가면 2050-2060년경에는 400만, 아니 300만 명대로 교인 수가 줄어들 수도 있다. 주일학교는 30-40만 명대로 줄어들 수 있다."[7)]

필자는 한국 교회의 목회 환경에서 다음과 같은 변화들이 점점 거세게 일어날 것도 예측했다.

"첫째, 2013년부터 기업들이 구조 조정을 거세게 하고, 주력 산업을 바꾸는 과정에서 고용의 불안정성이 더욱 커지게 되고, 이에 따라 직업과 고용의 불안에 쫓기는 교인 숫자가 늘어난다. 이런 상황 속에서 교인들은 교회 사역에 헌신하는 절대적 시간을 줄이려 하게 되고, 어쩔 수 없이 많은 모임이 위축되거나 사라지면서 더 많은 교인이 사역의 주변인으로 전락하게 될 것이다.

둘째, 산업과 경제 변화에 상대적으로 늦게 대응하는 사람들과 기업들이 나오면서 각종 파산, 강제적 조기 은퇴, 직업 상실, 노사 관계의 갈등이 증가한다. 결국 국민 대다수에게 생존 위협, 상대적 박탈감, 사회 폭력, 심리적 스트레스와 상호 불신이 극도에 달하는 상황이 오래 지속된다. 이는 교인들의 심리도 극도로 불안하게 만들어, 기존 권위와 가치에 대항하는 다양한 갈등을 유발하는 핵심 원인으로 작용할 것이다. 교회 내에서는 예전보다 정신적 쇼크와 이상을 보이는 교인이 늘어난다. 청년 실업과 은퇴자 재취업 문제로 말미암은 우울증 환자의 증가, 가정의 파괴 위험도 많이 증가한다. 기존의 목회와 신학은 새로운 성찰을 요구받을 것이다. 또한 안정적인 직장을 가진 성도라도 경제 위기의 반복과 미래의 직업 불안 때문에 헌금에 대한 부담이 그 어느 때보다 커질 것이다. 이런 흐름 때문에 앞으로 한국 교회 내에서의 가장 큰 갈등의 이슈는 '재정 집행과 부채 문제'가 될 가능성이 크다.

셋째, 사회적 기여에 인색하던 재벌들이 국민 불만과 개혁의 일차 대상이 되듯이 지역 사회의 현실적 문제와 부의 불균형 분배, 사회적 약자 등에 대해서 상대적으로 무관심하거나 소극적이던 한국의 대형 교회들이 개혁 대상으로 계속 주목받게 된다. 교회와 목회자의 세금 납부 문제도 현실화된다. 교회 세습, 교회 내 유력 인사들의 힘을 이용해 이루어지던 정치적 힘과 행정적 편의, 사회적 특권이나 비상식적인 권위와 권리의 남용 등이 사회적 문제들로 지적받을 것이다. 한국 교회가 이런 문제들을 지금이라도 자정하고 갱신하지 않으면 사회적 칼날이 교회의 심부를 찌르게 될 것이다."[8)]

이외에도 개인주의 및 감성 신앙의 심화, 신유목 교인의 등장, 3무(무기력, 무관심, 무의미) 시대의 충격, 다운시프트(downshift) 신앙 트렌드로 인해 갈수록 얕아지는 영성, 교회 내에서 하나님을 믿는 신앙 위에 더 많은 유사 종교(돈, 신기술의 힘, 합리주의 신앙, 심리학, 명상, 요가 등)를 받아들이면서 다신주의와 교배된 기독교라는 위험이 증가할 것이라고 예측했다. 누구의 종교 혹은 누구의 신앙이 옳은지 아무도 모르니 모든 사람의 생각과 신앙 방식을 다 친절하게 인정해 주어야 한다는 '친절한 불가지론'(friendly agnosticism) 증가도 경계해야 한다고 경고했다.[9)]

한국 교회를 향해 던진 필자의 미래 시나리오는 수많은 목회자와 성도에게 충격과 경각심을 주었다. 하지만 한국 교회는 '여전히' 빅체인지(Big Change, 거대한 변화)를 하지 못했다. 그동안 필자가 예측했던 미래 위기들은 현실이 되어 버렸다. 한국 교회는 세상 사람들에게 손가락질을 받는 상황이 되었다. 교회 내부에서는 목회자의 권위가 땅에 떨어졌고, 재정 집행과 부채 문제로 갈등이 폭발하면서 수많은 교회가 심각한 다툼 상태에 빠지거나 두 동강 났다. 성도들은 흩어졌고, 전도의 문은 계속 좁아졌다. 한국 교회의 미래인 다음 세대는 더욱 줄어들었고, 주일학교(교회학교) 문을 닫은 교회는 빠르게 늘어났다.

코로나19가 발발하자 이웃 사랑이 식고 자정 능력도 부족한 한국 교회의 부끄러운 민낯마저 언론과 방송을 통해 대대적으로 그대로 드러났다. 필자의 10년 전 예측이었던 "사회적 칼날이 교회의 심부를 찌르게 될 것이다"라는 말이 현실이 되고 말았다. 2021년 현재, 필자의 10년 전 예측처럼 세상과 교회는 사회, 경제, 기술과 산업, 환경, 정치, 종교 영역에서 거대한 미래 변화가 만들어 낸 세계관의 혼돈, 개인 상실, 기업 파산, 기존 질서의 붕괴 등이 계속되면서 월드스패즘의 시대로 빨려들어 가고 있다. 필자의 다음 예측은 이렇다.

"앞으로 10년, 더 큰 변화(the Biggest Change),
더 강력한 충격(the Biggest Impact)이 교회 안팎을 강타할 것이다.
한국 교회와 성도는 더 심한 파동(the Biggest Wave)을 대비해야 한다."

기독교인은 왜
세상 변화를 통찰해야 하는가

"미래는 갑자기 만들어지지 않는다."

필자가 즐겨 하는 말이다. 우리가 알아내고 싶은 미래 방향은 아무런 이유 없이 막연하게 만들어지지 않는다. 성경적으로 설명하면, 하나님이 역사를 아무렇게나 막연하게 만들어 가지 않으시고, 일관적인 목적과 방향으로 이끄시기 때문이다. 미래학적으로 설명하면, 미래는 과거와 현재 안에 '미래를 만드는 힘'(driving forces)으로 이미 존재하여 일정한 목적과 방향을 가지고 움직이기 때문이다.

그렇기 때문에 미래는 어느 날 갑자기 우리 눈앞에 나타나지 않는다. 미래학적으로 설명하면, 미래는 반드시 '미래 신호'(futures signals)를 먼저 주고 온다. 성경적으로 설명하면, 하나님이 그분의 구원의 역사에 초청하여 동행하는 '하나님의 사람들'에게 '미리' 영감을 주어 '준비'하도록 하시기 위해 '징조'를 나타내 주신다(마 24:43–45).

미래 신호를 발견하기 위해서는 어떻게 해야 할까? 성경적으로 설명하면, 현재 내가 가진 것과 눈앞에 보이는 모든 것을 내려놓고 성경에서 다시 생각하는 믿음과 결단이 필요하다. 미래학적으로 설명하면, 현재 존재하는 모든 것과 눈에 보이는 현상들을 제로베이스에서 다시 생각하는 용기가 필요하다. 미래 신호를 발견하는 데 최대의 장애물이 현재 굳건하게 존재하는 것들이기 때문이다.

현재 존재하는 것들은 그 존재가 굳건하고 강력할수록 미래에도 영원할 것이라는 착각도 크게 만든다. 하지만 성경과 역사가 알려 주는 교훈은 '(이 땅에 존재하는 것 중에서) 영원히 성장하는 것은 없다'이다. 조금만 뒤를 돌아보라. 정말 많은 왕조와 영웅, 산업과 기업들이 강력하게 존재했다가 한순간에 사라졌다. 특히 변화가 크고 빠르고 급한 '패러다임 변화의 시기'에는 이런 일들이 반드시 일어난다.

복음의 역사에도 일정한 시점에 크고 빠르고 급한 패러다임 변화가 일어났다. 아담 시대, 노아 시대, 바벨탑 시대, 아브라함 시대(믿음 위에 선택된 민족의 탄생과 가나안 시대로 패러다임 전환), 요셉 시대(가나안에서 애굽 시대로 패러다임 전환), 모세와 여호수아 시대(출애굽 이후 가나안 시대로 패러다임 재전환), 포로 시대, 포로 귀환 시대, 예수님 성육신 시대와 신약 교회 출현 시대, 사도 바울을 통한 전 세계 복음 전파 시대, 콘스탄티누스(Constantinus I) 황제의 회심과 로마 제국의 기독교 국교 선언 시대, 중세 페스트 전염병 창궐로 시작해 마르틴 루터(Martin Luther)와 존 칼빈(John Calvin)의 종교개혁에서 완성되는 개신교 시대(중세 시대 붕괴), 18-19세기 존 웨슬리(John Wesley) 형제와 조지 휘트필드(George Whitefield) 등을 중심으로 영국과 미국에서 일어난 복음주의 영적 각성 운동 시대 등 하나님은 특정 시기에 특정한 사건을 발생시키면서 새롭고 크고 빠르고 급한 패러다임 변화를 만드셨다.

2008년 미국발 금융 위기와 2011-2013년 유럽발 금융 위기가 발발하면서, 글로벌 사회에 미국과 유럽의 권위가 흔들리고 중국과 아시아가 급부상했다. 2015년 이후, 인공지능, 로봇, 바이오와 나노 기술, 3D 프린팅 기술 등이 빠르게 발전하면서 제4차 산업혁명기 도래가 지구촌을 강타 중이다. 2020-2021년은 코로나19가 전 세계를 충격에 몰아넣었지만, 동시에 가상 세계의 제2차 혁신(가상과 현실의 경계 파괴) 등 새로운 미래도 앞당겼다. 필자는 지금 일어나고 있는 이런 일련의 사건과 변화들을 목도하면서 이런 생각이 든다.

'현재 우리는 하나님이 이끄시는 복음과 구원의 역사에서 또 다른 패러다임 전환기로 들어가고 있는 것은 아닌가?'

만약 그렇다면… 그 어느 때보다 하나님이 이끄시는 미래 변화의 신호들을 읽어 내는 힘이 중요하다. 필자가 목회자와 성도들에게 가장 많이 받는 질문 중 하나가 있다.

"왜 우리가 세상 변화를 알아야 합니까? 우리가 세상에 관심을 가질 필요가 있습니까?"

교회는 "예수님을 믿고 구원받으면 세상의 모든 것을 배설물처럼 여기고 주님만 따르는 삶을 살아야 한다"고 가르친다. 틀린 가르침이 아니다. 성경적으로 정확히 맞는 말이다. 구약에서 '배설물'은 하찮고 부정한 것의 상징이다(출 29:14; 신 23:12-13). 사도 바울도 빌립보서 3장 8-9절에서 "또한 모든 것을 해로 여김은 내 주 그리스도 예수를 아는 지식이 가장 고상하기 때문이라 내가 그를 위하여 모든 것을 잃어버리고 배설물로 여김은 그리스도를 얻고 그 안에서 발견되려 함이니"라고 고백하면서 세상의 지식, 명예, 재물 등 모든 것을 배설물로 여긴다고 했다.

한 부자 청년이 예수님을 찾아와서 물었다. "이 모든 것[십계명]을 내가 지키었사온대 아직도 무엇이 부족하니이까"(마 19:20). 예수님은 부자 청년에게 이렇게 말씀하셨다. "네가 온전하고자 할진대 가서 네 소유를 팔아 가난한 자들에게 주라…그리고 와서 나를 따르라"(마 19:21). 성경은 청년이 재물이 많으므로 이 말씀을 듣고 근심하며 떠났다고 기록한다. 반면, 예수님의 제자들은 자신들이 가진 배와 그물, 가족 등 모든 것을 '버리고'

예수님을 따랐다. 예수님을 믿고 구원받은 성도, 성도들의 모임인 교회는 세상에 발을 담가서는 안 된다. 세상을 좇아서도 안 된다. 세상의 것을 탐해서도 안 된다. 세상의 모든 것을 하찮고 부정한 배설물로 여기고, 예수님만을 가장 존귀한 보배로 마음에 품고 세상 끝까지 전하는 제자로 살아야 한다. 성경은 이런 삶을 예수님의 지상 대명령을 충성되게 지키는 삶이라고 선언한다.

> "예수께서 나아와 말씀하여 이르시되 하늘과 땅의 모든 권세를 내게 주셨으니 그러므로 너희는 가서 모든 민족을 제자로 삼아 아버지와 아들과 성령의 이름으로 세례를 베풀고 내가 너희에게 분부한 모든 것을 가르쳐 지키게 하라 볼지어다 내가 세상 끝날까지 너희와 항상 함께 있으리라 하시니라"(마 28:18-20).

하지만 이런 성경 구절을 해석하고 적용할 때 조심해야 할 것이 있다. 오해와 불균형이다. 하나님은 일관적이시고 통일적이시다. 그래서 어느 한 구절의 성경 말씀도 성경 전체와 조화를 이룬다. A라는 하나님의 말씀이 하나님의 말씀 B와 충돌하지 않는다. [충돌하는 것처럼 보이는 이유는 우리의 지식이 부족하고 우리가 이해하는 차원을 넘어서기 때문이다. "그러나 하나님이 하시는 일의 시종을 사람으로 측량할 수 없게 하셨도다"(전 3:11).] 해석과 적용도 그래야 한다. 하나님의 말씀과 섭리, 하나님의 뜻과 구원의 목적 전체와 조화를 이루며 해석해야 한다.

신약 시대가 되었다고 구약이 폐지되고 틀린 것이 아니다. 구약은 신약의 그림자요 모형이다. 구약 시대나 신약 시대나, 수천 년 전이나 지금이나 하나님의 말씀과 뜻은 변하지 않고 조화를 이룬다. 신약의 마태복음

28장 18–20절에서 예수님이 주신 '지상 대명령'과 예수님이 부자 청년이나 제자들에게 하신 말씀은 구약 창세기 1장 28절의 '창조 대명령'(문화 대명령)과 균형 있게 조화시켜 해석하고 실천해야 한다.

"하나님이 그들에게 복을 주시며 하나님이 그들에게 이르시되 생육하고 번성하여 땅에 충만하라, 땅을 정복하라, 바다의 물고기와 하늘의 새와 땅에 움직이는 모든 생물을 다스리라 하시니라"(창 1:28).

창조 대명령과 지상 대명령을 조화롭게 해석하면 이런 의미가 된다.

"세상에 물들지 말고, 세상을 다스리라."

거의 모든 나라에서 정치판은 비정하고 오염되었고 혼란스럽다. 예나 지금이나, 미래에도 마찬가지일 것이다. 구태의연한 정치인에게 실망하고 화난 국민들은 두 갈래로 나뉜다. 한편은 "그놈이 다 그놈이고 온통 썩었으니, 더러운 배설물로 여기고 평생 관심도 두지 말고 피하며 살자"라고 말한다. 심정은 이해가 가지만, 이런 태도는 정치판을 더 썩게 만든다. 더 나아가 (자신도 모르게) 국가를 망하게 만드는 데 일조할 수 있는 위험한 태도다. 다른 한편은 '정치에 물들지 않고, 국가를 다스리는' 위대한 정치인을 소망하고 찾는다. 이런 정치인은 드물지만, 불가능한 것은 아니다. 세상에 물들지 않고, 세상을 다스리는 기독교인도 불가능한 꿈이 아니다. 하나님도 세상에 물들지 않는 것은 우리가 도전해야 할 경건의 참모습이라고 가르쳐 주신다.

> “**하나님 아버지 앞에서 정결하고 더러움이 없는 경건**은 곧 고아와 과부를 그 환난 중에 돌보고 또 **자기를 지켜 세속에 물들지 아니하는** 그것이니라”(약 1:27).

예수님과 제자들, 사도 바울은 “세상에 물들지 않고, 세상을 다스리라”라는 창조 대명령과 지상 대명령을 완벽하게 조화시켰다. 사도 바울은 “나는 비천에 처할 줄도 알고 풍부에 처할 줄도 알아 모든 일 곧 배부름과 배고픔과 풍부와 궁핍에도 처할 줄 아는 일체의 비결을 배웠노라”(빌 4:12)라고 고백하기도 했다. 바울은 세상을 버리고 등진 것이 아니다. 아라비아 광야에서 예수님을 만나 회심한 이후에는 세상으로 다시 나갔다. 하지만 과거처럼 세상에 물들지 않고 ‘하나님의 말씀’(복음의 말씀)이라는 새로운 기준으로 세상을 가르치고 이끌었다.

‘세상에 물들지 않고, 세상을 다스리라’라는 것은 “너희는 뱀같이 지혜롭고 비둘기같이 순결하라”(마 10:16)라는 말씀과도 일맥상통한다. 성경은 비둘기처럼 순결할 수 있는 비결을 다음과 같이 가르쳐 준다.

> “여호와의 교훈은 정직하여 마음을 기쁘게 하고 여호와의 계명은 **순결**하여 눈을 밝게 하시도다”(시 19:8).

착하고 순진하게 사는 것은 순결의 일부다. 하지만 착하고 순진한 것이 순결 그 자체는 아니다. 성경이 말하는 순결은 하나님의 말씀(교훈, 계명)을 마음에 새기고 삶의 기준으로 삼는 상태를 가리킨다. 하나님의 말씀 자체가 정직이고, 기쁨이고, 순결이기 때문에 우리는 그것을 품을 때만 순결해질 수 있다.

성경이 말하는 '지혜롭다'는 것은 무엇일까? 지혜 속에는 지식이 포함되지만, 지식과는 다르다. 지혜는 오랜 시간이라는 깊은 반석 위에서 사물의 이치를 깨닫고 정확하게 처리하는 정신적 능력이다. 성경이 말하는 지혜는 영적 차원까지 높아진다. 오랜 시간 하나님의 말씀을 배우고 익히는 가운데 성령의 감동 감화로 하나님의 존재와 일하심, 하나님이 창조하신 자연 속에 숨어 있는 하나님의 섭리를 깨닫는 정신적이고 영적인 능력이다. 필자는 한마디로 '거룩한 통찰력'이라고 부른다.

성령이 때를 따라 알맞게 주시는 하나님의 지혜(거룩한 통찰력)는 하나님이 특별한 사람에게만 주시는 능력이 아니다. 여호와 하나님을 경외하는 모든 성도와 교회에게 주시는 선물이다. 성령의 열매를 맺기 원하는 모든 성도에게 주시는 선물이다. 하나님의 계명(말씀)을 알고 지키는 모든 사람에게 주시는 선물이다. 세상을 다스리라고 복을 받은 모든 사람에게 주시는 선물이다. 그것도 매우 귀하고, 돈이나 권력보다 더 나은 특별한 선물이다.

"모세가 눈의 아들 여호수아에게 안수하였으므로 그에게 지혜의 영이 충만하니"(신 34:9).

"그때에 너희에게 할 말을 주시리니 말하는 이는 너희가 아니라 너희 속에서 말씀하시는 이 곧 너희 아버지의 성령이시니라"(마 10:19-20).

"여호와를 경외함이 지혜의 근본이라 그의 계명을 지키는 자는 다 훌륭한 지각을 가진 자이니"(시 111:10).

"오직 위로부터 난 지혜는 첫째 성결하고 다음에 화평하고 관용하고 양순하며 긍휼과 선한 열매가 가득하고 편견과 거짓이 없나니"(약 3:17).

"**지혜가 지혜자를** 성읍 가운데에 있는 **열 명의 권력자들보다 더 능력이 있게 하느니라**"(전 7:19).

"**지혜는 유산같이 아름답고** 햇빛을 보는 자에게 유익이 되도다 **지혜의 그늘 아래에 있음은 돈의 그늘 아래에 있음과 같으나**, 지혜에 관한 지식이 더 유익함은 지혜가 그 지혜 있는 자를 살리기 때문이니라"(전 7:11–12).

창세기 1장 28절에서 하나님이 우리에게 말씀하신 '다스림'은 무엇인가? 먼저, 성경은 "다스리라"라는 하나님의 말씀이 하나님이 모든 성도와 교회에 주신 '복'이라고 말한다. '보편성'이다. 하나님이 하나님의 백성 모두에게 예외 없이 주시는 복이기에 모든 성도와 교회가 다스림의 권세를 가진다. "다스리라"라는 말씀은 '명령'이기에 '즉시성'도 갖는다. 그렇기 때문에 뒤로 미룰 수 없고, 즉각 수행해야 한다. 이 글을 읽고 깨달은 이후 즉각 수행해야 한다.

다스림은 청지기의 임무다. '있게' 하시는 분은 하나님이시다. 청지기의 소임은 '있는 것을 잘 다스리는 것'이다. '있게' 한 존재가 내가 아니기 때문에 내 이익을 기준으로 다스리면 안 된다. '있게' 하신 분이 기뻐하시는 기준을 따라 잘 다스려야 하는 것이다. 마지막으로, "다스리라"라는 명령은 다스려야 할 대상을 '섬기지 말라'는 뜻이다.

'다스린다'는 행위는 무엇을 가리킬까? 다스림은 지배가 아니다. 남용이나 낭비도 아니다. 필자가 성경 전체를 통해 깨달은 '다스림'의 뜻은 3가지다. 경계하고(watch, guard), 대비(대응, 치유)하고(prepare, respond, heal), 이끄는 것(lead)이다. 이것이 청지기적 경영의 정수다. 세상에 대해 무관심하고, 위기에 대비하지 않고, 세상을 올바른 미래로 이끌지 않는 것은 "다스리라"라는 창조 대명령을 어기는 행위다. 불충한 청지기다.

첫째, 경계해야 할 것은 무엇인가? 시대마다 나타나는 새로운 바벨탑(창 11장)을 경계해야 한다. 약자, 이웃이 겪을 시대적 고통도 경계해야 한다. 바벨탑은 하나님이 주시는 지혜의 남용이자 오용이다. 기술의 발전이나 경제, 사회, 환경 등 각 분야의 발전도 하나님이 신자와 비신자 모두에게 골고루 주시는 일반 은혜 안의 지혜로 이루어지는 일들이다. 과학과 기술은 하나님이 고통과 고난을 극복하도록 주신 은혜의 선물이다. 출애굽기 35장 33절은 인간이 정교한 일을 고안하는 것도 하나님이 그분의 지혜, 명철, 지식을 마음에 주심으로 가능한 일임을 분명히 한다.

"**하나님의 영을 그에게 충만하게** 하여 지혜와 총명과 지식으로 여러 가지 일을 하게 하시되 금과 은과 놋으로 제작하는 **기술을 고안하게** 하시며 보석을 깎아 물리며 나무를 새기는 **여러 가지 정교한 일을 하게** 하셨고 또 그와 단 지파 아히사막의 아들 오홀리압을 **감동시키사 가르치게 하시며 지혜로운 마음을 그들에게 충만하게 하사 여러 가지 일을 하게** 하시되 조각하는 일과 세공하는 일과 청색 자색 홍색 실과 가는 베 실로 수 놓는 일과 짜는 일과 그 외에 여러 가지 일을 하게 하시고 **정교한 일을 고안하게 하셨느니라**"(출 35:31-35).

"**깊도다 하나님의 지혜와 지식의 풍성함이여**, 그의 판단은 헤아리지 못할 것이며 그의 길은 찾지 못할 것이로다"(롬 11:33).

"하나님은 그가 기뻐하시는 자에게는 **지혜와 지식과 희락을 주시나**"(전 2:26).

"**지혜는 그 얻은 자에게 생명 나무라** 지혜를 가진 자는 복되도다 여호와께서는 **지혜로** 땅에 터를 놓으셨으며 **명철로** 하늘을 견고히 세우셨고 그의 **지식으로 깊은 바다를 갈라지게 하셨으며 공중에서 이슬이 내리게 하셨느니라**"(잠 3:18-20).

하지만 하나님의 기준을 모르는 비신자들은 하나님이 주신 지혜로 고안해 낸 것들을 하나님을 대적하고, 자신의 이름을 내고, 인간을 신의 수준으로 끌어올리려는 불순한 시도에 사용한다.

"또 말하되 자, 성읍과 탑을 건설하여 그 탑 꼭대기를 하늘에 닿게 하여 **우리 이름을 내고** 온 지면에 흩어짐을 면하자 하였더니"(창 11:4).

성경은 자연 환경이 유지되고 경제가 원활하게 돌아가는 것도 하나님이 인간(청지기)에게 지혜를 주시어 가능한 일이라고 가르친다.

"**지혜 있고** 진실한 청지기가 되어 주인에게 그 집 종들을 맡아 **때를 따라 양식을 나누어 줄** 자가 누구냐"(눅 12:42).

"하나님이 모든 것을 지으시되 **때를 따라 아름답게 하셨고**"(전 3:11).

하지만 하나님의 기준을 모르고 자기 이름을 내려는 욕망에 휩싸인 인간은 하나님의 질서를 어지럽히고 파괴한다. 이런 일은 시대마다 반복되기 때문에 교회와 성도는 각자 자기 시대마다 이런 일을 경계해야 한다. 시대마다 만들어지는 새로운 약자, 이웃이 겪을 시대적 고통도 경계해야 한다. 새로운 바벨탑을 경계해야 하는 이유는 죄의 관영함을 막기 위함이고, 새로운 약자와 이웃이 겪을 시대적 고통을 경계해야 하는 이유는 이들이 복음 전파의 대상이며 구원받고 보호받아 마땅한 존귀한 하나님의 창조물이기 때문이다.

> "하나님 아버지 앞에서 정결하고 더러움이 없는 **경건은 곧 고아와 과부를 그 환난 중에 돌보고 또 자기를 지켜 세속에 물들지 아니하는** 그것이니라"(약 1:27).

> "마음이 약한 자들을 격려하고 힘이 없는 자들을 붙들어 주며"(살전 5:14).

> "약한 자를 그가 약하다고 탈취하지 말며 곤고한 자를 성문에서 압제하지 말라"(잠 22:22).

예수님도 시대 변화를 잘 경계(watch, guard)하면서 하나님이 보내 주시는 '징조'(σημεῖον, signal)를 읽어 내라고 가르치셨다.

> "그들이 물어 이르되 선생님이여 그러면 어느 때에 이런 일이 있겠사오며 이런 일이 일어나려 할 때에 **무슨 징조가 있사오리이까** 이르시되 미혹을 받지 않도록 주의하라 많은 사람이 내 이름으로 와서 이르되 내가

그라 하며 때가 가까이 왔다 하겠으나 그들을 따르지 말라 난리와 소요의 소문을 들을 때에 두려워하지 말라 이 일이 먼저 있어야 하되 끝은 곧 되지 아니하리라 또 이르시되 민족이 민족을, 나라가 나라를 대적하여 일어나겠고 곳곳에 큰 지진과 기근과 전염병이 있겠고 또 무서운 일과 하늘로부터 큰 징조들이 있으리라 이 모든 일 전에 내 이름으로 말미암아 너희에게 손을 대어 박해하며 회당과 옥에 넘겨주며 임금들과 집권자들 앞에 끌어가려니와 이 일이 도리어 너희에게 증거가 되리라" (눅 21:7-13).

둘째, 대비하고 대응(치유)해야 할 것은 무엇인가? 한국 교회와 성도에게 이미 들이닥친 위기에 대응해야 한다. 그리고 앞으로 나타날 시대적 위기도 대비(준비)해야 한다. 요셉은 7년의 풍년 가운데 다가올 7년의 흉년이라는 대위기를 대비하는 다스림을 했다. 정해진 위기는 피할 수 없지만, 준비하면 피해를 줄일 수 있고 망하지 않는 은혜를 얻을 수 있다.

"이와 같이 그 곡물을 이 땅에 저장하여 애굽 땅에 임할 일곱 해 흉년에 대비하시면 땅이 이 흉년으로 말미암아 **망하지 아니하리이다**"(창 41:36).

"믿음으로 노아는 아직 보이지 않는 일에 경고하심을 받아 경외함으로 **방주를 준비하여 그 집을 구원하였으니**"(히 11:7).

"주인의 뜻을 알고도 **준비하지 아니하고** 그 뜻대로 행하지 아니한 종은 많이 맞을 것이요"(눅 12:47).

셋째, 이끌어야 할 곳은 어디인가? 모세와 여호수아는 이스라엘 백성을 '약속의 땅'으로 인도했다. 한국 교회는 성도들을 하나님의 사람으로 온전하게 성장하도록 이끌고, 성령의 열매 맺음과 시대적 소명 감당으로 이끌어야 한다. 이렇게 세워진 성도들은 세상으로 나가서 세상을 하나님이 기뻐하시는 더 나은 미래로 이끌어야 한다.

"내가 너와 함께 있어 네가 어디로 가든지 너를 지키며 **너를 이끌어 이 땅으로 돌아오게 할지라**"(창 28:15).

"내가 내려가서 그들을 애굽인의 손에서 건져 내고 그들을 그 땅에서 **인도하여** 아름답고 광대한 땅, 젖과 꿀이 흐르는 땅 곧 가나안 족속, 헷 족속, 아모리 족속, 브리스 족속, 히위 족속, 여부스 족속의 지방에 **데려가려 하노라**"(출 3:8).

"원하건대 너는 이 여러 것에 대하여 굳세게 말하라 이는 하나님을 믿는 자들로 하여금 조심하여 **선한 일을 힘쓰게** 하려 함이라 이것은 아름다우며 사람들에게 유익하니라"(딛 3:8).

"이는 하나님의 사람으로 온전하게 하며 **모든 선한 일을 행할 능력을 갖추게** 하려 함이라"(딤후 3:17).

"내가 달려갈 길과 **주 예수께 받은 사명** 곧 하나님의 은혜의 복음을 증언하는 일을 마치려 함에는 나의 생명조차 조금도 귀한 것으로 여기지 아니하노라"(행 20:24).

구원받은 성도와 교회는 세상에서 도망치면 안 된다. 지금은 하나님이 복음 역사의 중요한 순간마다 크고 빠르고 급한 패러다임 변화를 일으키시는 시점이다. 고난과 고통의 광야에서 말씀으로 훈련을 받았으면 다시 세상으로 나가야 한다. 세상으로 나가 하나님이 이끄시는 거대한 변화 속에서 순결한 하나님의 말씀으로 세상을 지혜롭게 다스리며 구원의 하나님을 전하는 창조 대명령과 지상 대명령을 모두 수행해야 한다. 거룩한 통찰력을 발휘해 세상 변화를 경계하고, 교회와 성도의 위기를 대비하고 대응하며, '하나님 나라'라는 궁극적 목표와 죄악의 관영함을 막고, '더 나은 세상'이라는 시대적 소명을 향해 이끄는 다스림을 즉각 시행해야 한다.

요셉의 통찰력,
성령의 조명과 세상의 지식이 조화된 능력이다

성경에 순결함과 지혜를 겸비하고 경계, 대비, 이끎으로 세상을 온전히 다스렸던 인물이 있다. 요셉이다. 요셉의 통치에서 우리가 하나 더 주목해야 할 것이 있다. 요셉의 통찰력과 다스림은 성령의 조명을 받은 하나님의 말씀과 세상의 지식이 모두 사용된 능력이었다. 당시 바로왕은 요셉을 이렇게 평가했다.

> "하나님이 이 모든 것을 네게 보이셨으니 너와 같이 명철하고 지혜 있는 자가 없도다"(창 41:39).

'명철'의 사전적 의미는 '총명하고 사리가 밝음'이다. 종종 '지혜'와 동의

어로 사용되지만, '지혜'보다 '명철'이 지식에 대한 의존도가 좀 더 높다. 실제로 명철의 한자어 '밝을 명'(明) 자와 '밝을 철'(哲) 자는 그리스인들이 학문적 접근법을 통해 '지(知)를 사랑하는 것'에서 유래한 '철학'(哲學)과 비슷하다. 명철의 영단어도 지혜를 뜻하는 'wisdom'을 사용하지만, 지식적 이해에 가까운 'understanding'도 사용한다. 히브리어 구약성경 원문에서도 바로가 요셉에게 사용했던 명철이라는 단어를 '알다', '이해하다', '식별하다'라는 뜻을 가진 'בין'(byn, 빈)으로 사용한다. 지혜는 사물의 이치, 자연의 이치, 하나님의 뜻과 섭리를 아는 것이다.

"전도자가 이르되 보라 내가 낱낱이 살펴 그 이치를 연구하여 이것을 깨달았노라…누가 **지혜자**와 같으며 누가 **사물의 이치를 아는 자**이냐 사람의 지혜는 그의 얼굴에 광채가 나게 하나니"(전 7:27-8:1).

"내가 이것을 말함은 너희의 유익을 위함이요 너희에게 올무를 놓으려 함이 아니니 오직 너희로 하여금 **이치에 합당하게 하여** 흐트러짐이 없이 주를 섬기게 하려 함이라"(고전 7:35).

"여호와께서 이와 같이 말씀하시니라 내가 주야와 맺은 언약이 없다든지 **천지의 법칙을 내가 정하지 아니하였다면**"(렘 33:25).

"그런즉 지혜는 어디서 오며 **명철이 머무는 곳은 어디인고**…**하나님이 그 길을 아시며 있는 곳을 아시나니** 이는 그가 땅끝까지 감찰하시며 온 천하를 살피시며 바람의 무게를 정하시며 물의 분량을 정하시며 비 내리는 법칙을 정하시고 비구름의 길과 우레의 **법칙을 만드셨음이라** 그

때에 그가 보시고 선포하시며 굳게 세우시며 탐구하셨고 또 사람에게 말씀하셨도다 **보라 주를 경외함이 지혜요 악을 떠남이 명철이니라**"(욥 28:20-28).

요셉은 하나님의 말씀(계시) 위에서 운행하는 하나님의 섭리를 깨닫는 '영적인 지각 능력'(Spiritual perception)과 정확한 판단력과 지식이 종합하여 작용하는 '정신적 사고 능력'(Psychological thinking)을 모두 사용하여 세상을 다스렸다. 신학적으로 전자는 특별 은혜에 속하고, 후자는 일반 은혜에 속한다. 즉 요셉은 하나님이 주시는 특별 은혜와 일반 은혜를 균형 있게 사용한 사람이다. 출애굽 시절, 모세와 이스라엘이 성막을 건축할 때의 기록도 보라. 하나님은 브살렐을 지명하여 부르신 후 "하나님의 영을 그에게 충만하게 하여 **지혜와 총명과 지식**으로 여러 가지 일을 하게"(출 35:31) 하셨다.

수천 년이 지난 지금, 우리가 발휘해야 할 거룩한 통찰력과 다스림도 이와 같다. 하나님의 변하지 않고 순결한 말씀의 반석 위에 세상의 지식과 정보를 조화롭게 사용해야 한다. 세상의 지식과 정보를 무시하고 신비적 능력에만 의존해서 세상 변화를 통찰하려는 시도는 매우 위험하다. 변하지 않고 순결한 하나님의 말씀으로 세상의 지식과 정보를 조명해 가면서 적극 활용하여 세상 변화를 통찰해야 한다.

특별 은혜와 일반 은혜를 균형 있게 사용할 때 우리는 무엇을 경계하고, 무엇을 대비(대응, 치유)하고, 어디로 이끌어야 할지에 대한 놀라운 통찰력을 발휘하고 온전하게 "이 땅을 다스리라"라는 창조 대명령과 "모든 민족을 제자로 삼아 하나님의 말씀을 지키게 하라"라는 지상 대명령을 완수할 수 있다.

지금부터 필자는 하나님의 말씀의 기준에 서서 이 시대의 지식과 정보를 활용하면서 시대 변화와 미래의 모습을 읽어 내고 어떻게 경계, 대비, 이끌어야 할지에 대한 지혜를 나누려고 한다. 하나님은 인간을 자신의 모양과 형상대로 만드셨다. 아담이 에덴동산에서 하나님과 언약을 깨뜨리고 선악과를 따 먹은 이후, 인간 안에 있는 하나님의 모양과 형상이 오염되었지만 인간은 여전히 피조물 중에서 최고 상태다.

하나님이 인간에게 주신 통찰력이라는 선물도 죄로 오염되었지만, 성령의 조명을 받으면 하나님의 뜻, 섭리, 하나님이 만드신 자연의 이치, 하나님이 이끌어 가실 거대한 미래 방향을 충분히 통찰할 수 있다. 통찰할 수 있으면 하나님이 계획하신 놀라운 구원의 사역, 하나님 나라의 확장 사역을 준비하고 동참할 수 있다.

단, 필자의 글을 읽으면서 두어 가지 주의점을 당부한다. 필자는 하나님께 직통 계시를 받는 선지자가 아니다. 필자는 성경 66권으로 하나님의 직접 계시가 완벽하고 충분하게 완료되었다고 믿는다. 그렇기에 하나님의 또 다른 직접 계시를 받고자 하는 마음도 없으며, 그런 시도를 과거에도 하지 않았듯 지금도, 미래에도 하지 않을 것이다.

필자의 통찰과 예측은 점쟁이나 예언 기도를 하는 이들처럼 '직통 계시'를 받아 나온 '예언'이라는 결과물이 아니다. 철저하게 하나님의 완성된 계시의 말씀인 성경을 묵상하고 연구하고 깨달아 가면서 성령의 조명을 받아 하나님이 인류에게 일반 은혜로 주신 지식과 정보를 사용하여 세상 변화를 통찰하고 미래를 예측한다. 참고로, 예언은 한 치의 오차도 없이 100% 정확하게 미래를 맞히는 행위다. 반면, 예측은 다양한 미래 가능성들을 합리적으로 생각해 보는 기술이다.

미래에 대한 100% 완벽한 지식을 갖는 존재는 하나님 한 분뿐이시다.

한 치의 오차 없이 미래를 정확하게 아는 행위는 전지전능하신 하나님만 하실 수 있는 능력이다. 그렇지만 하나님은 우리에게 징조를 분별하고 미래를 준비하라고 명령하신다. 이런 의미에서 미래는 전혀 알 수 없는 미지의 영역이 아니다. 어느 정도까지는 예측 가능한 영역이다. 필자도 '미래는 하나님의 계획 안에 있지만, 하나님은 인간에게 다가올 미래를 준비할 수 있는 지혜를 주신다'고 믿는다.

이 글을 읽는 독자도 '미래는 인간으로서는 전혀 알 수 없는 영역이다'라고 단순하게 규정하는 어리석은 자가 되지 않기를 바란다. 하나님이 선물로 주신 성경 말씀, 지식, 사고력과 인공지능 등의 첨단 기술을 사용해서 현재만 생각하는 근시안적 사고와 현세주의적 태도에서 벗어나, 하나님이 우리에게 선물로 주신 '미래에 대한 통제권(경계, 대비, 이끎)'을 적극 사용하는 성숙한 기독교인이 되기를 바란다.

단, 필자와 우리의 미래 연구와 예측 능력이 신비적 역량이 아니기 때문에 파생되는 한 가지 자연스런 한계가 있다. 필자가 미래학을 전공하고 미래를 예측하는 수많은 기술을 익히고 철학, 수학, 과학 기술, 경제, 정치, 사회, 신학 등의 다양한 지식을 습득하고 IT와 인공지능 기술을 사용해서 20년 가까이 미래 변화 통찰과 예측을 했지만, 완벽하게 미래 변화를 모두 파악하고 시나리오를 작성하기란 불가능하다. 필자는 미래 변화를 연구하고 예측 기법을 배우는 제자들에게 이런 말을 종종 한다.

"미래 예측에는 '미래 오차'(futures errores)가 따른다."

아무리 미래 신호를 잘 추적하고 미래 변화를 만드는 심층 원동력(driving forces)을 정확히 파악하더라도 미래 오차를 없애는 것은 불가능하다. 미래 가치 추정, 미래 변화의 속도와 시기 추정, 미래 변화의 범위 파악에는 늘 오차가 발생했다. 필자는 이것을 '미래 오차'라고 부른다. 예를 들어, 미래 가치가 클 기업, 산업, 투자 자산을 찾았다고 해도, 가격 결정은 다른 문제가 될 수 있다. 가격 상승이 생각보다 빠를 수 있고, 생각보다 느릴 수도 있다. 버블 붕괴의 미래 신호를 포착했다고 해도, 대폭락이 발생하는 시점은 다른 문제가 될 수 있다. 미래 방향은 맞았지만, 속도가 문제라는 말이다.

필자의 지난 20여 년의 미래 연구 경험으로 볼 때 미래를 너무 정확하게 맞히려고 노력하면 할수록 미래 오차는 오히려 커진다. 전문 미래학자는 일정한 수준의 미래 오차를 받아들인다. 인간의 한계를 인정하는 태도다. 필자가 과거에 발표했던 미래 예측들도 모두 100% 현실이 된 것은 아니다.

예를 들어, 한국의 가계 및 좀비기업발 제2차 금융 위기, 수도권 지역의 부동산 버블 붕괴 등은 필자의 예측 시점을 벗어났다. 결정적 동인으로 작용하는 두 가지 요인에 뜻밖의 변화가 발생했기 때문이다. 하나는 2018년에 트럼프 행정부가 중국에 강력한 무역전쟁을 시작하면서 미국 중앙은행인 연준이 긴축 기조를 갑자기 바꾸고 기준금리 인하를 단행하자 전 세계가 다시 돈을 풀어 위험에 처한 경제에 산소 호흡기를 착용시켰다. 여기에 코로나19가 발발하면서 미국은 제로 금리로 다시 되돌아갔고, 2008년 위기 극복 때보다 더 많은 돈을 시장에 퍼부었다. 다른 하나는 지난 한국 정부들이 부동산 시장에 대한 포퓰리즘과 일관성 없는 정책 구사를 해왔기 때문이다. 이런 이유들로 한국의 가계 및 좀비기업발 제2차 금융 위기, 수도권 지역의 부동산 버블 붕괴 등은 필자의 예측 시점을 벗어났다.

여기서 필자가 독자들에게 한 가지 주의점을 추가로 당부한다. 이미 정해진 미래에 해당하는 예측은 시점 오차가 발생했다고 긴장을 놓으면 안 된다. 예측 오차가 발생했다는 것과 위기 자체가 사라졌거나 방향 예측이 틀렸다는 것은 다른 문제다. '이미 정해진 위기'의 경우, 발생 시점이 늦춰지면 이전 예측 수준보다 위험성이 더 커진다. 필자가 위기 발발 시점에 예측 오차가 발생했다고 해서 긴장을 풀지 않는 이유다. 늦어진 만큼, 더 크고 더 강력한 충격으로 되돌아올 가능성이 크기 때문이다.

예를 들어, 한국의 가계, 기업, 정부 부채는 5,000조 원(2021년 기준)을 넘었다. 가계 부채는 역대 최고 수준이고, 부동산 가격도 역사상 가장 큰 버블 수준에 진입했다. 좀비기업 비율은 채권 시장에 대규모 구조 조정을 일으킬 수준에 진입했다. '언젠가' 가격 재조정과 버블 붕괴가 발생하는 미래는 이미 정해진 미래다.

2019년 기준으로 한국의 출산율은 가임 여성(15-49세) 1명당 0.918명으로 줄었다. OECD 국가 최하위다. '저출산'이란 단어를 넘어 '초저출산'이라는 용어를 사용해야 할 정도다. 2020-2021년 코로나19와 수도권 지역에서 부동산 가격 폭등으로 젊은 부부의 출산 의지는 더욱 꺾였다. 당분간 초저출산을 벗어날 가능성은 낮다.

자연적인 인구 감소와 초고령화는 한국 교회에도 직접 영향을 준다. 필자가 2013년에 『2020-2040 한국교회 미래지도』에서 "뼈를 깎는 노력으로 갱신하지 않고 그냥 이대로 가면 2050-2060년경에는 400만, 아니 300만 명대로 교인 수가 줄어들 수도 있다. 주일학교는 30-40만 명대로 줄어들 수 있다"라고 한 예측과 경고는 '이미 정해진 위기'에 가깝다. 이런 미래의 경우 2050-2060년이라는 시점은 중요하지 않다. 그 시점이 늦어진다고 해서 긴장을 늦추거나 대응 속도를 늦춰서는 안 된다.

전지전능한 능력을 갖지 못한 인간의 예측에서 미래 오차 발생은 당연한 일이다. 미래 예측 전문가와 일반인의 차이는 '미래 오차를 얼마나 줄이느냐'에 달려 있다. 미래 예측 전문가의 실력을 평가할 때도 '누가 미래를 잘 맞히느냐'가 평가 기준이 되어서는 안 된다. '누가 미래 오차를 적정한 수준에서 일관되게 유지하느냐'가 전문가의 실력을 평가하는 기준이 되어야 한다. 필자가 배우고 가르치는 미래 예측 기법도 신비한 비법이 아니라, 학문적 역량을 사용해서 미래 오차를 적정 수준에서 일관적으로 유지하는 기술이라고 해도 과언이 아니다.

그렇기 때문에 독자들도 필자를 포함해서 전문 미래학자들의 미래 예측에서 어느 정도 오차가 발생한다고 해서 합리적 미래 연구 전체를 무시하거나 부정하는 어리석음을 범하지 말기 바란다. 하나님이 이끌어 가시는 세상 변화에 무관심하거나 예측 통찰력을 버리면 급류에 휩쓸리기 쉽다. 미래 예측 정확도를 따지기보다는, 해당 미래 예측과 시나리오가 '얼마나 의미가 있느냐'에 관심을 기울이기 바란다. 의미가 있는 미래 예측, 미래 시나리오는 당신에게 변화 흐름을 파악하고, 미래 변화에 대한 넓은 시각을 만들어 주고, 미래 준비를 잘할 수 있도록 도움을 주는 것들이다.

필자도 '정확한' 예측보다는 '의미 있는' 예측과 미래 연구를 평생 동안 하려는 목표를 갖는다. 기독교 미래학자로서 교회와 성도에게 의미 있는 미래 연구와 예측을 하려면 성령의 조명은 기본이고 노력도 필요하다. 통찰력 훈련이다. 성령의 조명은 '영적 분별력'을 만들고, 통찰력 훈련은 하나님이 인간에게 선물로 주신 '생각의 힘'을 향상시킨다.

통찰력 훈련에 대한 한 가지 예를 들어 보자. 필자는 통찰력 훈련의 기초를 '사실을 많이, 그리고 잘 아는 것'으로 삼는다. '많이 안다'는 것은 수많은 정보 속에서 사실(fact and score)을 최대한 많이 찾아낸다는 의미다. '잘 안다'는 것은 찾아낸 사실들을 이리저리 섞어 가면서 비판적 사고(critical thinking)로 의심하고, 남과 다르게 생각해 보고, 시스템 사고로 연결해 보고, 가추 사고(관찰 결과를 토대로 만든 가설로써 결과를 예측하는 방법)로 다양한 가설들을 만들어 머릿속에서 충돌시켜 보는 것이다. 이런 과정을 반복하다 보면 미래가 흘러가는 방향을 얼추 가늠하는 통찰력이 생긴다. 통찰력이 향상될수록 소음, 소문, 가짜 뉴스에 휘둘리지 않게 된다. 통찰력이 부족하면 세상이 흥분할 때 같이 흥분해 버리고, 세상이 공포에 빠지면 올바른 판단을 못한다.

마지막으로 한 가지 더 주의해야 할 사항이 있다. 어떤 이들은 "하나님이 세상에서 어떤 일이 일어나야 할지를 이미 정해 놓으셨으면 우리가 관심을 갖지 않아도 되지 않는가?"라고 질문한다. 운명론 입장에서 던지는 질문이다. 이 질문은 칼빈주의 교리인 예지예정(豫知豫定, the Doctrine of Predestination)에 대한 오해와 비슷하다.

모든 미래는 하나님의 섭리와 계획 안에 있다. 그러나 인간 편에서 보면 미래는 아직 정해진 것이 아니다. 미래는 열려 있는 가능성의 세계다. 미래는 절망이 될 수도 있고, 희망이 될 수도 있다. 혹은 절망과 희망 사이 어느 지점이 될 수도 있다. 예지예정이 운명론과 다른 하나님의 신비적 섭리이듯이, '하나님 편에서는 이미 정해져 있으나 인간 편에서는 무한한 가능성을 향해 열려 있는 미래'도 하나님이 우리에게 주신 또 다른 신비이자 은혜다.

우리가 바라는 미래는 그냥 주어지지 않는다. 이는 성경의 가르침과도 일치한다. 성경은 우리에게 원하는 미래를 만들려면 "구하라"라고 명령한다. 심지어 평화조차도 구해야 얻을 수 있다고 말한다. 하나님 나라의 보호와 확장도 구하고 노력해야 한다. "구하라"라는 말씀에는 자녀가 부모에게 간구하는 것처럼 하나님께 간절히 요청하는 것과 좋은 진주를 찾아 헤매는 진주 장수처럼 적극적으로 찾는 것이 동시에 포함된다.

하나님은 하나님의 구원 역사를 스스로 주관하시는 분이다. 하지만 기쁜 마음으로 자발적 헌신과 희생을 드리는 하나님의 사람들과 함께 일하시는 분이기도 하다. 하나님이 바라시는 미래, 한국 교회와 성도가 바라는 미래도 하나님과 함께 우리가 적극적으로 창조 대명령과 지상 대명령을 수행할 때 만들어지는 미래라는 뜻이다.

> "기브온에서 밤에 여호와께서 솔로몬의 꿈에 나타나시니라 하나님이 이르시되 내가 네게 무엇을 줄꼬 **너는 구하라**"(왕상 3:5).

> "그날 밤에 하나님이 솔로몬에게 나타나 그에게 이르시되 내가 네게 무엇을 주랴 **너는 구하라** 하시니"(대하 1:7).

> "**내게 구하라** 내가 이방 나라를 네 유업으로 주리니 네 소유가 땅끝까지 이르리로다"(시 2:8).

> "예루살렘을 위하여 **평안을 구하라**"(시 122:6).

> "그런즉 너희는 먼저 **그의 나라와 그의 의를 구하라** 그리하면 이 모든 것을 너희에게 더하시리라"(마 6:33).

지금까지 필자는 이 책에 담긴 필자의 예측 시나리오를 읽을 때 주의해야 할 몇 가지 사항들을 설명했다. 동시에 하나님이 선물로 주신 통찰력을 끊임없이 갈고닦는 훈련을 게을리하지 않는 것이 얼마나 중요한지도 간략하게 설명했다.

이제부터는 "하나님이 이끄시는 '빅체인지'(Big Change) 시대의 미래 모습은 무엇인가? 이런 시대에 한국 교회와 성도가 창조 대명령과 지상 대명령을 완수하기 위해 무엇을 경계해야 할 것인가?"에 대한 필자의 연구 결과를 나누겠다.

하나님이 이끄시는 빅체인지

1993년 현대 경영학을 창시한 학자이자 인류의 스승인 '그루'(Guru) 칭호를 받은 피터 드러커(Peter Ferdinand Drucker) 박사가 유명한 말을 했다.

> "서구 역사에서는 몇백 년마다 한 번씩 뚜렷한 변화가 일어난다. 몇십 년도 채 되지 않는 기간 동안 사회는 자신을 스스로 재편한다. 즉 그 사회의 세계관, 기본적인 가치관, 사회적 · 정치적 구조, 예술, 핵심적인 제도 등이 재편되는 것이다. 그래서 50년 후에는 새로운 세계가 만들어진다."

이런 뚜렷한 변화를 '패러다임(paradigm) 전환'이라고 부른다. '패러다임'은 그리스어 '파라데이그마'(paradeigma)에서 유래된 말로 '사례', '예제', '실례', '본보기' 등을 가리킨다. 패러다임이란 용어로 시대 구분을 시도한 최초의 학자는 미국의 과학사학자이자 철학자인 토머스 쿤(Thomas Kuhn)이다. 토머스 쿤은 패러다임을 어떤 한 시대 사람들의 견해나 사고를 지배하는 이론적 틀이나 개념의 집합체라고 규정하고 역사에 적용했다.

인류 역사에서 '거대한 전환점'을 추출해서 시대 변화를 분류하고 각각의 특성을 추출하여 특정 패러다임으로 묶어서 설명한다. 피터 드러커가 말했던 '뚜렷한 변화'도 패러다임 전환을 가리킨다. 필자도 과거, 현재, 미래를 주관하고 이끄시는 하나님의 섭리를 패러다임이라는 개념으로 설명하면 인류 역사와 연결시킬 수 있고, 둘을 연결하면 하나님이 앞으로 일으키실 빅체인지에 대한 놀라운 통찰력을 얻을 수 있다고 생각한다.

필자는 "세상에서 주기적으로 일어나는 패러다임 전환은 궁극적으로 하나님의 구원 역사와 맥을 같이한다"는 대전제를 갖고 있다. 성경적 관점에서 보면 당연한 대전제다. 역사에 등장하는 사건은 인간사이지만, 역사를 주관하시는 분은 하나님이시다.

필자는 성경에서 하나님이 이전 영적 패러다임에서 새로운 영적 패러다임으로 대전환하시는 중요한 계기를 찾아보았다. 하나님이 기존 영적 패러다임을 종결하시는 결정적 원인은 '그 시대 죄악의 관영함'이었다. 죄악의 관영함은 기술과 경제적 힘을 손에 쥔 인간의 자기 욕망이 최고조에 이르러 부와 권력을 독점하고, 약탈과 약자 착취가 최고조에 오르고, 각종 부패와 타락이 절정에 오른 상황이다. 하나님이 기존 영적 패러다임을 종결시키시는 방법은 기존 영적 패러다임이 작동하는 세상의 패러다임에 변화를 일으키시는 것이다. 예를 들어, 세상의 제국이나 특정 이념과 제도, 시스템의 물리적 붕괴가 대표적이다.

하나님이 새로운 영적 패러다임을 여시는 결정적 동인은 '은혜'다. 대표적인 사례가 노아 사건이다. 노아는 대홍수 이전과 이후로 영적 패러다임 대전환이 일어나는 중심에 서 있는 인물이다. 다음은 영적 패러다임 대전환을 결심하시는 하나님의 마음이다.

"여호와께서 사람의 **죄악이 세상에 가득함**과 그의 마음으로 생각하는 모든 계획이 항상 악할 뿐임을 보시고 땅 위에 사람 지으셨음을 한탄하사 마음에 근심하시고 이르시되 내가 창조한 사람을 내가 지면에서 쓸어버리되 사람으로부터 가축과 기는 것과 공중의 새까지 그리하리니 이는 내가 그것들을 지었음을 한탄함이니라 하시니라 **그러나 노아는 여호와께 은혜를 입었더라**"(창 6:5-8).

필자는 복음의 전 역사를 분석하면서 일정한 시점에 크고 빠르고 급한 하나님의 '영적 패러다임 대전환'이 반복되고 있다는 것을 발견했다. 창조부터 에덴동산의 아담의 시대가 첫 번째 영적 패러다임이다. 아담이 에덴동산에서 쫓겨난 후 대홍수 이전 노아 시대까지가 두 번째 영적 패러다임이다. 이 시대는 하나의 언어, 부족 사회, 수백 년 이상 장수 사회, 하나님의 아들들과 사람의 딸들과 네피림의 혼재 등의 특징을 갖는다. 인류의 기록에는 첫 번째와 두 번째 패러다임기가 과학적이고 학문적인 설명이 불가능한 신화로 기록되어 있다.

대홍수 이후 노아 시대부터 바벨탑 사건까지가 세 번째 영적 패러다임이다. 바벨탑 이후부터 아브라함 선택 이전까지는 네 번째 영적 패러다임이다. 하나님이 아브라함을 갈대아 우르에서 불러내신 사건은 하나님의 다섯 번째 영적 패러다임의 시작이다. 이 시기는 믿음 위에 선택된 민족의 탄생과 가나안 시대로 패러다임 대전환기다.

하나님은 세 번째, 네 번째 영적 패러다임의 대전환들은 인류 역사에서 수메르 문명이라는 거대한 패러다임에 변화를 주시면서 연출하셨다.

티그리스와 유프라테스강 유역에 있는 수메르 지역은 인류 역사가 시작된 땅으로 평가된다. 인류 역사상 과학적이고 학문적으로 인정받는 첫 번째 패러다임 전환이다. 수메르 문명은 인류를 기존 수렵 및 채집 사회 패러다임에서 농경 사회, 석기 문명에서 청동기 문명, 부족 사회에서 국가와 제국 사회, 신화 패러다임에서 역사 패러다임으로 대전환시켰다. 수메르 문명은 이집트보다 1세기, 인더스 문명보다 6세기, 중국 최초의 국가 상왕조(商王朝) 문명보다 13세기 정도 앞선 인류 최초의 문명이다. 역사에는 비옥한 토지와 물이 풍부한 이곳에 주전 5000년경부터 사람들이 모여들었고, 주전 4000년경부터는 갈대로 만든 첨필로 점토판에 쐐기 형태의 문자(설형문자)가 만들어졌다고 기록되어 있다.

수메르 지역에 모인 사람들은 강의 홍수를 조절하며 역사상 최초의 농경 문화를 발전시켰다. 수메르어도 이집트어와 함께 인류 역사상 가장 오래된 기록 문자로 평가받는다. 현존하는 가장 오래된 성문법인 함무라비 법전도 쐐기문자로 기록되어 있다. 사람이 모이고 먹을거리가 풍족해지자 도시가 생겼고, 문자와 기술이 발전하면서 부가 증가했고, 부를 쌓은 자본가와 사람과 자본을 통제하는 권력자가 등장했고, 막대한 부를 사이에 두고 전쟁과 평화가 반복되면서 강력한 제국 국가가 탄생했다. 밀 농사 기술, 바퀴와 전차, 각종 청동기 물품, 고대 컴퓨팅 기계 발명, 수준 높은 건축술, 직조 기술, 12진법, 천문학 등 다양한 과학 기술 개발이 이루어지면서 문명 발전 속도도 빨라졌다. 인류 최초의 화폐인 '세겔'의 발명도 수메르인의 작품이다.

하나님은 인류 역사에서는 수메르 문명이라는 새로운 패러다임으로 전환을 허락하시고, 그 패러다임 위에서 성경에 등장하는 수많은 영웅과 신앙인이 활동하게 하시면서 구속사의 세 번째, 네 번째 영적 패러다임을 전개하셨다.

대홍수 이후 노아 시대부터 바벨탑 사건까지 이어지는 세 번째 영적 패러다임의 종료는 수메르 문명 초기에 일어났다. 창세기 10장에는 노아의 4대손이요, 성경에서 '강한 사냥꾼'이라고 불리며 바벨탑을 세운 것으로 추정되는 니므롯이 나온다. 대홍수 이후, 니므롯과 후손들은 동쪽으로 이동하면서 시날 평지에서 앗수르에 이르는 거대한 제국을 건설했다.

앞에서 설명했듯이, 수메르 문명은 다양한 분야에서 정교한 기술을 보유했다. 수메르 문명 초기에는 언어가 하나였기 때문에 지식과 기술 전달과 발전이 빨랐다. 하지만 그들은 하나님이 주신 지혜로 발전시킨 지식과 기술을 남용하고 오용했다. 기술과 경제적 힘을 손에 쥔 니므롯과 후손들은 자기 욕망을 극대화했다. 자기들의 힘으로 하늘 높이 솟구친 거대한 탑(빌딩)을 세울 수 있다는 교만이 넘쳤다. 당대 최고의 기술과 막대한 경제력이 종합된 건축물을 만들어 전 세계에 자신들의 위대함을 드러내려 했다.

이런 마음속에는 창조 대명령을 따라 하나님의 기준으로 세상을 다스리는 것이 아니라, 세상 위에 최고의 지배자로 군림하려는 악한 마음이 작동했다. 동시에, 하나님이 인류를 대홍수로 다시 심판하셔도 충분히 견딜 수 있을 것이라는 망상에도 사로잡혔다. 하나님과 겨루어도 이길 수 있으면, (아담과 하와의 전철을 따라) 하나님처럼 될 수 있다는 가장 큰 탐욕이었다.

"온 땅의 언어가 하나요 말이 하나였더라 이에 그들이 동방으로 옮기다가 시날 평지를 만나 거기 거류하며 서로 말하되 자, 벽돌을 만들어 견고히 굽자 하고 이에 벽돌로 돌을 대신하며 역청으로 진흙을 대신하고

> 또 말하되 자, 성읍과 탑을 건설하여 그 탑 꼭대기를 하늘에 닿게 하여 **우리 이름을 내고 온 지면에 흩어짐을 면하자** 하였더니"(창 11:1-4).

하나님은 죄악의 관영함을 막고 은혜의 구속사를 지속시키기 위해 하나의 언어와 민족, 하나의 세계관, 발전된 기술 사회, 니므롯 대제국이라는 특성을 가진 기존 패러다임을 종료시키고 새로운 패러다임으로 대전환을 계획하셨다.

> "여호와께서 사람들이 건설하는 그 성읍과 탑을 보려고 내려오셨더라 여호와께서 이르시되 이 무리가 **한 족속이요 언어도 하나이므로** 이같이 시작하였으니 이후로는 그 하고자 하는 일을 막을 수 없으리로다 자, 우리가 내려가서 거기서 그들의 **언어를 혼잡하게 하여** 그들이 서로 알아듣지 못하게 하자 하시고 여호와께서 거기서 그들을 **온 지면에 흩으셨으므로** 그들이 그 도시를 건설하기를 그쳤더라 그러므로 그 이름을 바벨이라 하니 이는 여호와께서 거기서 온 땅의 언어를 혼잡하게 하셨음이니라 여호와께서 거기서 그들을 온 지면에 흩으셨더라"(창 11:5-9).

하나님은 노아 시대에 대홍수로 인류를 심판하신 후에는 "다시는 모든 생물을 홍수로 멸하지 아니할 것이라"(창 9:11)라는 은혜 언약을 세우셨다. 그 이후, 하나님이 패러다임 전환기마다 사용하신 심판의 방법은 기존 패러다임을 지탱하는 결정적 요소를 무너뜨리고 새로운 재창조를 하시는 것이다. 하나님의 새로운 방법의 첫 번째 사용이 기존 패러다임의 상징인 바벨탑과 하나의 언어 시스템을 무너뜨리고 인류를 흩으신 일이다.

하나님의 은혜의 구속사 네 번째 영적 패러다임은 바벨탑 이후부터 아브라함 선택 이전까지다. 바벨탑이 무너진 후, 세상 곳곳으로 흩어진 인류는 도처에서 도시를 중심으로 새로운 문명을 재건설했다. 주전 2000년경 살았던 것으로 추정되는 아브라함도 수메르 문명이 가장 발달한 도시 '갈대아인의 우르'에 살았다. 본래 우르는 수메르의 수도였다. 하지만 후대에 갈대아인들이 바벨론으로 들어오기 시작한 후부터는 '갈대아 우르' 혹은 '갈대아인의 우르'로 불렸다.

아브라함이 살던 당시에는 우르는 바다 무역과 상업이 활발해서 번영이 최절정에 달했다. 전 세계 곳곳에 흩어져 있던 도시들에서 수많은 사람이 갈대아 우르로 모여들면서 우상 숭배도 가장 심한 도시가 되었다. 갈대아 우르에 살았던 수메르인들이 가장 크게 섬긴 신은 달의 신 난나였다. 그들은 도시 중심에 바벨탑과 비슷한 지구라트를 만들고 도시의 수호신으로 달의 신 난나를 섬겼다. 오래전부터 수메르 문명에서는 성적 행위가 종교 의식과 연관되어서 우르의 지구라트 신전에서도 매춘이 성행했고, 도시 전체가 성적으로 매우 문란했다. 문명은 고도로 발전했지만, 정치 · 경제적 부패와 음란이 가득한 타락한 사회였다.

하나님의 선택을 받기 전, 아브라함의 가족은 오랫동안 갈대아 우르에 살았다. 성경을 보면, 데라와 그의 자녀 아브라함, 나홀, 하란의 고향이 갈대아인의 우르라고 기록되어 있다. 특히 아브라함의 형제이고 롯의 아버지인 하란이 죽은 후에 묻힌 곳이 갈대아 우르였다는 것을 보면 그들에게 갈대아 우르 이전에 다른 고향은 없었던 듯하다. 당연히 우상 숭배와 타락에 물들어 있었을 가능성이 높다. 동방의 의인이었던 욥과 아브라함은 전혀 다른 상황이었다. 아브라함은 의인이어서 하나님께 선택받은 것이 아니다. 아브라함과 그의 가족 모두 죄악이 관영한 세상에서 아무런 거리낌 없이 살던 죄인이었다.

네 번째 패러다임 시기도 죄악이 관영하자 하나님은 은혜의 구속사를 위해 새로운 패러다임으로 대전환을 시작하셨다. 하나님은 세상의 패러다임부터 바꾸셨다. 성경학자들은 아브라함의 아버지 데라가 아들 하란이 죽은 후 주전 1950년 무렵에 남은 가족을 데리고 갈대아 우르를 떠나서 가나안 땅으로 이주를 시도한 것으로 추정한다. 하지만 데라와 가족들은 가나안 땅에 도착하지 못하고 중간쯤 되는 '하란'이라는 메소포타미아 북부 도시에 정착했다(창 11:31).

아브라함의 아버지 데라는 왜 갑자기 갈대아 우르를 떠나 하란으로 이주할 결심을 했을까? 역사를 뒤져 보면 그 답을 찾을 수 있다. 인류 역사상 첫 문명인이었던 수메르족이 메소포타미아 지방에서 주인 행세를 했던 시기는 대략 주전 3500-1950년경까지다. 수메르인에게서 메소포타미아 지방의 주인 자리를 빼앗은 민족은 아카드인(Akkadian)이다. 아카드족의 영웅인 사르곤 대왕은 주전 2350년부터 수메르인들이 장악하고 있던 메소포타미아 지역의 도시 국가들을 하나씩 정복해서 최초의 통일 국가를 건설했다. 바로 역사책에 메소포타미아 지역 최초의 제국으로 기록된 '아카드 왕국'이다. 갈대아 우르도 아카드족의 정복 과정에서 주인이 바뀌었을 가능성이 높다.

하나님은 죄악이 다시 관영하자 기존 패러다임의 상징인 수메르인의 전성기 도시 국가들을 무너뜨리고 통일 제국이라는 새로운 패러다임을 만드셨다. 수메르족이 주를 이루었던 패러다임에서 아카드족이 주를 이룬 새로운 패러다임으로 대전환이다. 그리고 그 위에 은혜의 구속사를 위한 다섯 번째 뉴 패러다임을 전개하셨다.

하나님이 아브라함의 가족이 사는 거주 환경에 거대한 변화를 만드시자, 아브라함의 아버지 데라는 갈대아 우르를 떠나서 새로운 땅으로 이주를 나설 수밖에 없었다. 이렇게 고향을 잃은 아브라함 가족은 이미 아카드인들이 장악한 도시 하란에 도착했다. 아브라함의 아버지 데라가 최초 목적지인 가나안 땅까지 가지 않고 하란에 정착한 이유는 그곳이 살 만한 곳이며 돈 벌기에 좋은 도시였기 때문으로 추정된다.

지금의 터키 남동부에 위치한 하란은 지중해와 발리크강에 가까이 붙어 있는 도시다. 이런 지리학적 특성 덕분에 니느웨, 바벨론, 우르 등 메소포타미아의 쟁쟁한 도시들 사이에서 무역 교차로 역할을 하면서 인구가 2만 명까지 늘어날 정도로 번영한 도시였다. '하란'이라는 도시 이름도 '길', '도로'를 뜻하는 아카디아어 단어 '하라누'에서 파생된 것이다.

이렇게 하란은 아브라함에게 제2의 고향이 된다. 데라와 아브라함의 일가 친족들은 하란에서 오래 머물면서 큰돈을 번 것으로 보인다. 창세기 12장 5절을 보면, 아브라함이 하나님의 선택을 받고 가나안 땅으로 이주할 때 그들의 부가 상당했고, 하란에 남아 있던 아브라함의 친족 라반도 큰 부자였다(창 27:43).

참고로, 아브라함이 하나님의 명령을 따라 하란을 떠나 가나안으로 들어갔을 때 데라는 아브라함을 따라 가나안 땅으로 가지 않은 듯하다. 아브라함이 하란을 떠날 때의 나이가 75세였으니(창 12:4), 같은 시기에 아버지 데라의 나이는 145세 정도였을 것이다. 성경은 데라가 205세에 하란에서 죽었다고 기록하고 있다(창 11:32). 아브라함은 가나안에 들어갈 때 하란의 아들 롯만 데리고 갔다. 아버지 데라와 형제였던 나홀의 가족과 자손들은 하란에 계속 남았다. 훗날 야곱이 형 에서를 피해 도망친 곳도 친척들이 사는 하란이었다. 하란에 야곱의 우물이 세워진 것도 이런 배경이 작용했을 수 있다.

아브라함은 갈대아 우르와 하란에 살면서 큰돈을 벌었지만 우상 숭배에서 벗어나지 못했다. 아브라함의 형제였던 나홀의 가족과 자손들도 우상 숭배에서 벗어나지 못한 듯하다. 이삭의 아내 리브가는 아브라함의 동생 나홀의 손녀다. 리브가의 오빠였던 라반의 집에는 고대 세계에서 가정의 수호신이고 점치는 일에 사용된 우상인 드라빔(Teraphim)이 있었고, 야곱의 아내 라헬이 이것을 훔쳐 나온 사건이 창세기 31장 34절에 기록되어 있다. 여호수아서도 아브라함이 하나님의 선택을 받아 가나안 땅으로 이주를 시작하기 전까지 우상 숭배를 했다고 기록하고 있다.

> "여호수아가 모든 백성에게 이르되 이스라엘의 하나님 여호와께서 이같이 말씀하시기를 옛적에 너희의 조상들 곧 아브라함의 아버지, 나홀의 아버지 데라가 **강 저쪽에 거주하여 다른 신들을 섬겼으나**"(수 24:2).

이 말씀에 나오는 강은 유프라테스강을 가리킨다. 갈대아 우르와 하란은 유프라테스강 저쪽이고, 가나안 땅은 유프라테스강 이남이다. 아브라함이 강을 건너 가나안 땅에 들어온 이후 그에게는 '강 건너편, 저쪽(맞은편)'이라는 뜻을 가진 '에벨'(Eber, עֵבֶר)이라는 별명이 붙었다. 여기서 '히브리'라는 말이 파생되었다.

참고로, 하나님이 아브라함에게 주신 약속의 땅 가나안 지역도 우상 숭배가 만연한 곳이었다. 아브라함의 조카 롯이 살았던 소돔은 현재 사해 남부 수몰 지역에 있었고, 요르단 골짜기 부근에 있던 고모라, 스보임, 아드마, 벨라 등과 함께 대표적인 번영 도시 5곳에 들었다. 그만큼 '남색'(男色), '수간'(獸姦) 등이 빈번할 정도로 성적으로 문란했고, 도덕적 퇴폐와 우상 숭배가 극에 달했다. 오죽하면 하나님이 더 이상 참지 않으시고 유황불로 심판을 하셨을까!

다시 말하지만, 아브라함은 욥처럼 동방의 의인이어서 하나님의 선택을 받은 것이 아니다. 죄악이 관영해서 타락과 음란과 우상 숭배가 가득한 곳에서 세상에 물들어 사는 사람이었다. 하지만 하나님은 은혜의 구속사의 쉼 없는 전진을 위한 패러다임 대전환을 위해 은혜로 아브라함을 선택하셨다. 네 번째 패러다임과 다섯 번째 패러다임의 결정적 차이는 전 인류 안에서 '믿음을 기초로 선택된 새로운 민족'으로 재시작이다.

필자가 몇 가지 사례를 통해 설명한 것만 봐도, 하나님이 구속사를 위해 일으키신 성경적 사건과 영적 패러다임 대전환이 인류 문명의 변곡점과 세상 패러다임 전환과 일치하는 것은 절대 우연이 아니다. 주님 재림 때까지 이어지는 구속 역사의 완성이라는 하나의 목표를 향해 일관적인 패턴을 가지고 움직이는 계획된 일이다.

다섯 번째 영적 패러다임 대전환 이후에도, 하나님은 기존 패러다임 시간 안에서 '죄악의 관영함'이 일어나면 기존의 패러다임을 종결시키셨다. 그리고 언제나 새로운 패러다임으로 대전환은 '은혜'로 시작하는 패턴을 반복하셨다. 그때마다 인류 역사도 함께 요동쳤다.

앞에서도 언급했듯이, 요셉의 시대(전 세계 7년 대흉년이라는 사건과 이집트 왕조의 최전성기라는 빅체인지를 사용해서 가나안에서 애굽의 시대로 영적 패러다임 대전환), 모세와 여호수아의 시대(출애굽 이후 가나안 시대로 영적 패러다임 대전환), 포로 시대, 포로 귀환 시대, 예수님 성육신 시대와 신약 교회 출현 시대, 사도 바울을 통한 전 세계 복음 전파 시대, 콘스탄티누스 황제의 회심과 로마 제국의 기독교 국교 선언 시대, 중세 페스트 전염병 창궐로 시작해서 루터와 칼빈의 종교개혁에서 완성되는 개신교 시대(중세 시대 붕괴), 18-19세기 웨슬리 형제와 조지 휘트필드 등을 중심으로 영국과 미국에서 일어난 복음주의 영적 각성 운동 시대, 한국 등 아시아의 4마리 용 등장과 아시아 선교 시대까지, 하나님은 특정한 시기마다 특정한 사건들을 발생시키면서 새롭고 크고 빠르고 급한 영적 패러다임 대전환을 이끌며 구속사를 전진시키고 계신다.

이런 사실은 우리에게 중요한 통찰력을 하나 준다. 인류 역사 속에서 발생한 패러다임 전환의 특성과 패턴을 역추적하면 하나님이 일으키실 새로운 영적 패러다임 대전환의 방향과 목적을 어렴풋이 추정할 수 있다. 거꾸로, 그 반대의 추정도 가능해진다.

지금 전 세계에 거대한 변화가 일어나고 있다. 패러다임 대전환기를 알리는 뚜렷한 징후들이 속속 일어나고 있다. 2008년 미국발 금융 위기와 2011-2013년 유럽발 금융 위기가 발발하면서 글로벌 사회에 미국과 유럽연합이라는 대제국의 권위가 흔들리고 중국과 아시아가 급부상하고 있다. 2015년 이후, 인공지능, 로봇, 바이오와 나노 기술, 3D 프린팅 기술 등이 빠르게 발전하면서 제4차 산업혁명기 도래가 지구촌을 강타하며 부와 권력의 지각 변동이 일어나고 있다. 2020-2021년은 코로나19가 전 세계를 충격에 몰아넣으며 기존 질서와 권위의 붕괴를 촉진했다. 동시에 가상 세계의 제2차 혁신(가상과 현실의 경계 파괴) 등 새로운 미래도 앞당겼다. 필자는 지금 일어나고 있는 이런 일련의 사건과 변화들을 목도하면서 이런 생각이 든다고 말했다.

> '지금 우리는 하나님이 이끄시는 복음과 은혜의 거대한 구속 역사에서 일어나는 또 다른 영적 패러다임 대전환기로 들어가고 있는 것은 아닌가? 하나님이 이끄시는 빅체인지 속으로 세계와 교회가 빨려들어 가고 있는 것은 아닌가?'

마지막 기회를 잃어버린 중세 교회

2020년 발발한 코로나19 인플루엔자 바이러스 팬데믹 사건은 많은 것을 변화시켰다. 사회학자들도 2002년 월드컵 이후 한국 사회에 일어났던 그 어떤 변화보다 더 크고 급한 변화가 코로나19 이후 한국 사회에 발생할 것이라고 전망한다. 『전염병의 세계사』라는 책을 쓴 미국 역사학자 윌리엄 맥닐(William H. McNeill)은 전 세계를 강타하는 팬데믹 전염병은 사회는 물론이고 정치, 경제, 환경, 기술 영역과 개인 생활에까지 영향을 미쳐서 인류 역사 전체의 흐름을 바꾸는 중요한 변수가 된다고 평가했다.

필자도 동의한다. 코로나19라는 단일 변수의 영향력도 매우 크지만, 미중 패권 전쟁, 제4차 산업혁명, 경제와 금융 영역에서 일어날 큰 변동성과 불확실성 등이 맞물리면서 전 세계는 경련 현상(월드스패즘, World-spasm)을 일으키며 대변화(빅체인지, big change)의 물결에 휩싸이게 될 것이다.

한국 교회는 이런 빅체인지에서 안전할까? 초강력 전염병은 세속 사회에서만 패러다임 대전환의 촉매제로 작용하지 않는다. 하나님이 이끄시는 영적 패러다임 대전환에도 중요한 역할을 한다.

1346-1353년까지 유럽 4,000만 명, 중국 3,000만 명을 포함해서 전 세계 1억 명 이상의 사망자를 낸 것으로 추정되는 페스트(흑사병)는 인류 역사의 패러다임을 바꾼 강력한 동력이었다. 14세기 중엽 전 세계 인구를 4억 5,000명 정도로 추정할 때 사망자 1억 명은 현재 인구 비율로 환산하면 최대 20억 명 이상으로, 수많은 사람을 죽음으로 몰아넣은 대재앙이었다. 이 정도 규모의 충격이 발생했는데 패러다임 대전환이 일어나지 않는다면 그것이 더 이상한 일일 것이다.

노르웨이 사학자 요르겐 베네딕토우(Ole Jørgen Benedictow)는 페스트가 농노의 지위 향상과 소득 증대로 소비를 촉진시켜 자본주의라는 새로운 경제 패러다임 탄생에 큰 기여를 했다고도 평가한다. 미국 MIT 피터 테민(Peter Temin) 교수는 페스트가 제1차 산업혁명에도 영향을 미쳤을 것이라고 평가했다.[10] 한마디로, 페스트는 대변화를 일으킨 결정적 계기였다.

하지만 페스트 대재앙 이후 가장 큰 변화는 영적 패러다임 대전환에서 일어났다. 한편에서는 신 중심 세계관이라는 특징을 가진 '중세'라는 기존 패러다임이 무너지고 인간 중심 세계관이라는 새로운 특징을 가진 '근대' 패러다임으로 대전환이 일어났다. 다른 한편에서는 타락한 구교가 무너지고 성경으로, 믿음으로 되돌아가자는 종교개혁 운동이 일어나면서 개신교라는 새로운 영적 패러다임으로 대전환도 일어났다. 단, 이런 대전환은 몇 년 만에 일어난 일은 아니었다. 느리지만 차근차근, 그리고 분명하게 진행된 대변화였다.

페스트로 엄청난 사망자가 발생하자 가장 먼저 인구 분포에 거대한 변화가 일어났다. 인구 변화는 경제에 직접 영향을 주었다. 총인구가 급격하게 감소하자 노동력이 감소하면서 도시 노동자 임금은 최고 10배까지 상승했다. 살아남은 농노는 대거 도시로 이주했고, 임금 상승으로 부유해졌다. 희소가치도 높아지면서 권리도 향상되었다.

시골에 남아 있던 농노들이 자영 농민으로 상승하는 일이 대거 일어났다. 반면에, 농사지을 일꾼을 구하지 못한 영세 영주들은 파산했다. 영주가 파산하는 지역이 늘어나자 자립 경제가 힘들어지는 지역도 확산되었다. 산업과 경제 구조 전반에 변화가 시작되었다. 노동력이 적게 들거나 노동력 대비 높은 소득을 올리는 산업(포도 농사, 목축업 등)이 인기를 얻었고, 시장과 무역 의존도가 높아지면서 상인과 자본가가 부상했다.

인구와 경제 구조의 변화는 사회 및 정치 구조의 변화를 불러왔다. 영주와 소작농 간의 갈등이 심해지면서 무력 충돌이 빈번해졌고, 장원제가 힘을 잃고 자영농이 늘어나면서 봉건제가 뿌리째 흔들렸다. 페스트 이후 유산 분배에 대한 분쟁이 늘면서 변호사의 인기가 높아졌고, (남자보다 외부 활동이 상대적으로 적어 여성 사망률이 낮았기에) 중산층 과부가 많이 생겼고, 이들이 남편의 유산을 상속받아 경제력이 생기면서 여성 지위가 향상되었다.

페스트는 인문학과 예술, 기술과 산업 등에도 대변화를 일으켰다. 이탈리아 작가 지오반니 보카치오(Giovanni Boccaccio)는 페스트가 창궐하는 시기에 전염병을 피해서 시골 별장에 모인 10명의 남녀가 자기들이 아는 이야기를 서로 들려주는 모티브로 중세 최초의 단편소설『데카메론』을 탄생시켰다.

신보다 인간에 더 집중하자는 운동도 일어났다. 신 중심 사회에서 인간과 자연 중심 사회로 대전환이 일어났다. 보이지 않는 신이나 대중이 원하는 답을 내놓을 지식이 부족하고 타락한 종교에서 벗어나 과학과 문학에 집중하는 일이 벌어졌다. 근대 인본주의와 르네상스 운동은 이런 힘이 모아지며 일어난 변화였다.

전염병이 무섭게 창궐하고 수많은 사망자를 내고 나면 인류는 그런 공포의 재발을 막기 위해 치료법 발견에도 매진한다. 그 과정에서 위험한 치료법이 활개 치는 부작용도 발생하지만, 의학과 생화학 분야의 발전도 일으킨다. 상인과 기술 전문가들이 경제의 중심으로 부각하자 기술 혁명도 빨라졌다.

유럽 인구의 3분의 1이 사망하는 대참사가 끝나자 사회는 점차 안정되었고, 살아남은 사람들을 중심으로 소비가 살아나면서 각 분야에서 수요가 증가했다. 페스트 이전에는 풍부한 저가 노동력을 이용한 대규모 수작업으로 농사를 짓고 상품 생산을 했다. 하지만 페스트로 노동 가능 인구가 급감하자 새로운 돌파구가 필요했다. 시장 활성화가 첫 번째 돌파구였다. 사람들은 이제 생활에 필요한 거의 모든 물건을 시장에서 구매하는 경제 방식을 빠르게 받아들였다. 시장의 활성화는 대규모 인구 감소로 인해 상대적으로 물자가 풍족해지는 아이러니한 상황에도 한몫했다.

궁여지책으로 시작했던 식민지 개척도 뜻하지 않은 성과를 보이면서 수입 물자가 늘었다. 그러자 각종 원자재 가격이 하락했다. 유럽 내 상인과 기술 혁신가들은 이런 기회를 잡기 위해 다양한 기계 장치들을 개발했다. 예를 들어, 종이 공급량이 풍부해지자 페스트 이전에는 귀족과 부자들의 전유물이었던 종이 가격이 하락했다. 페스트 대참사 이후 곳곳에서 대규모 재건이 실시되면서 각지에 새로운 대학들이 많이 세워졌다. 대학의 증가와 종이 가격의 하락, 보카치오의 『데카메론』 등 대중 소설 장르의 태동은 필사본 책에 대한 수요를 늘렸다.

수요가 늘어나면 기술 혁신 동기 부여가 커진다. 급증하는 수요를 충족시키려면 더 빠르고, 더 효과적으로 제품 생산을 할 방법을 찾는다. 독일 마인츠 출신인 요하네스 구텐베르크(Johannes Gutenberg)는 부친이 일하던 조폐국의 금화 제조법에 착안해서 1440년경 금속활자를 발명해 목판에 의존했던 인쇄술을 혁신했다.

페스트 대재앙 이후 수십 년 동안 이런 혁신들이 하나둘씩 쌓이면서 유럽에서는 생산 방식 전체에 대변화가 가속되었다. 식민지 개척 붐도 기술 발전과 금융 시스템 변화에 일조했다. 대항해에 필요한 다양한 기술과 제품이 발명되었고, 대규모 무역과 식민지 개척에 대한 위험을 줄이기 위해 주식회사를 비롯해서 다양한 금융 혁신도 일어났다. 페스트 이후 시장과 무역 경제 패러다임으로 대전환은 상인과 기술 전문가(장인)의 힘을 강화시키면서 부르주아라는 신계급층을 탄생시켰고, 훗날 자본주의라는 경제 시스템 탄생까지 영향이 이어졌다.

페스트는 세속 사회의 패러다임 대전환만 불러온 것이 아니다. 영적 패러다임의 대전환에도 중요한 계기가 되었다. 필자는 하나님이 기존 영적 패러다임을 종결시키시는 방법은 기존 영적 패러다임이 작동하는 세상의 패러다임에 변화를 일으키시는 것이라고 분석했다. 세상의 제국이나 특정 이념과 제도, 시스템의 물리적 붕괴 등이 대표적 사례라고 했다. 하나님은 중세 패러다임에서 종교개혁 패러다임으로 영적 대전환을 이루실 때도 정확하게 같은 방법을 사용하셨다.

중세 정치 시스템이었던 봉건제와 경제 시스템이었던 장원제는 한 몸이었다. 고대 사회를 노예제 사회라고 한다면 중세 사회는 봉건제 사회였다. 봉건 제도는 중세 교회가 중앙에서 지방까지 통일시켜 만든 교황–주교–장로–사제–평신도라는 종교적 위계 서열(hierarchie)을 근간으로 하고, 게르만인의 주종 제도, 로마 말기의 콜로누스(colonus, 소작인) 제도를 교묘히 섞고, 세속적인 국왕의 세력과 함께 만든 정치 및 사회 경제 시스템이다. 로마 제국 말기에 정복 전쟁이 중단되면서 노예 숫자가 감소하자 라티푼디움(latifundium, 대토지 소유 제도)이 무너졌다. 그 자리를 대신한 것이 영주가 대토지를 소작인에게 분할 대여하여 경작하게 하는 콜로누스 제도였다.

게르만인들은 왕이 전쟁으로 획득한 토지를 측근에게 나누어 주고, 그 대가로 군사적 반대급부를 요구하는 레헨(Lehnen) 제도를 가지고 있었다. 레헨은 왕이 신하에게 주는 봉토(封土)를 가리키고, 레헨을 매개로 군신 간에 맺어지는 보호와 충성 관계가 레헨 제도다. 레헨 제도는 신분의 세습 특징도 갖고 있었다. 중세 교회는 황제, 왕, 기사, 주교로 이루어진 상부 구조와 영주와 소작인으로 이루어진 하부 구조에 레헨 제도를 적용했다.

상부 구조는 주종 관계 색채가 강한 정치적 레헨 시스템이다.[11] 중세 경제 구조의 기초를 이루는 장원 제도로 대변되는 하부 구조는 정치적 주종 관계는 아니었다. 경제적 계약에 의해 심리적으로 예속된 형태의 주종 관계 색채가 강한 레헨 시스템이었다. 1촌락 1장원을 기본 구조로 하고, 대부분의 농민은 농노처럼 일하면서 영주의 군사력을 유지하는 경제 및 군사적 기반을 마련해 주었다. 대신, 영주는 이들의 신변 보호와 토지 이용권을 주는 계약이었다. 하지만 농노는 영주로부터 거주 이전 불허, 행정 · 경찰 · 재판권의 영주 소유 등의 강제를 받았기 때문에 주종 관계 색채가 강했다고 평가받는다.

중세 교회는 상부와 하부 레헨 시스템 양쪽에 발을 걸치고 있었다. 상부 레헨 시스템을 통해 정치적 욕망을 실현했고, 하부 레헨 시스템으로는 중세 경제 시스템과 밀착하여 각종 생산을 독점하다시피 하면서 부를 쌓았다. 그리고 양쪽의 레헨 시스템을 자신들에게 유리하게 사용하면서 각종 탐욕, 부패, 타락, 비성경적 가르침을 자행했다.

중세를 대표하는 스콜라 철학과 신학은 교황지상주의로 대표되는 로마 가톨릭의 교권주의(教權主義, clericalism)를 정당화시켜 주었고, 중세 교회가 만든 질서와 이념을 이론화하고 체계화하여 봉건 사회에서의 신분적, 위계질서적으로 불평등한 사회 질서도 이론적으로 정당화하고 합리화해 주었다. 페스트가 중세의 봉건제와 장원 제도를 무너뜨렸다는 것은 중세 교회를 지탱하는 정치적, 경제적 기반 전체를 무너뜨렸다는 의미다.

중세 교회에도 붕괴를 막거나 늦출 기회가 없었던 것은 아니다. 초대 교회 시절에도 대규모 전염병이 두 번 일어났다. 첫 번째 대규모 전염병 피해는 주후 165-180년에 로마에서 시작해서 중국까지 퍼진 안토니누스 전염병(Antoninus Plague)이다. 이 전염병의 실체는 천연두나 홍역으로 추정되고, 시리아에서 파르티아 제국과 전쟁을 치르고 돌아온 로마 군인들이 매개가 되어 전파되었는데, 로마 황제 마르쿠스 아우렐리우스 안토니누스(Marcus Aurelius Antoninus)의 이름을 따서 안토니누스 전염병으로, 혹은 로마에 거주하며 당시 전염병에 대해서 기술했던 그리스 의사의 이름을 따서 '갈렌의 전염병'(Plague of Galen)이라고 불렀다.

이 전염병은 첫 발병 이후 15년 동안 로마 전역에 퍼졌고, 로마 제국 인구의 4분의 1 이상의 목숨을 앗아 갔고, 로마 황제 아우렐리우스 안토니누스도 전염병에 감염되어 주후 180년 3월 17일에 사망한 것으로 기록되어 있다.

초대 교회 시절에 발생한 두 번째 대규모 전염병은 주후 249-251년까지 창궐하면서 로마시에서만 하루에 5,000명의 사망자를 내고 알렉산드리아에서는 전체 인구 중 3분의 2를 죽음으로 몰아넣을 정도로 강력했던 키프리아누스 전염병이다. 카르타고 주교 키프리아누스(Cyprianus)와 알렉산드리아 주교 디오니시우스(Dionysius)는 당시 유행했던 전염병에 대한 공포와 슬픔을 담은 설교와 편지를 남기기도 했다.

중요한 것은 이것이다. 전 세계를 충격으로 몰아넣은 두 번의 전염병 대재앙이 발생했을 때 초대 교회의 대응은 중세 페스트 시기의 교회 모습과 달랐다는 점이다. 로마 제국의 정치인이나 부자들이 모두 도망칠 때 초대 교회와 성도들은 지역을 지키면서 감염자들을 사랑과 희생으로 돌보았다. 당시 초대 교회는 여전히 로마 제국에게 조직적인 박해를 받고 있었다. 하지만 예수 그리스도의 사랑을 몸소 실천했다. 키프리아누스는 성도들에게 선한 사마리아인처럼 사랑을 베풀자고 독려했다. 디오니시우스도 부활절 설교에서 이렇게 외쳤다.

"우리 형제 그리스도인들 대부분은 무한한 사랑과 충성심을 보여 주었으며, 한 시라도 몸을 사리지 않고 상대방을 배려하는 데 온 힘을 쏟았습니다. 그들은 위험을 무릅쓰고 아픈 자를 보살폈고, 그들의 모든 필요를 채워 주었고, 주님 안에서 그들을 섬겼습니다. 그리고 병자들과 함께 평안과 기쁨 속에 생을 마감했습니다. 그들은 환자로부터 병이 감염되자 그 아픔을 받아들이고 고통을 감내했습니다. 많은 이들이 다른 이들을 간호하고 치유하다가 사망을 자신에게로 옮겨 와 대신 죽음을 맞았습니다."[12]

이런 희생적 삶이 널리 알려지면서 초대 교회 교인들에게는 '위험을 무릅쓰는 사람들'이라는 뜻의 단어 '파라볼라노이'(παραβολάνοι)라는 영광스런 칭호가 붙여졌다.[13] 기독교 역사학자 유세비우스(Eusebius)에 따르면, 두 번의 전염병 대재앙에서 보여 준 교회와 성도의 희생과 섬김은 훗날 복음 전파에 지대한 영향을 준 것으로 평가받는다.[14]

페스트가 전 유럽을 공포에 몰아넣고 수많은 사람이 죽어 갈 때 중세 교회와 성도들이 선한 사마리아인처럼 자기를 희생하고 예수 그리스도의 사랑을 실천했다면 회생의 길이 열렸을 것이다. 주후 249-251년 키프리아누스 전염병이 창궐할 당시, 초대 교회 성도는 로마 제국 전체 인구의 1.9%(120만 명)에 불과했지만 그리스도의 사랑을 직접 보여 주기에는 넉넉했다.[15] 하지만 기독교 국가가 된 중세 시대 교회는 영적으로 가장 타락하고 나약한 모습을 보여 주는 데 급급할 뿐이었다.

만약 페스트 이후 전 세계에 빅체인지가 일어날 때라도 중세 교회와 성도들이 회개하고 창조 대명령과 지상 대명령으로 되돌아갔더라면 대각성과 새로운 부흥의 길이 열렸을 것이다. 하나님도 영적 패러다임의 대전환을 늦추셨을 수 있다. 하지만 중세 교회는 마지막 기회를 스스로 차 버렸다. 페스트가 창궐하자 고위 성직자들이 먼저 도망을 갔고, 역병을 하나님이 교회 밖 비신자와 성직자에게 고분고분하지 않는 신자들에게 내리신 형벌이라고 가르쳤다. 교회에 대한 신뢰는 추락했다.

페스트로 수많은 성직자가 사망하자 성직 매매가 기승을 부렸다. 자질이 부족한 성직자가 대거 교회 안으로 들어오면서 교회의 권위는 더욱 추락했고, 타락과 부패는 가속화했다. 중세 교회와 성직자의 재정을 뒷받침했던 장원 제도가 무너지자 교회는 부족한 돈을 끌어모으기 위해 눈에 불을 켰다. 면죄부 판매가 극단으로 치달은 것도 이 무렵이다. 페스트 이후 정상적으로 수련을 받지 못한 성직자, 처음부터 자질이 부족한 성직자, 재정적으로 극심한 쪼들림을 받고 있던 교구 신부들은 생계 수단으로 다양한 형태의 성물을 만들어 판매했다.

이런 행위는 독일 라이프치히 출신 도미니크회 소속 수도사인 요한 테첼(Johann Tetzel)에게서 절정에 이르렀다. 1504년 테첼은 자기 마음대로 면죄부를 판매한 이력이 있는 인물이었다. 1514년 교황청은 테첼을 징계하기는커녕 새로운 면죄부 판매라는 공식 임무를 맡겼다. 당시 교황은 레오 10세(Leo X, 재위 1513-1521)였다.

레오 10세는 본래 이름이 조반니 디 메디치(Giovanni di Bicci di Medici)로서 막대한 부를 축적했던 메디치가에서 태어난 인물이다. 막강한 재력을 가진 메디치 가문은 부를 유지하고 정치적 힘을 확보하기 위해 자녀들을 성직에 진출시켰다. 조반니 디 메디치도 아버지의 힘으로 14세라는 어린 나이에 추기경이 되었고, 1513년에는 교황으로 선출되었다. 그는 처음부터 성직자로서 기본적인 소양이 없었다. 교황에 선출된 후 "하나님이 우리에게 교황직을 주셨으니 즐겨 보도록 하자"라는 말을 내뱉었을 정도다.

교황이 된 레오 10세는 매우 사치스럽고 허영과 탐욕에 눈이 멀었다. 나들이 행렬을 나갈 때는 표범, 어릿광대, 하마와 흰 코끼리가 행렬의 선두에 서게 했다. 푸딩에서 어린 소년들이 뛰어나오는 이벤트를 즐기면서 65가지의 코스로 이루어진 저녁 식사를 즐겼다. 사치와 허영으로 가득 찬 교황 레오 10세는 성베드로대성당을 신축하고 싶어 했다. 모두 다 자기를 드러내기 위한 목적이었다. 문제는 돈이었다. 페스트 이후 중세 교회의 재정 수입이 크게 줄면서 새로운 수입원이 필요했다.

레오 10세의 눈에 띈 인물이 바로 자기 마음대로 면죄부를 팔아 착복했던 도미니크회 소속 수도사인 테첼이었다. 교황은 성베드로대성당 신축 기념 면죄부 판매 권한을 브란덴부르크의 선제후이며 대주교였던 알브레히트 2세(Albrecht II, 1490–1545)에게 주었다. 알브레히트 2세는 테첼을 불러 실무를 총괄하게 했다. 훗날 알브레히트 2세는 면죄부 판매로 얻은 돈의 절반은 자기 빚을 갚는 데 사용했고, 나머지 절반은 교황에게 바쳤다.[16] 중요한 것은 이것이다. 이런 모든 일이 페스트로 중세 유럽 인구의 3분의 1이 사망하는 사건이 발생한 이후에 일어났다는 점이다.

스페인 독감, 미국에서 한국으로 영적 패러다임을 전환하신 하나님

페스트 창궐 이후 167년이 지난 1517년 10월 31일, 루터는 비텐베르크대학 궁정교회 정문에 면죄부 판매 비판을 포함한 '95개 조항의 반박문'을 붙였다. 구속사를 위한 하나님의 영적 패러다임 대전환을 공식적으로 알리는 사건이었다.

이번에도 하나님이 새로운 영적 패러다임 시작으로 사용하신 도구는 '은혜'였다. 하나님은 독일 작센의 아이스레벤이라는 작은 마을에서 태어난 마르틴 루터에게 구원은 돈을 주고 살 수도 없고, 수백 개의 성당 계단을 무릎으로 기어오르는 고행을 통해 얻어지는 것이 아니라, 하나님의 무한한 은혜, 그것을 믿는 믿음으로만 가능하다는 것을 깨닫게 하셨다. 하나님은 루터의 입을 통해 "오직 믿음"(sola fide)과 "오직 은혜"(sola gratia)를 외치게 하시고, 종교개혁과 개신교 탄생이라는 새로운 영적 패러다임 대전환을 시작하셨다.

새로운 영적 패러다임 대전환을 위해, 하나님은 로마 가톨릭 구교의 수호자로 자칭했던 스페인 제국을 무너뜨리시고, 근대 국가 시대라는 새로운 패러다임을 이끄셨다. 네덜란드(화란), 독일, 프랑스, 스위스 등 독립 국가 선언을 하면서 태어난 근대 국가들은 하나님이 만드신 새로운 영적 패러다임인 개신교를 담는 시대적 그릇이 되었다. 하나님은 근대 국가들의 정치적 야심과 독립전쟁을 적절히 사용하시면서 마르틴 루터를 비롯해서 존 칼빈, 울리히 츠빙글리(Ulrich Zwingli), 마틴 부처(Martin Bucer), 필립 멜란히톤(Philipp Melanchthon) 등 걸출한 종교개혁자들이 새로운 영적 패러다임을 확장시키고 안착시키는 데 성공하도록 섭리하셨다.

참고로, 루터를 비롯한 종교개혁자들이 전염병을 대하는 자세도 중세 교회와 달랐다. 페스트가 유럽을 비롯한 전 세계를 초토화시킨 시점은 1346-1353년이었지만, 그 이후에도 페스트는 반복적으로 발생했다. 1527년 비텐베르크에도 페스트가 재발했다. 수많은 사람이 죽고 도시를 버리고 도망쳤다. 독일 군주 엘렉토르 존(Elector John)도 루터에게 즉시 도시를 피할 것을 명령했다. 하지만 루터는 임신 중이었던 아내 카타리나(Katharina von Bora)와 도시를 지키며 감염자들을 돌보았다.

루터는 "치명적인 재앙으로부터 도망칠 수 있는가"라는 글을 썼고, 전염병 확산을 막기 위한 실질적인 단계들(공공건물을 병원으로 바꾸고, 집과 거리를 소독하고, 가족을 잃은 이들의 심리적 고통을 덜어 주기 위해 묘지를 도시 경계 밖으로 옮기기 등)을 가르치면서 "'내가 병들었을 때에 너희가 돌보지 아니하였느니라' 라는 주님의 말씀을 따르면, 우리는 서로에게 묶여 있어 누구도 고통 중에 있는 다른 사람을 버릴 수 없고, 그 사람이 도움을 받고자 할 때 기꺼이 그를 돕고 거들어 줘야 할 책임을 안고 있다"고 외쳤다.[17)]

루터가 종교개혁의 기치를 높이 들고 난 후 500년이 지난 1918년 유럽에 다시 한 번 강력하고 끔찍한 전염병 대재앙이 휘몰아쳤다. 스페인 독감 대재앙(Spanish flu Pandemic Disaster)이다. 필자와 한국 교회에게 스페인 독감 대재앙은 매우 중요한 사건이다. 필자가 수많은 자료를 검토한 결과, 스페인 독감은 하나님이 미국에서 한국으로 영적 패러다임을 대전환하신 사건이라고 평가할 수 있다.

스페인 제국의 몰락으로 중세 패러다임이 완전히 무너진 후 하나님은 세속 사회에는 유럽 대륙을 중심으로 한 근대 국가 패러다임의 대전환을 허락하셨고, 그 위에 마르틴 루터 등의 종교개혁자들을 중심으로 개신교라는 새로운 영적 패러다임 대전환을 이끄셨다. 유럽 대륙 중심의 개신교 패러다임은 18-19세기 웨슬리 형제와 조지 휘트필드 등을 중심으로 영국과 미국에서 복음주의 영적 각성 운동이 일어나면서 영국과 미국을 중심으로 한 새로운 영적 패러다임으로 다시 대전환했다.

새로운 영적 패러다임 안에서 영국과 미국의 경제는 순차적으로 세계 최강으로 올라섰고, 동시에 교회 성장과 전 세계 선교도 20세기 초까지 영국과 미국이 주도하는 흐름이 형성되었다. 그리고 제1차 세계대전과 스페인 독감이 창궐하면서 하나님은 또 다른 영적 패러다임의 대전환을 단행하셨다. 바로, 미국에서 한국으로의 영적 패러다임 대전환이다.

스페인 독감은 중세 페스트 대재앙 이후 가장 큰 인적, 물적 피해를 양산했다. 스페인 독감 팬데믹의 공식 기간은 제1차 세계대전 말부터 종전 직후인 1918-1919년까지였고, 정식 명칭은 '1918년 인플루엔자'이다. 1918년 최초 발병부터 1920년까지 5억 명이 감염되었고, 사망자는 5,000만-1억 명에 달했을 것으로 추정된다. 제1차 세계대전 사망자인 900만 명보다 최대 11배 많은 피해였다.

스페인 독감의 원인체는 A형 인플루엔자 바이러스 중 H1N1 아형(A/H1N1)에 속한 바이러스로, 조류 인플루엔자 바이러스가 사람에게 감염될 수 있도록 돌연변이된 것이다.

문헌에 기록된 스페인 독감의 최초 발병지는 스페인이 아니다. 1918년 3월 미국 중서부 곡창 지대인 캔자스주 해스켈(Haskell County)이다. 그곳에는 2만 6,000명 규모의 군사 훈련소인 펀스턴 캠프(Camp Funston)가 있었다. 제1차 세계대전 참전을 위해 여기에서 훈련받은 미국 군인들이 유럽으로 파병되었고, 전 세계에서 온 군인들과 섞이면서 스페인 독감을 전염시켰다.

발병 초기에는 사망률이 적었다. 곧 여름이 되면서 전파력도 잠시 약화되었다. 하지만 전쟁이 끝날 무렵 본국 귀환을 앞둔 각국 병사들이 임시 캠프지에 다시 모이면서 전 세계로 확산되는 제2차 계기가 마련되었다. 당시 자료를 살펴보면, 본국 귀환 대기 캠프지에서 '3일 열병'으로만 기록된 알 수 없는 증상이 유행했다. 오랜 전투로 심신이 약해지고 면역력이 떨어진 군인들에게 일어나는 단순한 감기 증상으로 치부되어서 스페인 독감 바이러스는 아무런 저항 없이 각국으로 귀향하는 군인과 함께 전 세계로 퍼져 나갔다.

발병 초기, 세계 전쟁이 끝날 무렵이었지만 대부분의 국가들은 언론 보도 통제를 강하게 유지 중이었다. 막바지 종전 협상을 앞두고 대규모 전염병 유행은 부정적 영향을 미칠 수 있었기 때문이다. 하지만 중립국이었던 스페인에서는 신종 인플루엔자 사태 보도가 자유로웠다. 스페인 내에서도 발병 시작 후 3개월 만에 800만 명의 감염자가 발생하면서 사망자가 속출했고, 알폰소(Alfonso) 스페인 국왕마저 감염으로 사망하는 비극이 보도되면서 '스페인 독감'이라는 별명이 붙게 되었다.[18)]

빠른 속도로 전 세계 각국으로 퍼져 나간 스페인 독감은 신분 고하, 빈부를 가리지 않았다. 독일 황제 빌헬름 2세(Wilhelm II), 영국 총리 로이드 조지(Lloyd George)도 스페인 독감에 감염되어서 목숨을 잃을 뻔했다. 유명인사도 예외는 아니었다. 프랑스 시인 기욤 아폴리네르(Guillaume Apollinaire), 미국 사업가 프레더릭 트럼프(Frederick Trump), 오스트리아의 젊은 천재 화가 에곤 쉴레(Egon Schiele)와 구스타프 클림트(Gustav Klimt) 등이 스페인 독감으로 사망했다.[19)]

당시는 항생제가 개발되기 전이고 신속한 백신 개발은 꿈도 못 꾸던 시기였다. 강력한 사회적 거리 두기, 감염자 격리, 소금물로 입을 헹구고 손을 씻고 마스크를 착용하는 개인위생, 열이 내리기를 천운에 맡기는 것이 최선의 대응이었다. 스페인 독감을 분석한 다양한 논문들을 살펴보면, 치료제와 백신이 없는 상황에서 스페인 독감의 활동을 멈춘 힘은 인구의 50-60%가 감염되는 '집단 면역'(Herd Immunity)이었다.[20)]

미국에서는 어떤 일이 벌어졌을까? 광활한 영토를 가진 미국은 스페인 독감에 어떤 대응을 했는지에 따라서 감염자와 사망자 숫자가 엇갈렸다. 코로나19 팬데믹 기간, 뉴욕은 최대 피해 지역이었다. 하지만 1919년 뉴욕은 달랐다. 미국 전체 사망자가 67만 명이었지만, 뉴욕은 4만 명에 불과(?)했다.

이유는 간단했다. 스페인 독감 시기에는 뉴욕시 일일 사망률이 급격하게 상승하기 11일 전에 사회적 거리 두기를 일찍 시작했다. 제1차 대유행 초기에 뉴욕시에서 3명의 상선 선원들이 스페인 독감으로 확진된 후 사망자가 나타나자, 뉴욕시는 감염 의심자는 대중교통 이용을 금하고, 기업과 공장의 업무 시간에 시차를 두어 사람들이 몰리는 것을 막았고, 모든 사람에게 마스크 사용을 명령했다. 교회도 종교 행사를 일시 중단했다. 사망자가 두 달 만에 2만 명을 넘어서자 모든 이동을 강제로 막는 전면 셧다운도 3개월 이상 실시했다. 그 결과 뉴욕시 사망률은 10만 명당 452명으로, 미국 동부 대도시 중에 가장 낮은 도시가 됐다.

뉴욕이 스페인 독감을 모범적으로 방어하고 가장 빨리 극복했다는 소문이 전 세계에 알려지면서 유럽 이민자들이 몰려들었다. 스페인 독감 피해에서 가장 빨리 회복되어 경제 회복도 빨랐다. 미국 도처에서 안전하고 경기가 좋은 뉴욕으로 인재들이 몰려들었다.

반대로, 20세기 초 '세계의 공장'으로 불린 미국 최대 공업 지역 중 한 곳인 필라델피아는 스페인 독감의 파괴력을 우습게 알고 제1차 세계대전 참전 군인 환영 퍼레이드를 강행했다. 시가행진에 시민 20만 명이 몰려 인산인해를 이뤘고, 곧바로 스페인 독감 감염자가 폭발했다. 필라델피아 시당국도 1918년 9월 17일 첫 환자가 발생하자 다음 날부터 공공장소에서 기침, 침 뱉기, 코 풀기 등을 금지하는 신속한 조치를 단행했다. 하지만 열흘 후에 20만 명이 모인 종전 기념 퍼레이드를 감행했다가 미국에서 사망률이 가장 높은 도시로 전락하고 말았다. 필라델피아는 경제 셧다운 수준을 넘어, 수많은 청장년이 사망하면서 산업 전반이 강력한 내상을 입었다. 코로나19는 기저질환자나 노인들에게 치명적이었지만, 스페인 독감은 제1차 세계대전 참전으로 면역력이 약해진 군인과 20-40세 청장년층에서 치사율이 더 높았기 때문이다.

필라델피아는 불확실성과 공포, 혐오, 대인 기피, 봉쇄 정책, 회사 파산과 실직이 커지면서 경제 및 사회 활동 위축에서 벗어나는 시간이 오래 걸렸다. 스페인 독감 종결 이후 1920-1921년 미국 경제가 심각한 경기 침체(리세션)에 빠졌을 때 필라델피아의 불황은 유독 심했다. 엄청난 규모의 청장년이 사망하면서 결혼율, 출산율, 기대 수명 등이 급격히 떨어지면서 도시 전체가 가라앉았다.

전염병이나 대재난이 일어나면 사회적 분노를 표출할 대상을 찾는다. 혐오 대상을 찾는다. 필라델피아에서는 스페인 독감의 책임이 이민자에게 돌려졌고, 한동안 이민자들은 그곳을 피했다.[21)]

샌프란시스코는 1918년 10월 24일 시의회에서 만장일치로 마스크 의무 착용 규제안을 통과시켰다. 미국에서 가장 빠른 공식 조치였다. 샌프란시스코는 마스크 착용을 어기면 벌금이나 구류 조치를 내렸고, 경찰은 담배를 피우려고 마스크를 벗은 사람도 체포했다. 1918년 10월 27일에는 특별 경찰이 강제 마스크 착용을 거부한 시민의 다리와 손에 총격을 가하는 사례까지 일어났다.

제1차 대유행기 초반, 샌프란시스코는 'City of Mask'로 유명해졌고, 엄격한 조치로 사망률도 억제됐다. 하지만 강력한 사회적 거리 두기 조치에 지친 시민들이 불만과 불편을 호소하고 과잉 대응 조치에 거세게 항의하자 시의회는 한 달도 버티지 못했다. 각종 규제를 해제하고 공공 집회, 극장, 술집, 영화관 출입도 다시 허용했다. 1919년 11월 21일 정오에는 제1차 세계대전 종전 축하 행사에서 마스크 벗어 던지기 퍼포먼스도 벌였다. 결국 샌프란시스코는 스페인 독감 사망률이 미국 50개 도시 중 최상

| 1918–1919년 스페인 독감, 미국 각 주별 대응 차이 |

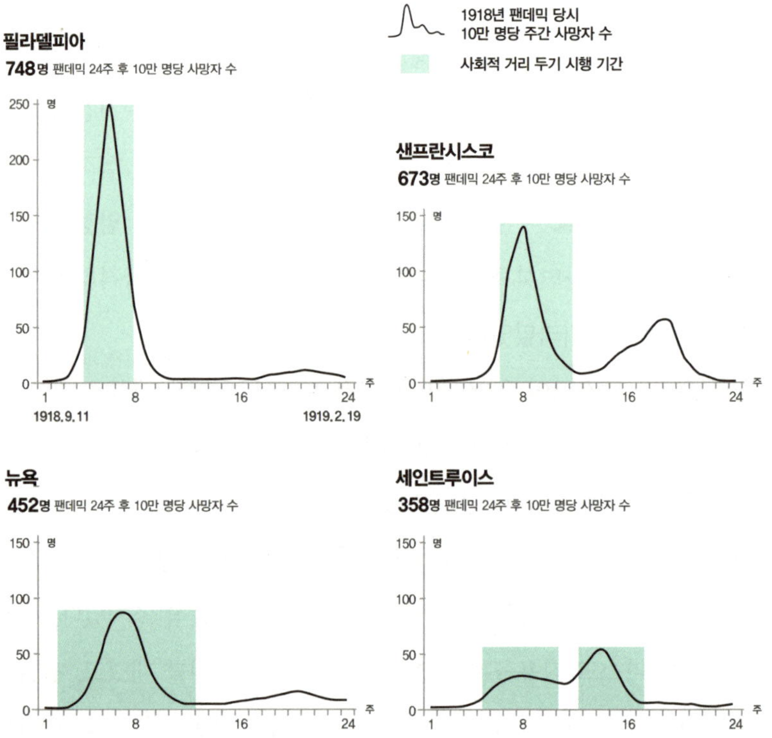

출처: www.nationalgeographic.com

위권인 도시로 전락했다.

도표에서 보듯이, 미주리주의 세인트루이스도 제1차 대유행기에는 사회적 거리 두기에 성공해서 미국 도시 중에 상대적으로 낮은 치사율을 기록했지만, 초반 성공에 도취해서 공공 집회 금지 조치를 완화하면서 치사율이 높아졌다.[21)]

미국도 스페인 독감 대유행으로 경제가 셧다운에 빠지고, 사회가 혼란에 처하고, 대략 50만 명 정도의 사망자가 발생했지만, 전 세계 사망자인 5,000만–1억 명에 비하면 상대적으로 적은 피해를 입었다. 가장 큰 피해를 입은 지역은 영국, 독일, 프랑스 등 유럽이었다.

유럽은 최악의 상황에 빠졌다. 제1차 세계대전의 현장이었던 유럽은 대부분의 나라가 전쟁으로 폐허가 되었다. 그 위에 스페인 독감이 창궐하면서 전쟁 피해보다 최대 11배 많은 인적 피해를 추가했다. 스페인 독감 대재앙 이후에도 유럽은 제2차 세계대전이라는 충격을 한 번 더 치르면서 세계의 중심에서 완전히 밀려났다.

사실, 제2차 세계대전 발발도 스페인 독감 대재앙의 연장에 있었다. 1919년 제1차 세계대전이 끝나자 미국에서 막대한 전쟁 비용을 조달했던 영국과 프랑스는 전쟁 승리에도 불구하고 엄청난 빚을 떠안게 되었다. 이들은 막대한 부채를 해결하는 방법으로 패전국 독일에게 무거운 전쟁 배상금을 요구하려 했지만 미국의 우드로 윌슨(Thomas Woodrow Wilson) 대통령의 반대에 부딪혔다.

하지만 공교롭게도 협상 시기에 윌슨 대통령이 스페인 독감에 걸려 정신이 혼미한 상태에 빠지면서 영국과 프랑스를 설득하는 데 실패하여, 1919년 6월 베르사유조약에서 독일은 엄청난 전쟁 배상금을 통보받고 말았다.[23] 여기에 스페인 독감 대재앙 충격이 겹쳤다. 독일은 막대한 전쟁 배상금과 스페인 독감 대재앙 후유증으로 매년 국내 물가가 치솟으면서 내수 경제가 붕괴되었다. 1923년 10월 한 달 동안에는 물가가 300배 상승하는 비극적 상황에 처했다.

결국 이런 고통을 이기지 못한 독일 국민과 사회는 아돌프 히틀러(Adolf Hitler)라는 인물을 역사의 전면에 등장시키는 불행한 선택을 했고, 히틀러의 잘못된 야심과 경제적 고통에 찌든 독일 국민은 유럽을 다시 한 번 더 전쟁의 고통 속으로 몰아넣고 말았다.[24]

이에 반해, 미국 본토는 제1, 2차 세계대전 피해가 전혀 없었고, 스페인 독감에 대응하는 역량도 유럽보다 훨씬 나았다. 그만큼 미국은 스페인 독감의 충격에서도 빠르게 회복되었다. 제1차 세계대전과 스페인 독감 대재앙이 끝난 후 유럽을 비롯한 전 세계가 미국만 바라볼 수밖에 없는 상황이 연출되었다. 제1차 세계대전 이전에 미국은 37억 달러의 순수 채무를 보유한 세계 최대 채무국 중 한 곳이었다. 하지만 제1차 세계대전이 끝나고 유럽이 전쟁으로 붕괴되면서 미국은 유럽에 전쟁 복구 비용을 빌려주면서 채무국에서 126억 달러 순수 채권국으로 전환되었다. 본토에는 전쟁 피해가 전혀 없었고, 전쟁으로 유럽에서는 산업 시설 대부분이 파괴되면서 미국 제조업체들은 어부지리 부흥기를 맞았다.

스페인 독감 이후 미국의 산업 생산량은 10년간 64% 증가했다. 미국 내 경기는 호황이었고, 주식시장은 급등했고, 미국인의 생활 수준도 향상되었다. 미국에 투자하려는 해외 자본도 급증했다. 미국 작가 F. 스콧 피츠제럴드(F. Scott Fitzgerald)의 소설이자 2013년 레오나르도 디카프리오(Leonardo DiCaprio)가 주연해서 영화로 한 번 더 유명해진 『위대한 개츠비』의 시대적 배경도 바로 이때다.

제1차 세계대전과 스페인 독감 대재앙이 끝난 이후 미국 사회와 경제는 번영을 상징하는 '광란의 1920년대'(Roaring Twenties)라는 이름이 붙을 정도로 화려한 부활에 성공했다. 그 시기 세속 사회에서는 제1차 세계대전과 스페인 독감으로 유럽이 세계를 지배하던 기존 패러다임이 무너지고, 글로벌 힘의 중심이 미국으로 옮겨 가는 새로운 패러다임으로 대전환이 일어났다.

하지만 미국 교회 상황은 정반대로 움직이면서 영적 대침체기에 빠졌다. 스페인 독감 대재앙이 창궐할 때 미국 교회가 보여 준 모습은 초대 교회보다는 페스트 창궐 때 중세 교회와 비슷했다. 미국은 제1차 대유행기부터 여러 도시와 주들에서 공공 집회와 예배를 공식 금지시켰다.

미시간대학 의학사연구소가 스페인 독감 대재앙 당시 현장 기록들을 모아 놓은 "1918-1919년 미국의 인플루엔자 전염병: 디지털 백과사전"(*The American Influenza Epidemic of 1918-1919*)을 보면, 미국 교회는 '예배 강행의 자유'를 가지고 정부와 대립하거나 '교회 밖, 야외에서 예배드리는 것'에는 큰 관심을 두었지만, 감염 환자들과 유가족을 돕는 사랑의 사역을 실천하는 일에 있어서는 상대적으로 저조한 부끄러운 민낯을 그대로 보이고 말았다.[25)]

미국 교회는 스페인 독감 이후에 일어난 빅체인지 상황에서도 올바른 영적 대응력을 보여 주지 못했다. 회개와 반성은 없었고, 사랑과 희생정신의 회복도 없었다. 스페인 독감 기간 받은 경제적 충격을 만회하기 위해 돈 사랑하기를 그치지 못했고, 물질만능주의와 상업적 대형화 추구에 열을 더 올렸다. 교인 숫자를 늘릴 수만 있다면 무엇이라도 받아들였고, 이런 흐름에 정당성을 부여해 주면서 이익을 공유했던 신학자들도 늘어갔다.

교회 내부에서 사상적 분열과 싸움도 치열하게 일어났다. 그럴수록 미국민과 성도의 교회에 대한 혐오와 불신은 늘어났다. 예를 들어, 1905년 미국 국민의 기독교 신앙 도서 호감도는 78%에 달했는데, 1925년에는 비호감도가 67%라는 충격적인 여론조사 결과가 나왔다.[26)] 기독교를 국교로 여길 정도로 신자와 비신자를 가릴 것 없이 교회에 대한 호감이 컸던 미국에서 절대 일어날 수 없을 것 같은 상황이 발생했다.

1929년 경제 대공황이 발생하자 미국 교회의 영적 침체와 신앙적 의심의 물결은 더욱 심해졌다. 라인홀드 니버(Reinhold Niebuhr)가 "이 시대는 근본주의나 현대주의나 모두 신앙의 패배주의에 사로잡혀 있다"라고 말할 정도로 심각한 위기에 직면했다. 이런 상황에서 경제 대공황이 시작되자 미국 교회의 침체는 가속되었다. 예배 참석률은 기존 90%에서 50%로 급락했다. 남자 성도들의 출석률은 10%로 곤두박질쳤다. 교회학교도 300만 명대로 감소했다. 수많은 교회가 문을 닫고, 목회를 포기한 목사들이 20%가 넘었다. 미국 교회의 대침체를 대공황 탓으로만 돌릴 수 없다. 대공황 시기, 미국 유대교와 가톨릭은 각각 13.7%, 7%씩 성장했다.

미국 교회가 무너지자 선교도 무너졌다. 미국 교회의 선교 헌금은 60% 줄었고, 선교사 지원생 숫자도 10분의 1로 급감했다. 결국 각 교단의 세계 선교 지부들의 절반이 선교지에서 철수할 수밖에 없었다.[27] 1620년 신앙의 자유를 찾아 영국 청교도인들이 메이플라워호를 타고 미국 매사추세츠주 플리머스에 도착한 지 300년, 1776년 미국 건국의 아버지들이 성경에 기초하여 미국 독립을 선언한 지 150년, 찰스 피니(Charles Grandison Finney) 목사를 중심으로 한 제2차 미국 교회 부흥 운동(1800-1810년)이 일어난 지 110년 만에 미국 교회의 영적 최전성기가 끝나는 순간이었다.

미국 교회가 영적 대침체에 빠진 것에 비해, 한국 교회는 스페인 독감을 전후로 영적 대부흥의 길을 갔다. 하나님이 구속사를 위한 또 한 번의 영적 패러다임 대전환을 이끄신 것이다. 스페인 독감 대재앙 전후 한국 교회에서 일어난 하나님의 역사를 살펴보자.

하나님은 스페인 독감 발병 이전에 조선에 영국, 미국, 캐나다를 통해 신실한 선교사가 들어오게 하셔서 영적 패러다임 대전환을 준비하셨다. 1885년 조선에 입국한 미국 북감리교회 선교사 헨리 아펜젤러(Henry Gerhard Appenzeller, 1858-1902)는 최초의 근대사학인 배재학당을 세웠다. 아펜젤러와 함께 조선에 입국한 미국 장로교 선교사 호레이스 그랜트 언더우드(Horace Grant Underwood, 1859-1916) 선교사는 제중원에서 교사로 일하면서 복음을 전파하고 조선 장로교 최초 교회인 정동교회(현재 새문안교회)를 설립했다. 1886년 한국에 입국한 미국인 선교사 호머 헐버트(Homer B. Hulbert, 1863-1949) 선교사는 을사늑약 후 고종의 밀사가 되어 헤이그에 파견되어 한국의 독립을 도왔다.

1890년 인천 제물포를 거쳐 마포강변에 발을 디딘 미국 북장로회 선교사 사무엘 오스틴 마펫(Samuel Austin Moffet, 1864-1939) 선교사는 장로교신학대학교를 설립하고 길선주, 방기창, 송인서, 한석진, 이기풍, 양전백, 서경조 등 목회자를 배출했다. 1895년 입국한 캐나다 출신 미국 북장로교회 선교사 제임스 스콧 게일(James Scarth Gale, 1863-1937) 선교사는 『천로역정』을 조선말로 번역했다. 1901년 입국한 야구 선수 출신 필립 질레트(Phillip L. Gillette) 선교사는 YMCA를 창설했다.

특히 1903년 8월 24일 원산에서는 미국 남감리교회, 미국 침례교회, 캐나다 장로교회 선교사 공동체가 회개와 한국 복음화를 위한 기도 모임을 시작했다. 기도회 시간에, 미국 남감리회 소속 로버트 하디(Robert Alexander Hardie, 1865-1949) 선교사는 부산과 원산에서 자신의 의료 선교 사역이 성과를 내지 못하고 실패한 것은 약한 믿음, 백인 의사라는 인종적 교만, 성령 임재의 체험이 없기 때문이라는 통회의 자백과 함께 회개했다. 이 회개 기도가 부흥 운동의 불씨가 되었고, 정기 사경회(Annual Bible Conference)로 발전했다.

그리고 1907년 1월 6일 평양 장대현교회에서 열린 정기 사경회에서 블레오 선교사가 고린도전서 12장 27절 말씀을 읽을 때 성령의 불이 임재했고, 길선주 장로가 "나는 아간과 같은 자입니다. …나는 1년 전 죽은 친구의 유언을 지키지 못하고 100달러 정도의 돈을 훔쳤습니다"라며 회개한 일을 통해 역사가 일어났다. 이 사경회는 오전과 오후에는 성경 공부를 하고, 저녁에는 전도 집회가 열렸고, 열흘 동안 계속되었다. 1월에 시작된 회개 운동은 6월까지 이어지면서 평양에서 3만 명이 회심하는 역사가 일어났다. 평양 대부흥회 이후 장로교회는 총교인 수가 1906년 5만 4,987명에서 1907년 7만 3,844명으로 34% 증가했다. 장로교회가 1907년 9월 평양 장대현교회에서 창립 노회를 개최했을 때 목사는 7명, 장로는 53명, 교회는 988개에 이르렀다.

1908년 목사가 된 길선주는 전국전도운동을 시작했고, 1909년 장로교와 감리교는 백만인구령운동을 시작했다. 한국 교회는 초기부터 중국 선교를 시작했다. 1912년에 7노회로 총회 창립을 한 장로교회는 총회장에 언더우드 선교사, 부회장에 길선주 목사를 선출하고 중국 산동성에 김영훈, 사병순, 박태로 목사를 파송했다.

평양 대부흥회 이후 다른 교단들도 부흥의 속도가 빨라졌다. 감리교회의 경우 1906년 1만 8,107명에서 1907년 3만 9,316명으로 118% 증가할 정도로 거센 부흥의 물결이 일었다. 1901년 사무엘 마펫 선교사가 김종섭, 방기창에게 신학 교육을 하면서 시작된 장로교신학대학교도 1907년에 길선주, 방기창, 송인서, 한석진, 이기풍, 양전백, 서경조 등 7명의 첫 졸업생을 배출했고, 1915년에 등록 학생 수가 250명을 넘길 정도로 빠른 성장을 했다.

평양에서 시작된 영적 대각성 운동은 윤리, 인권은 물론 사회 개혁까지 확장되었다. 당시 한국 사회는 음주가 심각한 사회 문제였다. 한국 교회는 전국적으로 회개 운동을 전개하면서 금주 운동도 병행했다. 기독교인은 술과 담배를 하지 않는 문화는 이때부터 만들어졌다. 선교사들은 축첩 제도를 폐지하고 남녀의 평등 교육, 조혼과 강제혼 금지, 남성들의 정결과 가정 사랑도 가르쳤다.

1907년 평양 대부흥운동 전후로 기독교 이념을 기반으로 한 교육 기관 설립도 급증했다. 1909년까지 전국에 950여 개의 기독교 학교가 세워졌고, 수많은 독립운동가와 민족 지도자 배출의 산실이 되었다. 조선 교회 내에서도 한국과 아시아를 중심으로 시작될 구속사의 새로운 영적 패러다임을 담당한 목회자와 성도들이 준비되었다.

1918–1919년 스페인 독감은 한국 교회가 부흥의 불꽃이 타오르기 시작하는 환경에서 발생했다. 스페인 독감은 전 세계를 돌면서 중국을 거쳐 한국에도 상륙했다. 일제강점기 경무총감부 기관지 「경무휘보」를 보면, 스페인 독감은 시베리아를 거쳐 남만주로 이어지는 철도를 타고 한반도 북부로 유입되어 전국으로 확산되었고 "무오년 독감"이라고 기록되어 있다. 조선총독부 기관지 「매일신보」나 「부산일보」 등은 독감을 '풍사'(風邪)라고도 부르면서 "폭위(暴威)를 떨치는 풍사(風邪)의 신스페인 독감", "악성의 유행병, 몹시 아픈 감기"라고 기록했다. 세간에는 "지독한 돌림감기"로 불렸다.

1918–1919년 스페인 독감은 세 번의 확산기가 있었는데, 조선에는 전 세계적으로 사망자가 가장 많았던 제2차 확산기인 1918년 9월경에 집중 발병했다. 조선인 전체 인구 1,678만 3,510명 중 절반에 가까운 742만 2,113명(44%)을 감염시키고 멈췄고, 13만 9,128명(전체 감염자의 1.87%, 전체 인구의 0.83%)의 사망자를 냈다.

백범 김구 선생도 1919년 20일간 스페인 독감으로 고생했다는 기록이 있다. 『백범일지』를 보면, "병원이란 곳에는 혹을 떼러 제중원에 1개월, 상해에 온 후 서반아 감기로 20일 동안 치료한 것뿐이다"라는 기록이 나온다. 참고로, 중국에서는 82만 명이 사망했다. 1918년 1월에는 인천 지역에서만 하루에 2,000명이 사망했다는 기록도 있다. 모든 학교가 휴학했고, 대부분의 단체와 공공 기관 업무가 정지되었다. 군대에서도 대규모 감염이 끊이지 않았다. 추수를 하지 못한 논이 절반을 넘었고, 집배원들도 상당수 감염되어 업무 마비가 다반사였다.[28] 2020-2021년 코로나19로 한국을 비롯해서 전 세계가 일시에 셧다운된 것과 비슷했다.

중세 페스트 시절과 비슷하게, 간호원들이 병원을 떠나면서 간호원이 동이 났고, 그들을 구하기가 하늘의 별 따기가 되었다. 당시 면허받은 졸업 간호사는 전국에 90명 정도로 대개 일본인이었고, 일반 조선인 간호원은 대개 보조 간호원으로 300명이 더 있었다. 스페인 독감이 발생하자 일본인이나 부자들만 비싸고 좋은 병실에서 간호를 받고, 가난한 한국인은 근대 의료와 간호의 혜택을 제대로 받지 못했다. 조선에 거주하는 일본인 피해를 살펴보면, 감염자는 15만 9,916명, 사망자는 1,297명이었고, 일본인 치사율은 0.71%로 한국인 치사율 1.88%보다 낮았다.

조선 왕실과 정부는 무능했고, 일본은 자국민 보호에만 관심을 가지는 최악의 상황에서 조선 국민을 치료하고 위로하는 역할을 담당한 곳이 한국 교회였다. 한국 교회가 전염병 대재앙을 대하는 태도는 미국 교회나 페스트 대재앙을 대한 중세 교회와 달랐다. 안토니누스 전염병과 키프리아누스 전염병을 대한 초대 교회의 모습과 같았다.

한국 교회는 고통을 당하는 이웃을 돌보는 수준을 뛰어넘어 나라의 독립을 위한 희생도 멈추지 않았다. 스페인 독감 대재앙이 절정이었던 1919년 3월 1일 손병희 등 33인이 주동이 되어 "독립 선언서"를 낭독하고 민족의 자주 독립을 선언하는 만세운동이 일어났다. 3 · 1운동은 조선인의 독립 열망과 스페인 독감 대재앙 대응에 실패한 일제 조선총독부의 무능이 합해져서 일어난 사건으로 기록되었다.

2017년 김택중 씨가 쓴 "1918년 독감과 조선총독부 방역 정책"이란 글에는 "조선총독부의 독감 방역 실패로 일상적인 죽음을 목격하게 된 한국인들은 무단 정치 10년의 절망감을 분노로 표출할 수밖에 없는 상황에 도달하였다"라는 평가가 나온다. 하지만 3·1운동은 한국 교회가 1900년부터 뿌리기 시작한 복음, 자유, 인권, 회복의 씨앗이 꽃을 피운 것이라고 해도 과언이 아니다.

스페인 독감 대재앙 이후에도 한국 교회의 영적 대부흥과 이웃과 국가 사랑은 멈추지 않았다. 주기철, 손양원 목사 등 수많은 교회 지도자가 주님의 길을 따르는 모범을 보여 주며 한국 교회의 영적 불꽃을 지켰다.

주기철 목사는 경남 창원에서 출생해 유년기부터 교회에 다녔다. 본래 이름은 주기복(朱基福)이었는데, 오산학교에서 세례를 받은 후에 이름을 '기독교를 철저히 신앙한다'는 뜻을 가진 주기철(朱基徹)로 바꾸었다. 호는 '예수의 어린양'이라는 뜻의 '소양'(蘇洋)이다. 그는 1919년 3·1운동에 참가한 후 김익두 목사의 부흥회에 참석하여 주님이 가신 길을 뒤따르기로 헌신하고 1926년 평양의 조선예수교장로회 신학교를 졸업했다. 주기철 목사는 부산, 마산, 평양에서 목사로 활동하며 신사 참배를 거부하고 항일 운동을 계속했고, 평양 산정현교회에서 목회하던 1938년 일본 경찰에게 검거되어 복역 중 옥에서 순교했다. 손양원 목사는 주기철 목사의 제자다.

세계 교회가 한국 교회의 대부흥과 열정을 경이로운 눈으로 주목하기 시작한 것은 1973년 빌리 그레이엄(Billy Graham) 목사의 여의도 광장 전도 집회에서 100만 명이 운집한 사건에서였다. 그 이후 한국 경제가 기적을 만들고 수만, 수십만 성도가 모이는 초대형 교회가 곳곳에 세워지면서 세계 교회는 한국 교회가 아시아 및 세계 선교와 복음주의 계보를 지켜 가는 다음 주자라고 평가했다. 미국에서 한국과 아시아로 영적 패러다임 대전환이 일어나고 있다고도 이야기했다. 하지만 필자의 견해는 다르다. 하나님이 미국에서 한국으로 영적 패러다임의 대전환을 시작하신 것은 스페인 독감 대재앙 전후다.

코로나19 팬데믹 대재앙, 한국 교회에 주어진 마지막 기회

2020년, 한국과 전 세계에 강력하고 끔찍한 전염병 대재앙이 다시 휘몰아쳤다. 코로나19 인플루엔자 바이러스 팬데믹이다. 코로나19는 세계화 시대 첫 번째 주요 감염병이다. 세계화의 본질은 빠르고 격렬한 상호 연결성이다. 빠른 도시화, 급격한 인구 증가, 국가 내 불평등 확대, 지구 북반구와 남반구 권역의 불평등 심화, 기후 변화, 대기 오염과 서식지 파괴로 특징지어진 환경 파괴, 무한한 경제 성장과 제한 없는 시장을 찬양하는 신자유주의 이념, 비행기 · 컨테이너선 · 철도 · 도로를 통한 사람과 상품의 빠른 대량 이동이 코로나19의 확산과 피해 규모에 직간접 영향을 미쳤다. 코로나19는 중국에서 시작되었지만, 우리 안에 있는 주요한 취약점을 모두 이용해 거의 모든 영역에서 끔찍한 충격을 만들어 냈다.

먼저, 2020년 제1차 유행기를 기준으로 코로나19의 생물학적 치명률을 정리해 보자.

- 48시간 내 인체 내에서 바이러스 증식 능력: 사스의 3.2배
- 발병 초기 인간 대 인간 전염 능력(3.87–5.7명): 사스의 2배, 신종 인

플루엔자의 2-3배, 계절 독감의 4-5배

- 감염 확진자 100만 명 돌파 속도: 스페인 독감(6개월)의 2배, 신종 인플루엔자(1년)의 4배
- 공식 집계 사망률: 뛰어난 대응을 할 경우 계절 독감(0.1%)의 20배, 신종 인플루엔자(0.1-1.2%)의 10-20배, 의료 시스템이 붕괴되면 2002년 사스(10%)와 비슷함
- 제1차 유행기 2020년 4월 18일 기준, 코로나19 확진자 대비 사망률 전 세계 6.86%, 한국을 비롯해서 대응을 잘했던 국가는 1-2% 내외, 미국처럼 대응이 늦은 국가는 3-4% 내외, 이탈리아처럼 의료 시스템이 붕괴된 국가는 10-12%

2021년 여름 전 세계 주종으로 자리 잡은 코로나19 델타 변이종은 중간에 영국발 알파 변이를 거친 후 앞서 기술한 제1차 대유행기 당시 최초 바이러스의 위력보다 2배 이상 강력해졌다. 2021년 4월 27일 기준, 코로나19는 전 세계에서 총 1억 5,000만 명을 감염시켰고, 315만 명의 사망자를 냈다.

인적 피해가 스페인 독감에 못 미치는 것처럼 보인다. 하지만 100년 전에는 지금처럼 생활환경, 개인 보건과 의료 수준이 높지 않았다. 백신 개발은 꿈도 못 꾸었다. 인플루엔자 대유행을 막는 유일한 길은 전체 인구의 50-60% 이상이 감염되어 자연적 집단 면역을 형성하는 것뿐이었다. 당시에는 제1차 세계대전이라는 최악의 상황도 겹쳤다. 현재는 이런 악조건 상황이 아니다. 그럼에도 1억 5,000만 명의 감염자, 315만 명의 사망자가 발생했다.

선진국을 중심으로 엄청난 속도의 백신 접종이 진행되고 있지만, 전 세

계 90% 국가가 백신 접종이 늦어지면서 추가 확진자와 사망자 숫자가 계속 증가 중이다. 2021년 4월 27일, CNN은 인도에서만 코로나19에 감염된 실제 숫자가 5억 명을 넘었을 것(인도 정부 공식 발표의 30배)이라는 추정을 내놓았다.[29)]

2021년 7월 20일에는 미국 연구소 글로벌개발센터에서 자체 분석 모델을 토대로 2020년 코로나19 발병기부터 2021년 6월까지 인도의 사망 수치를 역추적한 자료를 공개했다. 연구소는 코로나19 이전 평균 사망자 수치와 코로나19 기간 사망자 수치 비교, 코로나19 발병기에 인도와 다른 나라의 사망률 등을 비교 분석했다. 그 결과 코로나19 사망자 수치는 인도 보건 · 가족복지부 공식 발표치인 41만 4,482명보다 10배 정도 더 많았을 것으로 판단했다.[30)]

이런 추세라면, 세계보건기구(WHO)가 2022년 말 혹은 2023년경에 팬데믹 종식을 공식 선언하는 시점에 공식적 최종 누적 사망자 숫자는 400-500만 명에 이르고, 비공식적(집계에서 제외된 숫자 포함) 누적 사망자는 1,000만 명을 넘을 가능성도 충분하다. 코로나19 발병 초기, 영국임페리얼칼리지 런던대학 연구팀이 최악의 시나리오(각국이 강력한 공중 보건 대응책을 조기 실행하지 않고 늦춘 상황)로 발표했던 누적 확진자 총 24억 명, 사망자 1,045만 명 발생과 비슷한 수준이다.

참고로, 2021년 5월 21일에 세계보건기구는 화상 언론 브리핑을 통해 코로나19로 인한 공식 사망자 통계가 다양한 요인으로 인해 '과소 집계' 됐다고 발표했다. 사망자 보고에 지연이 많고, 진단 검사를 받지 않은 상태에서 코로나19로 사망, 코로나19 팬데믹으로 인한 생활환경 악화로 사망, 만성이나 급성 질환자들이 코로나19로 인한 각종 이동 및 의료 제한 조치로 치료를 받지 못해서 사망, 오랜 봉쇄 조치로 우울증 환자가 늘면서 발생한 자살자 증가 등이 그 이유다. 이런 요인들까지 포함한다면, 코로나19 사망자는 공식적으로 보고된 수치보다 적어도 2–3배는 많을 것이라는 분석이다.[31]

코로나19가 만들어 낸 경제적 충격도 엄청났다. 필자의 개인적 평가로는 코로나19가 불러온 경제적 충격 규모는 스페인 독감을 넘어 인류 역사상 최고 수준일 것으로 추정된다. 스페인 독감 때도 전 세계 경제가 셧다운 상태에 빠지면서 피해가 컸다. 하지만 100년 전과 현재의 경제 수준과 규모는 비교 불가다.

스페인 독감 발발 당시, 전 세계 국내총생산(GDP) 총액은 3조 달러 정도였다. 경제 충격 비율이 비슷해도, 명목 피해는 엄청난 차이가 난다. 코로나19 발발 직전인 2019년 전 세계 GDP 총액은 87조 3,453억 달러였다. 2020년 5월 19일, 아시아개발은행(ADB)은 코로나19 팬데믹으로 발생한 세계 경제 손실 규모가 8조 8,000억 달러(약 1경 818조 원)에 이를 것이라는 전망을 내놓았다. 전 세계 GDP의 6.4–9.7%에 해당하는 규모다. 스페인 독감 당시에도 이 정도 비율의 피해가 일어났을 가능성이 높다. 하지만 명목 피해로 본다면, 코로나19의 경제 충격은 스페인 독감 당시 전 세계 GDP 전체 총량의 3배에 이른다.

코로나19 기간, 전 세계적으로 줄어든 일자리 숫자는 1억 5,800만–2억 4,200만 개로 추정된다.[32] 하지만 코로나19의 전 세계 종식이 2023년에나 가능하고, 코로나19 이후 후유증까지 경제적 손실로 환산하면 최종 경제 피해액은 더욱 늘어난다. 다음은 이런 모든 변수를 포함해서 미국 내에서만 발생하는 경제적 손해 비용 총규모다. 무려 16.2조 달러로 추정된다. 9·11테러 사건으로 미국이 입은 경제적 손해 비용인 6.4조 달러보다 2.5배 많다.

| 미국의 코로나19 경제적 비용 |

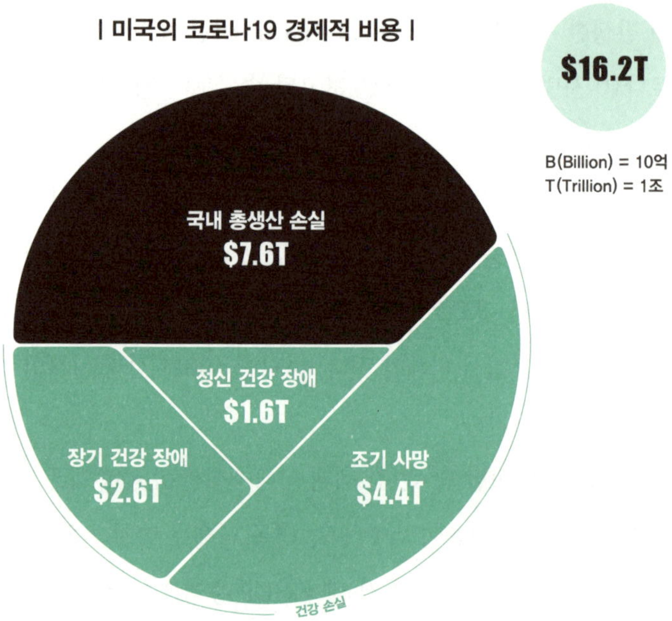

| 9·11 이후 경제적 비용(미국의 9·11 관련 지출) |

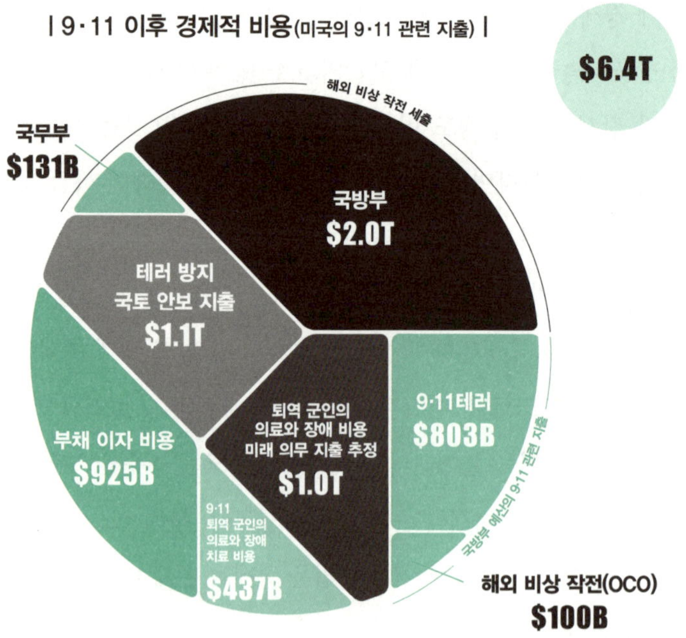

출처: Visual Capitalist

지금까지 필자가 분석했던 내용들을 읽은 독자라면, 코로나19 팬데믹 대재앙도 세속 사회와 영적 패러다임 대전환을 불러올 힘을 가진 사건이 될 가능성이 높다는 것을 직감할 것이다. 맞다. 필자는 코로나19가 세상에서 패러다임 대전환과 기독교 안에서 영적 패러다임 대전환의 결정적 계기 중 하나라고 확신한다. 세속 사회에서는 코로나19가 빅체인지를 가속화하면서 패러다임 대전환을 만들어 낼 것이다. 동시에 하나님의 은혜의 구속사에서도 또 한 번의 빠르고 급한 영적 패러다임 대전환을 일으킬 중요한 사건이 될 수 있다.

하나님은 스페인 독감 대재앙과 제1, 2차 세계대전을 통해 세속 사회의 패러다임을 유럽에서 미국으로 전환하셨지만, 영적 패러다임은 영국과 미국에서 한국과 아시아로 대전환하셨다. 하지만 하나님의 영적 대전환이 한국으로 향한 지 100년이 지난 현재, 한국 교회는 절체절명의 위기에 직면해 있다.

필자는 이 책의 서두에서 한국 교회는 대침체기 초입에 들어섰지만 '여전히' 빅체인지(Big Change, 거대한 변화)를 못하고 있다고 걱정했다. 10년 전에 필자가 예측하고 경고했던 한국 교회의 위기들은 현실이 되어 버렸고, 코로나19 대재앙을 거치면서 세상 사람들에게 손가락질을 받는 지경에 이르렀다. 목회자의 권위는 땅에 떨어졌고, 재정 집행과 부채 문제로 갈등을 해결하지 못하면서 수많은 교회가 치열한 싸움에 빠지거나 교회가 두 동강 났다. 성도들은 흩어졌고, 전도의 문은 계속 좁아졌다. 한국 교회의 미래인 다음 세대는 더욱 줄어들었고, 주일학교(교회학교) 문을 닫은 교회는 빠르게 늘어났다.

코로나19가 발발하자 한국 교회의 추락은 가속되었고, 식어진 이웃 사랑과 완전히 망가진 자정 기능 등 부끄러운 민낯마저 언론과 방송을 통해 적나라하게 드러났다. 필자의 10년 전 예측이었던 "사회적 비난의 칼날이 교회의 심부를 찌르게 될 것이다"라는 말도 현실이 되고 말았다.

스페인 독감 대재앙 당시, 한국 교회는 초대 교회가 보여 준 놀라운 희생과 사랑, 복음의 정신을 가지고 있었다. 100년이 지나 다시 나타난 전염병 대재앙에서 한국 교회는 어떤 모습이었나? 필자는 페스트 대재앙에서 우왕좌왕하며 보여 줄 수 있는 모든 부끄러움을 다 드러냈던 중세 교회, 스페인 독감 대재앙 이후 영적 대침체기로 '스스로' 들어가 버렸던 미국 교회의 모습을 닮은 것은 아닌가 걱정이다. 필자가 '미래학자'로서 코로나19 이후 한국 교회의 미래에 대해 한마디로 묘사한 것을 기억하는가?

"앞으로 10년, 더 큰 변화(the Biggest Change),
더 강력한 충격(the Biggest Impact)이 교회 안팎을 강타할 것이다.
한국 교회와 성도는 더 심한 파동(the Biggest Wave)을 대비해야 한다."

미래학자의 눈에 비친 코로나19 이후 빅체인지 시대에서 한국 교회의 미래는 매우 위태롭다. 이미 영적 대침체기에 빠졌다. 한국을 중심으로 진행되는 기존의 영적 패러다임기가 끝나는 듯 보인다. 하지만 한 사람의 장로교 목사이자 목회자의 심정은 이렇다.

"하나님이 한국 교회에 '마지막' 한 번의 기회는 주실 것이다."

하나님이 주시리라고 믿는 '마지막 단 한 번의 기회'를 붙잡아 한국 교회를 영적 대침체에서 구하려면 어떻게 해야 할까? 성경과 기독교 역사에 답이 있다. 복음의 본질로 되돌아가는 것이다. 복음의 본질은 무엇인가? 간단하고 명확하다. 하나님이 루터와 칼빈과 종교개혁자들의 입을 통해 고백하게 하신 '오직 은혜'와 '오직 믿음'이다. 오직 하나님의 은혜만 구하고, 회개하고, 오직 믿음으로 주님을 따라 창조 대명령과 지상 대명령을 수행해야 한다. 그렇지 않으면 하나님이 영적 패러다임을 바꾸신다. 역사의 촛대를 옮기신다.

하나님의 영적 패러다임 대전환 방향은 예측 가능하다. 복음의 본질이 살아 있는 곳이다. 복음의 본질에서 벗어나면, 죄악이 관영하면 하나님은 세속 사회 패러다임이든 영적 패러다임이든 대전환을 단행하신다. 하지만 복음의 본질로 되돌아가면 하나님은 은혜를 베푸신다.

1903년 8월 24일 원산에서 로버트 하디 선교사가 자신의 선교 사역이 실패한 것은 약한 믿음, 교만, 성령 임재 체험이 없기 때문이라고 통회하며 자복하고 회개하고 하나님의 은혜를 구했을 때 성령의 놀라운 역사가 일어났다. 지금 한국 교회도 이렇게 다시 시작해야 한다. 회개하고 교회의 본질, 성도의 본분으로 되돌아가야 한다. 원산과 평양에서 일어난 회개 운동 이후 한국 교회는 예수님과 제자들과 사도 바울처럼 '오직 믿음'으로 사랑하고 희생하고 헌신하며 '세상에 물들지 않고, 세상을 다스리는' 거룩한 사역을 했다. 그러자 한국 교회 대부흥의 불길이 전국을 덮었다.

지금 한국 교회도 예수님과 제자들, 사도 바울처럼 "세상에 물들지 않고, 세상을 다스리라"라는 창조 대명령과 지상 대명령을 완벽하게 조화시키는 사역자로 되돌아가야 한다. 하나님이 보내 주시는 미래 신호를 읽어 내는 통찰력을 기반으로 각자의 자리에서 자신의 분량과 은사에 맞게 시대를 경계하고(watch, guard), 대비(대응, 치유)하고(prepare, respond, heal), 이끄는(lead) 청지기적 사명자로 거듭나야 한다. 그러면 하나님이 한국 교회를 불쌍히 여겨 주시는 '마지막' 한 번의 기회를 붙잡을 수 있다.

CHAPTER. 2

경계를 게을리하면, 새로운 신들이 등장할 것이다

경계(watch, guard)를 시작하자

하나님이 필자에게 전문 미래학자로서 주신 사명은 '빅체인지', 즉 시대 변화를 경계하면서 하나님이 보내 주시는 '징조'(σημεῖον, signal)를 읽어 내는 것이다. (미래학적으로 설명하면, 시대 변화를 모니터링하고 미래 징후를 읽어 내는 것이다.) 이것은 '오직 은혜'와 '오직 믿음'으로 '세상에 물들지 않고, 세상을 다스리는' 거룩한 사역 3가지(경계, 대비, 이끎) 중에서 첫 번째 다스림에 해당한다.

필자는 크게 두 가지를 경계한다. 교회와 성도도 두 가지를 경계해야 한다. 첫째로, 시대마다 나타나는 새로운 바벨탑(창 10-11장)을 경계해야 한다. 바벨탑은 하나님이 주시는 지혜의 남용과 오용의 상징이다. 하나님의 기준을 모르는 비신자들이 일반 은혜(기술의 발전이나 경제, 사회, 환경 등 각 분야의 발전)로 받은 것으로 '자신들의 이름을 내고'("하늘에 닿게 하여 우리 이름을 내고", 창 11:4) '하나님을 대적하고'("온 지면에 흩어짐을 면하자", 창 11:4) '스스로 신이 되려는'("하나님과 같이 되어", 창 3:5) 불순한 시도의 상징이다. 둘째로, 시대마다 만들어지는 새로운 약자, 이웃이 겪을 시대적 고통을 경계해야 한다. 전자는 죄의 관영함을 막기 위함이고, 후자는 그들이 복음 전파의 대상이며 구원받고 보호받아 마땅한 존귀한 하나님의 창조물이기 때문이다.

새로운 바벨탑의 출현은 기술 분야에서 주로 발생한다. 자기 이름을 내려는 욕망과 스스로 신의 경지에 도달하려는 죄성에 휩싸인 인간은 하나님이 주신 지혜를 오용하고 남용하는 과정에서 다양한 미래 위험들을 만들어 낸다. 이런 위험들을 그대로 방치하면 세상과 교회에 심각한 위기가 발생할 수 있다.

새로운 약자와 이웃이 겪을 새로운 고통은 기술 변화가 경제, 사회, 환경, 문화, 정치 등에 침투하면서 발생한다. 새로운 약자와 이웃이 겪을 새로운 고통은 하나님의 기준을 따르지 않고, 인간 자신을 위해 만든, 기득권자를 위해서 만든 기준을 따르는 인간들이 하나님의 지혜로 만들어지는 문명의 이득을 '독점'하려는 행위에서 발생한다. 독점하는 과정에서 불공정, 약탈, 착취, 비정함, 질서 파괴, 부정 등 다양한 부작용이 나타난다.

이처럼 하나님의 질서를 어지럽히고 파괴하는 행위들은 기술, 경제, 사회, 환경, 정치, 문화 등 모든 영역에서 매 시대마다 반복되고 수많은 죄악과 고통을 만들어 내면서 시간이 갈수록 죄악이 관영(貫盈, be filled)하게 한다. 교회와 성도는 자기 시대마다 이런 일들을 경계하여 하나님 나라를 지키고 확장시킬 사명이 있다.

경계의 사명을 감당하기 위해, 필자와 함께 미래로 빅체인지 중인 세상에서 무슨 일들이 벌어지고 있는지 들여다보자. 필자는 2020년 발생한 코로나19가 적게는 3-4년, 크게는 10년 정도 미래를 앞당겼다고 평가했다. 하지만 세상은 코로나19가 발발하기 이전부터 이미 대전환을 시작했다. 예를 들어, 코로나19 이전부터 유통의 미래는 현실 공간에서 가상 공간(온라인)으로 빅체인지를 시작했다. 코로나19는 이런 대전환이 되돌릴 수 없는 미래이고 미래 유통의 대세가 확실하다고 도장을 찍었다. 코로나19에 거의 모든 소매점과 오프라인 대형 매장들이 문을 닫고 매출이 제로가 될 때 아마존은 매출이 증가하고 고용을 늘렸다.

코로나19 이후에도 가상 공간에서는 빅체인지가 계속된다. 코로나19 이전에는 텍스트와 이미지로 된 2D 플랫폼 경쟁을 했다. 코로나19 이후부터는 가상 현실, 동영상 미디어, 5G 실시간 모바일, 인공지능 등이 복합적으로 버무려진 차세대 플랫폼 경쟁이 본격화된다. 현실 세계에서 일어났던 경험의 대부분을 가상에서도 가능하게 할 것이다. 사람들은 물건 자체를 구매하는 것도 좋아하지만, 현실 세계에서 매장을 이리저리 돌아다니면서 만져 보고 구경하는 것도 즐거워한다. 코로나19 이전에는 이런 경험들은 현실 세계에서만 가능한 것으로 이해되었다. 미래에는 이 모든 것이 가상에서도 가능해진다.

미래 어느 날 팬데믹 전염병이 다시 돌아와서 다시 현실 세계를 멈춰 세운다고 생각해 보자. 코로나19가 극성을 떨칠 때 소비자들은 바이러스 감염에 100% 안전한 상태에서 먹거리를 구매하고 원하는 물건을 사는 상상을 한 번쯤은 했을 것이다. 미래에는 이런 상상이 현실이 되어 있을 것이다. 아마존 같은 가상 공간의 지배자들은 거대 인공지능, 3차원 가상 기술, 디지털 화폐, 로봇, 자율주행차, 생각하는 3D 프린터 등 다양한 미래 기술을 활용해서 가상 매장과 현실 매장을 완벽하게 연동시켜 놓을 것이다. 3차원 가상 세계에서 거대 인공지능이 장착된 가상 점원의 친절한 안내를 받으며 원하는 물건을 보고 만지고 사용해 볼 수 있다.

사고자 하는 물건이 신선 식료품이라면 회사에서 퇴근하는 길에 바이러스 감염 걱정 없이 완전하게 보호된 무인 현실 매장에서 실물을 한 번 더 확인해 보고 세균이 묻어 있지 않은 디지털 화폐로 결제를 할 수 있다. 이렇게 주문한 물건은 바이러스를 옮길 가능성이 있는 인간 노동자의 개입이 전혀 없는 거대 인공지능으로 완전히 통제 운영되는 아마존 자동 물류 센터를 나와 로봇 배달원을 통해 집 앞까지 배달된다. 집 가까이에 아마존 오프라인 매장이 있다면 사회적 거리 두기를 지키면서 내가 직접 물건을 안전하게 가져올 수도 있다. 무인 운영되는 아마존 편의점은 바이러스 방역을 자동으로 하며, 내가 주문한 물건을 나만 만질 수 있도록 자동으로 분류해 놓았을 것이다. 매장 문 앞에 서면 최소한의 건강 체크를 하여 출입자를 규제하기 때문에 안심할 수 있다.

여기까지는 즐거운 미래 상상이다. 긍정적인 빅체인지다. 하지만 이러한 미래가 현실이 되는 과정에서 부정적인 빅체인지 가능성도 동시에 만들어진다.

새로운 신들이 등장하고 있다

빅데이터와 인공지능 기술은 기업을 신의 경지에 올려놓고 있다. 이들을 올바른 기준과 미래 방향으로 이끌지 않으면 자기 이름을 내는 것을 넘어 하나님을 대적하고, 시장을 독점하는 과정에서 불공정, 약탈, 착취 등이 일어나고, 마지막에는 스스로 새로운 '바알'과 '아세라', '아스다롯' 등이 되어 세상을 혼란(בָּבֶל, 바벨의 뜻)케 하는 일이 벌어질 것이다.

> "이스라엘 자손이 여호와의 목전에 악을 행하여 바알들을 섬기며 애굽 땅에서 그들을 인도하여 내신 그들의 조상들의 하나님 여호와를 버리고 다른 신들 곧 그들의 주위에 있는 백성의 신들을 따라 그들에게 절하여 여호와를 진노하시게 하였으되 곧 그들이 여호와를 버리고 바알과 아스다롯을 섬겼으므로 여호와께서 이스라엘에게 진노하사"(삿 2:11-14).

바알(בַּעַל, Baal)은 가나안에서 비를 가져오는 폭풍 신으로, 가나안 만신전의 최고의 신이다. 원래 가나안의 최고 신은 '엘'(El)이었고, '아세라'(Asherah)는 그 부인으로 다산과 풍요의 여신이었다. 바알은 둘 사이에서 태어난 신으로 회자된다. 사랑과 쾌락을 주관하는 아스다롯(Ashtoreths)은 엘과 아세라의 딸이고 바알의 아내다(삿 2:13; 왕상 11:5).

가나안 사람들은 바알이 농작물, 동물, 사람의 생식력을 지속시킨다고 믿었다. 가나안 사람들은 높은 곳에 바알 신상과 제단을 세우고 정기적으로 제사를 지냈다. 바알을 섬기는 제사 의식에는 남녀 사제들의 성적인 행위도 포함되어 있었다. 바알 신전에서 사제들이 성행위를 하면 바알의 성적 기량이 향상되면서 인간과 동물 등의 생식력도 함께 증가된다고 믿었기 때문이다(왕상 14:23).

원래 '바알'은 셈족어로 '주인' 또는 '소유자'를 뜻하는 보통명사였다. 예를 들어, 화살의 바알(주인)은 활을 쏘는 사람이고, 가축의 바알(주인)은 가축을 기르는 사람이고, 발의 바알(주인)은 발을 가진 생물이다. '결혼하다'를 의미하는 동사로도 사용되었다(신 24:1). 동사로 사용될 때에는 남편이 결혼을 통해 아내를 취하고, 아내는 결혼을 통해 취해지는 특수한 관계가 포함된다.

이렇게 사용되던 단어가 종교로 넘어오면서 특정 장소나 물체마다 '진정한' 소유주인 '신'이 있다는 생각으로 발전했다. 예를 들어, 민수기 25장을 보면 '브올산 위의 바알'이라는 '바알브올'이 등장한다. 가나안 사람들에게 바알은 많다. 가나안 사람과 고대 근동 문화에서 그런 '신들'을 '바알림'이라 불렀다. '바알림'은 '바알'의 복수형이다. 셀 수 없이 많은 바알 중에서 가장 높은 신이 '비와 이슬'을 부리며 농사를 주관하는 바알이다.

여호수아가 가나안을 정복하기 이전부터 나라가 멸망당하고 바벨론에 포로로 잡혀가기 전까지 이스라엘 백성은 바알 숭배 유혹에서 벗어나지 못했다. 특히 왕이 바알 숭배를 묵인하거나 적극적으로 승인하면 우상 숭배 죄악은 극에 달했다. 북이스라엘의 일곱 번째 왕이었던, 바알 숭배자인 페니키아의 공주 이세벨과 정략혼인을 한 아합 시대가 대표적이다. 그때마다 선지자들이 바알 숭배 죄악을 지적하며 하나님의 말씀을 전하고, 하나님이 징계를 하시면서 회개하는 일이 일시적으로 일어나기는 했지만, 이스라엘은 스스로 바알 숭배를 끝내지 못했다. 결국 하나님이 이스라엘을 바벨론 포로로 붙들려 가게 만들어 가나안 땅에서 추방시키시면서 '겨우' 끝낼 수 있었다.[1)]

시대를 막론하고 타락한 인간은 생존과 부를 축적하기 위해 신을 필요로 했다. 농경 사회에서는 생존과 부의 근본을 이루는 땅을 경작하기 위해서 비와 이슬이 반드시 필요했기 때문에 '땅의 주인'이란 별칭을 붙이고 '농경 신'을 만들어 섬겼다. 농경 사회에서 농사가 부와 생존의 근간이라면, 후기 정보화 사회, 지능 사회에서는 빅데이터(정보)와 지능이 그 자리를 대신한다. 당연히 정보(빅데이터)와 지능을 주관하는 자가 '부의 주인', '정보와 지능의 신'으로 받아들여질 수 있다.

2008년, 미국에서 부동산 버블 붕괴가 발생하면서 대형 금융 위기가 발발했다. 커피를 팔던 스타벅스도 매장 일부를 정리하는 위기에 빠졌다. 그 당시 스타벅스 회장직을 맡고 있던 하워드 슐츠(Howard Schultz)는 위기 극복을 위해 특단의 전략이 필요했다. 커피 사업에서 매장 입지는 매우 중요한 요소다. 하워드 슐츠는 신규 매장 위치 평가와 선택을 사람의 경험에 의존하던 방식을 버리고 빅데이터를 기반으로 한 과학적 분석과 평가 전략으로 바꾸었다.

2008년 금융 위기 이전에도 스타벅스는 빅데이터를 활용했다. 하지만 부수적 도구였다. 2008년 금융 위기가 터지자, 스타벅스는 회사의 생존과 미래를 걸고 빅데이터 중심의 의사 결정 시스템을 전략의 중심에 두는 '빅데이터 퍼스트'(BigData First) 선언을 했다.

현재 스타벅스는 방대한 실시간 빅데이터로 학습하는 인공지능이 매장 후보 지역의 인구, 소득 수준, 문화 환경, 교통, 경쟁사 존재 등에 맞는 신규 매장의 위치와 향후 매출, 이익 등을 예측하여 의사 결정을 제안한다. 스타벅스가 훈련시키는 인공지능은 전 세계 3만 개가 넘는 매장에서 주당 1억 건씩 발생하는 빅데이터를 분석해서 고객의 문제, 욕구, 결핍을 찾아내서 새로운 고객 서비스 및 프로모션 아이디어나 비즈니스 모델을 실험하고 전 세계 매장 내에 있는 모든 장비를 실시간으로 모니터링하고 관리하는 일도 맡는다.

스타벅스는 1,600만 명이 회원으로 등록된 로열티 프로그램을 운영 중이다. 고객이 로열티 프로그램에 가입하면 스타벅스는 빅테이터와 인공지능을 활용해서 고객의 선호도와 구매 방식 패턴을 찾아내서 개인화된 다양한 추가 제안들을 자동화한다. 인공지능이 고객의 까다롭고 다양해진 취향을 미리 파악해서 원하는 메뉴를 추천하고, 아주 간단하고 빠르게 주문하고, 고객이 원하는 시간에 가져갈 수 있게도 했다. 전 세계 스타벅스 매장에서 매일 발생하는 매출의 절반 이상이 이런 로열티 프로그램 고객에서 일어난다.

2017년부터는 인공지능을 기반으로 한 '디지털 플라이휠'(Digital Fly-wheel)도 운영하면서 일대일 맞춤형 신제품 제안도 한다. 매장 운영에 집중했던 스타벅스가 가정용 커피 시장에 진출하는 결정도 빅데이터 분석을 통해 내린 결론이었다. 스타벅스는 매장에서 발생하는 고객 빅데이터를 인공지능으로 분석해서 집에서 커피나 음료를 마시는 소비자에게 가정용 무설탕 음료를 제안하거나 우유가 들어가지 않는 커피 등 가정이라는 특화된 환경과 상황에 맞는 서비스를 제공한다.

2018년부터는 전 세계 매장에서 현지 날씨나 소비 환경 변화를 실시간으로 분석하여 제품 판매를 조절하는 작업도 시작했다. 커피 매장에서도 각종 장비를 관리, 유지, 보수하는 일은 매우 중요하다. 기계 고장이나 불량은 고객 서비스는 물론이고 주문 처리량과 속도에 큰 영향을 준다. 스타벅스는 빅데이터 분석과 인공지능 예측 기술을 활용해서 기계에서 일어나는 문제를 미리 예상하고 원격으로 장애 진단을 하거나 엔지니어를 가장 빠른 시간에 투입하여 대응한다.

스타벅스는 스타벅스 페이를 사용하는 회원이 전 세계에서 2,340만 명(2018년 기준)이 넘는다. 같은 시기, 아마존 페이 사용자 2,200만 명, 구글 페이 1,110만 명, 삼성 페이 990만 명을 뛰어넘는다. 하워드 슐츠는 스타벅스 페이에 쌓인 예치금을 암호화폐로 바꿔서 전 세계 어디서나 환전

없이 결제하고, 이를 기반으로 투자, 예금, 대출 등 금융 업무도 가능하게 하는 계획을 발표했다. 실제로, 최근에는 남미 아르헨티나에 현지 은행과 제휴하여 커피뱅크라는 오프라인 은행도 개설했다.

하워드 슐츠의 후임으로 CEO 자리에 오른 IBM과 마이크로소프트(MS) 출신 IT전문가 케빈 존슨(Kevin Johnson)은 딥브루(Deep Brew)라는 인공지능 서비스를 런칭하면서 10년 이내에 최고 기술 기업들과 같은 수준의 인공지능 역량 축적을 선언했다. 한때 스타벅스는 커피를 파는 곳이 아니라 '사람이 수다를 떨며 소통하는 경험과 공간과 문화를 파는 곳'이라는 개념을 팔았다. 신선한 충격이었다. 이제 스타벅스는 빅데이터를 장악하고 인공지능 기술을 활용해서 기업이 돈 버는 방식을 바꾸었고 데이터의 신으로 변신 중이다.

알리바바 창업자 마윈(Marwin)은 미래 제조업조차도 빅데이터, 인공지능(AI), 사물인터넷(IoT) 등 미래 기술로 B2C(기업과 소비자 간 거래) 모델에서 C2B(소비자 대 기업 거래) 모델로 패러다임이 바뀔 것이라고 예측했다. 특히 미래의 공장은 빅데이터를 기반으로 인공지능이 실시간 트렌드를 분석해 소비자 맞춤형으로 제품을 생산하는 디지털 공장으로 전환될 것이라고 예측했다.

알리바바는 스스로 3년간의 연구 개발을 통해 항저우에 디지털 의류 공장 '쉰시'(迅犀, 빠른 코뿔소)를 완성했다. 알리바바의 디지털 공장에서는 유명 인플루언서가 진행하는 라이브 커머스에서 주문된 수천 건의 각기 다른 옷을 곧바로 제작에 들어갈 수 있는 통합 시스템이 구비되어 있다. 알리바바는 쉰시 공장 시스템 덕택에 신상품 출시 주기는 60%, 납품 시간은 75%, 재고율은 30% 정도 줄었다고 자체 평가하고 있다.

갓 구글(God Google)

2018년 6월, 아마존의 시가 총액이 9,000억 달러(약 1,017조 원)를 넘어선 날 영국 「파이낸셜타임스」는 이런 기사를 냈다.

> "구글이 당신의 관심사가 무엇인지 알고 있고, 페이스북이 당신이 누구인지 알고 있다면, 아마존은 당신이 무엇을 구매하는지 알고 있다."

아마존의 실시간 빅데이터 역량에 대한 찬사다. 아마존은 2018년 6월 18일 '프라임 데이'(Prime Day)라는 특별 판매일 하루에 1억 개의 제품을 팔았다. 세계 최고 기업 마이크로소프트와 구글 지주 회사 알파벳의 시총을 뛰어넘었고, 1995년 7월에 아마존을 창업한 제프 베이조스(Jeff Bezos)는 13년 만에 재산이 1,500억 달러(약 169조 원)를 기록하며 빌 게이츠(Bill Gates)와 워런 버핏(Warren Buffett)을 제치고 역사상 가장 큰 부자에 이름을 올렸다.

2017년 7월, 미국에서 열린 미국인터넷협회 연례 자선 행사장에서 제프 베이조스는 이런 질문을 받았다.

"아마존은 도대체 무슨 기업입니까?"

1994년 7월 5일, 제프 베이조스는 인터넷으로 주문받은 책을 우체국으로 직접 부치러 갔다. 이렇게 초라하게 시작한 아마존은 불과 2년 만에 세계 최대 온라인 서점이 되었고, 현재는 물류, 클라우드 컴퓨팅, 동영상 스트리밍 서비스, 빅데이터, 전자 단말기(킨들), 식료품, 의료, 로봇, 인공지능, 우주 산업 등으로 시장을 빠르게 잠식해 가고 있는 거대한 공룡이 되었다.

필자의 예측으로는 아마존은 앞으로 더 큰 공룡이 될 것이고, 빅데이터, 인공지능, 로봇 등 미래 도구를 손에 쥐고 자본주의 시장 전체를 흔드는 강력한 파괴자가 될 것이다. 현재 아마존의 빅데이터와 인공지능 기술은 세계 최고 수준이고, 2020년 7월에는 바퀴 6개 달린 배달 로봇 '스카우트'(Scout)의 테스트 무대를 미국 내 더 많은 주로 확대 운행하겠다고 발표했다. 코로나19로 인해 테스트 무대가 자연스럽게 넓어졌기 때문이다.

생각 흐름, 위치 흐름, 소비 흐름, 돈 흐름의 빅데이터는 부의 기반이다. 아마존, 애플, 구글은 이것을 잘 안다. 그들은 우리가 숨 쉬며 만드는 생각, 위치, 소비, 돈 흐름 데이터를 실시간으로 소유하는 데 사활을 건다. 그들은 이런 데이터들을 종합하고 인공지능 기술을 사용해 분석하고 예측하여 가상의 당신을 복제할 것이다. 미래에는 데이터가 '가상의 자아'다. 데이터의 흐름은 '화폐'다. 데이터의 가치는 당신이 가진 모든 자산 중에서 가장 클 것이다.

이런 가치를 가진 데이터를 공짜로 소유한 기업은 당신의 마음을 읽을 수 있고, 소비 방향도 통제할 수 있다. 일상을 감시할 수 있다. 심지어 생각까지도 조종할 수 있게 될 것이다. 그리고 이런 정보를 필요로 하는 회사들에게 영향력을 행사할 수 있다. 자신 밑으로 줄 세울 수 있다.

코로나19 시기, 우리는 매일 생명을 유지하는 데 필요한 먹거리와 생활필수품의 조달을 이들에게 절대 의존했다. 이들이 우리의 생명 줄을 쥐고 있었던 셈이다. 먹거리뿐만 아니다. 일자리와 각종 사업이 이들의 손에서 좌지우지된다. 이들이 부의 중심에 서 있고, 이들을 거치지 않고는 부를 쌓기 힘든 시대가 되어 가고 있다. 미래에는 이런 쏠림 현상이 더욱 심해질 가능성이 높다. 스스로 의도했든 그렇지 않았든, 이들은 자신의 이름을 내는 것과 독점의 위험을 넘어 신 위치로 차근차근 올라가고 있다.

호감을 충성심으로, 충성심을 숭배심으로, 숭배심을 종교심으로 바꿔 가는 것은 현대 마케팅의 핵심 목표다. 빛의 속도로 빅체인지가 일어나는 시대에 기업의 생존은 얼마나 많은 충성 고객을 끌어모으느냐, 그들 중 얼마나 많은 고객을 숭배자로 만드느냐에 달려 있다. 기업이 소비자가 원하는 수준의 기술력을 장착한 제품과 서비스를 내놓는 데는 시간이 필요하다. 하지만 변화와 혁신은 그보다 더 빠르다. 종교적 숭배 의식을 가진 소비자군을 보유하지 않는 기업은 매 순간 새로운 혁신 기업에게 소비자를 빼앗길 걱정에서 벗어날 수 없다.

변화와 이탈이 빈번하게 일어나는 비즈니스 정글에서 고객을 가장 오랫동안 붙잡아 둘 수 있는 것은 '종교심'이다. 자기 제품과 서비스에 대한 종교적 숭배만이 고객을 오랫동안 붙잡는 유일한 방법이다. 기업도 이것을 잘 안다. 그래서 기업은 자의 반 타의 반으로 종교 그 자체가 되려고 노력한다. 그리고 이미 종교가 되어 가는 창업자 혹은 기업도 속속 등장하고 있다. 애플, 구글, 테슬라 등이 대표적이다.

스티브 잡스(Steve Jobs)가 만든 애플은 기업을 넘어 종교가 된 21세기 최초의 사례다. 애플에 대한 충성을 숭배 수준으로 끌어올린 것은 스티브 잡스다. 하지만 애플에 대한 고객의 숭배는 스티브 잡스가 죽고 난 이후에도 계속 진행 중이다. 스티브 잡스는 "Think different"(다르게 생각하라)라는 문구로 대변될 정도로 혁신의 아이콘이었다. 스티브 잡스가 애플 컴퓨터를 만들었던 시절부터 애플로 다시 되돌아온 후에 아이맥, 아이팟, 아이폰 등을 연속 히트시킬 때까지도 애플은 창의적 생각과 예술적 아름다움으로 소비자를 매료시켰다.

하지만 현재 애플은 불세출의 혁신가 스티브 잡스를 잃은 상태다. 그럼에도 애플의 혁신과 숭배 사상은 여전히 유지되고 강화되고 있다. 이것을 가능하게 한 것이 바로 빅데이터와 인공지능 기술이다. 이제 애플의 빅데이터와 인공지능 기술은 스티브 잡스를 대신해서 애플의 종교화를 진두지휘하고 있다. 애플은 휴대폰 사용자가 누구이고, 어디에 있고, 어디를 가고, 무엇을 검색하고, 무엇을 원하는지를 다 알 수 있는 정보를 가지고 있다. 애플 결제 시스템으로 돈의 흐름과 결제 데이터까지 장악했다. 여기에 바이오헬스와 자율주행자동차로 영향을 확대 중이다.

만약 미래에 휴대폰이 사라지면 애플의 생태계의 한 축이 무너진다. 그래서 애플은 휴대폰을 대체할 미래 통신과 디스플레이 장치에도 사활을 걸 것이다. 움직이는 거대 디바이스인 미래 자동차, 몸에서 가장 근접성을 가진 스마트 글래스, 움직이지 않는 거대 디바이스인 스마트 건물(회사, 집) 등이다. 그 과정에서 애플은 자연스럽게 인간의 몸에서 나오는 생체 정보도 관리하게 될 것이다.

후기 정보화 시대, 지능 시대의 근간이 되는 생각 흐름, 위치 흐름, 소비 흐름, 돈 흐름 빅데이터를 모두 장악하고 이런 빅데이터 활용을 극대화할 수 있는 거대 인공지능 기술은 이미 신이 되었고, 앞으로도 가장 강력한 신이 될 가능성이 높다. 이런 잠재력을 가지고 있기에 미래에도 수많은 애플리케이션 개발자나 기업들이 애플에게 충성을 바치고 숭배를 그치지 않게 될 것이다.

구글의 별명은 무엇인가? '갓 구글'(God Google)이다. 필요한 모든 정보를 구글에게 물어보면 바로 알 수 있기 때문이다. 구글은 '전지'(全知, Omniscience)의 대명사다. 구글은 전 세계 검색 시장의 90.3%를 장악했다. 구글은 하루에 12억 개의 사진이 업로드되고 있으며, 유튜브 시청은 하루 평균 10억 시간이며, 구글 지도는 하루 10억 킬로미터 이상의 길을 알려 준다. 구글은 자율주행자동차 기술에서 세계 최고다. 구글 때문에 암기나 기억력이 인재 평가 기준에서 사라진 지 오래다. 앞으로 구글 때문에 외국어 능력도 인재 평가 기준에서 사라질 것이다. 이 모든 것은 구글이 보유한 세계 최고 수준의 인공지능 역량이다.

2021년 5월 18일, 구글 CEO 순다르 피차이(Sundar Pichai)는 미국 캘리포니아 마운틴뷰 구글 본사에서 온라인으로 개막한 '구글 I/O(연례 개발자 회의)' 기조연설에서 자연어(Natural Language) 이해 분야의 돌파구 '람다'(LaMDA, Language Model for Dialogue Applications)를 소개하면서 흥분을 감추지 못했다.

구글이 개발한 인공지능 람다는 어떤 주제든 사람처럼 대화할 수 있는 거대 언어 AI 모델이다. 순다르 피차이는 명왕성, 종이비행기 입장에서 대화하는 람다의 모습도 직접 시연했다. 람다는 2013년 개봉해서 충격을 주었던 영화 "그녀"(Her)에 등장한 AI '사만다'처럼 대화의 맥락과 연관된 합리성, 대화의 주제를 파악한 구체성과 독창성(창의성)을 완벽하게 반영하면서 몰입도 높고 자연스런 대화를 이어 갔다.

전문가들은 람다의 'SSA'(Sensibleness and Specificity Average) 수치가 80%를 넘을 것이라고 추정했다. SSA는 인공지능 같은 기계가 얼마나 인간처럼 대화할 수 있는지를 보여 주는 지표다. 한국에서 화제가 됐던 AI '이루다'의 SSA는 78%였고, 실제 인간의 SSA는 86%다. 인공지능이 인간 수준의 언어 구사력에 도달할 날이 머지않았다.

구글은 이세돌을 이겨서 세계를 놀라게 했던 인공지능 바둑 프로그램을 개발한 회사다. 그 이후에도 구글은 인공지능 개발에 속도를 높였다. 현재는 미리 규칙을 정해 주지 않아도 인공지능이 특정 분야의 규칙을 스스로 깨우치고 인간보다 높은 능력에 도달할 수 있는 기술을 보유했다.

람다가 명왕성에 대해 대화하면서 우주의 온도, 명왕성을 탐사한 우주

선 이름을 거론했는데, 구글은 람다에게 이런 규칙을 따라서 대화하라고 정해 주지 않았다. 람다는 자연어 데이터만 주어진 상태에서 사람처럼 스스로 개념을 합성하고 대화 상대와 상황에 맞게 스스로 대화의 규칙을 형성한 것이다. 이런 방식으로 대화를 하면, 똑같은 주제로 다른 사람과 대화하더라도 각각 다른 대화 패턴과 결론에 이를 수 있다. 구글이 개발하는 대화형 인공지능은 적용 방식이 무한하다. 구글 CEO 순다르 피차이는 람다를 AI 음성 비서, 검색, 이메일, 번역, 프로그래밍, 챗봇, 자율주행 자동차 등 다양한 서비스에 적용할 것이라고 발표했다.[2)]

여기가 끝이 아니다. 로봇과 우주 산업도 구글이 호시탐탐 노리는 산업이다. 미래 의료도 구글의 타켓 안에 있다. 코로나19가 발발하자, 구글은 단백질 접힘 문제를 해결하기 위해 개발한 '알파폴드'라는 인공지능을 바이러스 분석과 백신 개발에도 투입시켜 큰 공을 세우게 했다.

미래 의료를 이야기할 때 4P를 자주 거론한다. Precision(정밀), Predictive(예측), Preventive(예방), Participatory(참여)다. 전염병 대재앙을 막는 길도 정밀, 예측, 예방, 참여가 답이었다. 코로나19는 4P가 불가능한 미래가 아니고 이미 시작된 미래임을 증명했다. 당연히 4P를 현실화시키는 것은 구글을 비롯한 다양한 미래 기술 기반 스타트업들이다.

캐나다 인공지능 의료 플랫폼 회사 블루닷(BlueDot)은 인공지능 알고리즘을 활용해서 코로나19 발병을 세계보건기구보다 빨리 감지했다. 인공지능의 예측 능력을 활용해서 중국 우한 다음으로 서울, 도쿄, 홍콩, 마카오 등 다음 발병 위험이 높은 도시들을 찾아냈다. 블루닷은 사스(SARS)가 발생했을 때 치료하던 동료 의사들이 감염으로 사망하는 것을 목격한 의사들이 '제2의 사스' 창궐을 막기 위해 창업한 회사다. 블루닷은 데이터마이닝 알고리즘으로 행정 정보(인구수, 지리적 위치)나 사람의 실시간 이동 정보 등을 분석하고, 생물 정보학 시퀀스 데이터를 분석하는 소프트웨어를 사용해서 각종 바이러스 특징(유전자 분석, 감염 방식, 잠복기)을 파악해 감염병 발병 예측 및 확산 모델을 만든다.[3)]

알리바바의 인공지능은 20초 만에 감염자의 흉부 CT를 판독해서 96% 확률로 코로나19 확진자를 가려 내기도 했다.[4)] 중국에서는 코로나19가 확산되면서 의료 로봇 사용도 빠르게 증가했다. 청두에서는 공무원들이 '스마트 헬멧'을 착용하고 거리 순찰을 하며 보행자의 체온을 측정했다. 체온이 섭씨 37.3도 이상인 사람이 거리를 돌아다니면 알람이 울리고 중국이 자랑하는 안면 인식 기술로 발열자의 신원이 즉각 파악된다. 중국은 원격 폐렴 진단, 화상 의료 상담, 로봇을 활용한 거리 및 건물 소독 등 미래 의료 기술을 코로나19 사태에 적극 도입했다. 2020년 3월 2일, 시진핑 국가 주석은 "과학 기술은 인류가 전염병과 벌이는 싸움에서 가장 중요한 무기다"라고 강조했다.[5)]

코로나19 충격으로 백신과 전염병 치료제를 개발하는 디지털 플랫폼 구축도 글로벌 기업에게 화두가 되었다. 구글은 알파폴드라는 자체 기술도 보유하고 있지만, 미래 의료에 선두 기술을 보유한 23&Me(유전자 분석 서비스), 디날리 테라퓨틱스(신경퇴행성 질환 치료제 개발), 플래티런 헬스(암 데이터 분석 클라우드) 등 다양한 스타트업 수십 곳에 투자하고 핏빗 등의 생체 정보 수집이 가능한 회사를 인수 합병 중이다.

이런 기술들을 무기로 구글은 '전지'(全知, Omniscience)에서 '전능'(全能, Omnipotence)까지 능력을 확장 중이다. 우리가 구글에 의존할수록 구글은 누가 어디서 무엇에 관심을 두고 있는지, 누가 무엇을 필요로 하는지를 가장 잘 아는 기업으로 계속 성장한다. 어떤 기업이 나 자신보다 나를 더 잘 알고, 내가 필요한 것을 정확하게 제공할 수 있다면…, 그것이 신이다. 그런 신이 나에게 돈도 벌 수 있게 해준다면 숭배는 극에 달할 수 있다. 결국 "구원(salvation)도 갓 구글에게…"라는 말도 서슴지 않을 수 있게 된다.

신의 프로토콜(The God Protocol), 미래의 돈을 지배하는 알고리즘

이런 기업들이 디지털 화폐(가상 화폐, 암호 화폐)까지 장착하면 전 세계를 대상으로 화폐 발행 능력을 얻게 되면서 중앙은행이나 정부를 넘어서는 무소불위 능력자가 된다. 역사적으로 통화 발권력은 하나의 시장뿐만 아니라, 국가 경제 흐름 전체를 장악하는 강력한 수단이었다. 미국이 세계 시장에 영향력을 행사하는 결정적 이유도 달러 발권력 덕택이지 않은가.

IT, 통신, 유통, 금융 투자 영역에서 출현하는 새로운 파괴자들이 독점 데이터(원자재)와 인공지능 기술을 확보한 후 새로운 시장 플랫폼을 구축하고 미래 통화 발권력까지 확보하면 능력은 극대화된다. 이들이 통화 발권력을 갖게 되는 결정적 이유는 블록체인과 암호 화폐 기술의 출현이다.

블록체인 아이디어는 1997년 닉 서보(Nick Szabo)가 발표한 "신의 프로토콜"(*The God Protocol*)이라는 짧은 논문에서 시작되었다. 닉 서보는 프로토콜이 지명한 '신뢰받는 제3자'를 모든 거래의 중심에 두자는 제안을 했다. 모든 거래에서 중개자 없이 경제적 활동이 가능하도록 만드는 신뢰받는 제3자는 가상 컴퓨터 안에 존재하는 '수학적으로 신뢰할 만한 프로토콜'이다. 프로토콜 참여자는 다른 사람의 거래 세부 내용은 볼 수 없지만 거래가 일어날 때 발생하는 로그 기록과 숫자의 계산이 정확하고 서로 일치하는지 등 무결성을 감시하는 주체가 되어서 탄탄한 평판 시스템 기반(The Basis for Solid Reputation System) 구축에 일조한다.

2008년 닉 서보의 아이디어는 나카모토 사토시(Nakamoto Satoshi)라는 가명을 사용하는 인물에 의해서 현실화되었다. 그는 닉 서보가 제안한 '분산 계산 방식' 아이디어를 가지고 은행을 거치지 않고 개인 대 개인 간 전자 결제가 가능한 새로운 프로토콜을 개발했다. 나카모토 사토시가 만든 수학적으로 신뢰할 만한 프로토콜(통신 규약)은 '비트코인'이라는 암호 화폐를 얻기 위해 자발적으로 모인 엄청난 개수의 분산 디바이스들 위에 거래 기록이 담긴 '분산 원장'(distributed ledger)을 블록체인 방식으로 구축한다.

나카모토 사토시는 매 10분마다 네트워크 안의 모든 거래가 참여자의 디바이스에서 동시에 검증되고 계산한 내용을 하나의 블록에 저장하고, 이 블록을 네트워크에 참여하는 모든 개인 컴퓨터에 동시에 복사해 저장하고, 이 컴퓨터들을 병렬 사슬(체인)로 묶는다. 네트워크 안에서 매 10분마다 계속해서 새로 만들어진 블록은 이전 블록과 직렬로 연결되어 긴 체인을 계속 형성한다. 거래의 모든 역사를 하나로 묶어 직렬 사슬(체인)을 형성한다. 이렇게 정보가 직렬과 병렬로 촘촘히 묶이면 해킹 방어 능력도 높아지고, 정보 신뢰성을 감사(監査, audit)해 줄 제3자(중재자)의 개입이 없이도 '장부'(기록)의 신뢰성을 확보할 수 있다.

블록체인을 해킹하려면 10분 이내에 네트워크상에 분산된 원장 전체를 동시에 해킹해야 하고, 거래 역사도 완전히 조작해야 한다. 시공간 전체를 해킹해야 하는 원리다. 이론상 참여 숫자가 많아 긴 체인을 만들수록 해킹 가능성은 하락한다. 반대로, 참여 숫자가 적어 체인이 짧을수록 해킹 가능성은 상승한다.

암호 화폐는 분산 원장 참여 숫자를 높이기 위해 만들어진 '당근'이다. 공짜로 개인 컴퓨터를 블록체인의 분산 서버처럼 사용하도록 강제할 수 없기에 보상으로 주는 유인책이다. 이렇게 수학적 암호화, 분산(병렬), 블록(직렬)으로 구성된 '분산형 신뢰 프로토콜 네트워크'(Distributed Trust Protocol Network) 기술을 사용한 최초의 P2P 기반 디지털 암호 화폐는 2008년 8월 18일 도메인(bitcoin.org)이 등록되고, 2009년 1월 3일 그리니치 표준시 18시 15분 05초에 최초의 블록(거래 기록 묶음)이 생성되면서 시작된 비트코인이다.

『블록체인 혁명』의 저자 돈 탭스콧(Don Tapscott)은 블록체인은 복식 부기 발명과 같은 역사적 사건이며, 복식 부기가 자본주의와 국민 국가 성장에 큰 기여를 했듯이 코드화하여 디지털로 기록할 수 있는 모든 것에 적용되는 블록체인도 인류 문명 발전에 크게 기여할 아이디어라고 평가한다. 미래에는 분산 원장과 블록체인 방식이 양자 암호 체계와 결합되어 정보 조작 방지가 강화되면서 자율주행자동차, 바이오 생명 공학, 생체 보안, 나노 분야에서도 사용될 수 있을 정도로 더욱 강력한 디지털 보안 시스템으로 발전할 가능성이 크다.

구글, 애플, 테슬라, 아마존, 스타벅스 등 지능 시대를 지배하는 데이터 신들은 자신의 플랫폼의 신뢰성과 보안성을 확보하기 위해 신의 프로토콜(The God Protocol)인 블록체인 기술을 사용할 것이다. 그리고 제3자(중재자)의 개입이 없이 '장부'(기록)의 신뢰성을 확보하는 블록체인의 장점을 이용하여 소비자들이 믿고 사용할 수 있는 새로운 디지털 화폐를 발권하는 시도를 할 것이다. 현실과 가상을 아우르는 플랫폼으로 시장을 확보하고, 거래의 기준을 만들고, 화폐를 발행하여 시장 경제를 조절하는 권력을 가지려는 전략을 구사할 것이다.

자신이 만든 시장(플랫폼)에서 사용되는 기축 화폐를 발권하여 얻는 세뇨리지(Seigniorage) 효과는 덤이다. 기업의 새로운 이윤 영역이 된다. 세뇨리지 효과는 돈을 거래하는 데서 발생하는 명목 교환 가치에서 돈을 발행하는 데 드는 실제 발행 비용을 뺀 만큼의 이익이다.

필자의 예측으로는 이들이 미래의 돈을 지배하는 알고리즘을 장악하는 것은 시간문제다. 미래의 돈을 지배하려면 알고리즘 확보 이외에도 두 가지 필수 조건을 갖춰야 한다. 하나는 거래 시장이고, 다른 하나는 시장에서 거래될 상품의 생산이다. 데이터의 신들은 이 두 가지도 선점하려고 할 것이다.

필자는 『메타 도구의 시대』라는 예측서에서 비즈니스부터 인간 존재 방식까지 영향을 미치는 3가지 메타 도구를 소개했다. 나노, 인공지능, 3D 프린터다. 이 3가지 중에서 가장 평가절하된 메타 도구는 3D 프린터다. 많은 사람이 3D 프린터를 흥미로운 장난감으로 치부하거나 문서를 인쇄하는 가정용 프린터 정도로 영향력을 축소한다. 하지만 필자의 눈에 비치는 3D 프린터는 지금까지 만들어진 각종 도구를 생산하는 방식을 완전히 바꾸는 강력한 메타 도구다. 나노 도구와 인공지능 도구가 워낙 강력해서 영향력이 간과되었을 뿐이다.

필자는 3D 프린터 기술이 다시 대중의 관심 안으로 들어올 날이 곧 올 것이라고 예측한다. 바로 인공지능과 나노 바이오 기술의 도움으로 '생각하는 3D 프린터'로 재탄생하는 그날이다. 그날이 오면 생각하는 3D 프린터는 가상 공간의 제2차 혁신과 맞물리면서 제조업 전반에 빅체인지를 만들어 낼 것이다.

2020-2021년 코로나19가 현실 세상을 멈춰 세웠다. 역사상 유례없는 장기간 비대면 환경이 벌어졌다. 이런 대충격과 대혼란의 틈을 비집고 등장한 것이 '메타버스'(Metaverse)다. 메타버스는 '초월' 혹은 '이면'이라는 뜻

을 가진 단어 '메타'(Meta)와 '세상'이라는 영어 단어 '유니버스'(Universe)가 합쳐진 신조어로 '현실 세계와 같은 사회 · 경제 · 문화 활동이 이루어지는 3차원 가상 세계'를 일컫는다.

하지만 이 개념은 새로운 것이 아니다. 이 개념이 처음 등장한 것은 1992년 미국 SF 작가 닐 스티븐슨(Neal Stephenson)의 소설 『스노 크래시』에서였다. 필자도 2009년 출간했던 『2030년 부의 미래지도』에서 '3단계 가상 혁명'이라는 시나리오를 통해 예측했던 미래다.

가상 혁명(가상 세계) 발전 1단계는 컴퓨터와 인터넷의 개발이다. 현실 세계의 아날로그 대상들이 0과 1, On과 Off 신호로 디지털화되어 가상 세계에 재창조된 시기다. 현실 세계를 아날로그 문자로 기록할 수 있는 기술이 경이로운 인류 발전의 첫 번째 기틀이었다면, 아날로그 문자로 된 정보를 디지털화하기 시작한 가상 혁명 1단계는 경이로운 인류 발전의 두 번째 기틀을 마련했다. 아날로그 문자라는 첫 번째 기틀이 마련되면서 인간이 자신의 생각, 감정, 상상을 1차원의 점과 선(문자)으로 기록할 수 있게 되었다면, 디지털 문자라는 두 번째 혁명은 인간의 생각, 감정, 상상을 3차원 현실로 재생시킬 수 있게 했다. 아날로그 문자가 인류 전체의 의사소통과 협업이 가능하게 했다면, 디지털 문자는 인간과 기계가 의사소통하고 협업할 수도 있게 했다.

가상 혁명(가상 세계) 발전 2단계에서는 현실 세계와 가상 세계의 경계가 파괴된다. 바로 이 단계에서 메타버스가 출현한다. 제1차 가상 혁명 때에는 모니터를 경계에 두고 가상과 현실의 구분이 명백했다. 제2차 가상 혁명은 모니터를 통해 만들어진 가상 공간과 현실 공간의 경계가 파괴된다. 이 단계에서는 현실 위에 가상이 입혀질 수도 있고, 가상이 현실의 수준을 넘어서서 더 현실 같은 세상을 만들 수도 있고, 현실과 가상이 동시에 한곳에 존재할 수도 있다. 가상은 현실로 튀어나오고, 현실은 가상으로 흡수된다.

2021년 현재는 가상 혁명 발전 2단계의 초입부다. 홀로그램, 가상 현실, 6G-7G 기술, 휴먼 인터페이스, 웨어러블 컴퓨터, 3D 그래픽 및 디스플레이 등 다양한 미래 기술들은 가상 혁명 2단계 발전을 가속시킬 것이다. 인간의 뇌는 현실과 가상을 구별하지 못하는 특성이 있다. 가상 현실 기술은 뇌의 이런 특성을 이용한다. 현재의 기술은 뇌의 다양한 신호를 컴퓨터에 입력하는 것이 가능한 단계까지 발전했다. 뇌에 직접 가상을 주사하는 수준의 가상 현실 기술은 2030년 이후에 상용화될 것으로 예측된다. 이런 기술을 당장 사용하지 않더라도 헤드 마운트 디스플레이(HMD, 머리에 착용하는 디스플레이 장치)를 통해서 얼마든지 가상의 사람이나 물건을 실제처럼 연출할 수 있고, 가상 공간에서 쇼핑과 운동 게임을 즐길 수 있는 가상의 여행지를 만들어 낼 수 있다.

2019년, 5G 시대가 열렸다. 5G는 초당 1Gb 데이터를 주고받는 통신 시스템(고화질 영화 한 편 2-3초에 다운로드)이다. 가상 현실이나 증강 현실 콘텐츠를 완벽 구현할 수 있다. 하지만 이것은 어디까지나 이론적 속도다. 수많은 사람이 몰리면 실제 속도는 현저히 떨어진다. 그래서 실제적인 '초고속, 초저지연 실시간 통신', '완벽한 가상 세계', '사람과 기계와 사물을 통합하는 초연결', 'AI와 통신 간 융합' 구현은 6G-7G 상용화 시대에 가능할 것이다. 완벽한 원격 기술, 모바일 홀로그램 기기, 지연 없는 초실감 VR · AR 등 주요 애플리케이션들의 대중화도 6G-7G 상용화 시대에 가능할 것이다.

6세대 통신은 수중 통신이나 전 세계 어디에서든 음영 지역 없이 이용 가능할 정도로 전파 송출 범위가 확대된다. 미국의 방위고등연구계획국

(DARPA), 중국 공업정보화부에서는 이미 6G 연구를 시작했다. 6G는 우리에게 익숙한 4G와 비교할 때 전송 속도가 100배 이상 빠르다. 6G는 2030−2040년에 상용화될 것이며, 2040년 이후에는 4G보다 1,000배 빠른 7G 시대가 열리게 될 것이다. 7G 서비스는 사람이 존재하는 모든 공간의 네트워크화는 물론이고 우주까지 하나의 통신 시스템으로 연결된다. 이른바 '초연결 지구' 시대가 열린다. 실제적인 '실시간 통신'과 '완벽한 가상 세계' 구현은 6G−7G 상용화 시기가 되면 가상 현실 기술이 교육, 훈련을 비롯해서 가상 섹스까지 다양한 영역에서 사람들을 놀라게 할 것이다.

웨어러블 컴퓨터도 가상 혁명 2단계 발전에 일조할 것이다. 웨어러블 기기들이 서로 연동되고 지능형 사물들과 통신하면 사용자의 몸뿐만 아니라 주위 상황도 동시에 인지하여 데이터를 생산하게 된다. 이를 '어웨어러블(awareable) 시대'라고 부른다. 이런 시대가 열리면 나에게 가장 적합한 여행지를 추천해 주는 것은 물론이고, 가장 적합한 선물, 음식, 기억에 남을 만한 장소, 내가 가장 감동받을 만한 이벤트 등을 개인 맞춤형으로 제공하는 일도 가능해진다. 가상 혁명 2단계 발전이 향상되면 인간은 스마트폰이나 컴퓨터 모니터를 통하지 않고도 자유롭게 가상 공간으로 들어가고 나갈 수 있게 된다.

제2차 가상 혁명이 완성되면 가상 공간에 파리, 뉴욕, 런던, 아프리카 초원, 수천 미터 깊이의 바다, 화성 등을 만들어 놓고 여행을 다니는 시대가 열리게 된다. 인간과 농담을 나누고 감성까지 표현하는 인공지능도 가상 공간과 연결되면서 가상 여행이 현실 여행보다 더 나은 경험을 줄 수 있게 될 것이다.

제2차 가상 혁명이 완성되면 가상과 게임이 통합된 환경도 만들어질 것이다. 게임과 예술의 경계가 허물어지면서 상상할 수 없는 가상의 세계를 선물할 것이다. 게임은 이미 오래전부터 가상 세계에 대한 환상을 주고 있다. 제2차 가상 혁명 시대에 게임은 게임이 아니라, 컴퓨터가 만든 세상에서 실제처럼 살게 하는 플랫폼이 될 것이다. 현실의 놀이와 가상의 놀이를 통합하고, 인간의 모든 활동에 관여할 것이다.

현실과 가상의 경계를 깨뜨리는 가상 세계의 발전은 가상과 게임을 통합하고 게임과 미디어의 경계도 무너뜨린다. 일명 '대체 현실'(Substitutional Reality) 미디어 시대가 열릴 것이다. 대체 현실은 다양한 기술을 통해 사람의 인지 과정에 혼동과 착각을 발생시켜 가상 세계의 경험이 현실을 대신하거나 마치 실제인 것처럼 인지하도록 하는 기술이다. 3D, 리얼 컬러, 몰입을 통해 옆에서 벌어지는 일을 전능의 관점에서 보듯이 생생한 화질을 전달하는 대체 현실 미디어는 지금의 가상 현실이 주는 몰입감을 능가할 것이다. 시청자의 마음속을 거울을 보듯이 들여다보고, 시청자를 가상의 세계로 데려가고, 가상의 세계를 시청자의 눈앞에 데려오는 것이 가능해지면서 방송에서 구사할 수 있는 스토리의 한계가 깨어지고 확장될 것이다.

제2차 가상 혁명(2단계 가상 세계)이 완성될 무렵에는 우리의 생각, 세계관, 생활 방식의 변화도 일어날 것이다. 더 많은 사람이 과거보다 좀 더 평등해진다는 느낌을 찾으려 가상 세계에서 몰입과 활동 시간을 늘릴 것이다.

에릭 슈미트(Eric Emerson Schmidt)의 말처럼 현실 세계는 여전히 불평등이 지속되거나 더 악화될 수 있지만, 가상 세계는 똑같은 기본 플랫폼, 정보, 가상 자원을 누구나 최저 비용이나 무료로 접근하게 해주기 때문에 사람들이 보다 평등해진다는 느낌을 받게 해준다. 날로 진보하기 때문에 평등 혜택은 더 커질 수 있다. 날로 발달하는 가상 세계 기술로 인해 교육 평등, 비즈니스 기회의 확대, 사회 참여 불평등과 같은 힘든 문제들을 해결할 수 있는 실마리가 제공될 수 있다. 후진국이나 가난한 사람들을 지배하는 비효율적인 시장, 시스템, 물리적 장벽, 행동들을 개선하거나 효율성을 높이는 일이 일어날 수 있다.

제3차 가상 혁명(3단계 가상 세계)은 가상 세계의 궁극이고 최종 완성이다. 기술의 발전이 임계점을 넘어가면 기술의 자기 생성 충동이 일어나면서 '제3차 가상 혁명'이 일어나면서 3단계 가상 세계로 진입한다. 이 단계에서는 가상과 현실이 완전히 하나가 된다. 구별이 없어진다. 모호해진다. 무의미해진다. 제2차 가상 혁명 시대까지는 가상 세계를 인간이 작동시키지만, 제3차 가상 혁명 시대에는 인공지능이 가상 세계를 작동시킨다.

제3차 가상 혁명은 환상 시대의 문을 열어 줄 것이다. 가상과 현실이 완벽하게 통합되어 인간과 가상과 현실의 모든 사물이 연결되면 인간의 두뇌와 몸이 생물학적 발전의 한계를 극복하는 것이 가능해진다. 인간의 지능이 모든 사물에 속속들이 스며들면서 사물을 자신의 정신과 근육처럼 사용할 수 있는 시대가 된다. 그 이후에는 레이 커즈와일(Ray Kurzweil)이 예측한 것처럼 인간의 지능이 모든 물질, 에너지 속으로 스며들고, 이를 조정하는 능력에 이르면서 지구라는 공간의 한계를 벗어나 먼 우주까지 정신과 행위의 영역을 넓히는 것도 가능하게 될 것이다.

필자는 가상 세계의 3단계 발전을 예측하면서, 가상 국가나 가상 공동체의 힘이 현실 세계에 존재하는 전통 국가보다 강해질 수 있다고 예측했다. 그리고 현실 국가의 권위와 힘을 넘어서는 가상 국가는 제2차 가상 혁신 단계에서부터 나타날 것이라고 예측했다.

필자가 예측했던 가상 국가나 가상 공동체는 같은 철학, 관심사를 가진 사람들이 가상에서 상호 연결성(interconnectedness)을 갖고 집단적 행동을 하는 공동 플랫폼이다. 디지털 플랫폼이기 때문에 물리적 공간의 제약에서 벗어나 무한한 개수의 공동체를 만들 수 있을 것이다. 디지털 플랫폼이기 때문에 빠르고, 효율적이고, 공격적으로 확산될 수도 있다.

그렇지만 살아 있는 공동체의 속성을 다 가지고 있기 때문에 정치, 경제, 비즈니스, 미디어, 종교, 사회 규범 등의 활동이 가능하다. 그 자체로 세계다. 작으면 마을, 크면 국가처럼 작동할 수 있다. 현실과 동일한 사회 활동과 비슷한 구조를 갖출 수 있기에 현실 공동체인 마을, 집단, 국가 등과 거의 모든 부분에서 경쟁 구도를 형성할 수 있다. 가상의 시민들은 2차원 아바타에서 3차원 아바타로 발전해서 활동하고, 가상 시민들의 자치 행위, 생산에서 교역에 이르기까지 가상의 실물 경제와 가상 금융 경제 활동이 이루어진다.

가상 세계의 실물 경제는 가상의 재화와 서비스를 거래하는 것부터 현실의 재화와 서비스를 결합하는 것까지 다양한 조합이 가능하다. 가상 세계의 금융 경제도 가상의 금융 상품을 거래하는 것부터 시작하여 완전한 가상 화폐의 유통까지 다양한 조합이 가능하다. 제2차 가상 혁명 단계에서 화폐는 3가지로 나뉠 것이다. 첫째는 현실에서 주조되고 현실과 가상에서 동시에 통용되는 달러와 원화 같은 현실 화폐다. 둘째는 가상에서 만들어지고 현실과 가상에서 동시에 통용되는 디지털 화폐다. 예를 들어, 비트코인 같은 화폐다. 셋째는 가상에서 주조되고 가상에서만 통용되는 완전한 가상 화폐다.

이런 활동들이 온전하게 작동되려면 가상 세계도 현실 국가나 공동체처럼 안정적 운영과 사회 발전을 관리, 감독, 유지, 지원하는 행정과 치안을 담당하는 시스템이 필요해진다. 가상 자산들을 보호해야 하기 때문에 가상 방위 시스템도 필요해진다. 다른 가상 국가의 공격이나 현실 세계의 해킹 공격을 방어할 방위 체제(강력한 보안 시스템)다. 필자가 던지는 질문은 이것이다.

"이런 가상 세계 혁명을 주도하는 주체가 누구일까?"

구글, 애플, 페이스북, 마이크로소프트, 테슬라, 아마존, 스타벅스 등 지능 시대를 지배하는 데이터 신들이다. 이들이 발전시켜 가는 가상 세계는 하나의 거대한 시장이 된다.

미래의 바알(בַּעַל, Baal)

생각하는 3D 프린터는 가상 세계에 만들어진 시장에서 거래되는 상품을 생산하는 공장이다. 데이터 신들은 현실 세계에 존재하는 생각하는 3D 프린터를 자신들이 만든 가상 세계 속 거대한 시장과 연결시킬 것이다. 이러한 계획이 성공하면 엄청난 일이 벌어진다. 오래전부터 필자는 20세기 후반은 서비스와 금융업을 지배하는 국가가 경제 강국이 되었지만, 21세기는 제조업을 지배하는 국가가 다시 경제 강국이 되는 시대로 되돌아갈 것이라고 예측했다.

일부에서는 제조업의 시대가 저물어 간다고 평가한다. 절대 아니다. 제조업 쇠퇴가 아니라, 제조업 대변화(Big Change)다. 제조업의 대확장이다. 필자가 설명한 3가지 메타 도구인 나노, 인공지능, 3D프린터가 제조 개념, 방식, 대상과 주체를 모두 바꿀 것이다. 지금까지 인류가 제품을 생산하는 방식은 분자 단위의 물질을 '깎고(shave and sharpen) 조립(assembley production)하는 방식'이었다. 하지만 미래에는 인공지능이 장착된 3D 프린터를 가지고 분자와 나노 단위를 넘나들면서 '쌓아 올려(build up) 일체 생산(wholly production)하는 방식'으로 전환된다. 말 그대로, 생산 방식의 대전환이 일어난다.

생산 방식에 있어서도, '분업'이라는 혁명적 발상과 자동차 왕 헨리 포드(Henry Ford)가 도입한 '컨베이어벨트 혁명'을 넘어서는 변화가 일어날 것이다. 가상 세계 안에서 모든 사람과 실시간으로 제조 과정과 생산 방식을 공유하고 협력한다. 생산 방식의 대변화가 일어나면 기존 제조업 분야의 독점 세력이 해체되고, 제조업 규칙의 파괴가 일어나게 될 것이다. 공장의 모습과 구조 및 작동 방식에도 혁명이 일어날 것이다. 제품과 서비스 가짓수는 '롱테일 법칙'(80%가 20%보다 뛰어난 가치를 창출한다는 이론)과 '무어의 법칙'(인터넷 경제의 3원칙 가운데 하나로, 마이크로칩의 밀도가 18개월마다 2배로 늘어난다는 법칙)을 따르게 될 것이다.

먼 미래에는 인공지능과 로봇, 생각하는 기계들이 협업하여 새로운 물질을 만들고 새로운 제품을 스스로 생산하는 시대도 도래할 것이다. 데이터 신들은 이런 변화를 이미 간파하고 준비에 돌입했다.

3D 프린터는 대중의 관심에서 멀어져 있지만, 발전은 꾸준히 진행하고 있는 중이다. 프랑스 벤처 회사 드론(Drawn)은 '갈라테아'라는 가구 제작용 대형 3D 프린터를 개발했다. 로봇 팔 형태를 한 3D 프린터는 대형 사이즈 가구도 제작 가능하다. 세계적 스포츠카 람보르기니는 새로운 자동차 개발에 3D 프린터를 사용한다. 제너럴 일렉트릭(GE) 항공사는 금형 제작 없이 곧바로 초정밀 엔진 부품 20여 개를 대당 가격 80만 달러가 넘는 최첨단 3D 프린터로 생산한다. 이 프린터는 머리카락 굵기 3분의 1 정도

로 정밀하게 철가루를 분사하여 레이저를 쏘아 부품을 자라게(grow) 만든다. 20개의 개별 부품을 따로 제작한 후 용접하여 엔진 노즐을 만들었던 옛 방식에서 벗어나 3D 프린터로 한 번에 인쇄할 수 있어서 안전성과 생산성 향상이 동시에 이루어졌다. 내구성도 5배 늘어났고, 부품의 무게도 25% 줄었다. 노동력도 절감되고 해외 아웃소싱도 크게 줄었다.

3D 프린터는 크기 때문에 장난감이나 작은 소품밖에 못 만든다는 편견이 있다. 3D 프린터와 산업용 로봇이 결합되면 이 문제가 해결된다. 스페인에서는 '미니빌더스'(Minibuilders)라는 3D 프린터 로봇이 개발되었다. 각기 다른 임무를 맡은 로봇들이 협업을 하여 3차원의 거대한 구조물들을 프린트한다. 중국의 한 회사는 상하이에서 길이 32m, 높이 6.6m, 너비 10m 크기 3D 프린터에 시멘트와 유리 섬유를 가지고 인쇄한 구조물을 조립하여 채당 500만 원 비용으로 하루에 집 10채를 짓는 데 성공했다.

미래의 의류 매장은 당신의 몸을 스캔할 기계, 수많은 디자인을 당신의 몸에 맞춰 볼 대형 스크린, 빠르고 전문적인 3D 프린터, 인쇄한 옷을 입어 볼 수 있는 피팅룸만 있으면 된다. 미래 의류 산업은 소비자 개인을 대상으로 의상 스타일을 컨설팅해 주는 서비스업이 될 것이다. 옷을 사고 파는 방식만 바뀌는 것이 아니다. 미래의 상점은 공장에서 공급한 물건을 대량으로 진열하지 않을 것이다. 한쪽에는 3D 프린터 제작 제품을 능가하는 고급 제품을 진열하고, 다른 한 코너에서는 일회용 제품을 진열하고, 나머지 공간에는 다양한 3D 프린터들이 놓여 있게 될 것이다.

배달 사업도 달라질 수 있다. 드론이나 오토바이나 소형 차로 물건이나 음식을 배달하는 것도 사라질 수 있다. 각 가정에 한 대씩 있는 3D 프린터를 이용해서 직접 제품을 인쇄해 주면 된다. 미래에는 작은 트럭이나 미니 밴에 3D 프린터를 싣고 다니면서 공원, 놀이동산, 길거리, 지하철역

주변, 공항이나 터미널처럼 유동 인구가 많은 곳에서 고객이 원하는 제품을 즉석에서 인쇄해서 파는 청년 외식업자도 보게 될 것이다.

혈압이나 당뇨 등 성인병을 앓고 있는 고객에게 건강 데이터를 기반으로 한 맞춤형 건강 식품이나 메디푸드(medifood)처럼 맛보다는 의료용 목적으로 음식물을 찍어 내서 판매하는 음식점도 나올 것이다. 웨어러블 기기가 측정한 혈당치를 3D 프린터가 자동으로 인식하고 정해진 시간에 정해진 양만큼 인공지능 영양사의 추천을 따라 특정 영양소와 약물을 동시에 넣은 음식을 주방에서 찍어 낼 수 있다. 다이어트를 하는 사람에게 시간대별로 칼로리와 지방 소모 수준에 따라 맞춤형 식이요법을 적용한 음식이나 간식을 합성(合成)한 영양 가루나 액체를 사용하여 찍어 내 제공하는 것도 괜찮은 사업 아이디어가 될 것이다.

실리콘밸리 3D 프린터 기업 낫임파서블랩(Not Impossible Labs)은 전쟁으로 팔을 잃은 남수단 어린이에게 100달러의 저렴한 비용으로 인공 팔을 만들어 무상 공급한다. 한국계 미국인 그레이스 최가 개발한 200달러짜리 가정용 3D 프린터 '밍크'(Mink)는 색조 화장품을 제조할 수 있다. 3D시스템즈가 출시한 '셰프젯'은 3D 프린터에 설탕, 코코아 등 식재료를 넣어서 초콜릿부터 과자와 케이크까지 인쇄한다.

노스캐롤라이나 재생 의료 기관 웨이크포리스트배티스트메디칼센터 연구팀은 다양한 세포 형태를 복제할 수 있는 바이오 프린터를 개발했다. 액체 플라스틱과 살아 있는 세포를 번갈아 가며 층층이 인쇄해 장기를 만들어 낸다. 한국도 3D 프린터용 바이오 잉크를 개발하여 뼈, 연골, 지방을 인쇄하는 데 성공했다. 3D 바이오 프린터로 세포를 쌓아 올려 피부를 출력하여 손상된 피부 재생 치료를 돕는 기술의 상용화도 가까운 미래에 가능해질 것이다. 영국의 뉴캐슬대학 연구팀은 3D 프린터로 인공 각막을 출력하는 기술을 개발하여 5년 내에 상용화할 목표를 가지고 있다.

국제우주정거장이나 우주 탐사에 필요한 다양한 부품과 물건도 3D 프린터로 인쇄하여 사용할 수 있다. 무거운 물건이나 생활품, 생존에 필요한 음식까지 담아서 가지고 다닐 필요가 없다. 다양한 3D 프린터와 재료들만 싣고 우주여행을 다니면 된다.

2021년, 미국의 우주 스타트업 회사 렐러티비티스페이스는 3D 프린터를 사용해 우주 수송용 로켓을 제조하는 공장 건설을 시작했다. 렐러티비티스페이스는 이미 대형 3D 프린팅 기계를 사용해 로켓의 부품 수를 기존 대비 100분의 1로 줄이고 로켓 제조 기간은 60일 이내로 단축하는 목표를 발표했다. 3D 프린팅 기술을 사용하기로 한 것은 미국 국방부와 항공우주국(NASA), 위성통신업체 등과 맺은 우주 화물 수송에 필요한 소형 로켓 '테란1'과 중형 재활용 로켓 '테란R' 개발에 속도를 내기 위해서다.[6)]

3D 프린팅 기술은 물류와 유통에도 변화를 일으킬 수 있다. 물류 창고가 많이 필요 없게 된다. 상당수 제품들이 중간 유통 단계를 거칠 필요도 없어진다. 제품 생산 과정에 들어가는 비용이 내려가기 때문에 값싼 노동력을 찾아 기업이 이동하는 일도 줄어든다. 완제품 운송은 줄고, 원자재나 소재 등 운송이 늘어날 것이다. 대규모 운송보다 소량 제품 운송이 주를 이루게 될 것이다.

능력 있는 직원의 조건도 달라질 것이다. 3D 프린터가 활성화되면 물건을 잘 만드는 숙련된 노동자의 가치는 하락할 것이다. 새로운 것을 만들어 내는 능력, 즉 창의력이 점점 더 중요해지는 시대가 될 것이다. 물건을 만드는 손재주보다는 물건을 디자인하고 설계하는 능력이 더 중요해질 것이다.

3D 프린터 상용화 최대 문제인 환경 이슈도 머지않은 미래에 상당한

진척이 있을 것이라고 예측된다. 3D 프린팅 작업 중에는 미세한 가루가 공중으로 흘러나온다. 프랑스 공대 그랑데콜(INSA) 연구팀이 "대기 환경-3D 프린터의 미세 입자 방출"이란 보고서에서 밝힌 바에 의하면, 폐나 뇌로 침투하여 인체에 위험한 초미세 입자(UFP)는 1분에 200억이라는 매우 높은 수치를 보인다. 고온에서는 10배나 높아진다. 흡연보다 위험한 수준이다. 암을 유발하는 위험 인자로 3D 프린터가 거론된다. 하지만 역시 머지않은 미래에 미세 입자 방출과 관련된 이슈를 해결할 방법도 고안될 것이다. 소재의 종류도 다양해지고 있다. 3D 프린터 작동 방식은 (소재 문제만 해결되면) 전도체와 비전도체를 동시에 찍어 낼 수 있고, 플라스틱에서 세포 셀까지 별개로 혹은 동시에 찍어 낼 수도 있다.

필자는 2030-2035년경이면 인공지능이 장착된 생각하는 3D 프린터가 당신이 요구하는 사항을 자연어로 명령받고 적절한 디자인으로 '컴파일'하는 알고리즘을 가동시켜 물건을 인쇄하는 세상을 만들어 줄 것으로 예측한다. 생각하는 3D 프린터는 물건이 프린팅되는 전 과정을 스스로 모니터링하면서 실시간 작업 관리까지 한다. 시간이 지나면서 온도, 습도에 따라 모습이 변화되는 형상 변화 소재로 만든 잉크 기술이 접목되면 4D 프린팅 기술로 발전도 가능하다. 2013년 4월, 미국 MIT 자가조립연구소 스카일러 티비츠(Skylar Tibbits) 교수가 "4D 프린팅의 출현"이라는 강의에서 소개한 기술로, 미래 자동차, 의료, 의류 등에 적용이 가능하다.

은퇴 이후 크고 작은 3D 프린터 여러 대를 사무실이나 창고에 들여놓는다면 개인 공장 시스템도 구축할 수도 있다. 필자는 미래에 가정용 생각하는 3D 프린터가 무료로 공급될 것이라고 예측한다. 프리미엄 3D 프린터라도 핸드폰 하나를 사듯 매달 저렴한 금융 비용으로 손쉽게 구매할 수 있을 것이다. 경비행기, 로봇, 자동차 같은 제품을 생산할 만큼의 전문적인 대형 3D 프린터도 자동차 한 대를 구입하는 데 드는 금융 비용으로 구매할 수 있을 것이다. 인쇄 속도와 재료비 가격도 상당히 만족스러워질 것이다.

이런 장벽들이 해결된 미래의 가정에서는 이런 풍경이 펼쳐질 것이다. 책상 위에는 일상에서 사용되는 작은 소품을 만들어 내는 탁상용 3D 프린터를, 주방에는 음식을 인쇄하는 3D 프린터를, 지하실 창고나 주차장에는 몇 대의 3D 프린터 로봇을 두고 집을 수리하고 자동차를 고치게 될 것이다. 이런 개인용 생산 도구를 가진 당신은 고장 난 샤워기 꼭지부터 단종된 오래된 자동차 부품까지 스스로 만들어 자급자족할 수 있고, 방금 머릿속에 떠오른 제품 아이디어를 곧바로 물건으로 만들 수도 있게 될 것이다.

3D 프린터가 발전하면 할수록 인간은 지구에 존재하는 모든 것을 만들려고 할 것이다. 집 안에서 사용하는 물건이나 먹는 음식을 뛰어넘어 피부를 프린트하고, 심장이나 방광 등의 장기를 프린트하는 쪽으로 기술을 발전시킬 것이다. 먼 미래에는 '생각하는 4D 프린터'가 등장하면서 살아 움직이는 소재를 사용하고, 물체나 생명체를 물리적 복제 형태로 정확하고 빠르게 전송하는 디지털 팩스 기계(Digital Fax Machine)처럼 사용될 수도 있다.

구글, 애플, 페이스북, 마이크로소프트, 테슬라, 아마존, 스타벅스 등 지능 시대를 지배하는 데이터 신들은 이런 대변화를 놓치지 않을 것이다. 현재 이들은 빅데이터의 힘을 증강시키고 미래의 모든 하드웨어를 통제할 수 있는 인공지능 기술 확보에도 심혈을 기울이면서 빅체인지 시대에 일어나는 거대한 기회들을 독점하려는 욕망을 숨기지 않고 있다. 회사 전체가 인공지능 통제 아래 움직이도록 하는 시스템(AI enhanced system) 구축을 서두르고, 빅데이터 수집 영역을 넓히고, 고객의 충성과 연결성 강화를 위해 환경과 개인 정보 보안에 집중 투자하고, 미래 컴퓨터 기술로 부상하는 양자 컴퓨터 암호화 기술 적용도 검토 중이다.

이들의 노력과 도전으로 양자 컴퓨터 기술은 기업 관리부터 헬스 케어, 제조, 정보 및 미디어 분배, 소비자 정보 암호화, 공급망 관리 등으로 적용 범위가 확대될 것이다. VR 헤드셋, MR(Mixed Reality, 혼합 현실) 디바이스(전화, 안경) 같은 웨어러블 기기나 스마트 디바이스에서 사용될 수 있는 운영 체제, 소프트웨어와 콘텐츠 개발을 강화하면서 가상과 현실의 경계 파괴(virtual and real life immersive experience, 메타버스)를 주도하고 있다. 생각하는 3D-4D 프린터가 만들어 내는 대변화도 이들에게 놓쳐서는 안 될 미래다.

이들은 자신들이 이미 구축해 둔 빅데이터, 인공지능, 3차원 가상 세계 플랫폼에 현실 세계에서 생산 방식의 혁명을 주도하는 생각하는 3D-4D 프린터와 각종 디지털 제조 기계(레이저 칼, 3D 스캐너 기술 등)를 결합시키고, 현실 세계에서 물건 제조와 관련된 모든 회사도 모으고, 클라우드 기술과 인터넷 커뮤니티의 공개 제조를 완전 통합하는 거대한 생태계를 구상할 것이다. 가상과 현실의 경계를 완전 파괴해서 제공하는 통합 플랫폼이다. 이런 모습은 필자가 예측했던 제2차 가상 혁명의 완성 단계에 등장할 것이다.

데이터 신들은 당신이나 소기업을 현실 세계에 존재하는 '초소형 공장'(offline microfactory)으로 활용할 것이다. 초소형 공장은 다품종 소량 생산에 강점을 갖는다. 당신에게 참신한 아이디어가 없어도 상관없다. 데이터 신들이 제공하는 인공지능이 장착된 생각하는 3D 프린터가 오픈 소스로 공개된 아이디어나 약간의 저작료를 지불한 설계도를 내려 받아 단일 제품 하나를 온전히 제조해 주고, 인공지능과 통신 기술과 가상 세계의 지속적 발전으로 전 세계로 자기가 만든 물품을 판매할 수 있는 환경이 조성되기 때문이다.

오픈 소스 잠수함, 오픈 소스 로켓, 오픈 소스 손목시계 등 다양한 하드웨어 설계도와 제작 방법은 이미 오픈 소스로 공개되어 있다. 이런 생산설비가 집이나 사무실에 없어도 된다. 데이터 신들은 세계 곳곳에 디지털 생산 설비를 공유하는 메이커스페이스(makerspace)를 직접 구축하거나 이미 구축된 것들을 연결해 둘 것이다. 현실 세계에 존재하는 '공개형 공장'(offline openfactory)이다. 공개형 공장은 소프트웨어 무료 공개처럼 작업실과 첨단 디지털 제조 도구와 재료 등 하드웨어를 무료로 공개하는 개념이다. 미래에는 공개형 공장이 편의점만큼 많아질 것이다.

데이터 신들은 현실 세계에서 중 · 대기업이 운영하고 있는 '지능형 공장'(offline smartfactory)도 자신의 플랫폼에 묶을 것이다. 지능형 공장은 소품종 대량 생산, 매우 정교하고 전문적인 부품이나 제품 생산에 강점을 갖는다. 데이터 신들은 당신이 제조할 물건의 수주도 도와줄 수 있다. 아마존이나 테슬라, 애플 같은 데이터 신들은 자신이 구축하는 통합 플랫폼에 생산자뿐만 아니라 주문자도 연결시켜 둘 것이며, 자사가 직접 조달 수주를 내는 물량도 상당할 것이다.

누군가 통합 플랫폼에 자기가 원하는 물건의 설계도와 개수를 올리면 여기저기 흩어져 있는 개인들이 자기 집 안에 있는 초소형 공장이나 집 가까이 있는 공개형 공장에서 주문을 받아 수행하면 된다. 개인 단위의 초소형 공장에서 만들기 어려운 물건이나 고난이도 부품은 지능형 공장에 맡겨질 것이다. 개인과 중소기업이 함께 일하는 새로운 공개 협업 방식이다. 동시에 데이터 신들이 만든 가상 세계 플랫폼에서 진행되는 공개 협업이기에 '클라우드 공장'(online cloudfactory) 혹은 '디지털 공장 네트워크'(digital factory network)다.

온라인 클라우드 공장은 다품종 대량 생산에 강점을 갖는다. 예를 들어, 테슬라 고객이 특별하게 원하는 취향의 자율주행자동차를 일주일 안에 만들어 달라고 주문을 넣었다고 하자. 데이터 신이 운영하는 통합 플랫폼에 있는 생산 총괄자 인공지능은 플랫폼 내에 연결된 수천, 수만 개의 개인과 기업으로 구성된 생산 노드를 분석하고 필요한 부품이나 모듈 제작을 자동 할당한다. 자동차 한 대에 필요한 수많은 부품은 개별 생산 노드 단위에서 금속이나 플라스틱, 특수 물질 등으로 찍어 내게 되고, 1-2일 안에 생산 총괄자에게 배송되게 해줄 것이다.

데이터 신들은 당신의 초기 투자금 마련도 도와줄 것이다. 생산한 제품을 보관해 둘 대형 창고도 필요 없다. 데이터 신들이 제공하는 가상 창고(클라우드 스토리지) 안에 가상 설계도, 3D 가상 모델, 헵틱 데이터 등의 형태로 재고를 무한히 쌓아 둘 수 있다.

이렇게 가상과 현실의 경계를 완전히 파괴한 통합 플랫폼은 아이디어가 제품화되는 논리적 단계를 단축시킨다. 제품이 생산되는 물리적 경로도 단축시킨다. 비용 절감도 일어나고, 중간 단계도 줄어들면서 생산자에게 돌아가는 이익도 커진다. 롱테일 제조 역량이 가능해지기 때문에 무엇이든 생산이 가능해서 주문 물품의 종류와 숫자도 롱테일 원리를 따라 증가한다.

이런 통합 플랫폼에 암호 화폐 발권력이 부여되고 블록체인 기술을 활용해서 국가 간 거래(무역)까지 사업 범위를 확장하면 영향력은 더욱 막강해진다. 자본가, 발명가나 창의적 엔지니어가 장악했던 기존 제조업 생태계가 깨지고 규칙도 바뀔 것이다. 아니, 그들이 곧 규칙이 될 것이다. 그들은 시장이 원활하게 흘러가도록 금융 시스템을 갖추고, 직접 시장 관리자가 되어 원자재 조달부터 물건 판매까지 전체를 주도하고, 당신의 일자리와 무역망과 거래 시장을 보호하는 방어 시스템도 만들어 낼 것이다.

이 정도면 디지털 신들이 운영하는 통합 플랫폼은 하나의 국가(Nation)다. 세속 사회에서 국가는 이미 신(God)이다. 숭배의 대상이다. 미래에는 구글, 애플, 테슬라, 아마존, 스타벅스 등 빅데이터와 인공지능 기술을 지배하는 기업들이 자기들만의 가상 세계(메타버스)를 구축하고 가상 세계와 현실 세계를 통합하는 플랫폼을 만들어 신제조업 환경을 구축하고 화폐 발권력까지 장악하면서 국가의 권위와 위상을 넘어설 수 있다.

여기가 끝이 아니다. 이들은 우주여행 상품을 출시하고 화성에 새로운 정착지를 만들어 신인류를 탄생시킬 계획을 발표하고, 우주라는 미래 시장을 지배할 준비도 차근차근 하고 있다. 이런 계획이 성공하면 데이터 기업은 지구와 우주, 현실과 가상을 모두 지배하는 힘을 갖고, 우리의 모든 것을 알고, 우리가 있는 어디에나 존재하며, 우리의 모든 행동에 관여할 수 있다. 이쯤 해서 한 가지 질문이 들 것이다.

"이런 미래가 교회와 성도들의 삶과 신앙생활에 무슨 연관이 있을까?"

필자가 앞에서 했던 말을 기억하는가? 시대를 막론하고 타락한 인간은 생존과 부를 축적하기 위해 신을 필요로 했다. 농경 사회에서는 생존과 부의 근본은 땅이었고, 땅의 경작을 위해 절대 필요했던 비와 이슬을 주관하는 존재를 상상하고 '땅의 주인'이란 별칭을 붙여 '농경 신'으로 만들어 섬겼다. 필자는 후기 정보화 사회, 지능 사회에서는 빅데이터(정보)와 지능이 그 자리를 대신한다고 했다.

교회와 성도들이 하나님의 기준을 따라 세상을 경계하고 올바른 미래 방향으로 이끌지 않으면 정보(빅데이터)와 지능(인공지능)을 주관하는 자가 '전지'에서 '전능'까지 능력을 확장하는 과정에서 '부의 주인', '정보와 지능의 신'으로 받아들여지는 미래가 현실이 될 수 있다. 그런 신이 나의 생존에 필요한 먹거리를 안전하게 제공하고, 일자리도 마련해 주고, 돈도 벌 수 있게 해주고, 내 건강을 관리해 주고, 놀라운 예측 능력으로 치명적인 바이러스 공격에서 나를 보호하고, 제때 치료제까지 개발해 준다면 숭배는 극에 달할 수 있다.

결국 "구원도 갓 구글에게…"라는 말이 사람의 입에서 자연스럽게 나오는 미래가 충분히 가능하다. 그리고 미래에 그런 바알은 하나가 아닐 수 있다. 가나안 사람들이 다양한 바알을 섬겼듯이, 수많은 '바알림'(바알의 복수형)과 '아세라', '아스다롯' 등이 활동하는 세상이 될 수 있다. 이스라엘 역사에서 아합처럼 왕이라는 공공성을 가진 존재가 바알 숭배를 묵인하거나 적극적으로 승인하면 우상 숭배 죄악이 극에 달했듯이, 공공성을 가진 기업이 바알의 위치에 올려지게 되면 파장은 매우 커지고 종식시키기도 힘들어진다.

이 글을 읽는 독자가 한 가지 오해하지 말아야 할 것이 있다. 필자가 이런 미래 가능성을 예측하고 나누는 이유는 구글, 애플, 테슬라, 아마존, 스타벅스 등의 기업들의 제품을 구매하는 것이 우상 숭배라고 말하는 것이 아니다. 이들이 판매하는 제품과 서비스를 구매하고 이용하는 것은 자연스런 행위다. 하나님이 주신 일반 은혜를 누리는 행위다.

하지만 교회가, 성도가 하나님의 기준(말씀)을 가지고 경계하는 사명을 게을리하면 이들은 미래의 어느 순간에 자신의 이름을 내는 것을 넘어 시장 독점자가 된다. 그 과정에서 불공정, 약탈, 착취, 비정함, 질서 파괴,

부정 등 다양한 부작용을 낳으면서 사회적 약자에게 고통을 줄 것이다. 여기서 더 나아가면, 하나님이 빅체인지를 위해 인간에게 주신 일반 은혜를 오남용하여 스스로 신이 되어 하나님을 대적하는 위험에 빠지고, 세상을 혼란스럽게 만들고, 죄악이 관영하는 데 일조할 잠재적 가능성을 가지고 있는 양날의 칼이 된다.

아무리 소비자가 사랑하는 기업이라고 해도 소비자를 섬기지 않고 지배하고 이익을 독점하게 되면 약탈과 착취가 일어난다. 기업이 창조 세계를 보호하지 않고 파괴하면 인류가 함께 공멸하게 된다. 기업이 지배하고 독점하고 파괴하고 신이 되어 하나님을 대적하지 않게 하는 것은 교회와 성도에게 "다스리라"라는 명령으로 하나님이 주신 사명이다. 하나님 나라는 지상 대명령과 창조 대명령을 동시에 수행하는 과정에서 확장되고 완성된다.

중국 공산당, 교회보다 먼저 빅체인지를 간파했다

중국 공산당은 교회보다 앞선 듯 보인다. 데이터 기업이 신이 되고 있고, 시간이 갈수록 전지전능에 가까워지면서 국가의 지위와 권위를 넘어서고, 모든 인민에게 숭배를 받는 종교적 반열에 진입하는 미래 위기를 이미 알고 있었기 때문이다.

하지만 중국 공산당은 다가오는 미래에 대한 대응 방식이 우리와 다르다. 성경적이지 않다. 중국 공산당은 데이터 신이 될 수 있는 빅테크 기업을 초장에 기를 꺾고 자기 발아래 두고 스스로 신이 되기로 했다. 2021년

7월, 한화로 80조 원대 몸값으로 미국 뉴욕 증시에 화려하게 데뷔한 '대륙의 우버' 디디추싱이 중국 공산당의 표적 수사 대상이 되면서 벼랑 끝에 몰렸다는 기사가 터졌다.[7] 미국 뉴욕 증시 상장 5일 만에 벌어진 일이다.

중국의 사이버감독기구인 인터넷안보심사판공실(CAC)은 3억 7,700만 회원을 보유한 디디추싱을 국가 안보 위반 혐의로 조사하고, 중국의 모든 앱 스토어에서 디디추싱 앱을 삭제하라는 명령을 내렸다. 혐의는 개인 정보 관련 법률 위반이다. 인터넷안보심사판공실은 "데이터 보안 위험에 대비하고 국가 안보와 공공 이익을 지키기 위해" 내린 조치라고 공지했다.

중국 정부는 인터넷 여론 선동까지 동원해서 디디추싱을 압박했다. 중국 공산당 기관지 「인민일보」가 "디디추싱 앱 퇴출" 해시태그를 달자 하루 만에 '중국판 트위터'인 웨이보에서 해당 기사가 10억 뷰를 기록했고, 웨이보 사용자들은 디디추싱을 '반역자', '미국의 애완견'이라 부르면서 인터넷 인민재판을 해버렸다.[8]

2021년 7월 10일, 홍콩 「사우스차이나모닝포스트」는 익명의 중국 당국자 말을 인용해 중국 내부에서 디디추싱의 미국 상장을 '양봉음위'(陽奉陰違)로 보고 있다고 전했다. 양봉음위는 겉으로는 복종하나 속으로는 따르지 않는 배신행위를 가리키는 말이다. 북한이 2013년 12월에 장성택(당시 국방위 부위원장)을 무자비하게 숙청하면서 밝힌 죄목이 양봉음위였다. 당시 북한 「노동신문」은 "장성택은 앞에서는 당과 수령을 받드는 척하고 뒤에 돌아앉아서는 동상이몽, 양봉음위하는 종파적 행위를 일삼았다"고 지적했다.

중국 공산당이 2014년 12월에 저우융캉(周永康, 전 상무위원), 2017년에 쑨정차이(孫政才, 전 충칭시 당서기)를 숙청하고 산시성 지방 정부를 초토화시키는 인사 칼날을 휘두를 때도 양봉음위를 거론했다.[9] 하지만 중국을 제외한 대부분의 나라는 중국 정부의 이런 행동이 중국 빅테크 기업에 대한 대대적인 길들이기의 일환이라는 것을 잘 안다.

전 세계 플랫폼 시장을 구글과 애플이 양분한다면, 중국 내 플랫폼 시장은 텐센트와 알리바바가 양분하고 있다. 텐센트가 만든 SNS 앱 서비스 위챗은 수십만의 기업 회원과 12억 개인 유저를 보유하고 출생 신고에서 길거리 음식 값 결제, 기업의 대내외 업무 활동에 이르기까지 중국 국민과 기업의 생활과 비즈니스 전반에 영향을 미친다. 알리바바는 아마존과 겨루어도 손색이 없는 전자상거래를 중심으로 거대한 생태계를 만들고 있다. 2019년 기준, 알리바바가 운영하는 알리 페이는 중국 디지털 결제 시장의 55%를 장악하고 있으며(위챗 페이는 38.9%를 점유) 10억 명의 중국인이 사용한다. 개인 대출도 5억 명, 중소기업 대출은 2,000만 개 회사가 이용 중이다.

알리바바와 텐센트, 이 두 회사도 아마존이나 스타벅스처럼 빅데이터로 실시간 학습하는 인공지능을 기반으로 한 디지털 플라이휠 전략을 구사하는 공통점을 가지고 있다. 참고로, 텐센트가 개발하는 인공지능 바둑 프로그램은 이세돌과 대결을 펼쳤던 '알파고 리'(AlphaGo Lee)를 넘어 세계 최고 수준이다. 이 두 기업이 운영하는 인공지능은 중국 14억 인구가 쏟아 내는 방대한 온오프라인 빅데이터를 실시간으로 학습하면서 강력한 플라이휠 효과를 만들어 내며 중국 시장 전체를 장악해 가고 있다. 중국 기업과 중국인의 마음과 일상생활도 사로잡고 있다.

앞으로 빅데이터 규모가 커질수록 이들이 훈련시키는 인공지능 역량은 더욱 향상되고, 인공지능 역량이 향상될수록 서비스 혁신과 비즈니스 효율성만 높아지는 것이 아니라 시장 영향력과 국가 장악력도 높아진다. 중국 정부가 무서워하는 것이 바로 이것이다.

한여름에 전력 사용량이 치솟으며 블랙아웃이 일어나면 도시 하나가 멈춘다. 엄청난 경제 손실도 발생한다. 하지만 위챗과 알리바바 서비스가 멈춘다면 중국 전체가 멈추는 초유의 일이 벌어질 수 있다. 중국 정부 입장에서 본다면 홍콩이나 신장 등에서 일어나는 반정부 시위보다 더 무서운 상황일 수 있다. 당연히 중국 정부는 이런 힘과 영향력을 가진 거대 플랫폼 기업이 공산당의 통제에서 벗어나면 무슨 일이 일어날지 모른다고 생각할 수밖에 없다.

2020년 10월 24일, 상하이에서 열린 한 금융 서밋에서 마윈은 중국 부총리, 이강(易綱) 인민은행장을 비롯한 중국 당국자들을 향해 중국 금융 시스템에 대한 불만을 공개적으로 드러냈다. "중국 금융에는 시스템 리스크(위험)가 없다. 왜냐하면 시스템 자체가 없으니까", "오늘날 중국 은행은 압류와 담보로 버티는 전당포의 연속일 뿐이다. 빅데이터를 바탕으로 한 신용 체계로 바뀌어야 한다", "미래는 창의력 경쟁이지, 감독 기술 경쟁이 아니다", "기차역 감독하던 방식으로 공항을 감독할 수는 없다" 등이다.

중국 정부는 마윈의 발언을 공산당에 대한 정면 도전으로 받아들였다. 중국 최고 지도부는 상하이 홍콩 증시에서 사상 최대 규모의 기업 공개(IPO)를 불과 이틀 앞둔 앤트그룹 상장을 전격 중단시켰다. 그리고 마윈과 앤트그룹 경영진도 소환했다. 중국 금융감독당국은 "플랫폼 경제 영역 반독점 지침" 초안을 발표했다. 온라인 소액 대출 기업의 자기 자본 확충 강화, 1인당 대출 금액 제한 등 강력한 규제책도 일사천리로 발표했다. 알리바바에 대한 중국 공산당의 강력한 규제는 마윈이 회장직에서 물러나고야 끝이 났다.

중국에서 공산당은 국가 자체이자 유일신이다. 중국은 빅데이터와 인공지능 기술을 가진 기업들이 유일신인 공산당에 충성하는 '거인'으로만 남기를 원한다. 그들이 개발하는 전지전능 잠재력을 공산당에게 헌납하기를 원한다. 이미 무소불위 권력을 휘두르는 중국 공산당은 미래에도 전지전능하기를 원하기 때문이다. 공산당 외에는 다른 신들이 존재하는 것을 원치 않는다. 중국의 이런 행보는 오래전부터 조용히 시작되었다.

북한 김정은 정권, 신이 되는 길을 찾았다

2020년 필자는 북한의 미래를 다루는 새로운 시나리오 "2030 북한의 미래 시나리오"를 발표했다. 필자가 북한의 미래 시나리오를 추가로 발표한 것은 두 가지 이유가 컸다. 하나는 코로나19라는 100년 만에 발생한 전염병 대재앙이 북한의 미래 방향 전환에도 큰 영향을 줄 것이라는 예측이었다. 다른 하나는 코로나19 직전부터 나타나기 시작한 북한 내부의 정치적 변화였다. 특히 김정은 자신의 통치 방식의 공식적 변화였다.

2020년 5월 20일 북한 노동당 기관지인 「노동신문」이 놀랍고 역사적인 기사 하나를 보도했다. 북한 교과서와 주민 교육용 교재 등에서 김일성은 신적 능력을 부리는 존재로 기록되어 있다. 항일 유격대 시절에 모래로 쌀을 만들어 부하들을 먹이고, 총알이 떨어지면 솔방울로 총알을 만들어 적을 무찌르고, 가랑잎을 타고 큰 강을 건넜다. 1996년 북한 정권은 "장군님 축지법 쓰신다"라는 제목의 선전 가요를 만들어 가르쳤다.

그런데 2020년 5월 20일자 「노동신문」이 김일성의 축지법에 대해서 과거와 전혀 다른 평가를 했다. "사람이 있다가 없어지고 없어졌다가 다시 나타나며 땅을 주름잡아 다닐 수는 없는 것이다", 대신 "우리가 항일 무장 투쟁 시기에 발톱까지 무장한 강도 일제와 싸워 이길 수 있던 것은 인민 대중의 적극적인 지지와 방조를 받았기 때문"이며, "만일 축지법이 있다면 그것은 인민 대중의 축지법일 것"이라고 정정했다.

이 기사는 자칫하면 엄청난 파장을 일으킬 만한 것이었다. 그렇기 때문에 김정은의 지시 없이는 불가능한 일이다. 전문가들은 이날의 기사를 2019년 3월 김정은 위원장이 "수령의 혁명 활동과 풍모를 신비화하면 진실을 가리게 된다"고 한 말의 연장 조치라고 본다. 그 이후 김정은은 자기 시대의 북한 통치는 신비화를 버리고 인민의 삶과 밀착되고, 시대 흐름을 반영하고, 인간적인 통치로 전환될 것이라는 신호를 국내외로 계속 내보냈다.[10)]

선전 선동 방식도 유튜브 크리에이터 트렌드 등 전 세계적으로 빠르게 확산되고 있는 미디어 트렌드를 적극 활용하고 있다. 7살 어린이가 피아노 연주, 초등학교 입학 준비 등 자신의 일상을 소개하는 "리수진의 일일 TV", "평양 은아 씨" 등을 통한 새로운 선전 선동 전략이다. 내용과 형식도 파격적이다. 여성 진행자가 모내기나 태권도 등을 직접 체험하며 예능 프로그램을 찍듯이 내용을 구성하거나, 잘 정제되지 않은 1인 미디어처럼 카메라를 손에 들고 흔들리는 영상을 그대로 내보낸다.[11)] 모두 의도된 연출이다. 젊은 지도자 김정은의 스타일과 더불어 북한 정권에 대한 현대적 이미지를 만들려는 시도다.

하지만 자세히 분석해 보면 이런 식의 인민 통치 방식은 중국에서는 오래전부터 은밀하게 시작된 것들이었다. 그래서 필자는 김정은 위원장의 통치 방식의 공식적 변화를 기초로 하고, 중국 공산당의 통치 방식과 기술을 통제하고 방향성을 정하는 패턴을 분석 적용하여, 북한 김정은 정권의 미래 통치 방식의 변화에 대한 시나리오가 추가된 북한의 미래 예측을 발표했다.

필자는 불확실성이 높지만 영향력은 큰 두 가지 변수를 교차해서 사용하는 'GBN' 기술을 기초로 하고, '초점 영역 극대화 접근법'(Maximizing Focus)을 결합시켜서 '2030년 북한의 미래'에 대한 새로운 시나리오 4개를 구축했다. 필자가 이 책에서 소개할 시나리오는 '영리한 빅브라더스 시나리오'다.

다음 도표는 필자가 발표했던 4가지 시나리오의 제목과 각각의 위치를 표시한 그림이다. '핵 무력 완성 후 대미 강경 시나리오'는 김정은 정권의 정치 및 감시 시스템이 '안정과 불안정의 중간 상황'을 위태롭게 줄타기하고 있는 상황에서 경제성장률이 6% 미만을 벗어나지 못하면서 일어날 수 있는 상황에 초점을 맞춘 시나리오다. 이 두 가지 시나리오는 오랫동안 북한이 보여 준 모습의 연장선에 있다. 보기 좋은 미래 기술이나 외교 전략으로 그럴싸하게 포장되었을 뿐, 오히려 대내외적으로 강경한 노선을 유지하고 있는 시나리오들이다.

'대담한 개혁 개방 시나리오'는 경제성장률은 6–10% 이상으로 끌어올리는 데 성공했지만, 그 과정에서 김정은 정권의 정치 및 감시 시스템이 '안정과 불안정의 중간 상황'을 위태롭게 줄타기하고 있는 미래에 초점을 맞추어서 만든 시나리오다. '급변 사태 후 중국식 집단 지도 체제 시나리오'는 경제성장률이 6% 미만을 벗어나지 못하면서 군과 주민의 불만이 극에 달하는 상황에서 김정은 정권의 정치 및 감시 시스템마저도 '매우 불안정한 상황'에 처하면서 당장이라도 급변 사태가 발생할 수 있는 위급한 환경에 몰릴 때 김정은 정권이 선택할 수 있는 '뜻밖의 미래'에 해당하는 시나리오다.

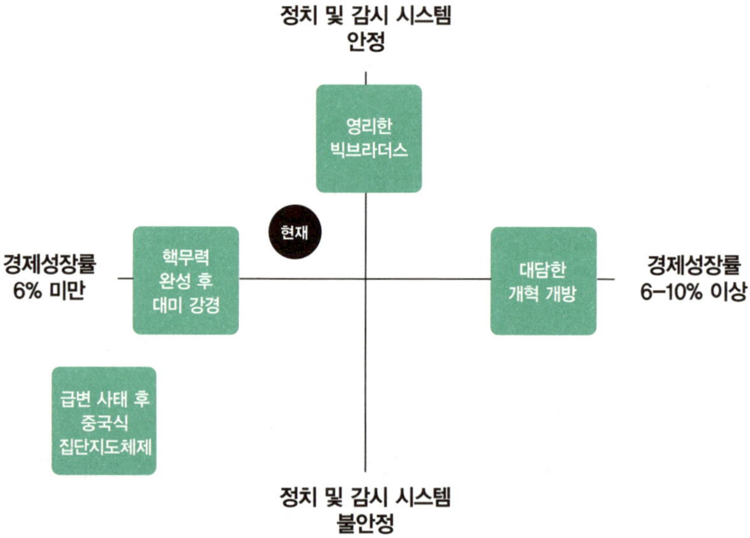

필자가 이 책에서 자세하게 소개하려는 '영리한 빅브라더스 시나리오'는 2030년경 북한의 연평균 경제성장률이 민중 봉기가 일어나지 않을 정도로 아슬아슬한 상태에 머문 상황을 가정했다. 이런 상황에서 북한 김정은 정권의 정치 및 감시 시스템은 현재보다 '매우 높은 수준'의 안정 상태를 유지한다.

필자는 사물인터넷, 빅데이터와 인공지능 기술을 중심으로 한 제4차 산업혁명의 미래 기술들을 북한 정권이 활용하면 한 단계 고도화된 지능형 감시 시스템을 구축하는 것이 가능할 것이라고 예측했다. 필자는 북한이 현재 중국 수준의 'IT기술 전체 국가 시스템'을 구축하는 데 성공하기만 해도 김정은 체제를 더욱 견고하고 강경하게 뒷받침하는 미래가 가능하다고 예측한다.

2020년 코로나19 대재앙으로 북한 김정은 정권은 그 어느 때보다 위기감이 높았다. 북한은 주민 건강 상태가 좋지 않아 면역력이 약해져 있기 때문에 해마다 독감, 장티푸스 등 전염병이 반복 유행한다. 전국에 아날로그 감시 체계가 잘 짜여 있어서 현장에서 전염병 발생 모니터링도 되고, 의료 인력은 경제협력개발기구(OECD) 평균 수준이지만, 비용 문제로 대응력은 형편없다. 평양을 제외한 나머지 지역은 진단 장비와 치료제가 전무하고, 격리 시설도 매우 열악하다.

북한 내부에서 전염병이 발생하면 강력한 사회적 거리 두기와 감염자를 자연 방치하는 것이 전부다. 코로나19처럼 해외에서 전염병이 발생할 경우 국경 폐쇄, 여행객 금지가 유일한 대응법이다. 의료 장비와 자금 부족으로 과학적으로 전염병 바이러스를 진단, 검사, 배양, 분석, 치료제 개발 등은 불가능하다. 혁명 수뇌부 '결사옹위'(북한 최고 지도자의 신변을 목숨 바쳐 지키자는 의미의 정치 선동 구호) 논리를 따라서, 북한의 전염병 대응은 평양에만 집중되어 있다. 평양으로 향하는 길목을 전면 봉쇄하고 모든 의료 장비와 치료제를 평양에 집중한다. 체제와 위상 문제가 연결된다고 생각하기 때문에 국내외 전염병 발생 사실도 절대 함구다.

코로나19처럼 대규모 전염병이 발생하면 적절한 대응을 못한 국가에서는 국민 분노가 극에 달하면서 정변이 일어나거나 선거를 통해 정권 교체가 발생한다. 김정은은 코로나19가 승승장구하던 트럼프 행정부를 갈아치우는 것을 목도했다. 이런 변화는 김정은에게도 오랫동안 큰 불안감을 줄 것이다. 김정은 정권이 가장 무서워하는 것은 미국이 아니다. 시민 혁명이다. 김정은은 언젠가는 혁명이 일어날 것이며, 혁명의 주 타깃이 현재 권력을 잡고 있는 자신들이라는 사실을 잘 알고 있다. 밖으로는 핵 무력 완성을 외치지만 내심 걱정하는 것은 내부에서 시작되는 체제 불안정성이다. 김정은에게 북한 주민과 간부들의 감시는 정권 유지에 필수적 도구이자 가장 중요한 과제다. 그래서 김정은의 불안감이 커질수록 의심과 숙청만 증가하지 않는다. 감시도 강화된다.

1991년 개봉한 아놀드 슈월츠제네거 주연 “터미네이터 2: 심판의 날”에는 인간을 감시하고 파괴하는 인공지능 시스템이 등장한다. ‘스카이넷’(Skynet)이다. 미래 어느 날, 초연결 사회가 완성되면 전 세계의 모든 도시와 산골 마을 곳곳을 감시할 수 있는 네트워크망이 완성된다. 인간의 모든 생체 데이터부터 매일 사용하는 이메일, SNS 흔적, 스마트폰 사용 위치와 내용, 각종 이동 정보 등 일상 활동 데이터는 클라우드 안에 모이게 된다. 강한 인공지능은 수집된 빅데이터를 분류하고 분석하고 학습하여 모든 인간을 감시하고 통제한다. 조지 오웰(George Orwell)의 소설『1984』에 나오는 정보를 독점하고 사회를 통제하는 권력 세력 ‘빅브라더’의 미래판이다.

조지 오웰의 소설에 등장하는 빅브라더는 사회를 안전하게 관리하고 발전시킨다는 좋은 목적으로 포장된 관리 권력이다. 하지만 실제는 특정 권력자들이 사회 통제를 하기 위해 화장실까지 감시하는 악랄한 감시 도구였다. 이런 세상은 영화 속에서만 일어나거나 먼 미래에나 가능한 일이 아니다. 현재 중국 공산당은 전국에 깔린 CCTV, 사물인터넷(IoT) 센서, 5G 통신, 스마트폰과 각종 인공지능 알고리즘을 통해 14억에 가까운 전 인민을 24시간 밀착 감시할 수 있는 국가 감시 시스템이 가능하다는 것을 보여 주는 살아 있는 사례다.

필자는 중국 공산당이 미래 기술을 사용해서 성공적으로 전 국민을 밀착 감시한 사례와 방법을 김정은 정권이 면밀히 지켜보고 분석했을 가능성이 높다고 판단했다. 북한의 IT기술도 상당히 높은 수준이다. 북한의 혈맹인 중국은 미국과 실력을 겨룰 정도로 IT기술이 최고 수준에 이르기 시작했다. 북한 김정은이 원하기만 하면 기술 원조도 받을 수 있다. 중국 공산당은 성공적으로 만들어 가고 있는 'IT기술 전체 국가 시스템 모델'도 언제든지 전수해 줄 수 있다.

중국은 기존의 인터넷 감시 기술을 비롯해서 최첨단 인공지능 기술과 실시간 빅데이터를 적극 활용해서 14억이나 되는 국민 전체를 완벽하게 감시하는 시스템을 완성했다. 2020년 코로나19 사태 속에서 중국은 IT 기술을 활용한 감시와 통제 가능성과 위력을 다시 한 번 더 보여 주었다. 알리바바와 디디추싱 사건을 통해 기술 기업이 공산당의 권위와 지위를 넘어가지 못하게 어떻게 통제해야 하는지에 대한 노하우도 공유하고 있다. 디지털 감시 시스템은 겉으로는 아날로그 감시 시스템보다 자유롭게 보이지만 생각과 숨은 의도까지 감시할 수 있는 힘을 가졌다. 권력을 오랫동안 유지하고 싶은 세력에게 중국식 IT전체주의는 아주 매력적인 유혹이다.

북한은 인적 기반 전 국민 감시 시스템(아날로그식 감시 시스템)이 전 세계 최고다. 앞으로 10년 동안 북한이 자체 혹은 중국의 도움을 받아 인공지능 기술을 CCTV와 개인 컴퓨터와 인터넷과 연결해서 주민의 외부 활동을 감시하고, 지문 인식, 홍채 인식, 안면 인식 등을 통해 건물 안에서 움직임과 출입을 관리하게 되는 인프라 구축에 성공하면 모든 북한 주민을 더욱 철저하게 감시할 수 있게 된다.

중국식 IT감시 시스템 노하우를 전수받고 인공지능을 활용한 범죄 예측 기술도 확보한다면 인류 역사상 가장 강력한 주민 감시 시스템을 완성할 가능성이 매우 높다. 인공지능이 자료를 분석하고 예측하기 때문에 24시간 빈틈없는 감시가 가능해지면서, 김정은이 우려하는 민중 봉기나 군사 쿠데타를 사전에 걸러 낼 확률도 높아진다. 이런 감시 시스템을 완성하면 북한 일부 주민들이 인터넷을 사용하고 SNS 등 소셜 미디어나 유튜브 활동 등을 해도 문제가 없다. 중국 정부는 인터넷을 적절히 통제하고 풀어 주면서 인민들이 무엇을 말하고, 무엇을 불평하고, 무엇을 요구하는지 실시간으로 모조리 파악하는 재료로 사용한다.

마오쩌둥(毛澤東)은 국민당과의 내전에서 승리하고 중화인민공화국을 창설한 후 아날로그식 주민 감시 시스템을 만들었다. 시진핑은 최첨단 기술을 활용해서 보이지 않게 중국의 사회 관계망 서비스 속에서 인민들의 생각, 말, 행동을 감시하고, 문제를 일으킬 소지가 있는 사람들을 집요하게 추적한다. 겉으로는 플랫폼 회사에게 인신공격을 일삼거나 사회에 물의를 일으키는 사람들을 걸러 내고 이용을 제한하고 감시하라는 책임을 부여했지만, 속내는 중국 공산당의 감시 시스템 역할을 종용한다. 이에 불만을 품거나 반기를 들면 알리바바와 디디추싱처럼 된다.

일부에서는 북한 김정은 정권이 인공지능과 IT기술을 활용해서 전 국민 감시 시스템을 만든다면 자본주의에 물든 일부 북한 주민의 반발이 더 커지고 사용을 기피할 것이라고 생각한다. 하지만 반대 생각도 해봐야 한다. 중국에는 500m 내외에 있는 사람들 중에서 채무불이행자를 찾아 주는 앱이 있다. 앱을 작동시키면 주위에 채무불이행자가 많을수록 앱에서 작동하는 레이더 그림이 붉은색으로 바뀐다. 목록에서 한 명을 임의로 클릭하면 그 사람이 가진 채무 금액을 비롯해서 거주지까지 개인 정보가 앱에 표시된다. 놀라운 사실은 중국 사람들이 이런 기능을 가진 앱을 좋아하고, 이 앱이 중국 IT 대기업 텐센트가 운영하는 중국 최대 SNS 위챗에서 실행되는 기능이라는 것이다. 이런 기능들은 사회 신용 제도라는 이름 아래서 활발하게 사용된다.

중국 금융당국은 이런 앱을 통해 채무 금액, 돌아다닌 장소, 인터넷에서 무슨 말을 했는지 등을 종합적으로 평가해서 신용 점수를 매긴다. 심지어 무단 횡단 횟수, 공공장소에서 흡연, 비디오 게임을 얼마나 구매했는지, SNS에서 악플을 얼마나 달았는지, 가짜 뉴스를 퍼뜨렸는지, 무엇에 '좋아요'를 클릭했는지 등 사소한 것까지 모두 추적하여 신용 점수로 환산한다. 사회적 신용 점수가 높아지면 대출을 하는 데 유리하거나 각종 혜택을 받는다. 하지만 신용 점수가 하락하면 블랙리스트에 오르고 각종 제약이 뒤따른다.

2013년 블랙리스트 제도가 시행된 이후 자동으로 비행기 탑승이 거부된 횟수가 600만 건, 법정을 모독한 이유로 고속열차 티켓 구매를 거부당한 횟수가 200만 건이었다. 이 모든 것은 정부가 국민의 일거수일투족을 속속히 들여다보고 국민 한 사람을 24시간 감시하여 공산당 정부에 위협이 되는 인물들을 추적하고 관리하는 데 사용된다. 하지만 겉으로는 대부분의 국민이 좋아하는 탁월하고 혁신적인 신용 평가 시스템이다.[12)]

북한도 이렇게 빅브라더스를 구축하고 여론 조작을 할 수 있다. 김정은은 시대 변화에 민감하고 현대 기술에 관심이 많다. 만약 북한 김정은 정권이 인공지능과 최첨단 IT기술을 확보하여 빅브라더스 구축에 성공한다면 인공지능 군사용 로봇 개발 능력을 갖출 가능성도 높아진다. 인공지능 군사용 로봇도 체제 유지에 유용한 기술이 된다. 인공지능 군사용 로봇을 IT 감시 시스템과 연동하면 군부 쿠데타 예방, 북한 내부의 질서 유지 및 소요를 사전에 차단, 군부 쿠데타 발생 시 효과적인 진압도 가능하다. 세계 각국에 있는 반정부 세력이나 테러 집단에게 기술을 이전하거나 판매하는 데도 사용하여 외화벌이에도 좋다.

일론 머스크(Elon Musk), 스티븐 호킹(Stephen William Hawking) 등이 인공지능의 잠재적 위협이 핵전쟁보다 높으니 사용 규제를 강화해야 한다고 말한 것을 기억해야 한다. 이런 조약이 국제 협약으로 채택되더라도, 북한은 금지 협약에 가입하지 않는 1순위 국가가 될 가능성이 높다. 필자가 2030년 북한의 미래로 제시한 '영리한 빅브라더스 시나리오'는 한마디로 '신이 되는 길을 찾은 김정은 시나리오'다.

중국과 북한만 빅브라더스가 되어 가는 것이 아니다. 미국, 한국, 유럽 등 지구상에 존재하는 모든 정부와 정치인에게 빅브라더스는 뿌리치기 힘든 유혹이다. 선진국에서는 전 국민 감시보다는 여론 조작 분야에서 최첨단 기술이 적극 사용되고 있다. 예를 들어, 영국 빅데이터 분석 기업인 캠브리지에널리티카는 트럼프 선거와 브렉시트 운동을 도운 것으로 유명하다. 하지만 이들이 빅데이터와 인공지능을 사용한 방식은 불법과 편법으로 가득했다. 캠브리지에널리티카는 페이스북에 설문 조사를 올린 후 개인 정보를 불법으로 빼내서 브렉시트 찬성파와 트럼프 선거 본부가 유권자들을 맞춤형으로 공략하게 돕고 엄청난 수익을 올렸다.

이들의 기술 오남용 행각은 훗날 페이스북이 개인 정보 유출 방조 혐의로 조사를 받으면서 세상에 드러났다. 조사 결과에 따르면, 캠브리지에널리티카는 말레이시아, 리투아니아, 루마니아, 가나, 케냐, 브라질 등 전 세계 여러 나라에서 불법으로 개인 정보를 수집한 후 특정 정당의 선거 운동을 지원했었다. 결국 이 회사는 페이스북 게이트가 터지면서 파산했지만 이들의 기술 오남용으로 전 세계는 트럼피즘의 소용돌이에 빠졌고, 세계 곳곳에서 독재와 인권 유린과 억압이 연장되는 결과를 맞았다.

『사피엔스』의 저자인 유발 하라리(Yuval Noah Harari)도 영국 「파이낸셜타임스」 기고문에서 "코로나19 위기를 맞아 인류는 특별히 중요한 선택의 갈림길에 섰다"고 말하면서 생체 감시(Under-the-skin surveillance), 비누 경찰(Soap Police) 등의 요소를 품은 전체주의적 감시와 여론 조작 체제가 독재 국가나 선진국을 가리지 않고 시작되고 있다는 경고를 하고 있다.[13)]

다음은 유발 하라리가 쓴 "코로나19 이후의 세계"라는 기고문 번역본의 일부다.[14)]

"평시에는 수년간의 심의를 거칠 수도 있는 결정들이 몇 시간 만에 내려진다. 성숙되지 못하고 심지어 위험할 수 있는 기술들이 곧바로 도입된다. …지금과 같은 위기 상황에서 우리는 두 가지 힘들고 중요한 선택을 해야 한다. 첫째는 전체주의적 감시 체제와 시민적 역량 강화 사이에서의 선택이다. 두 번째는 민족주의적 고립과 글로벌 연대 사이에서의 선택이다. …

오늘날 아마 인류사상 최초로 기술을 통해 모든 사람을 24시간 감시할 수 있게 되었다. 50년 전 KGB(구소련의 정보 기구)는 2억 4,000만 명의 소련 인민을 24시간 감시할 수도 없었고, 정보를 수집해도 이를 효과적으로 처리할 수 없었다. 당시 KGB는 휴먼 에이전트와 분석가들에 의존하였고, 모든 사람을 감시하기 위해 1인당 요원 1명을 배치시키는 것은 불가능했다. 하지만 오늘날 정부들은 유비쿼터스 장치와 강력한 알고리즘을 동원할 수 있다. 코로나 바이러스에 맞서기 위해 이미 여러 정부들이 이러한 새로운 감시 도구를 동원하고 있다.

물론 가장 돋보이는 것은 중국이다. 사람들의 스마트폰을 감시하고, 얼굴을 식별하는 수백만 대의 CCTV를 동원하고, 또 사람들에게 체온을 재고 건강 상태를 보고하도록 강제함으로써 중국은 신속하게 보균자를 식별해 낼 수 있었고, 이들이 접촉한 다른 사람들을 신속히 찾아낼 수 있었다. 게다가 모바일 어플리케이션을 통해 사람들에게 자신이 감염자 근처에 있는지 쉽게 확인할 수 있도록 하였다.

이러한 기술은 동아시아에만 국한된 이야기가 아니다. 이스라엘의 네

타냐후 총리는 최근에 이스라엘 정보기관이 평시에 테러리스트를 추적하기 위한 감시 기술을 감염자를 찾아내기 위해 동원하기로 결정했다. 해당 안건을 심의하는 의회 상임위가 이를 거부하자 네타냐후 총리는 긴급 조치 명령을 내려 이를 무시해 버렸다.

혹자는 이것이 전혀 새롭지 않다고 할지 모른다. 이미 최근 몇 년간 정부와 기업은 첨단 기술을 동원하여 사람들을 감시하고 추적하고 또는 조작하였기 때문이다. 하지만 우리가 주의를 기울이지 않는다면 전염병은 감시 체제의 역사에 큰 족적을 남길지도 모른다. 이러한 기술을 동원하는 것이 이런 기술을 거부했던 국가에서조차도 '일상화'되기 때문만은 아니다. 감시 기술 자체가 '체외 감시'(over the skin)에서 '체내 감시'(under the skin)로 전환될 수도 있기 때문이다.

지금까지는 당신의 손가락이 스마트폰의 특정 링크나 어플리케이션을 누를 때 정부는 당신이 무엇을 클릭했는지를 알고 싶어 했다. 그러나 이제부터는 정부가 당신의 체온과 혈압까지 알고 싶어 한다. 감시 기술 관련해서 우리가 직면한 문제 중 하나는 우리 중 누구도 우리가 어떻게 감시되고 있는지 모른다는 것이며, 앞으로 이것이 어떻게 될 것인지 모른다는 것에 있다. 감시 기술은 아주 빠른 속도로 발전하고 있다. 10년 전 공상과학 영화에서나 기능했을 법한 일은 오늘 관점에서 보면 이미 구닥다리가 되어 버렸다.

한 가지 상상을 해보자. 모든 시민에게 생체 정보를 감시하는 팔찌를 착용하도록 강제하는 정부가 있다고 치자. 이렇게 수집한 정보는 다시 정부의 알고리즘을 통해 처리된다. 알고리즘은 당신이 알아차리기도 전에 당신이 아프다는 것을 알 수 있게 된다. 그리고 당신이 어디에 있었는지, 누구를 만났는지도 알고 있다. …내가 CNN 대신 폭스뉴스

(FOX NEWS)를 클릭한다면 정부는 나의 정치적 성향이나 성격까지 알 수 있을 것이다. 그런데 어떤 동영상을 볼 때 나의 체온과 혈압 그리고 심장 박동 수까지 알게 된다면 내가 언제 웃고, 언제 우는지, 언제 화가 나는지까지도 알 수 있게 될 것이다.

분노와 기쁨, 지루함과 사랑은 감기나 열처럼 생물학적인 현상이라는 것을 기억할 필요가 있다. 기침을 식별하는 기술은 웃음도 식별할 수 있다. 만약 정부와 기업이 우리의 생체 정보를 대량으로 수집하게 된다면 그들은 우리가 우리 자신을 아는 것보다 우리를 더 잘 알 수 있게 된다. 또한 우리의 감정을 예측할 수도 있고, 또는 조작까지 할 수 있다. 그리고 그들이 원하는 상품을 팔거나 원하는 정치인을 지지하게끔 할 수도 있다. …

만약 2030년 북한이 모든 시민에게 24시간 생체 감시를 가능케 하는 팔찌를 착용하게 해서 수령의 연설을 듣고 있을 때 분노 감정을 식별한다면 당신의 운명은 이미 끝날 것이다. 물론 그러한 생체 감시 기술을 아주 긴급한 위기 상황에서 일시적으로 사용하면 되지 않겠냐고 되물을 수도 있을 것이다. 위기 상황이 종료되면 바로 중단하면 된다고 말이다. 하지만 임시적 조치는 대개 위기 상황이 종료되어도 지속되기 마련이다.

나의 고향 이스라엘을 예로 들어 보자. 이스라엘은 1948년 독립전쟁 당시 비상시국을 선포해 언론 검열과 토지 몰수, 심지어는 푸딩을 만드는 것에 대한 특별한 규제 등을 '임시적으로' 도입했다. 그런데 1948년 취해진 임시 조치 중 상당수는 전쟁이 끝난 후에도 여럿 계속되었다."

유발 하라리도 신기술 사용을 거부하지 않는다. 유발 하라리도 신기술이 시민들의 역량을 강화하는 데 사용되어야 한다고 주장한다. 그리고 강화된 시민 역량과 글로벌 협력으로 전체주의적 감시 사회가 도래하는 것을 막아야 한다고 주장한다.

전적으로 동의한다. 한발 더 나아가서 필자는 이렇게 주장한다. 교회와 성도는 시민 의식 수준을 넘어 '하나님의 기준'(말씀)을 가지고 경계하는 사명에 충성해야 한다. 우리가 경계의 사명을 게을리하면 인간은 언제든지 "너희가 그것을 먹는 날에는 너희 눈이 밝아져 하나님과 같이 되어 선악을 알 줄 하나님이 아심이니라"(창 3:5)라는 사탄의 달콤하고 탐욕을 자극하는 유혹에 빠질 타락한 본성이 있기 때문이다.

"이런 미래가 교회와 성도들의
삶과 신앙생활에 무슨 연관이 있을까?"

교회와 성도들이 하나님의 기준을 따라
세상을 경계하고 올바른 미래 방향으로 이끌지 않으면
정보(빅데이터)와 지능(인공지능)을 주관하는 자가
'전지'에서 '전능'까지 능력을 확장하는 과정에서
'부의 주인', '정보와 지능의 신'으로 받아들여지는
미래가 현실이 될 수 있다.

CHAPTER. 3

경계를 게을리하면, 미래 인간은 전지, 전능, 영생을 훔칠 것이다

너희 눈이 밝아져 하나님같이 되어

교회와 성도가 창조 대명령(문화 대명령)인 "다스리라"라는 명령의 첫 단계인 '경계'를 소홀히 하면 기업이나 국가가 하나님이 주신 지혜와 기술을 남용하고 오용하는 길로 빠지는 것은 시간문제다. 타락한 인간은 스스로 탐욕적 본성, 죄악성, 사탄의 유혹을 이길 수 없다. 역사가 분명하게 말한다. 에덴동산에서 쫓겨난 인간은 경계가 소홀해지고 기회만 주어지면 현실 공간에서 새로운 바벨탑을 쌓고 하나님과 맞서고 스스로 신이 되는 길을 언제든 걸어갔다. 이런 유혹과 불경한 도전은 기업과 국가 단위에서만 일어나는 것이 아니다. 한 사람의 마음속에서도 가능한 일이다.

"내가 깨달은 것은 오직 이것이라 곧 하나님은 사람을 정직하게 지으셨으나 **사람이 많은 꾀들을 낸 것이니라**"(전 7:29).

"그런데 뱀은 여호와 하나님이 지으신 들짐승 중에 가장 간교하니라 뱀이 여자에게 물어 이르되 하나님이 참으로 너희에게 동산 모든 나무의 열매를 먹지 말라 하시더냐 여자가 뱀에게 말하되 동산 나무의 열매를 우리가 먹을 수 있으나 동산 중앙에 있는 나무의 열매는 하나님의 말씀에 너희는 먹지도 말고 만지지도 말라 너희가 죽을까 하노라 하셨느니라 뱀이 여자에게 이르되 너희가 결코 죽지 아니하리라 너희가 그것을 먹는 날에는 너희 눈이 밝아져 하나님과 같이 되어 선악을 알 줄 하나님이 아심이니라 여자가 그 나무를 본즉 먹음직도 하고 보암직도 하고 지혜롭게 할 만큼 탐스럽기도 한 나무인지라 **여자가 그 열매를 따 먹고 자기와 함께 있는 남편에게도 주매 그도 먹은지라**"(창 3:1-6).

인류 최초의 범죄는 한 여인에게서 시작되었다. 사탄은 인간의 약점을 잘 안다. 인간의 약점은 '더 나아지려는 욕심'이다. 발전 자체가 나쁜 것은 아니지만, 발전하려는 의도가 무엇인지가 중요하다. '너희 눈이 밝아진다'라는 것은 발전(더 나아짐)을 상징한다. 사탄은 발전하고 성장하려 노력하고 애쓰는 인간에게 거짓말로 불순한 의도를 심어 주는 데 탁월하다.

사탄은 하와에게 두 가지 거짓말을 했다. 하나는 "계속 발전하면 하나님처럼 될 수 있다"이고, 다른 하나는 "하나님은 너의 발전을 싫어하신다"이다. 전자에서는 불가능한 것을 가능하다고 속여서 그릇된 목표를 갖게 만들었다. 후자에서는 하나님의 마음을 곡해하도록 속여서 반항심을 유도했다. 이 두 가지가 아담과 하와 이후 죄 가운데 태어난 모든 인간에게 공통적으로 나타나는 어긋난 욕망 설정과 탐욕을 성취하려는 불순한 도전의 뿌리다.

교회 안에 있는 우리의 내면에도 이 두 가지는 늘 잠재되어 있다. 사도 바울도 자기 마음속에서 성령의 음성과 육체의 소욕이 늘 다툰다고 고백했다. 기술과 돈은 생명나무와 선악과처럼 하나님이 주신 은혜의 선물이지만, 성령의 음성을 따라 행하지 않으면 육체의 소욕을 깨우는 무서운 칼로 변한다. 기술과 돈이 성령의 음성, 하나님의 말씀을 따라 움직이면 인간에게 더 나은 미래를 선물한다. 하지만 기술과 돈이 육체의 욕심을 깨우는 힘이 되면 하나님처럼 될 수 있다는 어긋난 욕망 설정과 하나님이 없이도 잘 살 수 있다는 반항심을 품게 한다. 기술과 돈은 그 자체로 우상이 될 수도 있다.

"그들의 우상들은 은과 금이요 사람이 손으로 만든 것이라"(시 115:4).

다가오고 있는 미래 기술은 '우리 눈을 밝아지게 만드는 힘'을 가지고 있다. 필자가 여기서 언급한 '눈이 밝아짐'은 단순히 생물학적 눈만을 의미하지 않는다. 인간의 지능과 육체적 능력의 증강(增強, augmentation) 전부를 가리킨다. 인간의 지능과 육체 역량의 향상은 하나님이 우리를 사랑하기에 주시는 선물이다.

전도서 3장 11절에는 "하나님이 모든 것을 지으시되 때를 따라 아름답게 하셨고"라는 말씀이 나온다. 하나님은 지으신 모든 것이 때를 따라 아름답게 되기를 원하신다. 아름답게 된다는 것은 최상의 상태를 의미한다. 하나님은 인간도 늘 최상의 상태가 되기를 기뻐하신다. 이를 위해 하나님은 시대마다 인간의 지능과 육체 역량 향상이 가능하도록 지식, 정교한 기술, 지혜를 선물로 주셨다. 지혜는 돈과 같이 값지고, 질병으로 고통받는 인간을 불쌍히 여기시는 하나님의 선물이다. 하나님은 인간의 지능 향상도 계속되게 하셨다. 이 역시 창조 대명령과 지상 대명령을 잘 수행하는 데 유용한 능력이다.

> "**지혜로운 마음을 그들에게 충만하게 하사** 여러 가지 일을 하게 하시되 조각하는 일과 세공하는 일과 청색 자색 홍색 실과 가는 베 실로 수놓는 일과 짜는 일과 그 외에 여러 가지 일을 하게 하시고 **정교한 일을 고안하게** 하셨느니라"(출 35:35).

> "**지혜 있고** 진실한 청지기가 되어 주인에게 그 집 종들을 맡아 **때를 따라 양식을 나누어 줄** 자가 누구냐"(눅 12:42).

> "**지혜는 유산같이 아름답고** 햇빛을 보는 자에게 유익이 되도다 **지혜의 그늘 아래에 있음은 돈의 그늘 아래에 있음과 같으나**, 지혜에 관한 지식이 더 유익함은 지혜가 그 지혜 있는 자를 살리기 때문이니라"(전 7:11-12).

다시 한 번 강조한다. 오해하지 말자. 인간의 지식과 똑똑함이 문제가 아니다. 인간의 지식과 이성의 오남용이 문제다. 신기술이 문제가 아니다. 신기술의 오남용이 문제다. 지혜는 좋고 지식은 나쁜 것도 아니다. "지식 없는 소원은 선하지 못하고"(잠 19:2)라는 말씀처럼 지식과 정보가 없으면 지혜도 없다. 인간을 통해 나오는 기술, 지식, 지혜는 모두 하나님이 원천이시다. 하나님이 주시는 은혜의 산물이다.

필자는 기술의 발전이나 경제, 사회, 환경 등 각 분야의 발전도 하나님이 신자와 비신자 모두에게 골고루 주시는 일반 은혜의 결과물이라 규정했다. 에덴동산에 있었던 아담은 수고하지 않아도 먹고 마시고 생존하는 데 어려움이 없었다. 아담이 범죄한 후 땅은 저주를 받고 가시덤불과 엉겅퀴를 냈고, 인간은 땅을 갈고 수고해야 겨우 먹을 수 있었다. 에덴동산 시절, 아담과 하와는 사자, 표범, 독사 등 맹수와 함께 평화롭게 살았다. 하지만 아담이 하나님을 배반하고 에덴동산에서 쫓겨난 후 인간은 맹수의 위협에 시달려야 했다. 창조물 간에 경쟁, 대립, 갈등, 해함의 관계가 만들어졌다.

에덴동산 시절, 생명나무 열매를 먹었던 인간은 노화와 질병에서 자유했다. 노화와 질병은 수명을 단축시키는 요소다. 수명 단축이 없었다는 것은 노화와 질병이 없었다는 말이다. 하지만 아담이 범죄한 이후부터 인간은 해산의 고통과 생명을 단축시키는 수많은 질병, 심한 추위와 더위의 공격으로 고생하며 시간이 갈수록 점점 노쇠해졌다.

이런 자연의 공격에 아담과 하와가 할 수 있는 대응은 무화과나무 잎으로 자기를 가리는 것이 전부였다. 하나님은 이런 인간을 불쌍히 여기셔서 가죽옷을 지어 입히셨고, 아벨에게는 농사짓는 기술을, 가인에게는 양 치는 기술을 가르쳐 주셨다. 수천 년이 지난 지금도 하나님은 인간의 지능과 능력, 인류 문명의 발전을 통해 가시덤불과 엉겅퀴, 맹수의 위협, 심한 추위와 더위 등 각종 자연의 위협, 생명 단축 과정에서 나타나는 수많은 질병에서 인간을 보호하신다.

하나님은 인간의 지능과 능력을 향상시켜 문명과 도덕, 법과 제도 등을 발전시키셔서 인간 사회에서 일어나는 죄악의 관영함도 늦추셔서 자기 백성과 약자(고아, 과부, 나그네 등)를 보호하셨다. 인간을 공격하는 가시덤불과 엉겅퀴, 맹수의 위협, 심한 추위와 더위 등 각종 자연의 위협, 생명 단축 과정에서 나타나는 수많은 질병과 죄악의 관영함은 주님 재림 때까지 계속될 것이다. 동시에 이런 환경 속에서 하나님의 백성과 약자를 보호하시는 하나님의 일반 은혜(인간 지능과 능력 향상)도 계속될 것이다.

주님이 재림하시고, 이 땅의 굴곡진 역사가 끝나고, 우리가 영원한 천국에 들어가야 모든 수고의 저주와 고통, 상함과 생명 단축이 끝난다. 자연과 인간이 서로 대립하고 가해하는 일도 끝이 나고, 하나님이 만드신 모든 창조물 사이에 평화도 에덴동산 시절처럼 회복된다. 그때가 되면 하나님이 이 땅에서 인류 보전과 죄악의 관영함을 늦추기 위해 베풀어 주신 일반 은혜의 모든 산물도 천국에 가지고 들어간다(편입된다).

> “**다시 저주가 없으며** 하나님과 그 어린양의 보좌가 그 가운데에 있으리니 그의 종들이 그를 섬기며”(계 22:3).

> “**그때에** 이리가 어린양과 함께 살며 표범이 어린 염소와 함께 누우며 송아지와 어린 사자와 살진 짐승이 함께 있어 어린아이에게 끌리며 암소와 곰이 함께 먹으며 그것들의 새끼가 함께 엎드리며 사자가 소처럼 풀을 먹을 것이며 젖 먹는 아이가 독사의 구멍에서 장난하며 젖 뗀 어린아이가 독사의 굴에 손을 넣을 것이라 **내 거룩한 산 모든 곳에서** 해됨도 없고 상함도 없을 것이니 이는 물이 바다를 덮음같이 **여호와를 아는 지식이 세상에 충만할 것임이니라**”(사 11:6-9).

> “**땅의 왕들이 자기 영광을 가지고 그리로 들어가리라…사람들이 만국의 영광과 존귀를 가지고 그리로 들어가겠고**”(계 21:24-26).

그렇기 때문에 교회와 성도는 인간 지능과 능력의 향상을 죄악시해서는 안 된다. 문제는 하나님이 인간을 불쌍히 여기셔서 베풀어 주신 일반 은혜를 죄성에 물든 인간이 오남용하는 행위다. 교회와 성도가 경계하고 막아야 하는 것도 하나님이 주신 지혜와 지식과 기술의 오남용이다. 교회와 성도가 기술, 지식, 지혜의 오남용을 경계하고 막지 못하면 향상된 지능과 육체 역량을 가진 개개인들이 시너지를 일으켜서 죄악의 관영함을 촉진하는 결과를 낳는다. 이런 가능성은 미래에도 계속된다. 그리고 기술이 강력할수록 위험은 더욱 커진다. 창조 이래 가장 큰 죄악의 관영함이 일어날 수도 있다.

미래 인공지능,
멀리서도 나의 생각을 밝히 알며

"여호와여 주께서 나를 살펴보셨으므로 나를 아시나이다 주께서 내가 앉고 일어섬을 아시고 멀리서도 나의 생각을 밝히 아시오며 나의 모든 길과 내가 눕는 것을 살펴보셨으므로 나의 모든 행위를 익히 아시오니" (시 139:1-3).

이 말씀은 하나님의 능력 중 '전지'(全知, Omniscience)하심을 나타내는 성경 구절이다. 필자는 이 구절의 주어를 '인공지능'으로 바꿔 보았다.

"인공지능이 나를 살펴보고 나를 안다. 인공지능이 내가 앉고 일어섬을 알고, 멀리서도 나의 생각을 밝히 알고, 나의 모든 길과 내가 눕는 것을 살펴보았으므로, 나의 모든 행위를 익히 아나니."

전혀 어색하지 않다. 이런 능력을 보유한 인공지능을 인간의 뇌에 연결시키면 어떻게 될까? 인간은 언제든지 '전지'라는 하나님의 능력과 속성에 도전장을 던질 수 있다.

인공지능 기술도 하나님이 인간에게 주신 일반 은혜다. 이 땅에서 발생하는 수고의 저주, 고통, 상함, 생명 단축, 자연과 인간이 서로 대립하고 가해하는 각종 문제 상황을 줄이고 하나님이 만드신 모든 창조물 사이에 평화를 유지하도록 하나님이 주신 지혜의 결과물이다.

지난 수천 년 동안 인간은 이 땅에서 발생하는 다양한 문제를 해결하는 능력을 높이기 위해 방대한 지식을 뇌 안에 축적(암기)해 두어야 했다. 지식은 학교에서 배운 지식과 현장 실무에서 경험으로 배운 지식을 모두 포함한다. 인공지능이 발전할수록 인간은 뇌 안에 지식과 정보를 암기해 두어야 할 부담과 수고에서 벗어날 수 있다. 이런 수고에서 벗어나면 그만큼 잉여 시간(추가 시간)이 생긴다. 잉여 시간이 늘고 불필요한 에너지 소모가 줄어들면 그만큼 더 나은 생활과 미래를 만들 잠재력도 늘어난다.

인간의 뇌가 이런 잠재력을 가진 인공지능과 물리적으로 혹은 생물학적으로 직접 연결된다면 어떤 일이 벌어질까? '인간 개별 지능의 증강(augmentation)'도 일어난다. 당연히 하나님이 허락하신 미래다. 하나님은 개별 인간의 지능이 향상(증강)되는 것을 기뻐하신다. 하나님은 아담을 창조하실 때 놀라운 지능을 선물하셨다. 에덴동산에 있었던 아담의 지능 수준은 어느 정도였을까? 창세기 2장 19-20절을 보면 힌트가 나온다.

"여호와 하나님이 흙으로 각종 들짐승과 공중의 각종 새를 지으시고 아담이 무엇이라고 부르나 보시려고 그것들을 그에게로 이끌어 가시니 아담이 각 생물을 부르는 것이 곧 그 이름이 되었더라 **아담이 모든 가축과 공중의 새와 들의 모든 짐승에게 이름을 주니라.**"

타락 이전에 아담은 하나님이 창조하신 모든 생명체에게 이름을 주고 모조리 기억할 정도로 뛰어난 지능을 가졌다. 당연하다. 하나님이 아담을 하나님의 형상과 모양을 따라 창조하셨기 때문이다. '전지'만 하나님의 속성이 아니다. 지능 자체가 하나님의 속성이다. 아담의 죄와 타락은 인간 안에 있는 하나님의 형상과 모양도 훼손시켰다. 하지만 하나님은 시대마다 필요한 은혜를 베푸시면서 인간의 훼손된 지능과 지혜를 회복시켜 오셨다. 훼손된 인간 지능의 회복은 곧 지능의 증강이다. 인공지능도 하나님의 은혜의 산물이고, 인간 지능의 회복(증강)을 위한 선물이다.

성경은 종말이 가까울수록 인간 지능이 증강되면서 지식 축적과 문명 발전에 속도가 붙을 것이라고 가르쳐 준다(단 12:4). 인공지능은 지금까지 축적된 인간 개별 지능 발전 전체를 뛰어넘는 '인간 지능 증강'(Human Intelligence Augmentation)을 일으켜서 문명 발전 속도를 가속시킬 것이다. 세상은 지금 성경에 기록된 말씀대로 차근차근 움직이고 있다.

그렇다면 인공지능은 인간의 지능을 어떻게 증강(향상)시켜 줄까? '지능'을 뜻하는 단어 'Intelligence'는 '이해'를 가리키는 라틴어 'Intelligentia'에서 나왔다. 지능의 사전적 의미는 '문제 해결 및 인지적 반응을 나타내는 개체의 총체적 능력'이다. 인류 역사를 보면, 생존을 위협하는 문제들을 해결하는 능력에 따라 인류 종(Human species)과 사회 문명에 대한 지능 수준 평가가 달라졌다.

미래에도 문제 해결 능력이 지능을 평가하는 핵심 기준이 된다. 문제 해결 능력을 높이려면 방대한 지식과 정보가 필수다. 인간의 생물학적 뇌 속에 지식을 축적(암기)하는 방식은 시간이 오래 걸리고 불안정하다. 인간은 지식 축적 속도와 전승 안정성을 높이기 위해 문자, 책, 인쇄술, 디지털 기록 장치 등을 차례로 개발했다. 인공지능은 이런 기술의 연장이다.

인공지능이 인간이 당면하고 있는 다양한 문제를 해결하는 속도를 높여 주면 그만큼 '인류 전체 지능의 향상 효과'가 나타난다. 인공지능 슈퍼 사이클이 시작되면 인공지능은 인간 전체의 문제 해결 능력을 뛰어넘는 잠재력도 드러낼 것이다. 인공지능은 역사상 가장 빠른 속도로 인류 문명을 발전시킬 수 있는 강력한 무기다.

문제 해결력 이외에도 지능을 설명하고 규정하는 기준은 다양하다. 미국의 심리학자이고 35년간 천재아(天才兒) 연구를 했던 루이스 터먼(Lewis Madison Terman)은 지능을 '추상적 사상을 다루는 능력'이라고 정의했다. 루마니아 출신의 미국 심리학자로 '웩슬러지능검사'를 개발한 데이비드 웩슬러(David Wechsler)는 '유목적적으로 행동하고, 합리적으로 사고하고, 환경을 효과적으로 다루는 개인의 종합적 능력'이라고 규정했다.

지능의 구성에 대한 이론도 다양하다. 1904년 찰스 스피어만(Charles Edward Spearman)은 '일반 요인'(general factor)과 '특수 요인'(special factor)으로 지능 구성을 설명했다. '지능의 2요인설'(知能-二要因說, two factory theory of Intelligence)이다. 특수 지능(s-요인)은 수 개념, 수학적 추리, 단어 지식, 언어 추리, 기억 등 특정 영역의 문제를 해결하는 데 사용하는 능력이다. 일반 지능(g-요인)은 언어, 수, 기억 등의 영역에서 문제 유형이나 지적 활동의 종류를 초월해서 모든 지적 과제 수행에 공통적으로 영향을 미치는 능력이다.

1994년에 개발된 웩슬러의 지능 검사는 찰스 스피어만의 '군집 요인'

(group factor)에 영향을 받아서 만들어진 것이다. 이 검사의 전체 지능 지수(IQ) 점수는 일반 요인을 나타내고, 11개의 하위 검사는 특수 요인을 나타내고, 언어 IQ와 수행 IQ는 군집 요인을 나타낸다.

1997년 미국의 심리학자 제임스 커텔(James Mckeen Cattell) 박사는 일반 요인을 '결정성 지능'(crystallized intelligence)과 '유동성 지능'(fluid intelligence)으로 나누기도 했다. 결정성 지능은 어휘, 일반 상식, 언어 이해, 판단력 등 교육 · 문화적 경험에 의해 습득되고 축적되는 특징을 갖는다. 정보를 습득하고, 기술을 배우고, 지혜를 기르면서, 학습과 관찰을 통해 사물에 대해 학습하면서 얻어진 지식이다. 우리는 이런 지능을 정규 혹은 비정규 교육을 통해서 발달시킨다.[1] 유동성 지능은 문화적 경험으로부터 영향을 받지 않는 추리, 연산, 반응력, 기억력처럼 태어나면서 유전적으로 획득하는 지능이다. 생리학적 뇌 기능과 중추신경계의 성숙도에 의해 발달과 쇠퇴가 비례한다.

1938년 L. L. 서스톤(L. L. Thurstone)은 지능은 '언어 이해'(verbal comprehension), '수'(numerical), '공간 시각'(spatial visualization), '지각 속도'(perceptual speed), '기억'(memory), '추리'(reasoning), '단어 유창성'(word fluency) 등 7개의 독립적인 별개의 요인으로 구성된다는 '다요인설'을 주장했다.

하워드 가드너(Howard Gardner)의 '다중지능이론'(theory of multiple intelligence)도 다요인설에 속한다. 하지만 하나의 지능 모형을 모든 연령이나 계층에 동일하게 적용하지 않고 한 개인이 처한 다양한 사회적, 문화적 맥락을 반영하는 것이 독특하다. 하워드 가드너는 전통적인 지능 이론이 언어, 논리-수학적 능력을 지나치게 강조하는 것을 경계했다.

다중지능이론에 의하면, 인간의 지능은 단일하지 않고 다수의 요인으로 형성되지만 그 요인들은 중요성이 같으며, 각 개인도 각기 다른 인지

능력과 유형을 가지고 태어나고 문화와 상황에 의존적이다. 그렇기 때문에 개인의 특성이나 개인이 처한 사회나 문화 맥락에 따라 각기 다른 장점들이 드러날 수 있도록 교육해야 한다는 가정을 가진다.

미국의 심리학자 J. P. 길포드(J. P. Guilford)는 서스톤의 주장을 발전시켜 지적 능력의 활용 방식으로 6개의 조작, 지적 활동의 대상으로 5개의 내용, 조작이 내용에 작용하여 나타나는 결과물로 6개의 결과를 기준으로 지능이 120개의 요소로 구성되어 있다는 '지능구조모델'(Structure of Intellect Model)도 제안했다.

로버트 스턴버그(Robert J. Sternberg)는 기존 지능 검사는 사고의 속도나 수행의 정확성만을 검사한다고 비판했다. 스턴버그는 지능의 주요소를 '분석적 능력', '경험적 능력', '맥락적 능력'이라는 3가지로 구성했다.

분석적 능력은 새로운 지식을 습득하여 논리적 과제 해결에 적용하는 힘이다. 한마디로, 비판적 사고다. 이 능력이 강한 사람은 일반적으로 지능 검사 점수가 높으며 논쟁을 잘한다.

경험적 능력은 사고나 문제 해결 과정에서 중요하고 필요한 정보에 관심을 기울이는 '선택적 부호화', 처음에는 서로 관련이 없는 요소들을 연결하여 새로운 것을 만들어 내는 '선택적 결합', 이미 있는 것을 새로운 관점에서 보고 새로운 것을 유추하는 '선택적 비교 능력'을 발휘하는 힘이다. 한마디로, 통찰력(insight)을 가리킨다. 이 요소가 발달되면 새롭고 익숙하지 않은 일에 쉽게 도전하고 몰두할 수 있다.

맥락적 능력이란 현실 상황에서 발휘되는 적응력, 사회적 유능성, 실용적 문제 해결력이다. 한마디로, 현실 적응력이다. 스턴버그는 이 능력은 전통적인 지능 검사에서 얻은 점수나 학업 성적과는 무관하고 일상의 경험에서 획득되고 발달하는 능력이라고 보았다. 이 능력이 뛰어난 사람은 환경에 대처를 잘하고 상황 판단이 빠르다.

지능에 대한 정의, 분류, 구조가 어떠하든 상관없이 미래의 인공지능은 인간 뇌에서 지능과 관련된 모든 요소를 갖추게 되고, 인간의 뇌와 연결되어 인간 지능 전반을 증강시킬 것으로 예측된다.

웩슬러가 주장한 수 개념, 수학적 추리, 단어 지식, 언어 추리, 기억 등의 특정 영역의 문제를 해결하는 데 사용하는 특수 지능(s-요인) 능력과 언어, 수, 기억 등의 영역에서 문제 유형이나 지적 활동의 종류를 초월해서 모든 지적 과제 수행에 공통적으로 영향을 미치는 일반 지능(g-요인) 능력, 다요인설 학자들이 주장한 언어 이해, 수, 공간 시각, 지각 속도, 기억, 추리, 단어 유창성, 논리-수학 지능, 대인관계 지능, 신체 운동 지능, 감성 지능 능력, 스턴버그가 주장한 분석적 능력, 경험적 능력, 맥락적 능력 등이 모든 능력 대부분이 21세기 안에 인공지능으로 구현이 가능해진다. 21세기 전반에는 인공지능의 도움으로 인간의 결정성 지능의 무한한 확장의 문도 열린다. 21세기 후반이 되면 바이오 및 나노 공학 기술이 인간의 생체 안에 접목되면서 인간의 생리학적 뇌 기능과 중추신경계의 성숙도와 연관된 유동성 지능을 향상시키거나 쇠퇴를 늦추는 것도 가능해질 것이다.

미래 인간,
3개의 뇌를 갖게 된다

오래전부터 필자는 미래 인간은 3개의 뇌를 갖게 될 것이라고 예측했다. '3개의 뇌를 갖는다'는 말이 언뜻 이해가 안 될 것이다. 하지만 필자의 설명과 예측을 잘 들어 보면 고개를 끄떡일 수 있다.

현대 인류는 이미 3개의 뇌를 확보했다. 첫 번째 뇌는 누구나 태어나면서 가지고 있는 생물학적 뇌(biological brain)다. 두 번째 뇌는 인공지능이라는 뇌(artificial brain)다. 마지막 뇌는 인간의 생물학적 뇌들이 인터넷 공간에서 서로 연결되어 만들어진 뇌다. 필자는 이것을 '클라우드 뇌'(cloud brain)라고 이름 붙였다.

이 글을 읽는 독자들도 자신의 생물학적 뇌 외에도, 아주 낮은 수준에서 나머지 2개의 뇌(외장 뇌)를 사용하고 있다. 3개의 뇌가 유기적으로 연결되면 유용한 지식을 다른 영역으로 전달해 주는 '지식 전이' 효과가 만들어진다. 지식 전이 효과는 특별한 사람이나 기업에만 집중되었던 혁신, 창조, 발명 능력을 더 많은 개인과 기업에게 확산시켜서 문명 발전 속도를 가속시킨다. 필자는 대략 21세기 중반이 되면 인류는 매우 향상되고 유기적으로 연결된 3개의 뇌를 자유자재로 사용하는 일이 가능하다고 예측한다.

21세기 중반, 모든 사람이 갖고 있는 생물학적 뇌는 바이오 및 나노 공학의 도움을 받아 의학적으로 증강된다. 지금보다 더욱 발전한 인공지능과 접속하고 연결하고 통합되는 단계를 거치면서 인공지능을 자신의 뇌처럼 자유자재로 사용하게 될 것이다. 클라우드 뇌 성능도 폭발적으로 높아져 있을 것이다.

의학적으로 증강된 인간의 생물학적 뇌들은 인터넷 공간에서 실시간으로 연결되고 공유된다. 이런 연결에 강한 인공지능이 결합되면서 초지능적 네트워크가 형성되면 인류의 전체 지능이 하나의 지성처럼 움직이는 집단 뇌 활용이 시작된다. 21세기 말-22세기 초경이 되면 가상과 현실이 완전히 하나가 되고, 구별이 없어지고, 인공지능이 가상 세계를 작동시키는 제3차 가상 혁명이 일어나면서 클라우드 뇌조차도 인간 의식과 완전 통합되어 생물학적 뇌처럼 자연스럽게 사용할 수 있게 될 것이다.

인간이 3개의 뇌를 자유롭게 사용하는 미래가 얼마나 빨리 만들어지느냐를 결정하는 핵심 변수는 인공지능 기술의 발전 속도와 범위다. 인공지능 기술이 뇌신경공학, 바이오 및 의료 산업, 가상 세계 발전, 초연결 기술 전반에 영향을 주어서 기술이 기술을 발전시키는 효과를 만들어 내기 때문이다.

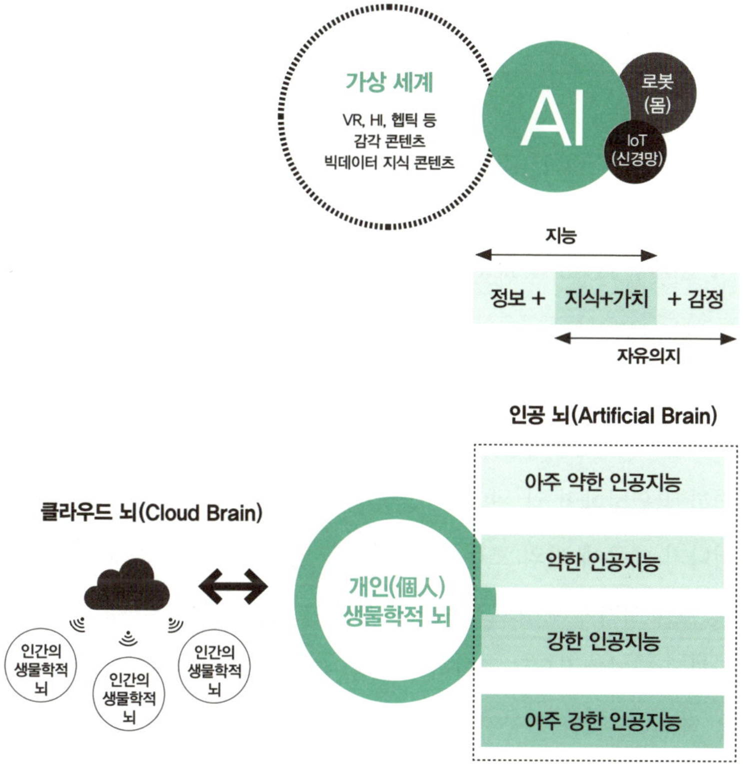

인공지능은 환상을 가져도 안 되고, 폄하해서도 안 된다. 현재는 '약한 인공지능'의 시대다. 약한 인공지능은 통계와 확률(경우의 수)에 기반을 둔 '분류', '군집', '외삽'(패턴과 사이클에 기반한 회귀 예측)이라는 3가지 기능이 전부다. 기술적으로만 본다면 높지 않은 수준이다.

약한 인공지능은 빅데이터 속에서 일정한 '특징'을 분류, 군집, 외삽 분석하여 미래를 예측한다. 일정한 특징을 찾아내면 그것을 반대로 이용해서 이상한 특성이나 신호도 잡아 낼 수 있다. 이런 두 가지 정(正)과 반(反)을 가지고 합(合)을 만들 수도 있다. 예를 들어, 다음 행동(조합, 패턴 연장, 예측) 전략을 세우는 것이 합이다. 이것이 약한 인공지능 활용 방법의 전부다. 이것이 현실이다.

- 특징(통계적 특징, 패턴, 사이클 등) 추출
- 특징을 기반으로 분류, 군집, 회귀
- 이상한 특성이나 신호 추출
- 합(合)을 만들기

하지만 약한 인공지능이 겨우 3가지 기능만 구사할 수 있다고 해서 영향력까지 폄하하면 안 된다. 약한 인공지능을 활용하는 인간의 창의력이 뛰어나기 때문에 거의 모든 분야에서 큰 변화를 만들어 내고 있다. 인간도 영유아 시기에 형성되고 학습한 '단순한 기본 기능들'을 성장하며 점점 복잡하고 다차원적으로 조합하고 활용(적용) 범위를 넓히면서 놀라운 행동들을 해낸다. 약한 인공지능도 마찬가지다. 분류, 군집, 회귀라는 3가지 단순 기능만 할 수 있지만, 3가지 기능을 얼마나 복잡하고 다차원적으로 조합하고 활용(적용)하느냐에 따라서 '대단한 역량'을 발휘할 수 있다.

필자의 이 말은 역공학적(reverse engineering)으로 생각하면 이해가 쉽다. 성인의 복잡한 생각과 행동을 잘게 쪼개면 단순한 생각과 행동의 복잡한 연결로 분해할 수 있다. 아무리 복잡한 기계도 가장 작은 단위로 해체하면 매우 단순한 부품들로 구성된다. 고도의 임무를 수행하는 컴퓨터의 원리도 같다. 복잡한 계산이나 임무를 0과 1의 단순 계산과 논리로 환원시켜 반복적으로 아주 빠르게 처리하여 놀라운 일을 한다.

역사적으로도, 단순하고 제한된 기술이지만 인간의 창의성과 만나서 놀라운 변화와 영향력을 만들어 낸 사례는 많다. 전기는 위대한 발명이다. 하지만 전기 기술 자체는 지난 100년 동안 큰 발전이 없었다. 전기의 발전은 미미했다. 지난 100년 동안 전기는 전기였을 뿐이다. 그러면 세상의 변화도 멈췄을까?

화가였던 새뮤얼 핀리 브리즈 모스(Samuel Finley Breese Morse)는 아내가 셋째 아이를 낳다가 죽은 사실을 3일 후에나 알게 되어 슬픔과 충격이 컸다. 모스는 자신이 당한 문제를 해결하기 위해 장거리 통신 방법을 고민하다가 전기라는 신기술을 만났다. 모스는 전류가 자기력을 만든다는 원리를 '응용'하면 전기 스위치를 온오프하는 시간 차이를 이용해서 멀리까지 전기 신호를 보낼 수 있다는 생각을 착안했다. 모스 부호와 전기 신호 통신(전신) 기술은 이렇게 탄생했다. 그 이후에도 전기와 통신 분야에서 개발된 단순 기술이나 기능들이 인간의 창의력을 통해 조합에 조합을 거치면서 무선 전기 통신 시대를 열었고, 스마트폰까지 탄생시켰다.

알렉산더 그레이엄 벨(Alexander Graham Bell)도 청각장애인을 돕는 일을 하다가 전기라는 신기술을 만나고 전화기 아이디어를 창안했다. 음성 생리학에 관심이 많았던 벨은 자신의 지식과 전기 기술을 '연결'할 수 있다는 생각을 했다. 사람의 음성과 전기를 연결하여 탄생한 것이 전화다.

약한 인공지능도 모스나 벨처럼 자기만의 지식과 연결하는 사람들에 의해서 수많은 응용 기술을 탄생시킬 것이다. 약한 인공지능 기술이 단순하다고 폄하하지 말라. 전기를 만든 기술자가 전기로 사람 목소리를 보낼 수 있다고 생각하는 사람을 만났다고 생각해 보라. 전기를 만든 사람 입장에서는 전기에 사람 목소리를 실어 보낼 정도로 전기 기술을 발전시키는 것은 불가능한 일일 수 있다. 하지만 모스나 벨처럼 전기의 특성을 이용해서 정보를 전달하거나 사람 목소리를 전송할 수 있다고 생각하는 사람은 전기 기술 자체를 발전시키자는 발상을 하지 않는다. 단지 이미 개발된 전기의 특성을 다른 곳에 이용하면 되는 것이다. 인류 문명은 이런 식으로 발전했다.

H. 헤르츠(H. Hertz)는 전자기파가 공기에서도 이동이 가능하다는 것만 발견했는데, 굴리엘모 마르코니(Guglielmo Marconi)는 전기 신호를 무선으로 보낼 수 있다는 획기적 발상을 했다. 원거리 무선 전자기 통신(무선 전신기) 기술의 개발은 통신 역사에 있어서 위대한 발상의 결과물이었다. 훗날 이 기술에 인간의 음성을 실어 보내는 것도 가능해졌다. 전신 기술에 인간 음성을 소리 단위로 조각내서 보내는 아이디어와의 결합이었다. 전신 기술의 발전이 아니다. 응용 아이디어의 발전이다.

헤디 라마(Hedy Lamarr)는 스마트폰 탄생에 필수적인 대규모 음성 무선 통신 보안을 높일 방법으로 주파수 도약 방법을 착안했다. 신호를 한 주파수로만 보내지 않고, 여러 조각으로 나눠 다양한 주파수에 나눠서 보내자는 발상이었다. 물론 콜럼버스 달걀과 같은 발상을 실현하려면 약간의 추가 기술도 개발해야 했다. 하나의 생성기가 계속 주파수를 바꿔 가면서 조각난 신호를 보내는 대역 확산 신호 생성 기술이다. 이 기술은 수십억 메가바이트 정보를 안전하게 무선 전송하는 것을 가능케 했다.

잭 킬비(Jack Kilby)는 트랜지스터 라디오를 개발한 텍사스 인스트루먼트 사에서 한 가지 아이디어를 떠올렸다. 소형 라디오처럼 소형화를 이용하면 복잡한 기계를 작게 만들 수 있겠다는 발상이었다. 하지만 문제가 있었다. 전기 회로가 복잡해지면 부품 수가 많아지고, 부품을 결합하는 비용과 시간과 복잡도가 높아진다. 기존의 기술로는 불가능했다. 그래서 잭 킬비는 우회 전략을 생각했다. 우회 전략은 기술적 장벽을 만났을 때 직접 돌파하는 시도를 하는 것이 아니라 장벽을 피해 돌아가는 전략이다. 그는 한 개의 기판 위에 모든 전기 회로를 한 번에 새겨 넣는(집적하는) 발상을 했다. 이렇게 컴퓨터와 휴대전화 하드웨어 탄생을 만든 집적 회로의 탄생도 기존 트랜지스터 기술의 창의적 응용이었다.

단순한 기술이라도 창의적인 사람을 만나면 복잡한 문제를 해결하는 무기가 될 수 있다. 약한 인공지능도 한계가 분명하고 분류, 군집, 회귀라는 3가지의 기능만 수행할 수 있는 단순한 기술이다. 그 자체로는 복잡한 문제를 해결하지 못한다. 하지만 남들이 보지 못하는 대단한 아이디어를 떠올리는 창의적인 사람을 만나면 복잡한 문제를 해결하는 강력한 무기가 된다.

미국 필드뷰드라이브(FieldView Drive)는 농기구에 사물인터넷(IoT) 장치를 부착해서 주변 기온이나 날씨, 토양, 농기구를 사용하는 사람의 행동 등을 수집해서 약한 인공지능으로 분석해 보다 적합한 종자, 재배 방법, 최적의 수확 시점 등 생산량을 향상시키는 방법을 찾아냈다.

약한 인공지능은 전 세계에 거미줄처럼 깔려 있는 CCTV와 연결되어 도시 내에서는 범죄를 예방하고, 아프리카 대지에서는 밀렵꾼으로부터 코끼리를 보호하고, 위험 국가나 테러 조직이 은밀히 도모하는 위험한 도발을 잡아 내는 일을 수행 중이다. 지진 감지기와 연결되어 사람 발자국,

지하철, 공사장 진동 등이 섞인 수많은 진동 속에서 인간보다 더 정확하고 빠르게 지진 신호를 구별해 내고 있다. 사람보다 빠르고 정확하게 패턴을 분석하고 확률적 예측 계산 능력을 구사하는 인공지능을 활용하여 대지진 발생 가능 시점과 지속 시간 등을 몇 초 혹은 몇 분만 일찍 감지하면 수만 명의 생명을 살릴 수 있다.

약한 인공지능이라도 영화 대본을 자동으로 써 주는 실력 발휘를 할 수 있다. '벤저민'이라는 인공지능이다. 아카데미상을 수상한 경력을 가진 영국의 영화감독 오스카 샤프(Oscar Sharp)와 로스 굿윈(Ross Goodwin)이라는 인공지능 프로그래머가 만들었다. 벤저민은 딥러닝 자연어 알고리즘을 기본으로 만들어졌다. 개발자들은 수많은 26,271,247바이트 분량의 199개 대본들을 학습시켰다. 벤저민은 학습한 대본 속에서 통계적 패턴을 찾아 단계마다 다음 단어나 철자 그리고 띄어쓰기 등을 예측하여 글을 써 나간다.

예를 들어, "당신 누구야?"라는 문장이 나오면 그다음에 어떤 패턴의 단어와 문장이 나오는 것이 확률적으로 좋은지를 예측해서 대본을 구성한다. 자료가 쌓일수록 더 좋은 대본을 만들 확률적 가능성이 높다. "선 스프링"(Sun Spring, 2016), "잇츠 노 게임"(It's No Game, 2017), "존 아웃"(John Out)이라는 3편의 단편 영화가 벤저민이 쓴 대본으로 만들어졌다.[2)]

필자는 앞에서 구글이 어떤 주제든 사람처럼 대화할 수 있는 초거대 인공지능 '람다'를 2021년 5월 18일 대중에게 전격 공개했다고 소개했다. 현재 글로벌 빅테크 기업은 초거대 인공지능 개발 경쟁에 돌입했다. 초거대 인공지능이란 파라미터가 무수히 많은 딥러닝 기반 인공 신경망을 가리킨다. 파라미터는 인공지능 모델의 '학습량'에 영향을 준다. 인공지능은 학습량이 많을수록 좋은 결과를 낼 가능성이 높다. 즉 파라미터가 많을수록 인공지능의 성능도 향상될 가능성이 높다.

초거대 인공지능은 세계적 인공지능 연구소 오픈AI에서 'GPT-3'라는 인공지능 모델을 공개하면서 주목을 받았다. GPT-3는 1,750억 개의 파라미터를 가지고 있는 자연어 처리 인공지능이다. 2018년 개발된 GPT-1은 1억 1,000만 개의 파라미터를 가졌다. 불과 2년 만에 1,500배 이상 파라미터를 늘리는 기술이 확보된 셈이다. 인간의 말(자연어)을 이해하고 구사하는 GPT-3의 성능은 인공지능 벤저민보다 뛰어나다.

2021년 네이버는 2,040억 개 파라미터를 가진 초거대 인공지능을 공개했다. LG는 6,000억 개 파라미터를 가진 초거대 인공지능을 개발 중이다. 불과 얼마 전까지만 해도 인공지능이 인간의 감정을 읽는 것은 불가능한 영역이라 규정되었다. 지금 그런 말은 옛말이다.

IP소프트가 만든 디지털 직원(digital employee) '어밀리아'(Amelia)는 30초 안에 300페이지 매뉴얼을 숙지할 수 있고 영어 등 20개 언어를 구사한다. 수천 개 전화 통화도 동시에 처리한다. 고객의 이전 통화 내용도 기억하고 있어서 고객이 자신의 문제를 다시 설명하지 않아도 된다. 어밀리아는 딥러닝 기술로 사람들의 분노나 기쁨 등의 감정까지 읽어서 기분에 맞춰서 대화하는 능력도 갖췄다.

MIT의 신시아 브리질(Cynthia Breazeal) 교수가 연구 중에 있는 감성 로봇 '키스멧'은 함께 이야기를 나누고 있는 사람의 표정과 움직임, 목소리를 분석하여 대화하는 사람의 감정 상태를 분석해 가장 적절한 희로애락의 감정을 스스로 표현한다. 키스멧의 현재 능력은 자기가 대화하는 사람의 얼굴 표정, 말투, 동작 등을 분석하여 자기를 칭찬하는지, 혼을 내는지를 정확하게 알아차리는 수준에 이르렀다.

MIT가 개발하고 있는 또 다른 감성 로봇인 '레오나르도'는 학습한 감정을 기억하여 자신의 의사를 표현하는 능력을 가지고 있다. 카네기멜론대학교에서 개발 중인 인공지능 로봇 '탱크'(Tank)도 전화 대화만으로는 사람이라고 착각할 정도로 정교하다. 이런 인공지능 로봇은 스스로 학습하는 알고리즘을 갖췄기 때문에 업무를 반복할수록 역량이 향상된다.[3)]

수천 억 개의 파라미터를 가지고 인간 수준의 자연어 처리 능력을 가진 초거대 인공지능이 문자와 소리로 구성된 인간의 대화 내용과 얼굴 표정으로 감정을 읽는 기술을 통합하면 감정에 영향을 잘 미치는 정치인이 누구인지를 파악하여 선거 승리 예측 가능, 영화 히트 가능성 예측, 스마트폰을 통해 주인의 감정을 읽고 대화 및 조언 등 셀 수 없이 많은 일에 적용이 가능하다. 여기에 특정 행동 습관이나 미세한 소리의 차이를 분석하여 감정을 읽어 내는 결과를 연결하면 마케팅, 정신의학, 범죄 심리학 등에 적용될 수 있다.

약한 인공지능을 심리학, 신경과학, 교육학과 연결하면 학습자를 인공지능이 다양한 분석을 통해 과학적으로 분석하여 조언하는 기능들을 만들 수 있다. 학습자 수준에 따른 맞춤형 조언과 최적의 복습 일정을 설계해서 장기 기억 보유 가능성을 높이는 응용 프로그램을 만들면 수능이나 토플 등 다양한 시험을 과학적으로 준비할 수 있는 프로그램도 개발할 수 있다. 학습자의 발전 정도를 인공지능을 통한 뇌 사진 혹은 뇌파 분석으로 평가할 수도 있다.

이런 인공지능들이 사회적 관계 기술도 탑재하면 적용 범위는 더욱 늘어난다. 카네기멜론대학교에서 개발 중인 인공지능 로봇 '그레이스'는 바퀴를 달아 움직이는 몸체를 가지고 있다. 그레이스는 이미 2002년에 인공지능 로봇 경쟁 대회에서 우승을 했다.

그레이스의 주특기는 사람들과 어떻게 사회적 관계를 맺을 것인가에 관련된 규칙, 관습, 행동을 학습하는 것이다. 먼저 온 순서에 따라서 엘리베이터를 타고, 사람에게 먼저 다가가 인사를 하고, 사람들 사이에 서성이며 희로애락을 표현하거나 농담을 주고받고, 사람의 말과 얼굴 표정을 배우처럼 흉내 내고, 계산대 앞에서 줄 서기를 하거나 새치기를 하는 등의 사회적 행동을 구현하도록 프로그래밍되어 있다. 이런 모든 일이 약한 인공지능 시대에 일어나는 일들이다.

최악의 경우, 약한 인공지능 기술 자체가 100년 동안 큰 발전을 하지 못할 수도 있다. 그럼에도 단순한 기술 덕택에 세상이 놀랍게 변하는 미래는 막을 수 없다. 약한 인공지능이 무한한 상상력과 창의력을 가진 인간과 만나는 것만으로도 인류 문명은 몇 단계 더 발전할 수 있다. 지난 100년 동안 전기는 큰 발전이 없었지만, 한 가지 중요한 일을 했다. 기술 발전의 규칙 혹은 세상 발전의 규칙을 바꿨다.

인공지능도 약한 수준에 불과하지만 그 자체로 기술 발전, 세상 발전의 규칙을 바꾸는 기술이다. 약한 수준이라도 인공지능은 발명의 방식을 바꾸고, 기술 진보의 속도 차원을 바꾸고, 문명의 방향을 바꾸는 힘을 가지고 있다. 앞으로도 기계 학습 연구가(인공지능 학자)는 3가지의 단순 기능(분류, 군집, 회귀)의 정확도와 복잡도, 기계 학습 속도를 높이는 알고리즘 개발에 집중할 것이다. 약한 인공지능의 성능이 향상되면 기계 독해, 이미지 인식, 생각하며 움직이는 알고리즘, 인공 뇌, 강화 학습, 스스로 칩 설계, 분권형 군집 로봇 알고리즘, 인공지능끼리 협업 알고리즘, 연합 기계 학습, 빅데이터 없는 인공지능, 자기 지도 학습 등 다양한 하위 기술이나 활용 아이디어들도 함께 발전한다.

그렇다고 이런 발전이 스스로 오류를 수정하고, 대응책을 찾아내고, 스스로 개선에 필요한 자원을 획득하여 프로그램을 업그레이드시키고, 창의성과 자유의지까지 가진 슈퍼 인공지능의 출현을 보장하지 않는다. 하지만 약한 인공지능의 범주에서 조금씩 향상되고 개선된 알고리즘이 나올 때마다 창의적 기업가들이 더 많은 적용, 더 많은 변화를 만들어 낸다면 인류 문명의 발전은 계속될 수 있다.

참고로, 약한 인공지능의 단계에서 인간의 창의력 이외에도 슈퍼 컴퓨터의 연산 속도와 정보 저장 성능의 빠른 발전도 변화를 촉진시키는 동력이다. 기계 학습 알고리즘이 어느 정도 개발된 상황이기 때문에 슈퍼 컴퓨터의 연산 속도와 정보 저장 성능 향상만으로도 약한 인공지능의 활용 범위가 넓어진다.

한 가지 더 짚고 넘어가자. 많은 사람이 논쟁을 벌이는 '강한 인공지능'의 시대가 오려면 시간이 생각보다 오래 걸릴 수 있다. 강한 인공지능은 약한 인공지능의 기반인 통계와 확률(경우의 수) 위에 논리 추론(연역, 귀납, 가추), 유비, 시나리오 예측 역량이 추가된 상태다. 인공지능이 이런 역량을 확보하기 위해서는 몇 가지 필수 조건들이 구비되어야 한다. 예를 들어, 양자 컴퓨터 시대 상용화, 완벽한 뇌 스캐닝 기술 확보, 지연 시간이 전혀 없는 통신 기술, 좀 더 발전한 인공지능 알고리즘 앙상블 기술, 자율적 기계 학습 기술, 커넥톰 완성, 초연결 사회 구축 등이다.

인간 뇌 신경망 전체를 업로딩하여 시뮬레이션만 하려고 해도 연산 속도가 10^{19}−10^{20}비트 정도는 되어야 한다. 레이 커즈와일은 『특이점이 온다』라는 저서에서 한 개인의 기억 전체를 저장하는 데 필요한 공간은 10^{13}비트 정도라고 계산했다. 2015년 기준으로 전 세계 정보량은 10제타바이트(10^{21}) 정도였다. 매 5년마다 10배씩 늘어날 것이라고 추정한다. 이 중에서 90%는 비정형 데이터(unstructured data)다.

사물인터넷 시대가 본격적으로 작동되면 비정형 데이터는 더욱 빨리 늘어난다. 비정형 데이터가 늘어나는 현재 속도를 감안하면 2030년경에는 전체 데이터의 99%가 비정형 데이터가 될 가능성이 크다. 강한 인공지능이 출현하려면 이런 데이터를 모조리 저장하고 분석 처리할 수 있는 역량을 갖춰야 한다. 양자 컴퓨터, 원자 컴퓨터, DNA 컴퓨터처럼 10^{30} 이상의 연산 속도는 필수다.

강한 인공지능을 만들기 위해서는 뇌를 스캔하는 기술도 좀 더 발전해야 한다. 2005년부터 소뇌 모델 등 뇌의 특정 부위에 한해서는 시뮬레이션이 진행 중이다. 뇌를 완벽하게 스캐닝하려면 외부 스캔 기계를 사용해서는 한계가 있다. 대안으로 부각되는 것은 나노 기계를 뇌 안에 넣어서 스캔하는 방식이다. 필자의 예측으로는 2030–2040년경에나 기술적 가능성이 생길 것이다.

기계 학습도 인간 뇌 작용을 완벽하게 반영하지 못하고 있다. 기계 학습(머신 러닝)은 경험을 통해 배우는 인간의 뇌의 일부 특성만 모방한 것이다. 인공지능의 경험은 (책, 인터넷, 현실 세계 등에서 얻은) 빅데이터와 아주 복잡한 수학 함수를 반복하면서 얻어지는 시행착오다. 현대 인공지능이 주로 사용하는 기계 학습 훈련법인 지도 학습, 비지도 학습, 강화 학습은 특정한 이론을 따라서 인공지능이 논리적 판단과 추론을 하도록 하는 것이 아니다. 우주 안에 있는 원자 수보다 많은 '경우의 수'를 끊임없이 '시행착오'(경험)해 보면서 얻어지는 '통계적' 결론(판단, 추론)을 도출한다. 인간 뇌에서 일어나는 일부 특성을 극대화한 것에 불과하다.

딥러닝도 궁극의 인공지능이 아니다. 딥러닝은 인간의 행위를 여러 가지 모수(모집단의 특성을 나타내는 값, 정답을 잘 찾을 수 있는 데 결정적인 무엇을 표현하는 값)로 표현하고 입력에 대해서 적절한 출력이 나오도록 결정하게 하는 기술이다. 다개체 시스템 학습 기술을 사용하면 다수의 인공지능 모델이 협업을 통해 고위 수준 기능을 구현하기도 한다. 하지만 이것도 인간의 뇌의 작동에 비하면 빙산의 일각에 불과하다.

인간의 지능은 수많은 방식이 복합 작용하면서 발현된다. 궁극의 인공지능, 강한 인공지능도 그래야 할 것이다. 단 한 가지 기술로는 인간의 지능을 완벽하게 모사하는 인공지능을 만들 수 없다. 딥러닝(패턴 학습기), 진화 알고리즘, 전문가 시스템 등 다양한 인공지능 알고리즘과 클라우드 지능이나 생물학적으로 강화된 인간 뇌 지능(휴먼 브레인 인텔리전스)이 복합적으로 연결되어 작동해야 완벽한 초지능 출현이 가능하다. 초지능체는 인공지능 단독 결과물이 아니라 인간과 인류 문명 총합체다. 더군다나 인간은 아직도 지능의 원리를 완벽하게 모른다. 이에 대한 연구도 더 많이 필요하다. 이런 조건들이 갖춰지기 전까지는 약한 인공지능의 시대가 지속될 것이다.

경계해야 할 것은 직업의 변화가 아니다

어떤 이들은 인공지능 기술이 발전하면 99%의 사람들이 일자리를 잃는 미래가 올 수 있다고 우려한다. 2100년이 되면 인공지능이 고도로 발달해서 99.99%의 사람들이 단순 노동만 하게 되어 불안정한 고용과 노동 상황에 놓이는 '프레카리아트(precariat) 계급'에 머문다는 시나리오다.

필자의 예측으로는 이런 미래가 일어날 확률적 가능성은 아주 적다. 논리적으로도 그럴듯한 미래가 아니다. 단기적으로는 인공지능이 인간의 일을 잠식하면서 사라지는 일자리가 생기는 것은 피할 수 없다. 하지만 중장기적으로는 인간이 인공지능의 역량에 대응하고, 인공지능 역량을 활용하여 일자리 위기를 극복하는 미래가 확률적으로 더 높다. 장기적으로 볼 때 현재 인간이 하는 일이나 직업의 99.99%가 사라지거나 인공지능과 로봇을 구매하는 비용보다 낮은 급여를 받는 일로 전락한다는 예측으로 이해하는 것이 옳다. 그렇다고 인공지능 덕택에 인간이 일하지 않고 놀고먹기만 하는 세상이 온다는 시나리오도 맞지 않다.

이런 두려움은 신기술이 출현할 때마다 늘 부각되었다. 하지만 인간은 마음 편히 놀고먹기만 하는 시대가 왔거나 대부분의 사람들이 일자리를 빼앗겨서 암울한 사회가 되는 미래를 맞은 적이 없다.

일부 직업이 없어지는 이유는 해당 육체 노동과 지식 노동의 자동화 가속 때문이다. IP소프트라는 회사가 만든 인공지능 '어밀리아'(Amelia)는 모니터 안에서 정장 차림의 금발 백인 여성의 모습을 하고 글로벌 보험 회사 등에서 콜센터 직원이나 회계 관리자로 24시간 근무하고 1,800달러의 월급을 받는다.

2020년 7월에 중국요리협회가 발간한 "2019년도 중국 요식 기업 톱 100 및 톱 500 매장 분석 보고서"를 보자. 중국 내 요식업계는 인건비 압박 상승과 코로나19 유행으로 인한 매출 감소 문제 해결, 고객과 대면 접촉을 줄여 다른 직원들의 안전 확보를 위해 디지털화, 스마트 서빙 로봇 등의 현장 투입을 늘리고 있다.

메이퇀(Meituan, 美团)과 차이나셰프클럽(Chinachefclub, 中饭协)이 함께 오픈한 '언택트 식당'은 '킨온'(keenon, 擎朗智能)이라는 서빙 로봇이 음식 판매와 홀 서빙을 담당한다. 중국 언론 커창스는 최근 중국 내에서 서빙 로봇을 도입한 식당이 5,000개를 넘었다고 보도했다. 앞으로는 자리 안내 로봇, 서빙 로봇, 그릇 수거 로봇 등 다양한 기술이 요식업 현장에 투입될

것이라는 전망도 했다.[4)]

유통이나 물류 분야에서는 인공지능 로봇으로 인간 노동력의 대체(자동화)가 빠르게 진행 중이다. 글로벌 기업 DHL은 애비드봇(Avidbots)사의 청소 로봇 '네오'(Neo) 수백 대를 구매해서 전 세계 자사 물류 창고, 허브, 터미널에 배치했다. 인공지능 청소 로봇 네오는 바닥 소독 능력이 탁월한 것으로 알려져 있다. 와이파이와 5G 통신으로 클라우드에 연결되어 있어서 실시간 모니터링과 기능 업데이트가 가능한 네오는 물류 창고 등 시설물 지도 제작(매핑) 과정을 실시한 후 애비드봇의 독자 소프트웨어, 3D 센서, 카메라 등을 사용해 자율적으로 시설물 바닥을 청소한다.[5)]

아마존 등을 중심으로 배달 로봇의 인기도 높아지고 있다. 마트 매장을 돌아다니면서 상품이 진열대에 제대로 있는지, 가격표는 잘 붙어 있는지, 고객이 찾는 물건이 없다면 인간 직원에게 알려 줘서 재고를 빨리 채울 수 있게 돕는 등의 기능을 가진 슈퍼마켓용 로봇도 활동을 시작했다.[6)]

2020년 7월 9일 미국의 대표적인 다국적 축산 기업 타이슨푸드에서는 8,900명의 코로나19 누적 감염자가 발생했다. 타이슨푸드는 직원 12만 2,000명이 직접 칼과 톱 모양 도구를 이용해 고기를 손질한다. 감염자가 폭발적으로 증가하자 사람 손으로 하던 고기 손질 공정 일부를 로봇으로 대체했다.[7)]

코로나19 발병으로 사회적 거리 두기가 강화되자 미국에서는 골퍼를 졸졸 따라다니는 인공지능 캐디 로봇도 등장했다. 햄버거 체인은 미소로보틱스의 햄버거 만드는 로봇 '플리피'(Flippy)를 도입했고, 피자를 만드는 '로봇셰프'도 활동 중이다.

이런 움직임은 국내에서도 시작되었다. LG전자는 2018년부터 회계, 인사, 영업, 마케팅 등 사무직의 단순 반복 업무 500개에 '로봇프로세스

자동화'(RPA) 기술을 적용했다. 코로나19가 발발하자 LG전자는 총 900개 사무직 업무에 추가로 로봇 자동화 기술을 도입해 반복 업무에 대한 효율을 높이는 작업을 했다. 주요 국가의 거래선의 유사도를 비교, 분석하거나 인공지능 이미지 인식 기술을 이용해서 영수증에서 필요한 정보만을 추출하여 처리하는 등 한층 고차원적인 업무로 적용 범위를 넓히기 위해 인공지능, 데이터 분석 등을 결합한 '지능형 RPA'를 도입했다.[8)]

2020년 7월 GS건설은 라이다(LIDAR) 장비, 360도 카메라, 사물인터넷(IoT) 센서 등을 장착한 4족 보행 로봇 '스팟'(SPOT)을 국내 최초로 성남의 한 아파트 공사 현장과 서울의 공연장 공사 현장에 배치했다. 배달의민족도 2021년부터 'FORENA'(포레나) 배달 로봇 서비스를 한화건설과 손을 잡고 시작했다.

일본은 상업용 로봇과 휴머노이드 로봇 분야에서 앞선 기술을 보유하고 있다. 초고령화 국가인 일본에서 간호 로봇 시장은 연간 200-300%씩 초고속 성장을 한다.[9)] 수술 로봇, 재활 로봇, 비침습 방사선 수술 로봇, 병원 및 약국 로봇, 기타 의료 로봇 시스템 등 의료 로봇 시장도 계속 성장 중이다. 일본 기업이 미국과 유럽에서 판매하는 애완용 물개 로봇 '파로'(Paro)는 노인의 정서 생활과 치매 예방 및 치료에 도움을 준다.

2014년 도쿄박물관은 오사카대학의 로봇 전문가 히로시 이시구로 교수가 개발한 '오토나로이드'(Otonaroid)와 '코도모로이드'(Codomoroid)라는 로봇을 도우미로 고용했다. 이 두 로봇은 인간과 모습이 같고 사람처럼 유창한 일본어를 구사한다. 미국 조지아공대가 만든 인공지능 로봇 '코디'(Cody)는 노인의 목욕과 안마를 돕는다. 최근에는 로봇에게 촉감을 입힐 인공 신경도 개발되었다.

인간의 육체 노동만 자동화 속도가 빨라지는 것이 아니다. 지식 노동의 자동화도 빠르게 진행 중이다. 2020년 7월 8일 국제 학술지 「네이처」에 영국 리버풀대학교 화학과의 앤드류 쿠퍼(Andrew Cooper) 교수 연구진의 실험 논문 결과가 하나 실렸다. 논문에 소개된 주인공은 크기 175cm, 몸무게 400kg이고 팔은 하나만 달린 인공지능 로봇이다. 리버풀대학교가 만든 인공지능 로봇은 과학자 로봇이다.

과학자 로봇은 실험실을 이곳저곳 혼자 돌아다니며 인간 연구자가 쓰는 실험 장비를 가지고 고체 무게를 재고, 액체를 용기에 따르고, 공기를 제거하고, 촉매 반응을 일으키고, 실험 결과를 정량적으로 분석하기도 한다. 인간 장비를 함께 쓸 수 있어서 인간과 공동으로 연구하기가 훨씬 수월하다는 장점도 가진다. 로봇이기에 바이러스 노출 위험도 없고 24시간 근무할 수 있다.

이 인공지능 로봇 과학자는 인간 연구자들이 퇴근한 후 텅 빈 대학 실험실에서 혼자 남아 스스로 실험 결과를 분석하고 다음에 필요한 실험이 무엇인지 판단하면서 새로운 물질 합성에 성공했다. 충전 시간을 제외하고 하루 평균 21.5시간씩 8일 동안 172시간에 688가지 실험을 했다. 리버풀대학교 연구진에 따르면, 인공지능 로봇 과학자는 9,800만 가지의 실험을 동시에 검토하는 능력을 발휘해서 사람보다 1,000배 빨리 실험을 하고, 다른 인간 연구자의 도움 없이 6배나 뛰어난 촉매를 개발했다고 한다. 과학 연구의 자동화도 먼 미래의 일이 아니다.[10)]

이렇게 인공지능 발전이 빠르다고 해도 인간 성인 수준의 지능을 발휘하는 미래는 아주 멀다. 20개 언어를 구사한다고 자랑하는 인공지능 어밀리아도 (회사 자체 분석에 의하면) 여섯 살 아이 수준의 IQ(47.2)를 가진다. 그래서 인공지능의 활용을 주저하거나 평가절하하는 이들이 많다.

하지만 코로나19처럼 대형 위기가 발발할 때마다 이런 분위기는 계속 바뀔 것이다. 인간의 활동에 제약이 발생하는 상황이 반복되면 인공지능 로봇을 인간이 가지 못하는 자리에, 인간을 대신해야 할 자리에, 인간을 내보내야 하는 자리에 보낼 수밖에 없다. 코로나19 이전에는 인공지능이 사람의 지능 수준이나 언어 구사 수준과 비슷해지면 고용을 생각해 보겠다는 분위기였다. 코로나19 이후에는 '당장 급하니' 현재 인공지능 수준에 맞춰서 업무를 쪼개서 분배하여 일을 시키자는 분위기로 바뀌고 있다. 인공지능을 사람 수준에 맞추는 것이 아니라, 사람의 업무를 인공지능 수준에 맞춰서 사용하자는 태도의 대변화다.

미래에는 모든 회사에 인공지능 알고리즘들이 일을 하게 된다. 제조업 회사에서는 인공지능과 인공지능이 장착된 로봇 등이 단순 기계(지게차, 운송용 자동차 등)를 사용해서 일하는 이들의 육체노동을 빼앗을 수 있다. 매뉴얼에 따라서 정형화된 신체적 조작 노동도 빼앗을 수 있다. 서비스업 회사에서는 단순한 지적 노동(계산, 기억, 검색, 분류, 외삽 예측 등)만 하는 이들의 행정 업무를 빼앗을 수 있다. 각기 다른 목적에 특화된 알고리즘들이 자료 수집, 분석, 연구 개발, 제품 생산 등 기존의 인간 전문가 역할을 대신할 수도 있다.

알파고 사례를 볼 때 인공지능의 최대 장점(목적)은 '효율성'이다. 알파고는 인간보다 뛰어난 수읽기(경우의 수 계산 능력)를 통해 가장 효율적인 한 수(확률이 가장 높은 한 수)를 찾는 작업을 끝없이 반복하여 인간을 이겼다. 인공지능 개발과 활용은 인간 지능의 흉내가 목적이 아니라, 인간 지능의 구현 방식에서 힌트를 얻어 '(논리와 확률을 기반으로 한) 납득할 만한 최고의 효율성 기계'를 만드는 작업이다. 그래서 당신이 다니는 회사에서도 '확률적 계산을 기반으로 (인간을 투입하는 것보다 더 나은) 효율성을 얻을 수 있는 업무'에 인공지능을 적극 활용할 것이다.

효율성에는 비용도 평가 조건이다. 그래서 인공지능이 할 수 있어도 비용이 인간보다 비싸면 그 일은 인간이 계속할 수 있다. 이런 영역은 미래에도 인공지능과 인간의 경쟁이 아니라, 인간끼리 임금 경쟁의 장으로 남거나 인공지능으로 대체되는 시간이 생각보다 오래 걸릴 것이다. 다음은 필자가 인공지능과 인공지능 로봇에 의해서 영향을 받거나 받지 않을 일자리의 특징을 분류한 표다.

| AI로봇과 인간 일자리 매트릭스 |

	인간이 할 수 있지만 경쟁자가 적어 고수익을 유지하는 일	인간이 할 수 있지만 경쟁자가 많아 수익이 낮아지는 일	지금까지는 인간이 할 수 없었던 일
AI로봇이 할 수 있지만 고비용의 일	단기적으로(10년 이하) 전문성을 가진 인간이 지켜 낼 수 있는 영역	단기적으로(10년 이하) 인간이 지킬 수 있는 영역, 몸 '전체' 쓰기(걷기, 뛰기, 복잡한 조작), 단순해도 조작이나 목표가 계속 변하는 일(단, 인간 간 경쟁은 심화)	곧… 인간에게 새롭게 생기는 일자리
AI로봇이 저비용으로 할 수 있는 일	전문성을 가진 인간도 AI로봇에게 뺏기는 영역	근력과 두뇌 작업 '일부'에서 (딥러닝이 가능한) 단순 조작, 패턴 반복 처리하는 일, 몸이나 두뇌의 일부만 사용하는 일, 가장 많은 일자리 소멸 영역	먼 미래에 새로운 일자리 기회 제공 (화성 탐사, 지구 극한 개발 등)
AI로봇이 할 수 없는 일	오랫동안 (10-30년 이상) 전문성을 가진 인간이 계속할 수 있는 일 (시나리오 추론)	오랫동안(10-30년 이상) 인간에게는 쉽지만 AI로봇에게는 어려운 일, 모라벡의 역설 영역 - 느끼기, 생각하기 (단, 인간 간 경쟁은 심화)	오랫동안 미지의 영역으로 남을 것

일부 일자리가 없어진다고 해서 그 일을 했던 노동자가 비극적 종말을 맞이하는 것도 아니다. 동물은 자기 영역에서 먹잇감이 사라지면 함께 멸종했다. 하지만 인간은 달랐다. 인간은 먹고사는 데 필요했던 일자리가 사라지면 새로운 일(work)이나 직업(job) 혹은 새로운 돈 벌 거리를 만들어 내는 데 천재적 능력을 보이면서 생존했다. 자기 생존을 책임졌던 능력이 무용지물이 되면 새로운 능력을 길러서 위기를 탈출했다. 기업이나 국가가 기계에게 일자리를 빼앗긴 사람들에게 새로운 기술을 교육해 주는 역할을 해주면 생존 가능성은 더욱 높아지고 빨라졌다.

신기술 발전이 궤도에 오르면 신기술을 활용하는 법을 배우는 속도와 기회도 늘어난다. 마부가 마차 모는 일을 빼앗기는 것도 빨랐지만, 자동차 운전을 배우는 것도 빨랐듯 말이다. 인공지능이 인간의 일자리 전부를 없애는 것보다, 인간이 인공지능을 배워 도구로 사용하는 속도가 훨씬 빠를 것이다. 인간이 인공지능 사용 방법을 배우면 인공지능과 협업하여 새로운 직업이나 일을 만들어 내거나, 고난이도의 전문적인 일을 쉽게 할 수 있게 되거나, 인간의 두뇌와 육체 역량이 강해져 기계의 일을 빼앗을 수도 있다. 신기술 자체가 스스로 새로운 일자리를 만들어 내는 경우도 다반사였다.

지금 우리가 하는 일을 생각해 보자. 불과 100년 전에는 없었던 일들이고, 100년 전에 있었다고 해도 대부분의 사람들은 엄두도 못 냈던 일이다. 지금 우리가 돈 버는 일과 방법 혹은 영역도 살펴보자. 정신 상담, 생활 코칭, 기자 혹은 리포터, 아기나 노인 돌봄이, 금융 투자 등 수많은 일과 영역이 과거에는 돈을 지불하지 않았던 것들이다. 인공지능이 현재 인간이 하는 일들을 대신하는 미래가 오더라도 인간은 똑같은 방식으로 대응해서 살아남을 것이다.

그렇기 때문에 인공지능이 인간이 하는 일의 상당 부분을 대신한다고 해도 인간이 몰락하거나 하층민으로 전락한다는 시나리오에 너무 두려워할 필요는 없다. 오히려 인공지능이 힘들고(difficult), 더럽고(dirty), 위험한(dangerous) 일에서 인간을 해방시켜 주면 인간은 더 나은 도전과 인생을 살아가는 기회가 생긴다는 시나리오를 주목할 필요가 있다. 신기술(인공지능, 로봇, 자율주행차, 나노, 바이오 등) 자체가 새로운 산업을 만들어 내며 지금은 듣지도 보지도 못하는 신규 직업과 일을 창조해 낼 것이다.

예를 들어 보자. 미국에서는 인터넷 쇼핑 규모의 확장으로 화물 운송 사업 수요는 늘어나지만, 열악한 근무 환경 때문에 화물 기사들이 다른 업종으로 이직하는 비율이 늘어나면서 트럭 운전사가 5만 명 이상 부족한 상황이다. 인공지능 자율주행자동차의 도입이 절실히 필요한 영역이다. 하지만 필자의 예측으로는 화물 운송에서 인간의 일자리가 완전히 없어지는 미래가 오려면 많은 시간이 흘러야 한다. 당분간 인공지능과 인간의 협업으로 화물 운송 방식과 사업의 모습이 달라질 가능성이 더 크다.

비행기 조종을 생각해 보자. 비행기 조종에는 오래전부터 자율주행 기능이 사용되고 있었지만, 인간 파일럿의 자리는 없어지지 않았다. 물론 과거에는 비행기 한 대를 조종할 때 6명 이상의 파일럿이 필요했다. 자율주행 기능이 도입되면서 인간 조종사의 숫자는 2명이면 충분해졌다. 대신 비행기 이용이 늘어나면서 파일럿 전체 숫자는 증가했다.

자동차는 비행기보다 더 복잡한 주행 환경을 가진 분야다. 인간이 없는 무인 자동차가 나오더라도 주행 도중에 발생하는 불확실성의 빈도가 낮고 일정하게 정해진 구간만을 반복적으로 운행하는 식의 매우 협소한 영역에서만 활동할 가능성이 높다. 도시나 회사 내에서 특정 구간에서만 반복적으로 운행하는 셔틀버스나, 혹은 항구에서 컨테이너를 정해진 곳으로 이동시키거나, 거대한 물류 창고에서 제품을 실어 나르는 자율주행 장치 등이다.

화물을 실어 나르는 트럭도 마찬가지다. 무인 트럭이 등장하겠지만, 복잡한 도시 속 물류 기지에 진입하면 인간의 운전 조작이 필요한 매우 복잡한 상황이 빈번하게 발생한다. 그런 상황까지 인공지능에게 훈련시키는 것은 비효율적이다. 인간이 직접 조정하는 것이 훨씬 더 쉽고 비용을 절감한다. 그래서 무인 수송 트럭이 도로를 돌아다니더라도 물건을 싣고 내리는 복잡한 영역에서는 인간 운전자가 개입할 가능성이 매우 높다. 이런 특수성 때문에 대부분의 수송 트럭에는 인간 운전자가 상시 탑승하는 구조가 그대로 유지될 것이다.

대신, 자율주행 기능은 운전자가 장거리 도로 주행에서 받는 스트레스를 급격하게 줄여 주는 유용한 기술이 될 것이다. 운전자의 장거리 주행 스트레스가 줄면 더 많은 화물이 트럭을 통해 운반될 것이다. 더 많은 화물이 트럭을 통해 운반되고 트럭 주행이 쉬워지면 더 많은 트럭이 돌아다니게 된다. 그만큼 인간 운전자도 증가한다. 어쩌면 자율주행 트럭의 개발에 위협을 받는 것은 인간 운전자가 아니라 철도 수송이 될 수 있다.

이처럼 인공지능은 인간의 일자리를 빼앗기보다는 노동의 개념, 일터의 개념을 바꾸는 면이 더 클 것이다. 단지 새로운 일자리가 만들어지거나 새로운 노동 개념이 완성되어 가는 과정에서 일시적으로 일자리 미스매치가 발생할 가능성은 매우 높다. 이런 위협도 새로운 일자리에 적응하고 재교육시키는 시간의 미스 매치를 줄이는 데서 해법을 찾을 수 있다.

인공지능 로봇의 도움으로 인간의 노동 효율성과 생산성이 극대화되면 그만큼 경제 활동의 증가에도 속도가 나게 된다. 더 빠르고 더 큰 규모의 경제 성장이 가능해진다. 일자리 분야에서도 인공지능은 인간에게 잃는 것보다 얻는 것이 더 많게 할 가능성이 높다. 인간의 창의력도 더 높여 주게 될 것이다.[11] 지적 노동 분야에서 인공지능의 활용도가 높아지는 것도 비슷한 미래를 만들어 낼 것이다.

인공지능 바둑 프로그램 알파고는 충격적 사건이었다. 인공지능 바둑 기사 알파고는 한국이 자랑하는 세계 최고 바둑 기사 이세돌 9단을 무너뜨렸다. 곧바로 호사가들은 인간 바둑 기사의 암울한 미래를 거론했다. 하지만 시간이 지나면서 새로운 현상, 정반대의 현상이 일어났다. 인공지능 바둑 프로그램 때문에 인간 바둑 기사들의 실력이 향상되었다. 바둑 전략과 전술에 발전이 일어났다. 바둑에 대한 관심은 더욱 높아졌다. 인공지능 성능이 높아지자 기업과 전문가들의 인공지능 사용도 높아졌다. 2021년 5월에는 한국 기원 산하 한국바둑AI연구소가 프로 기사를 대상으로 인공지능을 활용해서 개인 성향에 맞는 전술 전략과 교육을 제공하는 공식 서비스도 시작했다.[12]

알파고를 개발한 딥마인드사는 영국 프로축구 구단인 리버풀과 손을 잡고 인공지능을 활용한 축구 전술 개발 프로젝트도 진행 중이다. 리버풀은 2017-2019년까지 모든 프리미어 리그 경기가 담긴 빅데이터를 제공하고, 딥마인드는 인공지능 기술을 활용해서 빅데이터들을 분석하여 인간 코치들이 만들어 내지 못한 새로운 공격 및 수비 패턴을 창출하는 것을 목표로 했다. 예를 들어, 리버풀 선수가 상대 진영으로 롱킥을 날리면 인공지능은 상대 수비들이 어떻게 움직일지를 예측해 낼 수 있다. 이런 다양한 상황을 시뮬레이션해 공의 구질과 위치, 거리에 따른 가장 적합한 전술과 결과를 예측해 낸다. 리버풀의 특정 선수가 엔트리에서 제외될 경우 경기 판도가 어떻게 변화될지도 확률적 예측치로 도출할 수 있다. 당연히 이런 결과에 따라 새로운 축구 전술 및 구단 운영 전략이 도출될 수 있다. 미국 메이저리그 세이버메트릭스나 빌리 빈(Billy Beane) 오클랜드 어슬레틱스 단장의 '머니볼'(통계 야구)의 인공지능 버전인 셈이다.[13]

이런 과정에서 기업 내부에서는 인공지능 알고리즘 개발과 훈련, 인공지능이 도출한 결과(의미 도출, 미래 예측)를 비즈니스에 활용, 기업별 맞춤형 인공지능 알고리즘 개발, 내부 인공지능 활용 플랫폼 구축과 유지 관리, 인공지능 학습용 훈련 데이터(전 처리) 등에서 새로운 일자리와 업무가 생겨났다. 새로운 비즈니스 모델도 출현할 수 있다. 예를 들어, 데이터 생성 기반 비즈니스, 데이터 분석 기반 비즈니스, 인공지능 지각(컴퓨터 비전, 음성 인식, 음성 구현, 촉감 인식) 활용 기반 비즈니스, 자율 행동(지각 인공지능과 자율 이동 로봇의 결합) 기반 비즈니스 등이다.

기업 밖에서는 비훈련 데이터 거래 시장이 새로 만들어졌고, 인공지능 알고리즘 성능의 지속적 향상을 위한 데이터 훈련과 판매, 오픈 인공지능 알고리즘(Open AI)을 사용해서 한 가지 목적에 특화된 인공지능 알고리즘을 훈련하고 판매하는 개인 직업도 늘어나고 있다. 이런 업무와 직업은 인공지능이 삽입되는 웹과 앱 판매 시장, 스마트폰, 자율 주행 디바이스, 지능형 사물 등으로 계속 확대되고 있다.

전문가들의 전망에 따르면, 전 세계에 인공지능 훈련과 관리를 위해 1,000만 개 일자리가 만들어지고 인공지능 훈련 시장도 전 세계로 수백조 원 시장이 될 것이라고 한다. 인공지능이 학습하는 데 필요한 빅데이터에 라벨링을 하는 일자리도 전 세계 1억 개가 넘을 것으로 전망한다.

미래 어느 날, 우리가 자주 가는 모든 동네 식당에서 인공지능 로봇이 인간을 대신해서 주문을 받고 서빙을 할 수 있다. 그 일을 했던 인간 노동자는 일자리를 잃을 것이다. 하지만 서비스 산업 전체 개념이 바뀌면서 인간 노동자는 새롭고 창조적인 신규 서비스 영역에 투입되거나 집중될 수도 있다. 인간과 인간 사이의 관계적 상호 작용, 정신적 교감과 관련된 일, 의미를 추구하는 일, 창작 활동 촉진, 영성과 직관을 사용하는 일 등이 확대되면서 이성, 감성, 영혼(직관)에서 인간의 잠재력과 상상력이 폭발하게 될 것이다.

인간의 감성을 개발하고 디자인하고 경영하는 '감성 디자인 능력' 분야에서도 새로운 일자리나 신직업이 일어날 가능성이 크다. 빠른 속도로 인간의 능력의 일부가 기계와 인공지능 컴퓨터로 대체되면 사회는 인간에게 인공지능 로봇에서는 얻기 힘든 '감성'(따뜻함)이라는 키워드를 차별적인 능력으로 요구할 것이다. 감성 디자인 능력이란 사람들이 미처 발견하지 못한 행복의 느낌들을 새롭게 디자인하거나 향상시켜 전달하는 능력과 이를 지속 가능하도록 돕는 능력이다. 인간의 내면을 잘 이해하고, 깊숙이 잠재된 감성 역량을 끌어내 주고, 스토리(소리 스토리, 영상 스토리, 음악 스토리, 텍스트 스토리 등)라는 방식을 사용해서 잘 전달할 수 있도록 돕는 능력을 가진 사람들에게는 다양한 기회가 다가올 것이다.

인공지능 바둑과 인간 바둑 기사의 경쟁처럼, 인간과 로봇의 경쟁도 하나의 즐거움 영역으로 만들어질 수도 있다. 인간이 3가지 뇌를 완벽하게 사용하는 단계에 이르면 인간의 지능과 능력은 더욱 향상되어서 현재 사람들이 불가능하다고 여기는 일을 할 수 있게 된다. 현재 사람이 가지 못한 곳도 가게 되고, 현재 사람들이 생각할 수 없던 것들을 생각해 낼 수 있게 된다. 지구 밖 우주를 배경으로 새로운 상품과 서비스, 새로운 직업과 일이 만들어질 수도 있고, 지상을 벗어나 땅속, 바닷속, 하늘에서 새로운 일자리를 창조할 수도 있다. 현실을 뛰어넘는 무한한 상상으로 가득 찬 가상 세계에서 엄청난 규모의 새로운 일과 멋진 직업을 창조할 수도 있다. 이렇게 말해도, 이런 질문을 할 수 있다.

"인공지능이 기업의 비용만 절감시켜 주는 것은 아닌가?"

"인공지능 덕분에 새로운 일자리가 생겨도 지금보다 적은 월급을 받는 것은 아닐까?"

그럴 수도 있다. 하지만 인공지능이 현재 수준의 생존과 기본 문화생활을 유지하는 데 필요한 비용도 적게 드는 시대를 만들 수도 있다. 평범한 개인, 서민, 생활보호대상자, 독거노인 등의 매월 지출 비용도 절감시켜 줄 수 있다. 생활 비용 절감은 인간의 생존력 증가, 자기 개발 능력 증가 등을 가능케 한다. 인공지능이 다른 산업 기술의 발전을 촉진시키면 가능한 미래다. 우리가 사용하고 있는 자동차, 수많은 전기 전자 제품, 주방에 있는 아름다운 식기나 주방용품, 위생적으로 잘 만들어진 화장실 등은 불과 100년 전만 해도 왕이나 귀족, 혹은 큰 부자만 누리는 것들이었다. 우리가 과거에 왕과 부자들만 누렸던 혜택을 얻을 수 있게 된 근본적 이유는 기술 발달이다.

기술이 기하급수적으로 발달한다는 전제를 믿는다면 생산성 향상이 일어나면서 제품의 가격도 기하급수적으로 하락한다고 믿으라. 둘은 한 쌍이다. 현재 모든 사람이 자동차를 소유할 수 있듯이, 미래에는 모든 사람이 하늘을 나는 자동차, 강과 바다를 다니는 자동차를 소유할 수도 있다. 자가용 비행기, 자가용 보트를 소유한 부자의 삶이 미래에는 중산층의 평범한 삶이 될 수 있다. 공짜로 제공되는 똑똑한 인공지능 비서는 우리에게 다양한 서비스를 제공해 줄 수 있다. 인공지능의 발전은 의료(무료 건강 상태 진단, 암 진단 등), 교통(광고 보고 자율주행차 공짜로 타기 등), 통신비 등을 획기적으로 절감시켜 줄 수 있다.

미래에 생각하는 3D 프린터가 대중화되면, 많은 물건을 스스로 제작할 수 있다. 이런 변화를 감안하면 미래의 노동자들이 지금보다 적은 돈을 벌어도 지금보다 더 수준 높은 삶을 유지할 가능성은 얼마든지 있다. 인공지능을 비롯한 미래 신기술들은 인류 문명을 한 단계 더 진보시키고, 더 많은 제품을 더 싸게 구입할 수 있게 해주고, 인간을 생존의 위협과 의식주(衣食住)의 고민과 문제에서 더 많이 해방시켜 줄 것이다.

기술 발달 덕분에 현재 우리는 100년 전에 살았던 사람보다 더 많은 자유, 꿈, 가치도 획득했다. 미래에도 마찬가지다. 인공지능 덕분에 지금보다 더 많은 사람이 '꿈과 가치를 갈망하고 쟁취하기 위해 도전하는 시대'로 진입하게 된다. 사회는 개인적인 꿈과 가치가 모이는 수많은 '컬트적 네트워크'가 복잡하게 연결된 모습을 갖게 될 것이다.

| 인공지능 기술의 영향을 받는 기술들 |

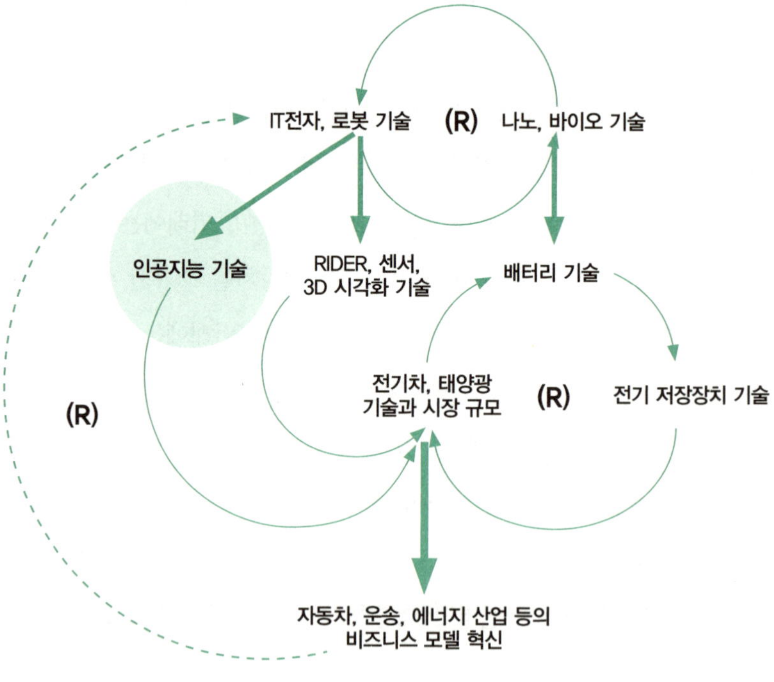

러다이트운동은 경계가 아니다

신기술이 등장하면 일자리 붕괴와 직업의 위기가 거론되면서 러다이트운동(Liddite Movement)이 주목받는다. 러다이트운동은 1811-1817년 영국 중부와 북부의 직물 공업 지대에서 일어났던 기계 파괴 운동이다. N. 러드라는 지도자가 나타나서 비밀 조직을 운영하면서 신기술이 인간의 일자리를 빼앗아 가는 흐름에 조직적 저항을 했다. 하지만 N. 러드는 실존 인물이 아니었다. 비밀 결사 세력이 만들어 낸 가공의 인물이었다. 이들은 얼굴에 복면을 하고 야간에 무장 훈련과 기계 파괴 활동을 자행했다.

19세기 초는 산업혁명이 진행되면서 직물 산업에 기계 보급이 한창이던 시절이었다. 설상가상으로, 나폴레옹 전쟁(1797-1815년)의 영향으로 영국을 비롯한 유럽 경제가 극심한 불황에 빠져 있어서 실업자도 크게 증가했고, 임금 체불도 심했다. 물가는 치솟았다. 이런 혼란과 고통을 틈타서 비밀 결사 세력들은 실업과 생활고의 원인을 기계의 탓으로 돌리고는 기계 파괴 운동을 영국 중부와 북부의 직물 공업 지대 전반으로 확산시켜 갔다.[14)]

필자는 러다이트운동처럼 기술 자체를 막고 파괴하는 것은 비성경적이고 올바른 경계(watch, guard), 대비 · 대응 · 치유(prepare, respond, heal), 이끄는(lead) 행위가 아니라고 단언한다. 컴퓨터를 비롯한 각종 디지털 기술들이 발명되자 일부 극단주의와 이단 집단에서 '사탄의 기술'이라고 공격했다. 지금 널리 사용되는 바코드를 '666'이라는 짐승의 표라고 규정하고 거부했다. 근래에는 인간의 몸에 칩을 삽입하는 기술을 짐승의 표라고도 한다. 이런 행위는 비성경적이고 올바른 경계, 대비 · 대응 · 치유, 이끄는 행위가 아니다. 교회와 성도가 경계해야 할 것은 기술이나 지식의 오남용이다.

지식과 기술 오남용의 대표적 사례는 대량 살상 무기다. 1905년 천재 물리학자 알버트 아인슈타인(Albert Einstein)은 5편의 논문을 발표했다. 그 중 한 논문의 제목은 "물체의 관성은 에너지 함량에 의존하는가?"였다. 이 논문에서 아인슈타인은 그 유명한 법칙인 '$E=mc^2$'을 발표했다. 질량과 에너지는 서로 변환될 수 있고, 질량과 에너지 사이의 관계는 광속의 제곱이라는 숫자로 매개된다는 질량-에너지 등가 원리였다. 이 주장이 사실이라면 아주 작은 질량을 가진 물체라도 변환 과정에서 엄청난 에너지를 방출할 수 있다.

1934년 이탈리아 천재 과학자 엔리코 페르미(Enrico Fermi)는 우라늄 원자에 중성자를 쏘아 원자핵을 붕괴시키는 실험에 성공했다. 그리고 1938년 12월 독일의 화학자 오토 한(Otto Hahn), 프리츠 슈트라스만(Fritz Strassmann), 리제 마이트너(Lise Meitner), 오토 프리슈(Otto Frisch)에 의해 아인슈타인의 이론을 뒷받침하는 핵분열 반응이 발견되었다. 여기까지는 큰 문제가 없었다. 하나님이 아인슈타인에게 주신 지혜를 잘 활용하면 강력한 에너지 생산이 가능해지면서 전 인류에게 큰 유익을 주는 미래가 가능해진다.

하지만 인류는 천재적 발상을 수많은 사람을 살상하는 방향으로 오남용하기 시작했다. 1939년 4월, 독일은 핵분열 연구를 위한 우라늄 클럽(Uranverein)을 조직하고 핵분열 반응을 이용한 무기 개발에 착수했다. 1939년 10월 미국 정부와 의회에는 긴장감이 흘렀다. 핵분열 폭탄이 히틀러의 손에 들어가면 인류에게 재앙이 올 것이라는 위기감이었다. 미국은 신속하게 우라늄위원회를 발족했다. 영국도 1940년 4월에 모드위원회(MAUD Committee)를 설치해 핵무기 개발에 시동을 걸었다. 1941년 3월 미국은 화학자 글렌 시보그(Glenn Seaborg)가 우라늄 235와 같은 연쇄 반응을 일으키는 물질인 플루토늄을 추출하는 데 성공하면서 핵분열 폭탄 제조에 한 걸음 더 나아갔다.

1941년 12월 일본이 미국 진주만을 공격했다. 프랭클린 루스벨트(Franklin Roosevelt) 대통령과 미 의회는 제2차 세계대전 참전을 선언하고, 1942년 8월에 원자폭탄 개발을 서두르기 위해 맨해튼 계획(Manhattan Project)을 시작했다. 1945년 7월 16일 뉴멕시코주 앨라모고도의 사막에서, 미국은 드디어 역사상 최초로 원자폭탄 투하 실험에 성공했다. 암호명 '트리니티'(Trinity)로 진행된 실험에서 드러난 원자폭탄의 위력은 TNT(강력 폭약) 2만 톤 수준이었다.

무시무시한 원자폭탄의 위력을 직접 목도한 실라르드와 프랑크(James Franck) 등 시카고대학교 과학자들은 "프랑크 보고서"를 통해 원자폭탄을 일본에 직접 투하하지 말라고 경고했다. 대신 원자폭탄 실험 장소에 일본 대표를 참관시켜 항복을 받아 내라고 건의했다. 하지만 미국 내 강경파 군인들은 일본에 원자탄을 직접 투하해야 전쟁을 끝낼 수 있다고 목소리를 높였다. 결국 미국 정부와 의회는 히로시마와 나가사키에 원자폭탄 직접 투하를 결정했다.

1945년 8월 6일, '꼬마'(Little Boy)라는 이름이 붙은 농축 우라늄 원자폭탄이 히로시마에 투하되었다. 3일 뒤(1945년 8월 9일), 플루토늄 원자폭탄 '뚱보'(Fat Man)도 나가사키에 투하되었다. 두 발의 원자폭탄으로 히로시마에서 14만 명, 나가사키에서 7만 명이 죽었다. 6일 뒤인 8월 15일, 일본은 무조건 항복을 선언했고, 제2차 세계대전은 막을 내렸다. 원자폭탄이 전쟁을 멈췄지만 처참함은 극에 달했다. 다음은 당시 히로시마에서 원자

폭탄의 위력을 목격한 사람의 증언이다.[15]

> "거기엔 마치 죽은 개와 고양이처럼 시체들이 둥둥 떠 가고 있었다. 옷 조각들이 넝마처럼 그들 몸에 간댕거리고 있었다. 나는 둑 근처 모래 톱에서 얼굴을 위로 하고 떠내려가는 한 여인을 보았다. 잘려 나간 그녀의 가슴에서 피가 뿜어져 나오고 있었다. 세상에 어떻게 이런 끔찍한 모습이 있을 수 있는 걸까?"

이렇게 원자폭탄은 제2차 세계대전을 상징하는 무기가 되었고, 현재도 가장 무서운 비대칭 무기(Asymmetric Weapon)다. 비대칭 무기란 '적이 보유하지 못한 무기 체계로 적의 취약한 부분을 공격하고 적보다 양적 · 질적인 면에서 상대적으로 우세한 전투력을 운용하여 적이 효과적으로 대응하지 못하도록 할 수 있는 무기'를 말한다.[16] 핵무기는 비대칭 무기들 중에서도 가장 강력하다. 적과의 교전에서 발생하는 모든 열세를 단 한 번에 뒤바꿀 수 있다.

경제적으로 비교할 수 없을 정도로 낙후된 북한은 핵무기에 사활을 걸고 있다. 전문가들에 의하면, 현재 지구상에 존재하는 가장 작은 핵폭탄이라도 1945년 일본에 떨어진 것보다 1,000배의 위력을 가진다. 북한은 이런 핵무기 개발에 성공했다고 자랑하면서 미국과 유럽 본토까지 핵무기를 떨어뜨려서 한 번에 수십만 명을 죽일 수 있다고 위협하고 있고, 미국과 중국은 핵무기 증강 경쟁을 다시 시작했다. 한반도에 전쟁이 발발하면 단 2-3개의 핵폭탄만 떨어져도 전 국토가 끝장난다. 이런 모습보다 더 위험한 미래 가능성도 있다.

필자는 인공지능의 오남용을 방치하면 언제든지 '전지'라는 하나님의 능력과 속성에 도전장을 던지는 무기로 사용될 수 있다고 경고했다. 필자가 우려하는 인공지능 오남용 가능성이 하나 더 있다. 파괴적 '전능'이다. 예를 들어, 북한처럼 잔인무도한 독재자나 극단주의 테러 집단의 손에서 인공지능 기술의 오남용이 일어난다고 생각해 보라. 독재자가 인공지능을 소극적으로 사용하는 것이 빅브라더스라는 감시 시스템이라면, 인공지능이 탑재된 무기나 로봇 군대는 적극적인 오남용이다. 전자는 '전지'를 훔친 것이라면, 후자는 '전능'을 훔친 것이다. 단, 파괴적 전지(distructive Omniscience)이고 파괴적 전능(distructive Omnipotence)이다.

미래의 전쟁은 총, 칼, 핵무기로 하지 않는다. 가장 중요한 미래 전투 방식은 사이버 전투, 인공지능 로봇 전쟁이 될 것이다. 인류는 아인슈타인이 이론을 발표한 지(1905년) 40년 만에 핵분열 반응을 무기화시키는 데 성공했다. 앞으로 몇십 년 안에 인공지능으로 무장한 프로그램 봇(program bot) 군대가 적진의 첨단 방어 시스템을 초토화하고, 발전 시설과 산업 시설을 공격하여 도시를 완전 마비시킨 후, 인공지능을 탑재한 로봇 부대(robot troops)를 순식간에 침투시켜 재래식 전력을 무력화시키는 미래가 도래할 수 있다.

인공지능이 원자력발전소를 직접 공격하면 핵폭탄을 투여하지 않고도 수십 킬로미터 반경에 막대한 방사능 오염 피해를 줄 수도 있다. 자국의 미사일을 한 발도 발사하지 않고, 적국의 무기 시스템을 해킹하여 아군끼리 포격하는 참사도 일으킬 수 있다. 적국의 핵무기 통제 시스템을 해킹하면 지구 전체를 날려 버릴 수 있는 분량의 핵무기들을 동시에 발사시켜 인류를 파멸시킬 수도 있다.

지금 북한이나 다른 테러 국가들은 재래식 전력에서 한국이나 미국 등에 크게 열세다. 하지만 그들이 인공지능 기술을 오남용하면 이 모든 비대칭성을 단숨에 해결할 수 있다. 인공지능 기술이 올바른 방향으로 발전한다면 인간을 이롭게 하고, 약자를 돕고, 죄악의 관영함을 늦출 수 있다. 하지만 오남용되면 이 땅에서 발생하는 수고의 저주와 고통과 상함을 증가시킨다. 인간과 자연, 인간과 인간 사이에 대립과 갈등을 악화시킨다. 파괴적 재앙을 초래하면서 죄악의 관영함을 촉진시키게 된다.

미래의 용사,
니므롯(נִמְרֹד, Nimrod)

북한이나 테러 집단만 이런 나쁜 욕망을 품고 있는 것이 아니다. 미래에는 개인도 얼마든지 파괴적 '전능'을 소유할 수 있다. 성경에 파괴적 전능을 보여 준 대표적 인물이 있다. 니므롯이다.

> "구스가 또 니므롯을 낳았으니 **그는 세상에 첫 용사라** 그가 여호와 앞에서 용감한 사냥꾼이 되었으므로 속담에 이르기를 아무는 여호와 앞에 니므롯같이 **용감한 사냥꾼이로다** 하더라 그의 나라는 **시날 땅의 바벨**과 에렉과 악갓과 갈레에서 시작되었으며 그가 그 땅에서 **앗수르로 나아가** 니느웨와 르호보딜과 갈라와 및 니느웨와 갈라 사이의 레센을 건설하였으니 이는 큰 성읍이라"(창 10:8-12).

성경에 등장하는 최초의 파괴자는 가인이다. 가인은 동생 아벨을 들에서 돌로 쳐서 죽였다(창 4:8). 가인 이후 성경에 등장하는 살인자는 가인의 5대 손자인 라멕(לֶמֶךְ, Lamech)이다. '라멕'의 히브리어 뜻은 '능력 있는 자'

다. 하나님은 그의 아들들에게 가축을 치고, 수금과 퉁소를 연주하고, 구리와 쇠로 기구들을 만드는 기술을 주셨다.

그런데 라멕은 하나님께로부터 선물받은 이 능력을 파괴적 행위에 사용했다. 심지어 "가인을 위하여는 벌이 칠 배일진대 라멕을 위하여는 벌이 칠십칠 배이리로다"(창 4:24)라고 노래(라멕의 노래)를 부르면서 살인을 정당화하고 하나님을 조롱하는 교만과 도전을 보였다. '가인을 위하여는 벌이 칠 배'라는 말은 하나님이 살인자 가인에게 생명의 안전을 보장하는 은혜를 베푸셨다는 표현이다. 라멕은 하나님의 은혜를 비꼬아서 "라멕을 위하여는 벌이 칠십칠 배이리로다"라고 외치고 다니면서 다른 사람들을 위협했을 것으로 보인다. 인간의 타락과 악행, 무도(비양심), 죄악의 관영함은 불과 가인 이후로 5대 만에 극에 달했다. 하나님은 짧은 시간에 극악무도함에 이른 인간을 대홍수로 심판하셨다.

니므롯은 대홍수 이후 등장한 최초의 강력한 용사다. 바벨론의 시조이고, 앗수르 제국의 기초가 되는 네 곳의 도시들(니느웨, 르호보딜, 갈라, 레센)을 건설한 왕이다. 대홍수의 교훈에도 불구하고 인간은 강한 능력을 소유하자 파괴적 죄악성을 그대로 드러냈다. 성경은 니므롯이 구스(노아의 2남인 함의 아들)의 아들로서 인류 최초의 용사, 용감한 사냥꾼, 영걸(mighty warrior)이라고 기록한다(창 10:8-9; 대상 1:10; 미 5:6).

하지만 '니므롯'이라는 이름의 뜻은 '배반자'다. 하나님이 주신 강력한 능력을 오남용한 대표적 인물이라는 말이다. 그는 바벨, 에렉, 악갓, 갈레를 비롯하여 앗수르의 니느웨, 르호보딜, 갈라, 레센 등 시날 땅의 남부 메소포타미아에서 북부 메소포타미아에 이르는 많은 도시와 국가를 건설했지만, 그 과정에서 수많은 피를 땅에 뿌렸을 것이다. 유대 전승에서는 그를 바벨탑을 세운 주동자로 기록한다.

지금 니므롯은 역사 기록에만 남은 존재에 불과하다. 하지만 교회와 성도가 경계를 소홀히 하면 신기술을 오남용하여 만든 파괴적 '전능'을 가지고 하나님을 대적하는 배신자, 새로운 니므롯이 등장할 수 있다.

미래에 등장하는 새로운 파괴적 용사 니므롯은 새로운 병기로 무장한다. 눈과 귀, 손과 발 등 자신의 주요 장기와 신체에 기계를 장착하고, 아이언맨처럼 로봇 슈트를 입고, 자신의 뇌를 인공지능 전투 봇(bot)과 연결한다. 니므롯은 가상과 현실 세계 전투를 동시에 지휘할 수 있다. 니므롯이 손에 쥔 인공지능은 지상에서 가장 강력한 인공지능이어서 니므롯을 막아서는 다른 나라 군대의 인공지능을 압도한다.

압도적 인공지능 알고리즘을 보유한 파괴적 용사 미래 니므롯은 가상 세계에서 각종 전투용 인공지능 알고리즘 부대를 지휘하여 적진의 도시 인프라와 은행 및 산업 시설, 공공 기관, 가스와 핵발전소 등 전력 시설 소프트웨어 시스템을 공격한다. 동시에, 나노 로봇 군대를 하드웨어 시스템에도 침투시켜서 적의 기지 및 공공 기관의 핵심 시스템을 파괴한다. 니므롯의 가상 군대가 인터넷 시스템을 공격하자 금융 시스템은 멈추고, 개인용 인터넷과 무선 통신 시스템이 공격을 받자 온라인 거래와 이메일을 비롯해 SNS, 화상 통신, 메타버스 활동 등 모든 가상 커뮤니케이션 활동도 멈춘다.

전력 시설도 공격을 받아 도시가 블랙아웃에 빠지고, 공장과 사무실 가동이 중단되고, 전기로 작동되는 수많은 기계와 대중교통 시설 등도 운행이 중단된다. 임시 발전 시설이 가동되지만 도시 곳곳이 암흑에 빠지고 유통과 물류 시스템도 멈추면서 생필품 판매와 공급은 중단되고 식수 공급마저 끊기자 굶주림과 죽음의 공포가 빠르게 퍼져 간다. 공권력에 공백이 생기면서 곳곳에서 약탈과 방화가 발생하고, 폭력과 강도와 살인이 난

무한다. 도시가 암흑 천지 속 대혼란에 빠지자 파괴적 용사 니므롯은 기회를 놓치지 않고 현실 세계에 대기 중인 로봇 군대를 진격시킨다.

니므롯의 현실 군대는 하늘에는 드론 부대, 지상에서는 인공지능이 장착된 휴머노이드 로봇, 로봇 개, 자율 주행 전차, 거대 로봇 병기, 바다에서는 인공지능이 작동시키는 전자동 자율 주행 군함 등으로 구축된 강력한 군대다. 로봇 자체의 강력한 공격력은 기본이고 생화학 무기, 수소 폭탄, 레이저 포 등 대량 살상 무기를 앞세운 가공할 수준의 파괴력이 발휘되면서 수많은 인명이 살상되고 빠른 속도로 도시들이 점령되어 간다.

생각하는 것만으로 끔찍한 미래다. 최악의 최첨단 기술 오남용이 벌어지는 미래다. 물론 이런 미래는 현재 시점에서 보면 영화에서나 등장할 법한 미래라고 간주할 수 있다. 하지만 인류 역사는 가인, 라멕, 니므롯을 거쳐서 수많은 영걸, 잔인한 사냥꾼과 용사들이 끊임없이 출현하면서 피 흘림이 계속되었다. 수천 년의 인간 전쟁사에서 강대국 간 장기적이고 대규모 살상 전쟁이 멈춘 기간은 제1, 2차 세계대전, 6·25한국전쟁(1950–1953년), 베트남전쟁(1960–1975년) 종전 이후 불과 50년도 안 된다. 그 50년 동안에도 미국의 이라크 침공, 아프가니스탄 전쟁 등 전 세계 전쟁으로 확전될 위기도 있었다.

인류 역사는 전쟁의 역사라고 평가해도 과언이 아닐 정도로 전쟁을 멈춘 기간이 짧다. 현재 진행되고 있는 몇십 년간의 평화의 시기는 매우 이례적인 모습이다.

제2차 세계대전 연합군 사령관을 지냈고 『전쟁의 역사』를 저술한 버나드 로 몽고메리(Bernard Law Montgomery)는 "전쟁은 왜 일어나는가?"라는 질문에 이렇게 대답했다.

"더러는 문명의 소산이라고 말할 테고, 더러는 인간의 타고난 본성에서 비롯된 것이라고 말할 것이다. 그러나 한 가지만은 분명하다. 합의를 도출할 다른 방법이 없을 때 항상 중재자 역할을 한 것은 다름 아닌 전쟁이었다."

몽고메리에 따르면, 누군가 인류의 문제와 갈등의 경계자이자 중재자 역할에 실패하거나 포기하게 되면 반드시 전쟁이 일어난다. 틀린 말은 아닌 듯하다. 죄성에 물든 인간은 가인, 라멕, 니므롯처럼 한 인간이 스스로 교만하고 탐욕에 빠져도 살인, 파괴, 전쟁을 일으킨다. 20세기에도 히틀러나 김일성 같은 한 사람이 전 세계를 전쟁의 소용돌이에 빠뜨렸다. 미래에도 탐욕과 교만에 빠진 한 인간이 나타나 똑같은 비극을 재현할 수 있다.

비극의 씨앗도 서서히 싹을 틔우고 있다. 미국 군대는 드론 전투병, 웨어러블 컴퓨터와 입는 로봇으로 무장한 군인, 휴머노이드 군인을 차례로 실전 배치할 계획이다. 2016년 미 해군은 135톤짜리 대잠(對潛) 무인 함정 '시헌터'(Sea Hunter)가 하와이에서 캘리포니아까지 자율 운항에 성공했다고 발표했다. 미 해군은 군함에 비정상적으로 접근하는 선박을 미리 탐지해 에워싸서 공격할 수 있는 '인공지능 스웜 보트'(AI Swarm boats)도 실전 배치했다.

2000년 10월, 예멘 항구에서는 이슬람 테러 집단의 자살 폭탄 보트 공격을 받아 미국 구축함 '콜'(Cole) 승무원 17명이 전사하는 사건이 발생했다. 이 일이 있은 후 미 해군은 화성 탐사 로봇의 센서를 개선해서 스웜 보트를 만들었다.

2019년 10월, 미국 버지니아주 월롭스 아일랜드에서 해병대는 '바다의 폭도'(Sea Mob)라고 부르는 로봇 보트를 공개했다. 로봇 보트 6척이 서로 거리와 속도를 조정하며 한곳을 향해 돌진하면서 해안에 숨어 있는 적을 자동으로 탐지해 구경 0.5인치(1.27cm) 기관총으로 공격했다.[17)]

2020년 11월 미 공군은 로봇 개를 틴달 기지 방어 임무에 배치했다. 로봇 개는 일정한 순찰 경로를 따라 움직이면서 모바일 카메라, 센서, 그리고 녹음기 등으로 수집한 정보를 관제 센터에 실시간 전달한다. 2020년 12월, 미국 공군은 캘리포니아주에 있는 한 공군 기지에서 인공지능 '알투뮤'(ARTUμ)가 '유투(U-2) 정찰기' 부조종사 역할을 맡은 최초의 비행 훈련에 성공했다. 알투뮤는 알파고를 개발했던 딥마인드 오픈 소스로 공개한 알고리즘 '뮤제로'(μZero)를 기반으로 만든 전투용 인공지능이다. 미 공군이 인공지능이 맡은 임무에 대해서 공식적으로 발표한 내용은 '적의 미사일 발사 장치 등을 탐지하는 일'이다.[18)]

2021년 6월, 미국 캘리포니아대학교 버클리캠퍼스 연구진은 국제 학술지를 통해 「사이언스 로보틱스」에 바퀴벌레를 흉내 낸 우표 크기의 소형 로봇 개발 성공을 알렸다. 바퀴벌레를 닮은 초소형 로봇은 구불구불한 미로를 재빠르게 움직이며 총 120cm 거리를 단 5.6초 만에 이동했다. 초당 20cm 이상 이동 속도다. 실제 바퀴벌레 속도와 비슷하다. 54kg 무게로 짓눌러도 부서지지 않는 내구성도 확보했다. 사람이 밟아도 웬만해서는 부서지지 않는다.[19)] 이런 로봇은 재난 구조 현장에서 생존자 탐사에 활용되지만, 조금만 용도를 바꾸면 전쟁에서 인명을 살상하는 초소형 폭탄으로 전환도 가능하다. 미국은 10년 내에 무기의 33%를 로봇으로 대체할 계획을 가지고 있다. 부담스런 전쟁에 로봇을 보냄으로 여론을 다스리고, 미래형 군수 산업의 새로운 지평을 열 셈이다.

2018년 글로벌 시장 조사 전문 기관 마켓앤마켓이 발표한 자료에 따르면, 세계 군용 드론 시장 TOP 6에 미국업체 4곳과 이스라엘 업체 2곳이 선정되었다. 2019년 한국 육군도 "한계를 넘어서는 초일류 육군"이란 미래 비전 2030을 발표하면서 드론 봇 전투 체계 완성 계획을 제시했다. 이외에도 워리어 플랫폼, 생체 의학 및 뇌 과학 기술의 군 전력 향상에 도입 등도 언급했다.[20]

참고로, 대부분의 국가는 언론에 공개된 군사 무기 이외에도 더 치명적이고 위험한 비밀 병기들을 연구 개발하거나 실전 배치해 두었을 가능성이 높다. 예를 들어, 오바마 행정부 시절 이란에서 미군 정찰기 RQ-170이 나포되었는데, 그 이전까지는 공개된 적이 없는 비행기였다. 미국이 로봇 군대를 양성하기 시작하면 유럽, 중국, 러시아, 북한 등으로 이어지는 로봇 군대 증강 경쟁을 피할 수 없다.

2020년 7월 중국 베이징의 펑타이구는 코로나19 소독 작업을 위해 중국 국영 기업인 중국항천과공집단(CASIC)이 개발한 인공지능 로봇 2대를 배치했다. 탱크처럼 무한 궤도를 장착하고 울퉁불퉁한 지형도 시속 5km 이상으로 이동하면서 360도 회전하는 분무기를 장착하고 매 시간 1만m^2를 소독했다.

베이징 시장산 지역에 있는 코로나19 검역 호텔은 후베이성 우한에 투입됐던 무인 로봇을 채용했다. 이 인공지능 로봇은 직원과 투숙객의 신원을 확인하고 음성 안내를 한다. 식사와 약, 의료 자료를 격리 구역에 전달한다. 중국에서는 코로나19 환자들의 쓰레기를 처리하고 핵산 검사를 지원하는 로봇도 나왔다.[21] 중국은 이런 기능을 하는 로봇을 전투용으로 얼마든지 전용할 수 있다.

영화 "퍼스트 어벤저"에 나오는 캡틴 아메리카는 깡마른 남성이었지만 특수 혈청 주사를 주사받고 인간의 10배가 넘는 근력과 체력을 가진 슈퍼 솔저로 재탄생했다. 영화에서나 나오는 인간 병기 확보 시도가 시작되었다. 성공하면 전쟁의 판도를 바꿀 게임 체인저가 된다는 욕망 때문이다.

2020년 12월 프랑스 군윤리위원회는 자국 군대에게 각종 이식 기술, 생체 공학을 사용해서 신체적, 인지적, 지각적, 심리적 능력이 월등한 '강화 군인'(Enhanced soldiers)을 개발하는 권한을 공식 승인했다. '생체 공학 군인(Bionic soldiers) 프로젝트'다.

앞으로 프랑스는 군인이 전장에서 고통, 스트레스, 졸음, 피로 등에 높은 저항성을 갖는 기술을 비롯해서 청력, 시력 등을 크게 높이는 약물, 위치 추적, 병사 간 통신 장비 없이 네트워킹할 수 있는 기술, 마이크로칩을 뇌에 이식해 전투에 필요한 지능 향상까지 연구할 계획이다. 현존하는 모든 기술을 적용하는 프로젝트다. 인간의 의지, 인식, 인간성에 영향을 미치는 유전자 개조는 금지했지만, 그런 것들도 어느 정도나 지켜질지는 미지수다.

프랑스가 '생체 공학 군인 프로젝트'를 공식 단행한 이유가 있다. 이미 비공식적으로 비슷한 프로젝트를 시행한 국가들이 있기 때문이다. 미국 국방부 산하 연구 기관 방위고등연구계획국(DARPA)은 프랑스보다 몇 년 전에 군인 뇌에 마이크로칩을 심는 기술 실험을 시작했다. 인간의 뇌에 마이크로칩을 심는 이유는 생각으로 컴퓨터나 기계를 조작하는 능력을 획득하기 위해서다. 미국에서는 1970년대부터 민간 연구소에서 의료용 목적으로 뇌-기계 인터페이스 기술 개발을 해왔다. 오래전부터 의료계에서는 뇌-기계 인터페이스 기술을 파킨슨병이나 간질을 치료하는 데 부분적으로 사용 중이었다.

최근에는 민간 빅테크 기업이나 실리콘밸리의 스타트업들에서도 이 기술에 투자하는 비율이 높아지고 있다. 예를 들어, 테슬라의 회장인 일론

머스크가 투자한 뉴럴링크라는 회사는 '통합 뇌-기계 인터페이스 플랫폼(Integrated brain-machine interface platform) 프로젝트'를 시작한 지 1년 만에 돼지와 원숭이의 뇌에 전극 칩을 이식하는 데 성공했다. 뉴럴링크사는 돼지와 원숭이의 뇌에 지름 23mm×8mm 크기의 동전 모양으로 된 '링크 0.9'라는 칩을 심어 2개월 동안 뇌파 신호를 초당 10메가비트 속도로 무선 전송하여 수집했다. 원숭이의 경우, 뇌에 심은 칩을 통해 생각만으로 간단한 게임을 즐기는 수준에 도달했다.

뉴럴링크는 인간의 생각을 읽고 뇌파로 소통하는 기술 획득까지 목표로 삼고 있다.[22] 뉴럴링크의 목표가 성공하면 시각, 청각, 촉각 등 감각이 마비된 환자와 퇴행성 질환자들이 다시 감각을 찾는 데 획기적 전기가 마련될 것이다. 하지만 이 기술을 인간 군인의 뇌에 사용하면 드론이나 공격용 로봇, 사이버 방어 및 공격 시스템을 생각만으로 조종하는 일도 가능해진다.

2019년 글로벌 SNS 기업인 페이스북도 뇌-기계 인터페이스 스타트업인 컨트롤랩스(CTRL-labs)를 인수했다. 컨트롤랩스는 손을 움직일 때 뇌가 보내는 전기적 신호를 포착해서 컴퓨터를 조작하는 기술을 보유한 회사다. 페이스북은 이 기술을 미래형 게임에 접목할 계획을 가지고 있다.

『특이점이 온다』라는 저서로 유명한 전문 미래학자 레이 커즈와일은 2030년경이면 뇌-기계 인터페이스 기술이 인간의 뇌를 인공지능(AI)과 연결하는 수준에 이를 수 있을 것이라고 예측했다. 인간의 뇌가 인공지능과 직접 연결되면 인간의 지능 증강이 현실이 된다.[23] 이런 기술 외에도 미국에서는 나노 기술로 만든 인공 적혈구로 신체 능력을 향상시키는 기술, 수면을 참는 유전자 변형 기수 등이 개발 중에 있다.

미국의 이 같은 발 빠른 행보를 중국이 그대로 둘 리가 없다. 중국은 유전자 편집 기술을 이용한 신체 능력 강화를 꾀한다는 의혹을 받는 나라다. 2020년 3월, 미국 정보 기관을 총괄하는 존 랫클리프(John Ratcliffe) 국가정보국(DNI) 국장이 「월스트리트저널」 기고를 통해 중국 정부가 '슈퍼 솔저' 프로젝트를 진행하면서 인민 해방군 병사들에게 비윤리적 인체 실험을 하고 있다고 비판했다. 중국 외교당국은 즉각 거짓말이라고 반박했지만, 의심의 눈초리는 걷히지 않고 있다.[24)]

네덜란드의 민간단체 팍스(Pax)는 2020년 11월에 공개한 보고서에서 미국 록히드마틴과 레이시언, 중국항공공업그룹(AVIC)과 중국항천과기집단(CASC), 이스라엘의 IAI와 라파엘, 터키의 STM 등 30개 군수업체들이 킬러 로봇을 개발 · 생산하고 있다고 분석했다.[25)] 이들이 개발하고 실전 배치한 킬러 로봇은 최종 감독 및 결정 권한이 인간에게 있는 방어용 킬러 로봇이다. 하지만 언제라도 알고리즘 수정을 조금만 가하게 되면 인간의 개입 없이 최종 결정도 인공지능이 하는 공격용 킬러 로봇 배치가 가능하다. 이미 미군이나 중국군은 인간의 개입 없이 인공지능이 자율적으로 공격 목표를 선정하고 살상 결정을 선택하고 실행하는 기술을 보유 중일 가능성이 높다.

하나님은 교회와 성도에게 이 땅을 잘 다스리라는 사명을 주셨다. 교회와 성도가 경계, 대비(대응, 치유), 이끎의 사명을 가지고 인류가 직면한 갈등, 문제와 위기를 지혜롭게 다스려 가면(manage, govern) 죄악의 관영과 비극 발생을 늦출 수 있다.

그렇지 않으면 미래의 어느 날 전 세계 주요 국가들이 참전하는 장기적이고 대규모 전쟁은 '반드시' 재발할 것이다. 전쟁이 시작되면 피로, 공포, 소름끼치는 상황, 심한 결핍, 부상과 죽음이 넘쳐 날 것이다. 인간의 야수성도 생생하게 분출될 것이다. 인류가 이뤄 낸 유무형의 자산도 총동원

될 것이다. 그리고 영화 속에서나 등장할 법한 새로운 용사, 신기술을 오남용하여 만든 파괴적 '전능'을 가지고 하나님을 대적하는 배신자, 새로운 영걸 니므롯이 실제로 등장할 수도 있다.

인간은 로봇을 닮아 가고,
로봇은 인간을 닮아 가는 미래

미래 병기, 미래 전쟁광 뉴 니므롯(New Nimrod)은 아직은 상상 속 존재다. 하지만 '인간은 로봇을 닮아 가고, 로봇은 인간을 닮아 가는 미래'는 현실에서 진행 중이다.

로봇(Robot)의 사전적 의미는 '사람과 유사한 모습과 기능을 가진 기계' 혹은 '스스로 작업하는 능력을 가진 기계'다. 인류 역사에 로봇이 처음 등장한 때는 고대 이집트다. 고대 이집트 때는 왕실 남자들이 사제들 앞을 지나가면 관절이 있는 암몬 신상이 팔을 뻗쳐 새 왕이 될 사람을 지목하는 종교적 쇼를 했다. 사제들이 암몬 신상의 팔을 조종하고 소리를 전달하는 관을 통해 말을 하는 쇼였지만 백성에게 주는 종교적이고 신비적 상징감은 매우 컸을 것이다.[26)]

최초로 로봇에 대한 구체적인 개념 설계를 한 사람은 레오나르도 다빈치(Leonardo da Vinci)였다. 16세기 최고의 천재였던 다빈치는 인체 해부학 연구를 기반으로 인간의 기계적 등치물을 설계했다. 오늘날로 하면 '휴머노이드 로봇'이다. 레오나르도 다빈치는 생존에 로봇을 직접 구현하지는 못했다.

1688년 드 잔느(de Gennes) 장군은 걸어 다니며 음식을 먹는 공작 장난감을 만들었다. 18세기 자크 드 보캉송(Jacques de Vaucanson)은 드 잔느 장군의 공작 장난감에 영감을 받고 복잡한 날개를 지니고 아장아장 걸으며 꽥꽥 울고 음식과 물을 먹고 배변을 보기도 하는 기계 오리를 만들었다. 보캉송은 만돌린 연주가, 피아노 연주가, 플루트 연주가 등 3가지 휴머노이드도 만들었다. 보캉송이 만든 로봇들은 대부분 속임수 덩어리였다. 하지만 다양한 영역에 있는 사람들에게 영감을 주었다.

1883년 이탈리아 작가 카를로 콜로디(Carlo Collodi)는 보캉송에게 영감을 받아 『피노키오의 모험』이라는 작품을 썼다. 1900년에는 미국의 동화작가인 라이먼 프랭크 바움(Lyman Frank Baum)이 『오즈의 마법사』라는 작품 속에서 주인공 도로시를 돕는 양철 나무꾼을 등장시켰다. 양철 나무꾼 로봇은 처음에는 인간 나무꾼이었지만 마녀와 다툰 후에 저주를 받아 도끼가 멋대로 움직이면서 팔다리가 잘려 나갔다. 나무꾼은 양철로 만든 팔다리를 붙이다 보니 온몸이 양철이 되어 버렸다. 사이보그 로봇이 된 셈이다. 도로시를 만난 사이보그 양철 나무꾼은 강력한 초인간적 방어력과 공격력으로 도움을 주고, 자신은 사랑을 할 수 있는 마음을 만들어 달라고 부탁을 한다. 나중에 오즈의 마법사가 양철로 만든 심장 조각을 양철 나무꾼의 가슴에 넣어 준다.

우리에게 익숙한 '로봇'이란 단어가 처음 시작된 시점은 20세기 초반이다. 1920년 체코슬로바키아의 극작가 카렐 차페크(Carel Čapek)는 자신의 희곡 "로섬의 만능 로봇 R.U.R"에서 '로봇'이란 단어를 처음 사용했다. 체코슬로바키아, 슬로바키아, 폴란드 등에서는 'rob'이라는 단어가 '일하다'라는 뜻을 가진다. 카렐 차페크는 'rob'의 명사형 'robota'에서 'a'를 빼서 인간을 대신해서 일하는 기계를 가리키는 'robot'이라는 단어를 만들었다.

유럽에서 로봇 산업은 지난 50여 년간 산업용 기계의 범주에서 연구되었다. 실용주의의 나라인 미국에서는 로봇을 유럽보다는 훨씬 더 폭넓고 다양한 실용적인 도구로 인식했다.[27] 헐리우드의 영향으로 인간과 함께 살면서 인간을 돕는 로봇부터 인간과 대결하는 로봇까지 다양한 상상력이 첨가되었다.

한국에서는 일제 식민지 시절인 1923년에 춘원 이광수 선생이 카렐 차페크의 희곡 "로섬의 만능 로봇 R.U.R"의 일본어 번역본을 읽고 한 편의 감상문을 쓰면서 처음 소개되었다. 한국 대중매체에 로봇이 처음으로 소개된 것은 1933년이다. 「신동아」 1933년 5월호에 "50년 후의 세계"라는 특집 기사가 실렸다. 그 안에 중세 기사처럼 니켈 금으로 전신을 감싼 사람처럼 생긴 '未來[미래]의 勞動者[노동자] 로봇트君[군]'이 소개되었다. 이 로봇은 1932년 영국의 기술자 해리 메이(Harry May)가 만든 휴머노이드 로봇이었다. 「신동아」에는 미래의 로봇 이외에도 항공기, 기계에 의한 공장의 자동화 등에 대한 예측이 실렸다.[28]

로봇에 만화적 상상력과 종교적 성질을 가장 많이 반영한 나라는 일본이다. 일본에서는 세상 모든 만물에 신성(神性)이 깃들어 있다는 범신론(汎神論) 사상이 로봇에도 가미되어 있다. 그래서 인간을 닮은 신적 능력을 가진 인류의 수호자로서 '인조인간'(人造人間)이 탄생했다. 일본의 전설적인 만화 작가인 데즈카 오사무가 1963년부터 제작한 "우주 소년 아톰"이 대표적이다. 중국에서는 로봇을 단순하게 '사람을 닮은 기계'라는 뜻으로 '기축인간'(機軸人間)이라 불렀다.[29]

만화적 상상력이나 속임수가 아닌, 최초의 현대식 로봇은 1948년에 등장한다. 미국의 신경생리학자이자 발명가인 윌리엄 그레이 월터(William Grey Walter) 박사는 '뇌 세포 숫자가 적어도 연결의 복잡성이 증가하면 복잡한 행동을 충분히 발생시킬 수 있다'는 자신의 가설을 증명하고 싶었다. 1948–1949년 월터 박사는 자신의 가설을 증명하기 위해 빛을 감지하는 센서, 접촉 감지를 위한 센서, 추진력을 얻기 위한 모터, 조종에 필요한 진공관이 달린 아날로그 컴퓨터로 구성된 '전기 자율 장치'를 만들었다. '엘머'(Elmer)와 '엘시'(Elsie)라는 이름의 전기 자율 장치는 '거북이 모양을 하고 느리게 움직이는 기계가 우리에게 무언가를 가르쳐 준다(taught-us)'는 의미로 '거북이'(Tortoise) 로봇이란 별명도 붙었다. 월터 박사는 거북이 로봇의 코에 빛을 비추니 마치 거울을 보듯 쳐다보았고, 재잘거리면서 왔다 갔다 하기 시작했다고 기록했다. 월터 박사는 거북이 로봇을 라틴어로 '감시자'(a female watcher or spy)의 뜻을 가진 '마키나 스페큘러트릭스'(Machina Speculatrix)라고도 불렀다.

21세기에 들어서면서 미리 계산된 기계적 작동에만 머물던 로봇에 드디어 스스로 판단하고 행동할 수 있는 지능이 이식되고 기능도 빠르게 발전하고 있다. 현대차가 인수 합병한 보스턴 다이내믹스는 자율 주행 기능을 장착하여 이동하고, 계단도 오르내리고, 물건을 집어 드는 능력을 가진 로봇 개 '아틀라스'를 개발해 주목을 받았다.

글로벌 빅테크 기업 아마존은 미래 가정에서 사용될 인공지능 집사 로봇 시장을 대비하려고 '베스타'(Vesta)라는 개발명을 가진 가정용 로봇을 개발 중이다. 카네기멜론대학에서도 'HERB'(Home Exploring Robotic Butler)라는 요리와 청소 등의 집안일을 하는 집사 로봇을 개발 중이다. 일본 믹시(Mixi)사가 판매하는 대화형 로봇 '로미'(Romi)는 인공지능 기술로 수천만 건에 달하는 일본어 데이터를 학습했고, 사람의 목소리도 훈련해서 사람과 상호 작용하면서 자연스러운 대화가 가능한 수준에 올라섰다.[30)]

로봇이 지능이나 감정을 갖는 것에서 그치지 않고 살아 있는 생명체처럼 비슷하게 움직이는 생체 모방 공학 기술 적용도 활발해지고 있다. 로봇 연구에 인간이나 동물의 특성을 도입하는 것을 '바이오-미미킹'(Bio-mimic, 생체 모방)이라고 부른다.

미국 국방부의 지원을 받아 스탠퍼드대학교가 개발 중인 '라이즈' 로봇(RISE, Robotics in Sensorial Environment)은 수많은 작은 갈퀴를 가지고 벽이나 나무, 바위를 기어오르는 능력을 가지고 있다. 바퀴벌레의 특성에서 영감을 받아 만든 이 로봇은 아무리 경사지고 거친 표면이라도 3개의 다리를 바닥에 디뎌 안정적인 삼각형 모양을 유지하고, 발에 달린 수많은 갈퀴를 표면에 걸어 뒤집히거나 헛디딤 없이 빠르면서도 안정적으로 이동할 수 있다. 실제 바퀴벌레와 완전히 흡사한 로봇 바퀴벌레가 완성되면 재난 현장, 대형 건물이나 전쟁터에서 사람이나 큰 로봇이 갈 수 없는 곳을 마음대로 돌아다니면서 임무를 수행할 수 있게 된다.

스탠퍼드대학교에서는 아시아에서 주로 서식하는 게코도마뱀의 원리를 적용하여 미끄러운 유리벽도 자유롭게 올라가는 스파이더 로봇도 개발했다. 게코도마뱀은 머리카락보다 500배 가는 나노 단위의 수많은 털이 달린 다리를 가지고 있어서 미끄러운 유리벽도 거침없이 올라간다. 유리벽에서 발을 떼어 낼 때는 발을 반대로 오므리면 된다.

생체 모방 공학은 오래된 인류의 지혜다. 레오나르도 다빈치도 비둘기, 잠자리, 박쥐 등의 동물을 연구하여 새로운 기술을 발명했다. 이렇게 연구 과정에서 획득한 기술이나 원리는 인간에게 다시 적용된다.

상어는 피부에 난류의 저항을 8% 정도 줄여 주는 돌기를 가지고 시속 50km의 속도로 수영한다. 세계적인 수영 선수 이언 소프(Ian Thorpe)는 이 원리를 응용한 전신 수영복을 입고 세계 기록을 깨기도 했다. 장수풍뎅이는 날개를 몸에 접고 있다가 날 때만 펼쳐서 사용하고, 미세한 비틀림을 만들며 날갯짓을 하여 와류(공기 소용돌이)를 일으켜 몸을 공중에서 지탱하고 날 수 있는 에너지를 얻는다. 나사(NASA)는 장수풍뎅이의 비행 원리를 적용해서 차세대 개인용 비행기나 지구 대기 밀도의 70분의 1밖에 되지 않는 화성 대기 중에서 비행할 수 있는 우주 비행체를 개발 중이다.[31)]

이렇게 인간은 고대부터 현재까지 생명력을 가진 강력한 로봇 기계가 인간을 구원하거나 인간이 강력한 로봇이 되어 인류를 구하는 신적 존재가 되는 상상을 했다. 로봇 연구에는 이런 상상력과 기대감이 배경에 작용하기 때문에 최종 종착점이 '인간을 닮은 로봇, 로봇을 닮은 인간'으로 될 가능성이 매우 높다.

슈퍼 인간, 전능(全能, Omnipotence)을 훔친다

'로봇을 닮은 인간'을 한마디로 하면, '슈퍼 인간'(Super Human)이다. 로봇 기술을 이용해서 슈퍼 인간이 되는 방법은 두 가지다. 하나는 로봇을 몸에 이식하는 방법이고, 다른 하나는 로봇 속에 들어가는 것이다. 전자는 사이보그(cyborg) 기술이고, 후자는 입는 로봇(wearable robot) 혹은 외골격 로봇(exoskeleton robot) 기술이다.

인간의 신체가 외부 정보를 받아들이는 데 가장 많은 역할을 하는 것이 '눈'이다. 인간의 눈은 넓은 시야각과 높은 해상도를 갖고 있어서 방대한 외부 정보를 받아들일 수 있다. 미세한 빛에도 민감하고 정교하게 작동할 수 있어서 어두운 곳에서도 놀라운 성능을 발휘한다.

눈이 이렇게 정밀한 시각 능력을 발휘하는 것은 망막 덕분이다. 안구 벽 가장 안쪽의 돔 형태로 된 얇고 투명한 막인 망막은 눈의 기능을 결정하는 핵심 부위다. 중요도가 높은 만큼 망막의 구조는 매우 복잡하고 정교한 구조로 되어 있다. 그렇기 때문에 망막변성, 망막박리, 망막색소 변성증 등 망막에 심각한 문제가 생기면 현대 의학의 수술 기법으로 회복시키기가 매우 힘들다. 이런 망막 질환에 걸리면 병증이 더 이상 심해지지 않게 만드는 것이 최선일 뿐이다.

시각장애인을 돕는 인공 눈 개발의 핵심도 망막 연구에 달려 있다. 2012년 신경공학 분야 잡지 「Frontiers in Neuroprosthetics」에는 토마스 라우리첸(Thomas Z. Lauritzen) 박사팀이 총 60개의 전극으로 이루어진 전극 그리드를 망막에 직접 이식하는 데에 성공했다는 소식이 실렸다.

이들이 개발한 인공 전자 망막(Neuroprosthetic Device)은 시력을 잃은 환자가 단순한 점자 수준이지만 단어를 '볼 수 있도록' 도와주는 데 성공했다. '프로젝트 비주얼 점자'(Project Visual Braille)라는 이름을 가진 계획의 최종 목표는 카메라와 연동해서 외부 환경을 전자 망막을 통해 직접 볼 수 있게 만드는 일이다.[32] '아르고스II'라고 이름 붙여진 망막 이식 기기는 2013년 2월 14일에 미국 FDA의 승인을 받고 단계적으로 시력을 잃어가는 질환인 망막 색소 변성증 환자를 대상으로 제한적으로 상용화가 되고 있다.

2018년, 미국 미네소타대학교 기계공학과 마이클 맥알파인(Michael McAlpine) 교수팀은 3D 프린터로 반도체 고분자 물질의 광수용체를 쌓아 올려 사람과 같은 반구 모양의 인공 눈을 개발했다. 하지만 3D 프린터로 만든 인공 눈은 해상도가 떨어지고 시야각도 좁아서 사람의 광수용체만큼 세밀한 구조를 구현하지는 못했다. 하지만 기술 발전은 계속되었다.

2020년 5월 21일 국제 학술지 「네이처」지에 홍콩과학기술대학 전기정보공학과 지용 판(Zhiyong Fan) 교수팀이 미국 캘리포니아대학교 버클리캠

퍼스(UC버클리) 전기공학 및 컴퓨터과학과, 로렌스 버클리 국립연구소 재료과학분과 연구진과 공동 연구로 사람 눈의 망막 구조를 모방한 '인공 눈'을 만드는 데 성공했다는 기사가 실렸다.

이 인공 눈은 빛에 민감하고 반응 시간도 사람 눈보다 빠르다. 판 교수팀이 만든 인공 안구는 태양 전지를 만들 때 활용하는 페로브스카이트(육방면체의 특별한 구조를 가진 반도체 물질)를 광수용체 소재로 사용하고, 화학 반응을 통해 형태를 구현했다. 판 교수팀이 페로브스카이트를 소재로 만든 인공 광수용체는 사람 눈의 크기와 비슷한 지름인 2cm의 반구형으로 안구 속이 전기가 통하는 전도성 액체로 채워져 있다. 페로브스카이트는 빛을 전기로 전환할 수 있고 전기 전도성도 좋다. 색을 표현할 수 있는 능력도 뛰어나서 빛을 선명하게 받아들일 수 있어서 사람 눈과 유사한 방식으로 빛과 색깔을 감지한다.

단, 이번 연구에서는 2mm 영역에서 1나노와이어 3개에 약 100화소(10×10 해상도)만 지원하도록 구성되었다. 망막 1cm^{2}당 약 1,000만 개의 광수용체가 들어 있는 실제 사람의 눈보다 해상도가 떨어진다. 지용 판 교수는 연구가 더 진척되어서 사람처럼 1cm^2 영역에서 페로브스카이트 기술을 적용하는 데 성공하면 사람이 가진 광수용체 수보다 10배나 더 많은 나노와이어 광수용체를 넣을 수 있을 것이라고 기대했다. 이 기술이 성공하면 사람 눈보다 더 높은 해상도를 갖는 눈을 가질 수 있어서 전 세계에 2억 8,500만 명으로 추정되는 안구 질환을 앓는 사람들에게 혁명적 소식이 될 수 있다.[33)]

조지아공대 음악기술센터의 길 와인버그(Gil Weinberg) 교수는 마림바 연주를 하는 인공지능 로봇 '시몬'(Shimon)을 개발 중이다. 시몬은 인간의 연주를 듣고 실시간으로 마림바 즉흥 연주를 할 수 있다. 시몬은 모차르트,

베토벤, 비틀즈 등 과거 음악 천재들의 음악을 학습하여 음악 연주 패턴을 찾아내고 이를 조합하여 실시간으로 상황에 맞는 즉흥 연주를 할 수 있는 인공지능 로봇 뮤지션이다. 전 세계를 돌면서 유명한 음악팀들과 연주하는 경력도 가지고 있다.

시몬을 개발한 조지아공대 음악기술센터는 사고로 팔을 하나 잃은 드러머 제이슨 반스(Jason Barnes)를 위해 시몬의 능력을 장착한 인공 손도 개발했다. 인공지능이 탑재된 인공 의수는 2개의 드럼 스틱을 장착했다. 하나의 스틱은 인공지능 알고리즘이 즉흥 연주를 하고, 다른 하나의 스틱은 인간 드러머의 팔에 연결되어 제이슨 반스의 근육 움직임을 따라서 작동한다. 인공지능이 작동하는 스틱과 인간이 직접 작동하는 스틱이 인공 의수 하나에서 동시에 작동하면서 여러 리듬을 만들어 내는 협업 연주가 가능해졌다. 둘이 협업하면 인간 혼자는 만들 수 없는 새로운 종류의 음악적 질감을 만들어 낸다. 인간 능력의 증강이 물리적 영역까지 확장되는 미래 가능성을 보여 주는 사례다.

패턴 인식이 탁월한 인공지능을 인간의 근육 움직임과 초음파 신호 명령을 따라 움직이는 기계 의수의 작동 방식 자체를 돕는 기능으로 사용할 수도 있다. 의수와 연결된 인공지능을 훈련시킬수록 훨씬 더 정교하게 의수의 손가락들을 인간의 생각대로 작동시킬 수 있다.[34)]

인공지능과 기계의 결합은 사이보그 기술 발전에 가속도를 붙인다. 인공지능을 활용하면 모터 기술, 재료 과학, 그리고 신경계에 정보를 전달하는 방법, 기계의 움직임 등이 매우 정교해지고 자동화 수준이 높아진다. 기계 다리나 기계 손에 인공지능을 연결하면 다양한 감각 정보들을 살아 있는 생물학적 신경계를 통해 인간의 뇌에까지 전달시킬 수도 있다. 그러면 인간의 뇌는 기계 다리나 기계 손을 생물학적 다리나 손처럼 착각하고 제어하고 작동시킨다.

기계 다리나 기계 손에 직접 장착된 알고리즘은 강화 학습을 반복하면서 분산된 뇌처럼 작동하여 '로컬 지능'을 발휘할 수도 있다. 로컬 지능은 기계 다리나 기계 손이 인간의 손과 다리처럼 반사 신경이나 지역적으로 학습된 행동을 구현하도록 하는 기술이다. 여기에 센서까지 부착하면 외부 세계에 접촉함으로 얻어지는 정보(감각 정보)를 뇌로 보내서 다리나 손의 감각까지도 되살릴 수 있다. 진짜 생물학적 다리나 손을 가지고 있는 것처럼 뇌를 속일 수 있다는 말이다.

2021년 1월 28일 미국 존스홉킨스대학 응용물리연구소(APL)는 미국인 남성 로버트 흐미엘레프스키(49세)가 팔다리가 마비된 지 33년 만에 두 대의 로봇 팔을 사용해서 포크와 나이프로 케이크를 잘라 입으로 가져와 먹는 데 성공했다고 발표했다. 로버트 흐미엘레프스키는 16세 때 사고를 당해 손과 손가락 일부만 조금 움직일 수 있을 뿐 어깨 아래가 대부분 마비되는 장애를 입었다.

2019년 미국 존스홉킨스대학 응용물리연구소는 흐미엘레프스키의 뇌 양쪽에 로봇 팔 두 대를 양손처럼 쓰는 데 필요한 6개의 전극을 이식했다. 연구진은 흐미엘레프스키의 두 팔에도 전극 3개를 연결하고 로봇 팔의 동작에 따라 다른 전기 자극을 줬다. 환자의 뇌가 팔을 움직이라는 신호를 발생시키면 인공지능이 신호를 전기 신호로 바꿔서 로봇 팔을 작동시킨다. 인공지능의 명령대로 로봇 팔이 움직이면 그 감각은 다시 전극을 통해 환자의 팔을 통해 뇌로 전달되어 로봇 팔을 자신의 팔처럼 느끼면서 움직일 수 있게 하는 원리다.[35]

실리콘밸리에 있는 네오센서리(Neosensory)라는 스타트업 회사는 피부 감각을 통해 소리를 듣는 기술을 개발 중이다. 청각장애인의 뇌에 피부의 진동 패턴을 통해 소리 정보를 전달하여 듣게 만드는 기술이다. 이렇게 미래에는 인공지능 기술, 슈퍼 컴퓨팅 기술, 무선 통신 기술 등의 발전으로 귀, 눈, 피부, 뇌 속에 아주 작은 컴퓨터들을 삽입하여 인간의 능력을 향상시킬 수 있다.

인간의 몸에 삽입된 작은 컴퓨터들 중에는 나노 로봇(Nano Robot)도 포함된다. 나노 로봇(Nano Robot)은 나노 소자와 나노 소재를 사용하여 나노 스케일에서 만든 기계적 장치(MEMS, Micro-Electro-Mechanical System)다. 일명, '멤스'(MEMS)라고도 불린다. '미세 전자 기계 시스템', '미세 전자 제어 기술'이라고도 불리는 멤스는 지금은 반도체 공정 기술이 기반이다. 마이크론(μm)이나 나노미터(nm) 크기의 초고밀도 집적 회로, 머리카락 절반 크기의 초소형 기어, 손톱 크기의 하드 디스크, 센서 등을 결합하여 미세한 기계 구조물을 만든다.

2014년 한국과학기술원(KAIST) 이건재 신소재공학과 교수팀은 레이저 박리 전사 기술과 유연한 압전 박막 소재를 활용해서 기존 연구 결과보다 40배 높은 효율을 내는 나노 발전기를 개발했다. 나노 발전기는 전선과 배터리가 없이도 작동되기에 활용 범위가 무궁무진하다. 유연성이 뛰어난 나노 소재에 바람, 미세한 진동, 심장 박동이나 근육 수축 및 이완 등 미세 압력이나 힘으로 전기 에너지를 만들어 낼 수 있는 미래 기술이다. 연구팀은 가로세로 2cm 크기의 나노 발전기로 105개의 LED 전구를 켜는 데 성공했다.[36)]

머지않은 미래에 이런 기술이 상용화되면 각종 전자 제품에서 배터리를 없애거나 외부에서 전기 공급을 하지 않아도 된다. 가장 큰 기대를 모으는 영역은 사람과 관련된 쪽이다. 미래에 인간의 몸속에 다양한 장치들을 삽입해 돌아다니게 하여 병을 예측하고 치료하고 신체적 능력 강화를 시도할 것이다. 문제는 그런 장치에 전력을 어떻게 공급하느냐다. 나노 발전기는 이 문제에 대한 강력한 해법이다. 몸속에 집어넣어야 하는 심장 박동기나 각종 기계적 장기, 혈관을 돌아다닐 나노 로봇, 몸에 걸치고 다닐 다양한 웨어러블 장치의 에너지원으로 사용이 가능하다.

이렇게 인공지능이 기계의 기능을 향상시키고, 향상된 기계를 인간의 몸에 이식하면 인간은 더 멀리, 더 강하게, 더 빠르게 갈 수 있는 능력을 얻게 된다. 장애인은 비장애인처럼 살게 되고, 비장애인은 신체 능력이 새로운 차원으로 끌어올려지는 슈퍼 휴먼이 된다.

인간의 몸에 인공지능 기계를 삽입하는 기술은 면역 부작용, 예상치 못한 생체학적 부작용, 정서적 반발 등 다양한 위험이 따른다. 그래서 슈퍼 인간이 되는 좀 더 안전한 길이 주목받는다. 입는 로봇(wearable robot) 혹은 외골격 로봇(exoskeleton robot) 기술이다. 로봇을 몸에 심지 않고도, 로봇을 입거나 로봇 속에 들어가면 더 멀리, 더 강하게, 더 빠르게 갈 수 있는 능력을 얻을 수 있다.

1924년 야코프 프로타자노프(Yakov Protazanov)가 제작한 구소련 최초의 SF 영화의 제목은 "아엘리타: 로봇의 반란"이었다. 칼 마르크스(Karl Heinrich Marx)가 애덤 스미스(Adam Smith)의 '국부론'을 비판하면서 꼬집었던 자본주의 모순의 하나가 자본가들이 기계화를 통해 상대적 잉여 가치를 착취한다는 것임을 영화로 표현한 작품이다. 이 영화 속에서 자본주의 체제를 비판하는 주인공은 금속 옷을 입은 외계 병사 로봇이다.[37] 20세기 영화 속에 등장했던 '금속 옷을 입은 로봇'은 21세기에는 "아이언맨"이라는 영화로 재탄생했고, 미래에는 탄소 나노 섬유 등의 신소재와 인공지능과 로봇 기술이 종합된 기술 형태로 현실이 될 가능성이 높다.

'입는 로봇'과 '외골격 로봇'이라는 말은 서로 혼용되어서 사용된다. 하지만 둘은 약간의 차이가 있다. 외골격 로봇은 '외부'라는 뜻을 가진 'exo'와 '뼈대', '골격'이라는 뜻을 가진 'skeleton'이 결합된 단어다. 단어의 뜻처럼 인간의 몸 외부에 기계적 뼈대(골격)를 덧입히는 기술이다. 대체로 팔이나 다리에 로봇을 덧입혀 총근력을 높여서 무거운 물건을 들거나 이동성을 높이는 기술이다.

외골격 로봇은 1960년대 미 해군이 처음 개발했다. 군인 팔에 로봇을 장착해 무거운 포탄을 쉽게 옮기기 위해서였다. 2004년 버클리대학교 연구팀이 미 국방부의 지원을 받아 현대식 외골격 모델인 다리 골격 '블릭스'(BLEEX)를 만들었다.

외골격 로봇이 대중의 관심을 받게 된 것은 2014년 6월 12일 열린 브라질 월드컵 개막식에서부터다. 하반신 마비 장애인 줄리아노 핀토(Juliano Pinto)는 브라질의 뇌 신경 과학자인 미국 듀크대학교 미겔 니콜레리스(Miguel Nicolelis) 교수팀이 전 세계 과학자 125명과 브라질 정부의 1,500만 달러의 연구비 지원을 받아 만든 외골격 로봇을 입고 축구장 중앙까지 걸어 나와 시축을 하는 데 성공했다.

줄리아노 핀토가 머리에 뇌파를 감지할 수 있는 전극이 부착된 헬멧(EEG)을 쓰고 걷는 생각을 하면 뇌 신경 세포에서 발생하는 전기 신호가 컴퓨터의 해석과 신호 변환을 거쳐서 로봇 다리가 움직이는 원리로 움직였다. 외골격 로봇의 후면에는 2시간 정도 전력을 공급하는 배낭 모양의 배터리가 달려 있다. 외골격 로봇은 가벼운 재질의 합금과 고분자로 이루어져 있었고, 모터가 장착된 금속 받침대에 달린 자이로스코프가 다리를 구부리고 펼 때 균형을 유지하도록 해준다. 발에는 센서가 붙어 있어서 감촉, 압력, 움직임을 감지하고 진동 신호를 만들어 팔로 보내 실제로 땅을 밟는 감각을 느낄 수도 있게 했다.[38)]

한국의 외골격 로봇 기술도 최고 수준에 있다. 2020년 영남대학교 로봇기계공학과 최정수 교수팀이 개발한 한국형 '아이언맨' 로봇 '워크온슈트(WalkON Suit) 4'는 '사이배슬론(Cybathlon) 2020' 대회에서 세계 최정상에 올랐다.

사이배슬론은 '사이보그'와 '경기'를 의미하는 라틴어 '애슬론'의 합성어로, '로봇–장애인 융합 국제 올림픽'의 이름이다. 장애인들이 외골격 로봇 같은 생체 공학 보조 장치를 착용하고 소파에서 일어나 컵 쌓기, 장애물 지그재그 통과하기, 험지 걷기, 계단 오르내리기, 옆 경사로 걸어가기, 경사로 및 문 통과하기 등의 특정한 행동을 수행하며 임무 완수의 정확도와 시간 등을 평가하는 경기다.[39)]

입는 로봇은 외골격 로봇을 포함하고 인체에 옷처럼 밀착돼서 신체 일부 혹은 전체 움직임을 보조하는 로봇과 기계를 총칭한다. 2021년 6월, 한국기계연구원은 형상 기억 합금으로 만든 인공 근육을 시연했다. 팔과 어깨에 검은색 멜빵을 착용한 마네킹이 2kg짜리 아령을 왼손에 쥐고 천천히 들었다 내리기를 반복했다. 인간의 근육을 모방한 '근육 옷감'을 입은 마네킹이다.

외골격 로봇은 가벼운 금속 합금을 사용해도 부피가 크고 총무게도 많이 나간다. 몸에 착용해도 거추장스러움과 불편함이 크다. 한국기계연구원은 니켈과 티타늄 합금으로 이뤄진 형상 기억 합금을 머리카락보다 가는 40㎛(마이크로미터, 1㎛는 100만 분의 1m) 굵기의 실로 만들어 옷감을 짰다. 인간의 근육이 수축과 이완을 반복하듯이 근육 옷감도 전류가 흐르면 수축하며 힘을 낸다. 손바닥 크기만 한 근육 옷감의 무게는 6.6g 정도지만 1,500배가 넘는 10kg을 들어 올릴 수 있다. 형상 기억 합금은 열이나 전류를 가하면 줄어들지만 온도가 떨어지면 본래의 형태로 다시 돌아가는 데 시간이 오래 걸리는 단점을 가진다.

한국기계연구원은 근육 실의 두께를 40㎛까지 줄여서 수축시킨 뒤 원래의 상태로 돌아오는 속도를 2초까지 단축했다. 한국기계연구원은 근육 실의 두께를 10㎛까지 줄여서 수축과 이완 속도를 더 단축하면 신속하게 화재 현장을 진압해야 하는 소방관들도 사용할 수 있을 것이라고 기대했다.

2019년 의료기기 스타트업인 리워크로보틱스는 종아리를 감싸는 토시 형태로 된 뇌중풍 환자의 보행을 돕는 재활용 웨어러블 로봇인 '리스토어'(Restore)의 판매 허가를 미국 식품의약국(FDA)으로부터 받았다.[40]

입는 로봇의 발전은 나노 소재의 발전과 동행한다. 나노 소재는 곧 나노 스케일의 소재다. 나노미터(nm)는 분자와 원자의 단위다. 1나노미터는 1미터의 10^{-9}이다. 머리카락 한 개의 굵기는 10마이크로미터(㎛) 정도 된다. 1나노미터는 머리카락 10만분의 1 정도다. '소재'(素材)란 가공하지 않은 본래 그대로의 재료다. 그래핀(Graphene), 탄소 나노 튜브 등이 나노 소재다.

연필심으로 사용되는 흑연은 탄소 원자가 벌집 모양의 육각형 그물로 배열된 0.2nm 두께의 평평한 층이 겹겹이 쌓인 구조다. 이 중에 한 겹을 그래핀이라 한다. 그래핀은 구리보다 100배 이상 전기 전도율이 좋고, 실리콘보다 100배 이상 전자 이동성도 좋고, 강철보다 200배 정도의 강도를 가지고, 최고의 열전도성을 가진 다이아몬드의 2배나 되는 열전도성을 가질 정도로 물리적, 화학적 안정성이 뛰어나다. 빛 투과율도 뛰어나서 투명하며 신축성도 아주 좋다.

그래핀을 사용하면 혁신이 멈춰 성장이 정체된 다양한 제품에 새로운 생명력을 불어넣을 수 있다. 투명하고 휘는 디스플레이, 전자 종이, 투명

전극, 차세대 초고속 반도체, 고효율 태양 전지나 연료 전지, 방열 재료, 항공 우주 부품으로 사용될 수 있는 초경량 고강도 복합재 등 활용 분야가 무궁하다.[41]

탄소 나노 튜브도 그래핀만큼 관심을 받는다. 1991년 일본의 이지마 박사는 흑연 전극에 붙어 있는 지름이 몇 나노미터에 불과한 속이 빈 아주 작고 미세한 원통 모양 구조를 가진 검은 물질을 발견하고 '탄소 나노 튜브'라는 이름을 붙였다. 탄소 나노 튜브는 육각형 벌집 모양을 가진 그물이 원통형으로 둥글게 말아진 구조다. 다른 원자 구조물들이 그렇듯이, 탄소 나노 튜브도 그물을 어떤 각도로 마느냐, 튜브 지름을 어느 정도로 하느냐에 따라 특성이 바뀌면서 전기적으로 도체도 되고, 반도체도 된다.

탄소 나노 튜브도 전기 전도율, 탄성, 열 전도성, 빛 투과성 등에서 그래핀과 비슷한 특성을 가졌다. 탄소 나노 튜브를 집단으로 묶으면 우주 엘리베이터를 만들 수 있고, 열과 마찰에 잘 견디면서 강철보다 강한 초강력 섬유를 만들 수도 있다. 튜브 모양을 하고 있기 때문에 빈 공간에 약물 등을 넣을 수도 있다.[42]

막스플랑크 고체물리학 연구소도 나노 굵기의 미세한 실을 양탄자 형태로 짠 인공 근육을 연구 중이다.[43] 나노 튜브들이 전기 장력을 받으면 전하의 밀어내는 힘에 의해 나노 실이 늘어나면서 인공 근육이 움직이게 된다. 인공 근육은 인간의 근육을 대체할 수도 있고, 휴머노이드 로봇이 사람처럼 움직일 수 있는 근육을 만드는 데도 사용될 수 있다.

미래에는 나노 소재 자체가 철이나 콘크리트 등을 대체하여 독립된 구조물을 만드는 데 널리 사용되고, 나노 소자를 담는 그릇이 되어 다양한 나노 기계(MEMS)를 만드는 데 폭넓게 사용될 가능성이 아주 크다. 나노 소재가 발전하면 장갑차보다 튼튼하고, 옷 전체를 컴퓨터화시킬 수 있으면서도 신축성이 매우 뛰어난 입는 로봇도 만들어 낼 수 있다.

웨어러블 로봇에 센서나 계산기 수준의 성능이 낮은 컴퓨터만 부착할 수 있는 것이 아니다. 미래에는 강력한 초소형 컴퓨터를 부착하는 것도 가능해진다. 바이오 컴퓨터 기술을 사용하면 된다. 양자 컴퓨터와 함께 차세대 컴퓨터 기술로 주목받는 바이오 컴퓨터는 효소, 단백질, 유기 분자, 아미노산 결합물 등 유기물로 기판과 회로가 구성된 바이오칩을 컴퓨터 소자로 사용하는 아이디어다.

실리콘 소재로 만든 현재 컴퓨터는 배선이 늘어날수록 회로가 복잡해지고 집적 한계에 부딪힌다. 하지만 '바이오 칩'(Bio chip)은 집적 밀도를 비약적으로 높일 수 있다. 집적 밀도가 높기 때문에 속도도 빨라져서 초소형 · 초고밀도 · 초고속 컴퓨터의 실현이 가능하다. 바이오 칩은 작은 기판 위에 DNA나 특정 단백질 등 생물 분자를 결합시켜서 만들 수 있다.

바이오 칩은 '마이크로어레이 칩'(microarray chip)과 '마이크로플루이딕스 칩'(microfluidics chip, 미세유체칩)으로 나뉜다. 마이크로어레이 칩은 수천, 수만 개의 DNA나 단백질을 일정 간격으로 배열하여 분석 대상 물질을 처리한다. DNA 칩, 단백질 칩(protein chip) 등이 대표적이다. 마이크로플루이딕스 칩은 '랩온어칩'(Lab-on-a-chip)이라 불린다. 랩온어칩은 마이크로 칩이 미니 실험실이 되어 기존 실험실에서 했던 연구가 가능하게 해주는 기술이다. 칩 위에는 철도망과 비슷한 미세한 길들이 깔려 있다. 각각의 길에는 각기 다른 물질이나 시약이 들어 있다. 마이크로 칩 위에 10억분의 1리터의 미량의 분석 대상 물질(유체, 流體)을 올려놓으면 칩 속에 나 있는 길을 따라 흘러가면서 다양한 시약들과 반응해 결과를 내 준다.

이런 기술을 웨어러블 로봇에 응용하면 어떻게 될까? 옷 자체가 거대한 실험실이 되어 상처를 입었을 때 웨어러블 로봇이 스스로 진단과 분석을 할 수 있다. 바이오 칩의 성능을 높이고 각종 웨어러블 디바이스와 연동시키면 생체 신호와 화학 반응과 질병 진단도 가능해진다.[44]

현재는 웨어러블 기기라는 범주로 분리되는 각종 기계들도 인공지능과 최첨단 디지털 섬유 등과 연결되어 네트워킹을 형성하면 웨어러블 로봇(입는 로봇) 기능을 하게 된다. 샌프란시스코에 있는 퀘이크테크놀로지(Qwake Technology)는 소방관을 위한 새로운 인공지능이 장착된 엑스레이 렌즈를 개발 중이다. 인간의 눈으로는 시야 확보가 불가능한 환경에서 인공지능 알고리즘을 기반으로 한 첨단 오디오와 비디오 장치를 사용해서 인간 역량을 향상시키는 프로젝트다.

인공지능이 열 영상 탐지 자료, 적외선으로 탐지한 사물의 형태, 주변 환경의 빛의 밝기의 미묘한 변화 정보 등을 조합해서 빛의 속도로 인간의 눈에는 보이지 않는 주변 환경을 실시간 그려 낸다. 이 장치를 몸에 부착하면 소방관은 섭씨 600–1000도에 이르는 화염과 치명적 유독 가스와 앞을 가리는 짙은 연기가 가득하고 공기가 부족한 건물 안에서 길을 잃어 생명을 잃을 수 있는 위험에서 무사히 빠져나올 수도 있다.[45]

미래에는 인간의 감각, 뇌 기능, 감성, 이성, 영상 등을 모두 향상시키는 각종 웨어러블 로봇 장치들을 쏟아져 나올 것이다. 인간이 인공지능 로봇을 몸에 심거나 착용하는 것이 일상화되고, 장기화하면 인간의 생물학적 기능도 추가 발달할 수 있다. 인간의 뇌 세포가 주어진 외부 자극에 반응하면서 끊임없이 변화하는 '플라스틱 성질'(Neuroplasticity) 때문이다. 인간의 뇌는 외부 자극에 반응하면서 끊임없이 변하고 적응하고 새로운 역량을 만들어 낸다.

스코틀랜드에 사는 이든 로흐(Ethan Loch)라는 소년은 시각장애인이다. 시각을 상실하자 이든 로흐의 뇌는 청각 기능을 향상시켜 모든 소리를 일반인보다 더 잘 이해하고 사용하게 발달시켰다. 시각 기능을 잃어버려서 뇌가 소리 처리에 더 많은 뇌 역량을 사용할 수 있었기 때문이다. 청각은 인간의 감각 중에서 가장 빠르고 민감하다. 인간의 눈은 한순간에 가장 많은 정보를 받아들이는 능력을 가진다. 하지만 인간의 귀는 눈보다 더 빠르게 정보를 처리하는 장점을 가진다. 빛의 속도가 소리 속도보다 빠르지만 뇌에서 시각 정보를 처리하여 인식으로 완성하는 속도보다 청각 정보 인식으로 완성하는 속도가 더 빠르기 때문이다.

시각을 통해 들어오는 정보는 색, 공간, 밝기 등 복잡한 정보들이기에 뇌가 종합하여 "내 남편이 저기서 걸어오네"처럼 인식으로 최종 완성하는 데 최대 0.25초가 걸린다. 이에 반해 청각은 훨씬 더 단순하고 기계적이다. 무슨 소리인지를 파악하는 데 5만분의 1초면 충분하다.

이든 로호의 뇌는 귀로 들리는 모든 소리를 음악처럼 복잡한 소리 체계로 변환한다. 지팡이의 흔들림, 나무의 움직임, 세탁기 소리 등이 모두 음악처럼 들린다. 세상의 모든 소리에서 음악과 화음을 찾아낼 정도다. 그의 뇌는 시각을 대신하기 위해 청각 관련 뇌신경계를 발전시켜 음의 높이와 깊이와 길이를 세밀하게 나누는 능력을 만든다.

입으로 내뱉는 소리가 주변 물체에 반사되어 귀로 들어오는 각기 다른 속도와 진동을 가지고, 시각 정보를 대신해서 외부 세계에 대한 이미지(인식으로서 형상)를 만들어 외부 물체나 주변 환경을 인식한다. 시각 기능을 잃어 시각 정보를 얻을 수 없기에 뇌가 청각 정보를 더욱 세밀하고 다양하게 처리하고 해석하여 외부 세계 이미지를 보완하는 셈이다. 귀로 보는 셈이다. 청각 기관은 비장애인과 같지만, 순전히 '플라스틱 성질'을 가진 뇌의 변화와 적응의 결과다.

이든 로호는 피아노를 배워 자기가 보고 인식한 것을 음악적 기호와 언어로 표현해 내는 방법도 찾았다. 그 후 이든 로흐에게 음악은 제1언어이고, 영어가 제2언어가 되었다. 이든 로흐는 생후 18개월부터 피아노를 치고, 4살에 작곡을 시작했다. 9살이 되어서는 공연 무대에서 연주할 정도가 되었다. 바티칸에 초청되어 연주도 했다.

다니엘 키쉬(Daniel Kish)도 유아기부터 시각장애인이었지만, 반향정위 전문가(echolocation expert)다. 즉 돌고래나 박쥐처럼 반사되어 되돌아오는 음파를 뇌가 처리해서 주변 사물이나 환경을 뇌가 시각적으로 구상하는 능력 전문가다. 소리에 반사되는 표면이 딱딱한지 등을 추정하여 뇌가 외부 사물이 무엇인지를 3차원 영상처럼 만들어 외부를 보는 방식이다.

놀랍게도 소리를 가지고 만든 3차원 모델이 시각 피질 활동으로 이루어지는 것으로 확인되었다. 뇌가 시각 피질을 사용하는 새로운 방법을 찾은 셈이다. 소리가 뇌의 시각 피질을 자극하고, 시각 피질이 3차원 영상을 만들어 내고, 전두엽이 인식을 완성하는 것이다. 무협지에서 고수가 눈을 감고도 주변 적을 인지하는 것이 가능하다는 증명이다. 그는 전 세계를 다니며 소리 메아리를 듣고 뇌가 형상을 만들어 주변 환경을 인지하고 움직일 수 있는 능력을 시각장애인에게 가르친다.

비장애인도 소음이나 소리 메아리가 전혀 없는 완전 방음 공간에 들어가서 불을 끄고 암흑과 정적 속에 들어가면 뇌가 두려움을 느끼고 방어태세를 취한다. 감각 신경계를 극도로 긴장시켜 어떤 작은 소리라도 들으려고 노력한다. 심장이 뛰고, 침을 삼키고, 심지어 눈을 깜빡이는 등 신체 내부에서 나는 소리까지 들을 수 있다. 정보를 받아들여야 주변 상황을 파악하고, 주변 상황 파악이 되어야 판단을 할 수 있고, 판단을 해야 생존할 수 있기 때문이다.

감각 기관은 정보의 지속적 흐름을 만들고, 뇌는 정보가 있어야만 작동을 한다. 그래서 인간은 잠을 자도 청각은 쉬지 않고 정보를 받아들이고 피질에서 처리를 한다. 뇌가 다른 기관은 작동 억제를 하여 휴식을 취하게 하거나, 인식을 멈추고 정보를 정리하고, 불순물을 청소하는 기능만 하게 하지만 청각은 계속 유지시켜 외부 위협을 대비하고 경계하기 위함이다. (참고로, 이 기능을 역으로 이용하면 '이론적으로는' 인위적 청각 자극으로 뇌 인식을 조작하거나 해킹할 수도 있다.)

그렇다고 인간의 감각 기관이나 뇌 기능이 크게 발전하면 좋기만 할까? 거꾸로 선천적으로 청각이 과도로 발전한 이도 있다. 너무 예민해서 소음이 많은 곳에서는 고통을 느끼는 장애다. 모든 소리를 다 듣는다고 좋은 것이 아니다. 그래서 미래에는 인공지능과 로봇 기술을 활용해서 멀리 있는 곳에서 나는 특정 소리나 시각, 후각 등을 골라서 인지하는 수준으로 감각과 뇌 기능 향상을 시도할 수도 있다.

발전된 외부 장치가 인간이 가진 고유한 오감의 신경 세포와 신경계를 증강시켜 더 많은 정보를 뇌에 보내면 뇌는 더 많은 정보 혹은 이전에는 얻을 수 없었던 정보(인간이 듣지 못했던 소리 등)를 처리하는 새로운 뇌신경 구조를 만들어 낸다. 새로 만들어진 뇌신경 세포들은 인간 몸 전체에 퍼진 신경계에 역으로 새로운 명령을 전달한다. 혹은 뇌가 스스로 각각의 뇌 영역에서 새로운 이미지를 만들어 낸다. 마치 눈이 없어도 시각 피질에서 가상의 외부 형상을 구축하는 것처럼 말이다.

인간의 뇌는 시각 기관으로 들어온 시각 정보를 시각 피질에서 처리를 한 후 전두엽으로 보내 시각과 상관없이 뇌 안에서 시각적인 종합 이미지를 만들어 인식한다. 청각도 마찬가지다. 귀로 들어오는 음파 정보는 청각 피질을 거쳐 전두엽으로 보내져 청각과 상관없이 뇌가 스스로 자기 안에서 음파를 활용한 공간의 깊이부터 소리를 만들어 낸다. 눈이나 귀를 통해 들어온 정보는 뇌 안으로 들어오면 밖으로 다시 나가지 않는다. 뇌 안에서 뇌가 만들어 내는 3-4차원 정보 집단으로 인식을 구성한다.

그렇기 때문에 눈이나 귀 등 하나의 감각 기관이 고장 나서 특정한 정보가 입력되지 않으면 뇌는 그 정보가 없기 때문에 그 정보로 만들 수 있는 이미지(인식으로서 형상)를 만들어 내지 못한다. 대신, 다른 감각 기관의 활용도를 높여 차단된 감각 기관을 대신하여 뇌 바깥 세상에 대한 이미지(인식으로서 형상)를 만든다.

미래에는 뇌의 이런 작동 원리들을 이용하여 정상적인 인간의 감각 잠재력을 놀랍게 증강시키는 방법을 찾으려는 노력이 늘어날 것이다. 성공만 한다면 고통을 극복하고 잃어버린 감각을 살려 내는 것뿐만 아니라 정상적인 인간의 인지를 확장시키고 능력을 향상시킬 수 있기 때문이다. 그리고 마음만 먹으면 신의 '전능'까지도 훔칠 수 있는 슈퍼 인간이 될 수 있기 때문이다.

200세 생존 시대

인공지능과 로봇 기술은 인간의 생물학적 신체 능력의 한계를 극복하게 해준다. 인공지능과 로봇 기술은 인간이 더 멀리, 더 강하게, 더 빠르게 갈 수 있는 능력을 갖추게 해준다. 장애인은 비장애인처럼 살 수 있게 되고, 비장애인은 신체 능력이 새로운 차원으로 끌어올려지는 길을 열어준다.

인공지능과 로봇 기술 다음으로 인간의 능력을 향상시켜 주는 미래 기술이 있다. 바이오와 나노다. 바이오와 나노 기술은 인간에게 무엇을 줄 수 있을까? 생명 연장이다. 방식은 두 가지다. 하나는 질병을 정복해서 생명을 연장해 준다. 다른 하나는 세포의 기능을 강화하거나 유전자를 고치고 변형시켜서 노화를 늦추면서 생명 연장을 해준다.

인간 수명의 변화를 추적해 보자. 하나님이 인간을 창조하시고 수명을 획기적으로 단축하신 사건이 두 번 있었다. 한 번은 대홍수였다. 아담은 130세에 셋을 낳고 930세를 살았다(창 5:3-5). 아담의 아들 셋은 912세, 셋의 아들 에노스는 905세, 에노스의 아들 게난은 910세, 게난의 아들 마할랄렐은 895세, 마할랄렐의 아들 야렛은 962세, 야렛의 아들 에녹은 365세까지 하나님과 동행하며 살다가 하나님이 데려가셨고, 에녹의 아들 므두셀라는 969세를 살았다. 므두셀라의 아들 라멕은 777세를 살았고, 라멕의 아들 노아는 600세에 대홍수 시작을 맞았고(창 7:6), 대홍수 후에도 350년을 더 살다가 950세에 죽었다(창 9:29). 아담부터 노아까지는 인간의 최고 수명이 777-969세였다.

대홍수 직후 지상에는 노아 가족(총 8명)만 살아남았다. 하나님은 노아 가족 8명으로 인류 재창조를 하시기 위해 인간의 수명을 일정 기간 동안은 길게 유지시켜 주셨다.

> "노아의 이 세 아들로부터 사람들이 온 땅에 퍼지니라"(창 9:19).

하지만 노아를 마지막으로 인간 최고 수명은 이전보다 크게 줄어들었다. 노아가 950세를 살았던 것에 비해, 대홍수 이후 첫 세대라고 할 수 있는 셈은 602년을 살았다. 셈의 아들 아르박삿은 438년을 살았다. 아르박삿의 아들 셀라는 433년을 살았다. 셀라의 아들 에벨은 464년을 살았다. 이 시기에, 인간의 최고 수명 438-602세는 대홍수 이전의 절반 수준이었다. 수명이 줄어들면서 결혼 시기도 빨라졌다. 대홍수 이후 사람들은 30대에 결혼을 했다.

그런데 에벨의 아들 벨렉부터 인간의 최고 수명이 절반 정도로 한 번 더 크게 줄어들었다. 464년을 살았던 에벨에 비해서, 에벨의 아들 벨렉은 239년만 살았다. 벨렉의 아들 르우는 239년을 살았다. 르우의 아들 스룩은 230년을 살았다. 스룩의 아들 나홀은 148년을 살았다. 나홀의 아들 데라는 70세에 아브람, 나홀, 하란을 낳았고, 205세를 살았다. 인간의 수명이 절반으로 한 번 더 줄어든 분기점은 벨렉이다. 에벨과 벨렉 사이에 무슨 일이 벌어진 것일까? 성경에 힌트가 나온다. 창세기 11장에 등장하는 바벨탑 사건이다. 하나님은 바벨탑을 무너뜨리실 때 언어만 흩으신 것이 아니다. 인간의 수명도 한 번 더 단축하셨다.

바벨탑 사건은 함의 계보로 본다면, 함의 손자이고 구스의 아들인 니므롯 시대에 일어났다(창 10:6–10). 야벳의 계보로 본다면, 야벳의 손자 야완과 그의 아들들 시대에 일어났다. 창세기 10장 4–5절에 "야완의 아들은 엘리사와 달시스와 깃딤과 도다님이라 이들로부터 여러 나라 백성으로 나뉘어서 **각기 언어**와 종족과 나라대로 바닷가의 땅에 머물렀더라"라는 기록이 나온다. 야완의 아들들은 한 배에서 태어났지만 언어를 각기 다르게 사용했다. 바벨탑 이후 하나님이 가족 간에도 언어를 다르게 만드셨다는 증거다.

셈의 계보로 본다면, 셈의 증손자이고 아르박삿의 손자이고 셀라의 아들인 에벨이 34세에 큰아들 벨렉을 낳을 때 일어났다. 창세기 10장 25절에 "에벨은 두 아들을 낳고 하나의 이름을 벨렉이라 하였으니 그때에 세상이 나뉘었음이요"라는 구절이 등장한다. '나뉘었다'라는 히브리어 단어는 '벨렉'(Peleg, פֶּלֶג)이다. 에벨은 큰아들에게 '쪼개다', '나누다'라는 뜻을 그대로 사용해서 '벨렉'이란 이름을 지어 주었다. 학자들은 이 구절을 바벨탑이 무너지면서 온 세상이 각기 다른 언어를 사용하는 도시 국가들로 나뉜 시점으로 추정한다.[46)]

여기서 잠깐, 에벨이라는 인물에 대해서 한 가지 짚고 넘어가자. 성경은 "셈은 에벨 온 자손의 조상이요"(창 10:21)라고 기록하면서 셈을 아담과 셋과 노아에서 예수님으로 이어지는 족보를 계승하는 중요한 인물로 기록한다. 셈은 노아의 장자다.

'에벨 온 자손'은 셈의 증손자 에벨이 아니라 '아브라함 온 자손'을 가리킨다. 아브라함은 하란에서 유프라테스강을 건너 가나안 땅에 들어온 이후 '강 건너편, 저쪽(맞은편)'이라는 뜻을 가진 '에벨'(Eber, עֵבֶר)이란 별명이 붙었다. 여기서 '히브리'라는 말이 파생되었다. '에벨 온 자손'은 아브라함으로 시작되는 히브리 혈통 후손과 믿음의 후손 전부를 가리키는 이중적 의미다. (일부 학자들은 '에벨 온 자손'이라는 문구에서 '에벨'은 셈의 증손자 에벨을 가리킨다고도 본다. 노아가 셈에게 물려준 축복이 에벨에게 이어진다는 것을 의미하는 문구라는 해석이다.)[47)]

셈의 증손자인 에벨은 '에벨 온 자손'을 위해서 중요한 임무를 부여받는다. 하나님은 아담의 범죄와 가인의 반역 사건 교훈을 셋에게 기억하고 전승하게 하셨다. 셋 이후 인간의 끔찍한 죄악과 하나님이 이를 심판하신 대홍수 사건을 노아에게 기억하고 전승하게 하셨다. 바벨탑 사건은 대홍수 이후 인간이 하나님을 향해 다시 대반역을 일으킨 사건이다. 하나님은 구속사가 완성될 때까지 이 역사를 기억하고 후세에게 하나님의 교훈을 가르치고 전승할 사람이 필요하셨다.

에벨의 아들 벨렉은 바벨탑이 무너질 때에 태어났지만 충격적인 대반역 사건을 알지 못했다. 하나님은 바벨탑 사건을 직접 목격한 에벨을 적임자로 선택하셨다. 에벨은 아들의 이름에 바벨탑 사건을 새기고(벨렉, פֶּלֶג, '쪼개다', '나누다'), 노아의 세 아들 셈, 함, 야벳의 자손들이 메소포타미아 지역을 중심으로 수많은 도시 국가와 민족들의 기틀을 마련하는 동안에 꿋꿋이 살아남아서 하나님의 교훈을 전하는 '산 증인의 사명'을 감당했다(창 11:14).

성경은 노아, 셈, 아르박삿, 셀라가 모두 바벨탑이 무너진 이후에도 한동안 이 땅에 살아 있었다고 기록한다. 셈은 대홍수 2년 후 아르박삿을 낳고 500년을 더 살았고, 아르박삿은 35세에 셀라를 낳고 403년을 더 살았고, 셀라는 30세에 에벨을 낳고 403년을 더 살았다.

에벨이 34세에 벨렉을 낳았을 때 바벨탑 사건이 일어났는데, 대홍수 후 대략 100년이 지난 시점이었다. 노아도 대홍수 이후에 350년을 더 살았다(창 9:28). 이들도 바벨탑 이후 오랫동안 살면서 수많은 후손에게 아담의 반역, 가인의 반역, 셋 이후 인간의 반역과 심판, 바벨탑 반역에 대한 하나님의 교훈을 가르치고 산 증인의 사명을 감당했을 것이다. 하지만 에벨이 가장 오랫동안 바벨탑 사건을 비롯해서 선조들의 반역, 하나님의 심판과 은혜를 증거한 인물이다.

바벨탑 사건이 일어나고 250년 후 노아는 죽음을 맞이했다. 239세를 살았던 에벨의 아들 벨렉은 노아보다 일찍 죽었다. 에벨(창 11:14)은 손자 르우보다 더 오래 살았다. 심지어 에벨은 야곱이 태어나고도 80년 정도를 더 살았다. 에벨은 아브라함이 죽고 난 지 5년 후, 이삭의 나이 140세, 야곱의 나이 80세에 하나님의 부르심을 받았다. 야곱의 70명 가족이 애굽으로 내려가기 50년 전이다.

필자는 아브라함과 아버지 데라가 우상 숭배가 창궐하던 지역에서 하나님을 만난 것도 에벨이 전해 준 하나님의 구원에 대한 역사적 증언이 살아 있었기 때문에 가능했던 것이라고 생각한다. 하지만 이 모든 역사를 계획하신 분은 하나님이시다. 하나님은 셈부터 에벨까지 4대는 (선조보다는 오래 살지 못했지만) 후손들보다 오래 사는 은혜를 주셨고, 그 임무가 끝나자 인류의 최고 수명과 평균 수명을 다시 절반으로 낮추셨다.

에벨은 34세에 벨렉을 낳고 430년을 더 살았다. 에벨의 총연수는 464년이다(창 11:14). 하지만 벨렉은 30세에 르우를 낳고 209년만 더 살았다. 벨렉의 총연수는 239년이다. 르우는 32세에 스룩을 낳고 207년을 더 살았다. 스룩은 30세에 나홀을 낳고 200년을 더 살았다. 나홀은 29세에 데라를 낳고 119년을 더 살았다. 데라는 70세에 아브람을 낳았고 205세까지 살았다. 셈부터 에벨까지 인간의 최고 수명은 438–602세였지만, 에벨 이후부터 데라까지 인간의 최고 수명은 205–239세로 낮아졌다.

그 이후에도 인간의 최고 수명은 조금씩 줄어들었다. 아브라함부터 야곱까지, 인간의 최고 수명은 147–175세가 되었다. 요셉부터 여호수아까지, 인간의 최고 수명은 110–120세가 되었다. 아브람은 75세에 하나님을 만나서 하란을 떠나 가나안 땅으로 이주했고, 100세에 이삭을 낳고 175세까지 살았다(창 25:7). 이삭은 60세에 에서와 야곱을 낳았고, 180세까지 살았다(창 35:28). 야곱은 아버지 이삭이 죽은 지 10년 후인 130세에 70명의 가족을 이끌고 요셉이 있는 애굽 땅으로 내려갔고(창 47:9), 147세까지 살았다(창 47:28). 야곱의 아들 요셉은 17세에 애굽으로 팔려갔고(창 37:2), 110세를 살았다(창 50:26). 모세는 120세를 살았고(신 34:7), 여호수아는 110세를 살았다(수 24:29).

출애굽 이후, 모세와 여호수아는 하나님의 은혜로 이스라엘 백성의 평균 수명보다 훨씬 더 오래 산 듯하다. 모세가 시편 90편 10절에서 “우리의 연수가 칠십이요 강건하면 팔십이라도”라고 고백했기 때문이다. 실제로, 가나안 땅에 정착하고 산 이후 인간의 수명은 모세의 고백과 비슷했다. 다윗은 30세에 왕위에 올랐고, 40년을 통치하며(7년 6개월은 유다를 다스렸고, 그 이후 33년 동안 전 이스라엘을 다스림) 70세를 살았다(대상 29:27; 삼하 5:4-5). 솔로몬은 21세에 왕위에 올랐고, 40년을 통치하며 61세를 살았다.

역사적으로 솔로몬 대왕은 주전 900년대 중반 인물이다. 그 이후 인간의 수명은 어떻게 변했을까? 높은 유아 사망률, 전쟁, 전염병 대재앙의 반복 등으로 국가 전체 평균 수명은 매우 낮았다. 예를 들어, 주전 8세기 고대 그리스 시대 인간의 평균 수명은 19세, 페스트가 창궐한 14-15세기 유럽의 평균 수명은 21세였다. 17-20세기 초까지 유럽의 평균 수명은 45-65세 사이였다. 20세기 중반에 접어들면서 대규모 전쟁이 멈추고 전염병을 막는 백신과 치료약 개발이 빨라지면서 영국과 미국 등 선진국은 평균 수명이 75세까지 증가했다.

한국도 비슷했다. 고려 시대 최고의 생활 환경과 의료 지원을 받았던 왕들 34명의 평균 수명은 42.3세, 조선 시대 왕의 평균 수명은 46.1세였다. 조선 시대 가장 장수했던 영조대왕은 83세까지 살았다. 조선 시대 남성의 평균 수명은 35세였다.[48)]

현대에 들어서는 한국의 평균 수명도 빠르게 높아졌다. 일제 시대인 1925-1930년 평균 수명은 37.4세에 불과했지만, 1950년 47.9세, 1960년 51.2세, 1980년 65세, 2000년 75세, 2015년 81.2세로 늘었다.[49)] 세계보건기구의 2019년 자료에 따르면, 한국인 남자의 평균 수명은 82.3세, 여자는 85.5세다. 같은 기간, 대부분의 선진국의 평균 수명은 79-81세 사이이다. 선진국 여성은 전체 평균보다 4-5년이 높은 83-86세 사이가 되었다.

2021년 기준, 공식 역대 최장수 기록은 프랑스 여성 장 칼멩 씨로

1875년 2월 21일 태어나 1997년 8월 4일 사망할 때까지 122세 164일을 살았다. 비공식 세계 최고령자는 1870년에 태어나서 146세를 살았던 인도네시아인 사파르만 소디메조 할아버지다.[50] 2021년 기준, 현존 최고령자의 기네스 공식 기록은 일본인 다나카 가네 할머니로 118세다. 현존 최고령자의 비공식 기록은 중국 위구르 지역 슐레에 거주하는 알리미한 세이티 할머니로 135세다.[51] 세이티 할머니는 생년월일이 '1886년 6월 25일'로 기재된 신분증을 갖고 있지만, 청나라 때의 출생 기록이 확인 불가해서 공식 기록으로 인정받지 못했다.

여러 가지 우여곡절이 있었지만, 야곱이 70명의 가족을 이끌고 애굽으로 내려간 시절(주전 1633-1627년으로 추정)부터 현재까지 3,500년 동안 인간의 평균 수명은 시편 90편 10절 말씀처럼 70-80세, 최고 수명도 110-120세 정도(공식 기록 기준)가 유지되고 있다. 2016년 얀 페이흐(Jan Vijg) 박사가 이끄는 미국 앨버트아인슈타인의대 연구팀은 40여 개 국가의 생존율과 사망률을 분석한 결과를 과학 학술지 「네이처」에 발표했다. 해당 연구에 의하면, 110세를 기점으로 장수 추세가 멈추고, 극단적으로 오래 사는 사람 534명을 분석해도 115세 이상 사는 것이 아주 힘들었다.[52] 2021년 국제연합(UN)은 전 세계 100세 이상 인구를 57만 3,000명으로 추정했다.[53]

미래에는 인간의 평균 수명에 어떤 변화가 일어날까? 미국 워싱턴대학 사회학과 교수이며 통계학자인 애드리안 래프터리(Adrian Raftery) 박사팀은 2100년까지 인간의 수명 증가 추세를 예측했다. 유럽 10개국과 캐나다, 미국, 일본 등 13개국의 초장수인들을 추적하고 있는 독일 막스플랑크 인구통계학연구소의 장수 데이터베이스를 가지고 베이지안 통계기법(Bayesian statistics)을 사용했다. 결과는 어땠을까?

124세까지 장수할 사람의 등장 확률은 99%이며, 127세가 나올 확률은 68%였다. 130세까지 장수할 사람의 등장 확률은 13%였다.[54] 이 예측은 지난 몇십 년간의 환경 개선과 평균 수명 증가 추세가 결정적 역할을 했을 것이다. 하지만 앞으로 사회 변화가 지난 몇십 년의 추세보다 더 빨라지고, 기술 발전도 몇십 배, 몇백 배 더 빨라진다면 어떻게 될까?

예를 들어, 유아 사망률이 최저 수준에 이르고, 대규모 전쟁이 발발하지 않고, 사회적 환경과 의료 기술이 발달하여 예방 의학과 치료 기술이 획기적으로 발전하여 암, 심혈관 질환, 치매 등을 정복한다고 전제하자. 노화를 늦추는 기술도 대중화되었다고 전제해 보자. 21세기 중후반이면 유전자 조작 기술, 생체 이식, 최첨단 건강 관리 시스템 등 '헤이플릭 분열 한계'(Hayflick Limit)를 돌파하는 기술이 등장할 가능성이 높다. 헤이플릭 분열 한계는 인간 몸속 세포가 일정 시간이 지나면 세포 분열 능력이 상실되는 한계다. '세포 노화', '세포 생존의 한계'라고 불리는데, 인간의 세포는 대략 50회 정도의 분열을 한 후에 수명을 다한다는 것이 정설이다. 이를 최초로 발견한 사람이 미국의 과학자 레너드 헤이플릭(Leonard Hayflick)이다.

이런 조건이 실현된다면 평균 수명은 100-120세까지 증가할 수 있을 것으로 예측된다. 최장수 기록도 150세를 넘길 수 있다. 최고 수명 기준으로 아브라함, 이삭, 야곱의 수명에 근접하는 미래다. 만약 21세기 말-22세기 초 무렵에 바이오 및 나노 기술로 생체 기관 복제가 일반화되고, 로봇 기술이 발전하여 인간 몸의 주요 기관들의 대체가 대중화될 수 있다면 어떻게 될까? 필자의 예측으로는 최장수 기록은 200세를 넘길 수도 있다. 최고 수명 기준으로, 바벨탑 사건 이후 수명에 근접하는 미래다. 여기가 인간 수명의 한계일까?

영생을 사라

"여호와 하나님이 이르시되 보라 이 사람이 선악을 아는 일에 우리 중 하나같이 되었으니 **그가 그의 손을 들어 생명나무 열매도 따 먹고 영생할까** 하노라 하시고"(창 3:22).

영생을 꿈꾸는 것은 인간의 기본 욕망이다. 진시황, 이집트 파라오 무덤은 영생하는 신이 되려는 인간 욕망의 끝판이다. 재물이 많은 청년이 예수님을 찾아와 던진 질문도 "선생님이여 내가 무슨 선한 일을 하여야 영생을 얻으리이까"(마 19:16)였다.

인간이 영생을 탐하는 이유는 각양각색일 것이다. 하지만 근본은 같다. 이 땅에서 영원히 살게 되면 하나님이 필요 없다. 하나님이 필요 없으면 자신이 신이 된다. 이 땅에서 영원히 살게 되면 천국도 필요 없다. 이 땅이 천국이니, 죽은 후에 가는 천국이 필요 없다. 이 땅이 천국이라고 생각하는 이유는 무엇일까? 불편함 없이 모든 것을 누리며 살 수 있고 타인을 지배하며 살 수 있기 때문이다. 풍요, 지배, 권력, 남들이 우러러봄 등을 버릴 수 없기 때문이다. 즉 영생을 탐하는 근본 이유는 교만과 탐욕이다.

그렇게 거창하지 않아도, 교만도 없고 탐욕도 없어도, "거지로 살아도 이생이 저승보다 낫다"는 소박한 이유가 전부라고 하는 사람도 있을 수 있다. 하지만 이 말도 근본은 같다. 하나님이 필요 없거나, 하나님이나 천국 같은 것을 믿지 않는다는 종교적 교만이 밑바탕에 깔려 있다. 세속적 교만이든, 종교적 교만이든 아담의 범죄로 타락한 모든 인간은 기회만 주어진다면 영생을 훔칠 준비가 되어 있는 존재다. 교회와 성도가 기술 오남용에 대한 경계를 게을리하면 미래에는 "영생하는 기술을 사라!"고 외치는 인간이 출현할 것이고, 돈으로 기술 오남용을 사서 영생을 훔치는 인간들이 실제로 나타날 수 있다.

당분간 하나님이 은혜로 주신 지식, 지혜, 기술은 인간의 질병을 고치고 고통과 절망의 눈물을 멈추는 선한 방향으로 이용될 것이다. 하나님은 "주여, 불쌍히 여기소서"(Kyrie Eleison, Lord have mercy)라는 고통받고 질병으로 연약한 사람들의 외침을 들으신다. 병 고침은 하나님이 인간에게 주시는 은혜다. 예수님도 이 땅에 오셔서 병든 자를 고쳐 주셨다. 예수님이 병든 자를 고치신 방법은 전능하신 하나님의 능력이었다.

> "예수께서 나오사 큰 무리를 보시고 **불쌍히 여기사** 그중에 있는 **병자를 고쳐 주시니라**"(마 14:14).

사도 바울도 병든 자를 고쳤다. 바울이 질병을 고친 방법은 두 가지였다. 하나는 기도의 능력이었고, 다른 하나는 하나님이 인간에게 주신 지혜와 물질로 병을 다스리는 것이었다. 바울과 제자들은 스스로 병을 고치는 능력을 가진 존재가 아니었다. 그래서 기도로 하나님의 능력을 구했고, 동시에 기도하면서 하나님이 주신 지혜와 의학적 지식을 사용하는 것도 병행했다.

고대 이스라엘에서는 외상을 입었을 때 알코올 성분이 있는 포도주로 살균 소독을 했다. 습포제(濕布劑, cataplasma)가 없었을 때 통증을 없애고, 피부를 닦고, 약물이 피부에 잘 스며들게 하는 데도 사용되었다. 포도주는 다른 약제의 흡수를 촉진하는 기능도 가진다. 로마에서도 상처에 포도주를 부어 치료했고, 고대 이집트에서는 낯선 땅에서 여행자에게 흔하게 발생하는 위와 장내 감염병인 '물갈이'(Traveler's diarrhea)를 치료하기 위해

물에 포도주를 섞어서 마셨다. 의학의 아버지 히포크라테스(Hippocrates)도 포도주가 약으로서 훌륭한 재료라고 평가했다. 현대 의학에서는 포도주에 라스베라톨, 탄닌, 퀘르세틴 등 폴리페놀 화합물이 항박테리아, 항바이러스, 항염, 항산화, 혈전 억제 효과를 낸다는 연구 결과도 있다.

기름은 두 가지 역할을 한다. 하나는 진통을 줄이는 외상 치료법(사 1:6)이다. 고대 이스라엘에서는 감람유(올리브기름)를 복통 진정제나 배변 설사제 등의 내복용과 멍이나 상처를 치료하는 외상용으로 사용했다. 다른 하나는 성령의 임재(기름 부음)를 간구하는 상징적 행위다.

"진실로 다시 너희에게 이르노니 너희 중의 **두 사람이 땅에서 합심하여 무엇이든지 구하면 하늘에 계신 내 아버지께서 그들을 위하여 이루게 하시리라** 두세 사람이 내 이름으로 모인 곳에는 나도 그들 중에 있느니라"(마 18:19-20).

"너희 중에 **병든 자가 있느냐** 그는 교회의 장로들을 청할 것이요 그들은 **주의 이름으로 기름을 바르며** 그를 위하여 기도할지니라 믿음의 기도는 병든 자를 구원하리니 주께서 그를 일으키시리라 혹시 죄를 범하였을지라도 사하심을 받으리라 그러므로 너희 죄를 서로 고백하며 **병이 낫기를 위하여 서로 기도하라** 의인의 간구는 역사하는 힘이 큼이니라 엘리야는 우리와 성정이 같은 사람이로되 그가 비가 오지 않기를 간절히 기도한즉 삼 년 육 개월 동안 땅에 비가 오지 아니하고 다시 기도하니 하늘이 비를 주고 땅이 열매를 맺었느니라"(약 5:14-18).

"이제부터는 물만 마시지 말고 **네 위장과 자주 나는 병을 위하여는 포도**

주를 조금씩 쓰라”(딤전 5:23).

“어떤 사마리아 사람은 여행하는 중 거기 이르러 그를 보고 불쌍히 여겨 가까이 가서 **기름과 포도주를 그 상처에 붓고 싸매고**”(눅 10:33-34).

현대에도 하나님은 같은 방법으로 인간의 질병을 고치는 은혜를 주신다. 하나님은 두세 사람이 합심하여 기도하면, 교회의 장로들(목사와 장로)를 청하여 믿음으로 기도하면 보혜사 성령 하나님의 병 고침 역사가 일어나게 하신다. 동시에 하나님은 의학적 지혜, 지식, 기술을 발전하게 하셔서 병 고침의 은혜가 모든 사람에게 퍼지도록 역사하신다.

앞으로 가장 먼저 다가올 의료 혁명은 질병 진단 개인화 서비스다. 스마트폰, 웨어러블 컴퓨터, 빅데이터 분석 기술, 인공지능, 통신 기술, 진단 센서, 유전자 분석 기술들이 결합되면서 의료 진단 기술에서 첫 번째 변화가 시작될 것이다.

21세기 디지털 디바이스 기술 발전은 개인용 건강관리 스마트 디바이스와 전문 의료용 기계의 경계를 무너뜨리고 있다. 헬스케어 플랫폼 안에 디지털 디바이스들이 각종 앱, 빅데이터, 전문 의료용 기기, 의사, 환자, 제약사, 판매자, 기업가 등과 연결되는 추세도 경계 파괴를 촉진한다. 인공지능은 영상 판독에서 치료 방법 조언까지 의사의 더 나은 판단을 돕는 것은 물론이고, 의료 행정과 교육 시스템 전반에 적용되어 인간과 다양한 협력이 가능하다.

3D 프린터를 이용하면 맞춤형 장기 모형을 제작하여 수술 시뮬레이션을 할 수 있어서 치료 성공률을 높일 수 있고, 환자 맞춤형 의료 기기나 뼈 골격 등을 만들어 사용할 수 있다. 중국은 5G 기술을 이용해서 50km

떨어진 곳에서 돼지를 대상으로 원격 로봇 팔 간 절제 수술에 성공했다. 지연 시간은 0.1초였다.[55)]

센서의 발전도 질병 진단 개인화 서비스 발전에 큰 기여를 한다. 미국에서 주목받는 '스카우트'라는 센서가 있다. 스카우트는 이마에 10초 동안 대고 있으면 심박 수, 혈압, 혈중 산소 농도 등 신체 신호를 기록해서 스마트폰으로 보내서 15개의 질병을 분석하는 FDA의 승인을 받은 의료기기다. 미국 워싱턴대학교가 개발한 앱 '스피로스마트'(SpiroSmart)는 스마트폰에 내장된 마이크에 사용자가 숨을 불면 만성폐색성폐질환, 낭포성 섬유증 등의 폐 관련 질환을 5.1% 포인트 정도의 오차 범위에서 진단이 가능하다.

한국에서는 피 한 방울로 15분 이내에 암을 95% 확률로 진단하는 전화기 크기의 휴대형 센서가 개발되기도 했다. 피를 분석해서 암을 진단하는 기존의 진단기가 50% 정확도였던 것에 비하면 괄목할 만한 진보다. 정확도를 획기적으로 끌어올린 비결은 DNA를 기반으로 한 센서에 있다. 연구진은 16개의 진단용 DNA를 바이오 칩에 심어서 16개의 암 표지 물질을 측정할 수 있었다. 암 관련 단백질과 결합되는 성질이 있는 염기서열이 있는 특정 DNA를 진단에 활용한 것이다.[56)]

이런 기술들이 보편화되면 머지않은 미래에 혈액 속의 혈압, 심박 수, 산소포화도, 체온, 빈혈, 심방 세동, 포도당 수치, 심전도, 호흡 수 등을 체크하여 개인용 의료 데이터베이스를 만들고 암, 심장마비, 만성폐쇄성폐질환, 당뇨병, A형 간염, 백혈구 증가증, 폐렴, 중이염, 수면무호흡증, 뇌졸중, 결핵, 요도 감염, 알레르기 유발 항원, 콜레스테롤, 식품 매개 질병(Food-borne Illness), HIV, 갑상선 기능 저하증/항진증, 흑색종, 전염성 단핵증(Mononucleosis), 골다공증, 대상포진, 패혈성 인후염 등의 전조를 파악하기 위한 화학적 지표 검사도 매일 할 수 있다.

매일 체크한 건강 정보들을 기반으로 음식부터 운동에 이르기까지 코칭을 받을 수 있고, 담당 의사나 생명보험사에 데이터를 보내 건강 보험료 산정을 실시간으로 조절할 수 있게 된다. 유전자 분석 기술로 수천 가지 질병 가능성을 확률적으로 예측하는 서비스를 접목시키면 밀도 있는 건강관리가 가능해진다.

미국의 카운실(Counsyl)이란 회사는 2010년부터 멘델의 유전법칙을 응용하여 일주일 안에 임신 전에 부부 사이에서 태어날 아이가 걸릴 수 있는 100여 가지 희귀 질병 확률을 예측하는 서비스를 599달러에 제공하기 시작했다. 23andMe라는 회사는 우편으로 타액 샘플을 받아 120개 질병의 미래 가능성, 200여 개의 간단한(?) 유전적 특성 분석 서비스를 99달러에 제공 중이다. 먼 미래에는 인간의 피부 층에 아주 미세한 나노 칩들을 심어 신체 변화를 모니터링할 수도 있다.

21세기 중후반에는 인공지능, 나노, 생각하는 3D 프린터 등 메타 도구가 성숙기에 이르면서(2050-2060년) 시너지 효과가 발생하여 기술 발전 속도가 이전보다 몇 배 더 빨라진다. 3개의 메타 도구의 영향력도 의학 분야를 비롯해서 전방위로 퍼진다. 우리 주위에 흩어져 존재하는 디지털 기술들도 서로 융합되고 하나의 디지털 인프라로 통합된다. 예를 들어, 빅데이터, 인공지능, 슈퍼 컴퓨팅의 발전과 웨어러블 등 스마트 기기 활용 범위 확장, VR, AR, 홀로그램 등 가상 현실 기술, 초고속 통신 기술 등이 하나로 융합되어 만들어진 디지털 인프라가 의료 분야에 접목되면 디지털 헬스, 디지털 의료 기술, 디지털 병원, 디지털 의료 데이터 서비스 등이 가능해진다.

통합 디지털 인프라가 완성되면 아날로그 인프라와 일대일로 완벽하게 매칭되어 두 개의 세상이 병렬된 미래가 열린다. 아날로그 세계에서는 언어, 시간, 공간, 속도 등의 물리적 장벽이 존재하지만, 디지털 세계에서는 이 모든 장벽이 무너진다. 두 개의 세상이 병렬로 연결되면 아날로그 세계에 존재하는 사물이나 사람의 역할 변화가 일어난다. 아날로그 세계에 존재하는 언어, 시간, 공간, 속도 등의 물리적 장벽이 없어지면서 의사나 간호사의 역할도 달라지고, 의료 서비스의 범위와 모양도 달라진다. 병원에서 근무하거나 의료 산업에 종사하는 사람들의 학문적 배경도 달라질 것이다. 국가의 보건 체계 및 의료 생태계에도 격변이 일어날 것이다. 이런 모든 변화는 '질병 치료의 가속화와 성공률 향상'이라는 결과물에 집중될 것이다.

20세기는 의료 혜택의 대중화가 트렌드였다. 21세기 의료 트렌드는 맞춤 의료(personalized medicine) 서비스다. 맞춤 의료 기술은 질병 치료 역사에 획기적인 전환점을 선물할 것이다. 유전자 분석, 줄기 세포, 3D 프린팅 기술 등을 이용한 개인형 맞춤 의학은 질병 치료 성공률을 획기적으로 향상시켜 줄 것이다.

먼저, 유전자 기술을 활용한 맞춤 의료 서비스의 미래를 예측해 보자. 암이나 희귀병의 주요 원인 중 하나는 유전자 정보의 이상(변이, genetic alteration)이다. '암'의 공식적 정의는 '통제되지 않는 세포의 악성 성장'이다.[57] 유전자 분석을 기반으로 한 맞춤 의료 기술은 암 세포의 예방과 치료에 개별적 통제가 가능하게 한다.

인간은 아버지와 어머니에게서 각각 반씩의 염색체를 물려받아 23개의 염색체를 재구성한다. 염색체 속에 유전을 담당하는 DNA는 A, T, C, G 등 4종류의 염기를 조합해서 쌍을 이루는 과정에서 1,000개의 염기마다 한 개 정도씩 변이를 만들어 낸다. 평균 0.1%의 범위다. 이것을 '단일염기

다형성'(SNP, Single Nucleotide Polymorphism)이라고 한다.

인간의 몸에 30억 개의 염기가 1,000페이지짜리 23권의 책 분량만큼 배열되어 있다. 이 중에서 대략 300만 개가 단일염기다형성이다. 같은 부모 밑에서 태어난 자녀들이라도 유전적 차이가 나는 이유다. 유전자 전체를 분석하는 비용은 매우 비싸다. 그렇기 때문에 카운실이나 23andMe 등의 민간 유전자 분석 회사는 단일염기다형성만 다룬다. 하지만 단일염기다형성 연구만으로도 수천 가지 질병에 대한 예방의 길을 열 수 있다. 전문가들은 단일염기다형성 연구만으로도 어떤 사람이 특정 질병에 걸리고, 어떤 사람은 특정 질병에 대응력이 좋은 원인을 알아낼 수 있다고 말한다.

질병 감염이 개인이 물려받은 유전적 성향(SNP)과 절대적으로 연관된다는 것을 처음으로 밝혀 낸 사람은 미국 국립보건원 암연구소 생물학자 오브라이언 박사(Stephen J. O'Brien)다. 그는 "에이즈 저항 유전자 연구"(*In Search of AIDS-Resistance Genes*)라는 논문에서 일부 코카서스 인종의 1%가 선천적으로 'CCR5'라는 유전자가 변형되어 만들어진 'Delta32'라는 에이즈 저항 유전자를 양쪽 부모에게 물려받아 태어난다는 것을 밝혔다. 오브라이언 박사가 발견한 'Delta32'라는 유전자에는 에이즈 바이러스가 달라붙을 수 있는 수용체가 없어서 절대로 감염이 되지 않는다.[58]

유전자 분석 등을 이용한 개인형 맞춤 의학은 기적적 효능을 발휘하는 맞춤형 치료제 개발도 가능하게 해준다. 스위스 글로벌 제약회사 노바티스(Novartis)는 1985년부터 15년 동안 10억 달러 가까운 돈을 투자하여 유전자 분석에 기반을 둔 골수성 백혈병 치료제인 '글리벡'을 개발했다. 유전자 분석 결과, 부모에게서 물려받은 기형 염색체가 만성 골수성 백혈병을 일으키는 단백질을 만들어 내면서 발생하는 질병이었다. 이 단백질에는 작은 구멍이 있는데, 특정한 세포가 이 구멍에 끼워지면 암세포의 증식이 시작된다.

몇 개의 화학 약품을 조합하여 만든 글리벡은 이 기형 단백질의 구멍을 차단하여 암세포의 증식을 막아 준다. 항암제의 부작용도 현저히 적고 기존의 치료제보다 효능도 뛰어났다. 아직 글리벡은 모든 환자에게 효능을 내지는 못한다. 하지만 새로운 치료법의 미래를 보여 준 것은 분명하다.

미래에는 태어나면서 자신의 유전자 지도를 파악하고, SNP의 특성을 분석하여, 자신의 유전자에 적합한 식품이나 약물을 조언받게 될 것이다. 종합 감기약은 사라지고 표적 감기약이 판매될 것이다. 복잡한 알레르기 검사를 하지 않고 유전자 분석만으로 정확한 진단이 가능해질 것이다. SNP의 특성을 활용하여 각종 암을 빠르고 정확하게 진단하는 DNA 칩도 다양하게 만들어질 것이다.

우리는 지금 다양한 기술이 서로 시너지를 일으키는 시대에 접어들었다. 덕분에 질병 극복 관련 기술 발전도 매년 2배씩 빨라지고 있다. 예를 들어, 슈퍼 컴퓨팅 역량의 발전은 A, T, G, C 등 4가지 염기 서열로 표현되는 문자열 정보가 수백 기가바이트에서 수십 테라바이트에 달하는 인간 유전자 지도 분석 시간을 13년(2003년)에서 1분(2015년)으로 단축시켰다. 비용도 27억 달러에서 1,000달러 미만으로 하락시켰다.

2014년 1월 미국 일루미나(Illumina)사는 유전 정보 전체를 해독하는 서비스를 1,000달러로 해결할 수 있는 유전체 분석 기계를 출시했다. 유전자 분석 활성화의 장벽 중 하나인 가격과 시간은 이제 더 이상 문제가 아니다. 시간이 조금만 지나면 '개인 유전체 전체 분석'(WGS, Whole Genome Sequencing) 서비스도 저렴한 비용으로 대중화될 수 있다.

2011년 10월에 췌장암으로 사망한 스티브 잡스는 인류 최초로 '개인 유전체 전체 분석'을 한 사람 중 한 명이다. 스티브 잡스는 하버드대학과 MIT가 공동 설립한 보스턴 브로드연구소(Broad Institute)에 10만 달러를 지불하고 유전체 정보 전체 분석을 의뢰했다. 자신을 괴롭히는 췌장암 치료법을 찾으려는 목적이었다. 하지만 안타깝게도 결과는 실패였다. 암 관련 유전자는 수백 개가 넘고, 같은 암이라도 환자의 특성이나 유전적 요인에 따라 유발 요인과 유전자 변이가 다양하다. 이를 '암의 다형성'(heterogeneity)이라 한다.

유전자 분석을 통해 일대일 맞춤형 표적 치료를 하려면 이상이 있는 유전자를 찾아내고, 원인 유전자를 선택적으로 공격하여 치료할 수 있는 표적 치료제를 사용해야 한다. 폐암이나 대장암에서 자주 발견되는 EGFR 유전자(세포 성장 관련 유전자)는 얼비툭스(Erbitux)나 이레사(Iressa) 같은 항암 표적 치료약을 사용하여 암을 유발하는 단백질을 억제한다.

스티브 잡스가 치료를 시도했던 때에도 수백 개가 되는 암 유발 유전자를 모두 검사하는 것은 가능했다. 하지만 스티브 잡스의 암 유형에 맞는 표적 치료제가 없었다. 표적 치료제가 있는 유전자를 '처치 가능한 유전자'(actionable gene)라고 부른다. 스티브 잡스의 암은 '처치 가능한 유전자'가 아니었다.

스티브 잡스가 받은 서비스는 2012년부터 파운데이션메디슨(Foundation Medicine) 회사를 통해 일반인에게 제공되기 시작했다. 5,800달러의 비용으로 2주 안에 236개 암 관련 유전자를 정밀하게 분석해 준다. 파운데이션메디슨사는 자체 통계를 근거로 분석을 의뢰한 환자의 77%가 하나 이상의 '처치 가능한 유전자'를 발견했다고 발표했다. 구글의 래리 페이지(Larry Page)와 빌 게이츠는 투병 중이던 잡스를 병문안한 후에 파운데이션메디슨사에 투자를 하고 기술적 도움도 주었다. 파운데이션메디슨은

2013년 9월에 나스닥에 상장되었다. 미래에는 표적 항암제가 계속 개발되면서 '처치 가능한 유전자'의 수가 늘어날 것이 확실하다.[59)]

유전자 분석 등을 이용한 개인형 맞춤 의학은 심각한 약물 부작용이나 조기 사망률 하락에도 영향을 줄 수 있다. 1994년 자료에 의하면, 미국에서는 정신 질환에서 암에 이르기까지 다양한 치료 과정에서 매년 220만 명이 심각한 약물 부작용을 겪고 있다. 그중 10만 6,000명은 사망에 이른다. 같은 약이라도 유전자의 특성에 따라 부작용이 크게 발생할 수 있기 때문이다.[60)]

유전자 코드를 해독하고 조작하는 기술이 발전하면 인간은 더욱 많은 질병을 통제할 수 있게 된다. 모든 생명체는 단백질과 단백질의 생산 정보(유전 정보)가 염기 서열 형태로 담긴 핵산에 의해 생명 현상을 발현한다. 생명체는 움직임이 전혀 없는 상태에서 컴퓨터 부팅과 같은 '부트스트랩' 코드(bootstrap code)로 단백질을 기동(起動)시켜 스스로 활력을 얻는다.

부트스트랩이란 '시스템이 부팅될 때 그 자체의 동작에 의해서 소정의 어떤 상태로 자동적으로 이행되도록 한 설정'이다. 유전자 내에 설정된 이 코드 안에 저장된 정보는 파손되거나 삭제될 수 있다. 외부에서 침투한 바이러스에 의해서 감염될 수도 있다. 인위적인 조작에 의해서 편집될 수도 있다.

이 코드가 손상되면 건강과 생존에 문제가 생긴다. 유전자 코드 분석 기술로 코드를 분석하여 특정 단백질의 기동 방식을 이해하고, 유전자 가위 기술을 가지고 안전하게 편집과 수정이 가능한 수준까지 발달하면 질병을 막기 위한 좋은 코드 설계가 가능해진다. 조심스럽게 선별된 유전자를 조절하고 통제할 수 있게 되면 인간 몸 안의 나쁜 생화학 반응이나 감염으로 발생되는 질병들을 통제할 수 있게 된다. 의약품이 인간의 몸에서 알레르기 반응을 일으키거나 질병을 유발했던 유전자를 치료하더라도 다른 건강한 유전자에 손상을 가하는 것을 추적하고 해법을 찾을 수도 있게 된다.

그 반대 현상도 가능하다. 특별한 환자의 유전자와 일치하는 약물을 결합시킬 수도 있게 된다. 이런 기술을 '약리유전체학'(Pharmacogenomics)이라고 한다. 약리유전체학은 유전 인자의 개별성을 분석하고 맞춤형으로 작용하는 의약품을 연구하는 학문이다.[61] 약리유전체학이 발전할수록 질병의 과녁의 중심을 정확히 맞히는 기술이 계속 출현하게 될 것이다. 당연히 기술이 발달할수록 비용은 절감된다.

2012년 스탠퍼드대학교 마이클 스나이더(Michael Snyder)가 이끄는 연구팀은 DNA, RNA, 단백질, 항체, 대사 물질, 분자 신호 등 4만여 종의 표지 물질(어떤 것의 존재나 행방을 추적하는 데 사용하는 물질)을 추적하여 방대한 데이터베이스를 구축하는 데 성공했다. 세계 최초의 '개인 체학 프로파일'(iPOP, intergrative Personal Omics Profile)의 구축이었다. 이 프로파일이 있으면 개인에게 질병이 발생할 때 분자 단위 변화를 추적하여 가장 적절한 약물, 운동 혹은 식이요법 등의 치료 방법을 선택할 수 있다.

iPOP를 구축하면 질병을 유발하는 원인을 분자 차원에서 경로를 파악하여 맞춤형 표적 치료제를 개발할 수 있게 된다.[62] iPOP를 구축하는 것은 시간이 오래 걸리지만 한 번 구축되면 빠르고 강력한 컴퓨터 분석을 통해 암과 같은 질병에 대한 개인별 맞춤식 표적 치료제를 개발하는 시간과 비용이 현저히 줄어든다. 치료 효과도 혁신적으로 개선된다.

유전자 기반 치료법 이외에도, 전 세계 곳곳에서 암을 치료하는 다양한 방법들이 개발 중이다. 무력화된 면역 세포를 활성화시켜 암 세포를 파괴하는 기술(암 면역 세포 치료 기술), 암의 성장과 발생에 관여하는 두 단백질의 상호 작용을 저해해 암 세포가 생존할 수 없도록 기능하는 항암 물질을 정확하게 전달해서 암 세포만 골라 죽이는 기술(표적 항암제), 플라즈마를 통해 암 세포의 증식을 억제하는 기술 등이다.

나노 기술을 활용하여 당뇨, 유방암, 간질 등의 질병을 감지할 수 있는 초소형 탐지 장치인 분자 스캐너도 성능 향상이 빠르게 진행 중이다. 암 세포에 정확하게 도착하여 항암제를 투여하는 나노 로봇 등도 초기 개발에 성공했다. 2013년 12월 전남대학교 박테로오봇융합연구단은 박테리아와 약물을 결합해서 대장암, 유방암, 위암, 간암 등을 진단하고 치료하는 의료용 나노 로봇을 세계 최초로 개발했다. 연구팀은 인식, 운동, 치료 성능을 갖는 직경 3마이크로미터 크기의 박테리아를 유전자 조작을 통해 독성을 제거하고 약물 전달체로 사용했다.[63] 이런 기술 덕택에 앞으로 20-30년 이내에 인간은 암과의 전쟁에서 승리할 가능성이 크다.

다른 질병들의 예방과 치료 성공률도 계속 증가 중이다. 2025년이면 인간 유전자와 돌연변이에 대한 이해가 넓어지면서 치매, 신경퇴행성 질환의 진단 기술이 발전하며 예방 및 치료 가능성도 증가한다. 인체가 인슐린을 자체적으로 생산하지 못하는 제1형 당뇨병인 소아당뇨병, 제2형 당뇨병, 근육 위축, 신진대사 관련 질병 등도 DNA, RNA 등의 특성에 대한 연구가 발전하면 단백질 합성 경로를 파악할 수 있게 되어 유전자 변형 기술이 향상되면서 예방과 치료가 가능한 질병이 될 것이다.

인간을 괴롭히는 질병의 상당은 유전자 변형 혹은 돌연변이가 주요인이다. 그렇다면 이런 변형된 유전자 혹은 돌연변이 유전자를 외과 수술을 하듯이 고치거나 잘라 내 버리면 어떨까? '유전자 가위'(Gene Scissor) 기술을 사용하면 가능하다. '제한 효소'(制限酵素, restriction enzyme)라고 불리는 유전자 가위는 특정 염기 서열을 인지하여 해당 부위의 DNA를 절단하는 데 사용하는 천연 단백질 기계다.

유전자 가위는 편집할 타깃 DNA를 찾아 주는 '가이드 RNA(리보핵산)'와 목표 지점을 자르는 '절단 효소'로 구성된다. 유전자 교정(Gene editing)은 미리 특정하게 조작 설계된 이런 유전자 가위를 가지고 유전체에서 특정한 DNA 구간을 절단한 후 이를 수리하는 과정에서 원하는 유전자를 짜깁기하듯이 빼거나 더하는 것을 가리킨다.

2015년 「사이언스」와 「네이처」는 획기적 과학 연구 성과 1위로 기존 유전자 가위보다 효율과 정확성이 높은 '크리스퍼(CRISPR) 유전자 가위'를 선정했다.[64) 크리스퍼는 'Clustered regularly-interspaced short palindromic repeats'의 약자다. 크리스퍼는 제3세대 유전자 가위다. 과거의 유전자 가위 기술은 유전자를 찾아내는 정찰병으로 상대적으로 덩치가 큰 단백질을 사용했다. 그래서 유전자 하나를 잘라 내고 새로 바꾸는 데 수개월에서 수년씩 걸렸다. 크리스퍼는 단백질보다 훨씬 작은 가이드 RNA를 사용한다. 단 며칠 만에 원하는 유전자 부위를 자르고, 여러 군데의 유전자를 동시에 자를 수도 있다. 크리스퍼 유전자 가위는 리보핵산(RNA) 기반 제한 효소다. 가이드 RNA가 표적 유전자를 찾아가면 '카스9'(Cas9) 단백질 효소가 DNA 염기 서열의 특정 서열을 제거 · 수정 · 삽입하여 유전체 교정을 한다.[65)]

2015년 7월, 서울대학교 화학부 김진수 교수 연구진은 혈우병 환자의 소변에서 채취한 세포로 역분화줄기세포(iPS)를 만든 뒤 크리스퍼 유전자 가위로 교정하는 과정을 거쳐 정상 세포로 되돌리는 데 성공했다. 혈우병이 걸린 실험 쥐는 꼬리를 잘라 출혈을 일으키면 평균 65분 만에 죽었다. 하지만 유전자 가위로 정상 교정한 세포를 이식받은 쥐는 9마리 중 6마리가 평균 111분 생존했다. 3마리는 이틀 이상 생존했다.[66)]

2018년 김성근 서울대학교 화학부 교수팀이 바실 허버드(Basil Hubbard) 캐나다 앨버타대 교수팀과 공동 연구를 하여 크리스퍼 유전자 가위의 정확도를 1만 배 높이는 기술을 개발하여 난치병 정복 시기를 한발 더 앞당겼다.

이러한 미래 잠재력에도 불구하고, 크리스퍼 유전자 가위는 유전자 교정 과정에서 멀쩡한 유전자까지 잘라 심각한 돌연변이를 유발하는 치명적 단점을 가진다. 일명, '표적 이탈'(Target-off)이다. 유전자 가위를 유도하는(guide) RNA가 목표 DNA와 비슷한 유사 DNA를 혼동하여 발생하는 오류다. 크리스퍼 유전자 가위가 표적을 이탈할 가능성은 1%다. 99%의 성공률에도 불구하고 유전자 조작은 단 1%의 오차로도 엄청난 결과가 나타날 수 있다. 이 문제를 해결하지 않으면 인간 유전자 질환에 사용할 수 없다.

김성근 교수 연구팀의 성과는 크리스퍼 유전자 가위의 절단 능력을 그대로 유지한 채 가이드 RNA 중 일부를 '가교 핵산'(BNA)으로 불리는 화학합성 물질로 바꾸어 목표 DNA 적중률을 1-2만 배 높인 것이다.[67] 그만큼 부작용이 줄어든다.

2019년 2월 5일 미국 버클리 캘리포니아대 연구진은 'CasX'라 불리는 효소의 기능과 구조를 국제학술지 「네이처」에 발표했다. 크리스퍼 유전자 가위는 목표 지점을 자르는 '절단 효소'로 'Cas9'을 쓴다. 버클리 캘리포니아대 연구진은 지하수에 사는 미생물에서 분리한 'CasX'라는 새로운 절단 효소를 발표했다. 새로운 절단 효소가 나올 때마다 유전자 가위의 성능도 향상된다.

유전자 가위 기술을 사용한 신약 개발도 활발하다. 독일 바이엘, 스위스 노바티스, 영국 아스트라제네카 등 다국적 제약사는 크리스퍼 유전자 가위 기술을 사용한 신약 개발을 진행 중이다. 한국도 크리스퍼 유전자 가위를 활용해서 면역 관련 유전자를 제거시킨 형질 전환 복제 돼지를 만들었다. 이 돼지는 인간과 유사한 면역 체계를 가지게 되어 인간 줄기 세포 치료에도 사용될 수 있다. 인간에게 줄기 세포 치료를 시도하기 전에 형질 전환 복제 돼지에게 먼저 실시하여 치료의 안전성, 만능성, 분화 가능성 등을 사전에 테스트하여 인간 치료 성공률을 높일 수 있다.[68)]

미래에는 유전자 분석만 완료되면 암이나 각종 질병에 대한 다양한 백신들이 개발되어 질병 치료 가능성을 높일 수도 있다. 모더나와 화이자는 'mRNA' 방식으로 코로나19 백신을 인류 역사상 가장 빠른 속도로 개발하는 일에 성공했다. 최종 임상 3상 시험에서 예방 효능도 95%로 강력했다.

mRNA 백신의 장점은 어떤 병원체라도 유전자 분석만 끝내면 컴퓨터로 '맞춤형 백신 설계'가 쉽다는 점이다. 모더나는 mRNA 백신 기술을 활용해서 암 환자 한 사람만을 위한 맞춤형 백신도 만들어 내는 미래가 가능하다고 주장한다. 환자 개개인의 암 세포 유전자를 분석하여 개인차를 유발하는 돌연변이를 찾아내고, 돌연변이 유전자의 mRNA를 컴퓨터로 설계해 백신으로 만든 후 해당 환자의 면역 세포를 외부에서 훈련시켜 몸속에 재주입하면 강력한 면역 반응 유도가 가능해지는 원리다.[69)]

참고로, DNA는 유전자 정보를 모두 담은 '종합 설명서'다. 반면, RNA는 특정 단백질을 만드는 매뉴얼을 담고 있다. RNA는 그 매뉴얼을 따라 특정 단백질을 제작한다. mRNA는 세포핵 밖의 세포 소기관에 유전 정보를 전달하고 단백질을 만들게 한다. mRNA는 세포핵에 있는 DNA에서 특정 부분의 정보를 복사해 만들어졌다. 과학자들은 RNA가 복사된 유전 정보를 전달한다고 해서 '전달자'(messenger)라는 의미로 mRNA라고 부른다. 특정 유전 정보를 전달한 mRNA는 바로 분해돼서 사라진다.

나노 백신도 인간을 괴롭히는 다양한 질병에 대한 예방에 기여할 분야다. 미래의 백신은 병원균을 약하게 만드는 방식을 사용하지 않고, 아예 어떤 병원균이든 박멸할 수 있는 강력한 힘을 가진 나노 로봇의 형태를 갖게 될 수도 있다. 몸속에 주입된 나노 로봇이 당신의 면역 세포와 연합하여 몸속에 침투한 병균이나 암 세포를 즉시 공격하는 방식이다.

미국 라이스대학의 제임스 투어(James M. Tour) 교수는 분자들이 '버키볼'(C60)이라는 바퀴를 달고 스스로 회전하거나 직선으로 움직이면서 반도체 회로를 구축하는 자기 조립(self-assembly)이 가능한 나노 자동차(Nanocar)를 개발했다.[70] 제임스 투어 교수팀의 궁극적인 목적은 혈관 속에서 초소형 나노 로봇을 운반하는 분자 규모의 자동차를 만드는 것이다. 나노 자동차에 실린 나노 로봇이 함대를 이루어 몸속을 돌아다니면서 질병을 감시하고 암 세포와 마주치면 사살을 하고 손상된 곳을 고치는 약을 주입하게 하는 것이다.[71]

미래에는 아이가 태어나면 생존을 위해 필요한 몇 가지의 백신을 미리 접종하듯이 나노 로봇을 몸속에 주입할지도 모른다. 유전자 분석 기술과 결합되면 맞춤형 나노 로봇을 몸에 주입할 수도 있다. 아기 때부터 나노 로봇을 몸속에 주입하는 것이 마음에 걸린다면 유전자 분석을 통해 발생할 가능성이 높은 질병이나 대응력이 약한 바이러스를 공격하는 데 최적화된 나노 로봇을 맞춤형으로 만들어 가장 적절한 나이에 주입할 수도 있게 될 것이다.[72]

미래에는 나노 로봇이 줄기 세포를 싣고 몸속을 돌아다니며 치료를 할 수도 있다. 전남대학교 마이크로의료로봇센터 박종오 박사팀은 체내에서 스스로 분해되는 폴리머와 젤라틴을 결합해서 마이크로 로봇을 만들었다. 여기에 젤라틴을 다시 제거한 후 외부에서 자기장으로 제어가 가능하도록 표면에 자성 나노 입자를 부착했다. 이렇게 만들어진 나노 로봇에 줄기 세포를 주입하여 손상된 부위에 주사하자 마이크로 로봇은 분해되고 줄기 세포만 남아 세포를 분화하는 데 성공했다.[73] 미래에 이런 기술이 학습을 통해 스스로 몸속에서 길을 찾고 치료 방법을 찾는 능력으로 무장한 인공지능과 연결되면 어떻게 될까 상상해 보라.

유전자 치료와 더불어 맞춤 의료 서비스 분야를 주도할 기술은 줄기 세포 기술이다. 인간의 몸을 수술하는 방법은 크게 두 가지다. 고쳐 쓰거나 완전히 새것으로 갈아 끼우는 것이다. 줄기 세포 기술은 고쳐 쓰거나 완전히 새것으로 갈아 끼우는 두 가지 모두 가능하다. 줄기 세포 기술로 손상된 무릎 연골을 고쳐서 사용하는 기술은 이미 대중화의 길에 접어들었다. 여기에서는 갈아 끼우는 기술의 미래를 살펴보자. 일명, 장기 복제 분야다.

현재, 인간 장기 복제 분야는 무균 돼지 등을 이용해서 이종 장기 복제를 하거나 줄기 세포 기술을 활용한 연구가 중심이다. 다른 사람의 장기를 이식하거나 무균 돼지 등을 사용해서 이종 장기 배양을 하는 것은 리스크가 존재한다. 이식에 적합하지 않을 수도 있고, 성공적으로 이식한 후에도 면역 반응에 문제가 발생할 수 있다. 가장 큰 문제는 이식해 주는 사람과 이식받을 사람 간의 미스 매치다. 무균 돼지를 이용한 이종 장기 배양도 수요 공급의 문제가 있다. 이식 공여자를 찾았더라도 면역 거부 반응 때문에 면역 억제제를 먹고 살아야 한다.

2012년부터 미국 등에서 면역 거부 반응을 일으키는 유전자를 제거하는 기술이 개발되었지만 여전히 가장 이상적인 장기 배양 방법은 자신의 줄기 세포를 사용하는 것이다. 줄기 세포 치료 기술도 실명 위기에 놓인 80대 노인성 황반변성증 환자의 눈에 줄기 세포를 이식해서 시력을 회복시키는 데까지 발전했다.

인간의 몸에는 피부 등의 일부를 제외한 대부분의 장기에는 줄기 세포가 없다. 그래서 손상되거나 잘라 내면 다시 자라나지(분화되지) 않는다. 그래서 장기를 만들려면 외부에서 분화 능력이 있는 줄기 세포를 가지고 장기를 배양해서 몸에 이식해야 한다. 장기 복제의 성공률을 높이려면 분화 능력이 가장 좋은 배아 줄기 세포를 사용해야 한다. 배아 줄기 세포는 생명의 근간이다. 무한 증식과 모든 장기로의 분화 능력을 가지고 있다.

하지만 배아 줄기 세포는 몇 가지 문제점이 있다. 여성의 난자를 사용해야 하기 때문에 심각한 윤리 문제와 직결된다. 환자의 몸에 주입될 때 면역 거부 현상도 발생할 가능성이 있다. 배아 줄기 세포는 모든 장기로 분화가 가능하기 때문에 몸속에 주입하면 신경, 뼈, 근육, 장기 등 다양한 세포가 한 번에 만들어진다. 만약 신경에 배아 줄기 세포를 주입하면 신경 세포가 만들어지지만 동시에 뼈나 근육, 다른 장기가 동시에 분화되는 큰 문제가 발생할 수 있다. 그렇다면 이런 모든 문제를 해결할 방법은 무엇일까?

전문가들이 찾은 방법은 '역분화 줄기 세포'(유도 만능 줄기 세포, iPS Cell, induced Pluripotent Stem Cell) 기술이다. 분화가 끝난 체세포에 세포 분화 유전자를 주입하여 배아 줄기 세포의 기능을 하도록 분화 이전의 상태로 되돌리는 기술이다. 여성의 난자를 사용하지 않아도 되고, 환자 자신의 체세포를 줄기 세포로 역분화시키는 것이므로 면역 거부 반응이 일어날 확률도 크게 낮춘다. (단, 이 기술도 종양 발생 가능성이 크고 분화 효율이 떨어져서 비용이 많이 든다는 단점을 가진다.)

일본 도쿄대학의 야마나카 신야 교수팀은 역분화 줄기 세포 기술을 활용해서 올챙이에게서 완벽한 눈과 심장을 만드는 데 성공했다. 2012년 야마나카 신야 교수는 이 기술의 가능성을 인정받아 노벨 생리학 의학상을 수상했다. 일본에서는 유도 만능 줄기 세포 치료의 임상 연구가 승인되어서 파킨슨병, 제1형 당뇨병, 심장병, 시각 질환 같은 질병에서 효과를 발휘하고, 신장 조직의 생성과 간의 싹(Liver bud)을 만드는 데도 성과를 내고 있다. 하반신 마비, 망막 질환, 파킨슨병, 혈액 질환, 심부전, 암 등에 대한 연구들도 활발하게 진행 중이다.[74)]

성체 줄기 세포(adult stem cell)도 배아 줄기 세포의 윤리적 문제를 피해갈 수 있는 대안 중 하나다. 성체 줄기 세포는 제대혈(탯줄 혈액)이나 골수나 혈액 속에 있는 줄기 세포다. 과거에는 성체 줄기 세포는 오직 그 조직의 세포로만 분화한다고 알려졌다. 하지만 골수에 있는 줄기 세포를 모든 장기는 아니더라도 백혈구, 신경 등의 몇몇 다른 조직이나 장기로 분화시킬 수 있다는 것이 밝혀졌다.[75)]

2001년 5월 4일, 성체 줄기 세포도 모든 세포로 분화될 수 있는 잠재력을 가지고 있다는 연구 결과가 의학전문지 「셀」에 실리면서 연구가 활발해졌다. 한국의 가톨릭의대 연구진은 골수에서 추출한 성체 줄기 세포를 가지고 대퇴골두 무혈성 괴사증 환자를 치료하는 데 성공했고, 미국 플로리다대학교의 연구팀은 성체 줄기 세포를 가지고 인슐린을 분비하는 췌장 세포를 만드는 데 성공했다. 이외에도 연골 세포, 심근 세포 등으로 분화시키는 데도 성공을 한 사례가 있다.

미국 애틀랜타 에모리대 의대 윤영섭 교수는 2025년경이면 이러한 다양한 줄기 세포 기술을 활용해서 손상된 심장의 근육과 혈관 세포를 치료하는 기술이 상용화될 것으로 예측했다. 줄기 세포 기술의 미래는 줄기 세포를 어떻게 원하는 장기로 정확하게 분화시키느냐에 달려 있다. 그래서 줄기 세포 연구의 90%가 분화 방법 및 이를 인체에 적용하는 방법을 개발하는 것이다. 예를 들어, 줄기 세포를 분화시키는 과정에 원하지 않는 세포가 30-70% 정도 만들어진다. 이런 문제들을 해결하는 것이 관건인 셈이다.[76)]

미래의 맞춤 의료 서비스 분야를 주도할 마지막 무기는 3D 프린터 등을 사용해서 인공 뼈나 피부, 혈관 등 인체 조직을 복제하는 기술이다. 펜실베이니아대학교의 바이오의학 공학자인 크리스토퍼 S. 첸(Christopher S. Chen) 박사는 설탕으로 장기 속의 복잡하고 미세한 혈관까지 복제한 구조물을 만들고 그 속에 바이오 잉크를 주입하는 기술에 성공했다. 액상 설탕으로 만들어진 3차원 입체 구조물은 녹아도 인체에 해가 되지 않는다. 설탕이 녹아 없어지면 틀 속에 자리 잡은 세포만 남으면서 이식이 가능한 새로운 장기가 만들어지는 원리다.[77)]

미국 웨이크포레스트대학교의 생체공학자인 앤서니 아탈라(Anthony Atala) 박사는 바이오 프린팅 기술을 가지고 피부 조직을 찍어 내는 데 성공했다. 바이오 프린터의 카트리지에는 환자에게서 배양한 세포 잉크를 집어넣고, 3D 스캐너를 통해 환자의 피부 조직을 스캔하여 설계도를 만든 후, 3D 프린터를 작동시켜 똑같이 인쇄를 한다. 화상을 입은 환자들에게 새로운 피부 조직을 만들어 주는 것이 목표다. 미래에는 보톡스를 맞지 않더라도 노화된 자신의 피부 위에 젊은 피부 조직을 입힐 수 있을지도 모른다.

필자의 예측으로는 21세기 중후반이면 줄기 세포, 생체 공학, 3D 바이오 프린터, 3차원 설계 기술 등이 접목되어 우리가 원하는 장기들을 완벽하게 복제하거나 인쇄하여 갈아 끼울 수 있는 기술적 가능성이 열릴 수도 있다.

아브라함, 이삭, 야곱보다 오래 살게 하는 기술

필자는 평균 수명이 100-120세, 최장수 기록도 150세를 넘기는 미래는 최고 수명 기준으로 아브라함, 이삭, 야곱의 수명에 근접하는 미래라고 분류했다. 최장수 기록이 200세를 넘기면 바벨탑 사건 이후 수명에 근접하는 미래라고 했다. 두 가지 미래 중 하나에 도달하는 유일한 길은 노화를 늦추는 것뿐이다. 개인위생과 진단 기술 향상, 각종 질병의 예방과 치료 성공률 향상만으로 인간 수명을 늘리는 데는 한계가 있다. 예를 들어, 암을 정복해도 인간의 평균 수명은 4년 정도밖에 늘어나지 않는다. 이미 인간의 평균 수명이 크게 증가했기 때문이다. 장기를 갈아 끼우는 기술을 확보하더라도 최고 수명을 늘리는 데는 한계가 있다. 인간의 몸은 전체 시스템이 균형을 이루는 것이 중요하다. 새로운 신장이나 심장을 이식한다고 해서 최고 수명이 늘어나지 않듯이, 한두 개의 장기만 젊어진다고 해서 수명이 늘어나지는 않는다.

평균 수명 증가와 최고령 수명의 획기적 증가를 위해서는 '인간 신체 전체의 노화 억제 기술'이 필수다. 오히려 노화 문제를 해결하면 고혈압, 심장 혈관 질환, 당뇨, 암 등 다양한 만성 질환 발병도 늦추는 부수적 효과도 얻는다.

노화를 늦추는 연구는 크게 두 가지 길로 나뉜다. 하나는 노화 세포만 골라서 죽이는 방법 연구다. 다른 하나는 세포 자체의 노화를 늦추는 연구다. 노화 세포만 골라 죽이는 물질을 '세놀리틱'(senolytic)이라 부른다. 세놀리틱은 '노화'(Senescence)와 '파괴하다'(lytic)의 합성어다.

2015년 미국 메이요클리닉 연구팀은 두 개의 세놀리틱 물질을 발견했다. 하나는 백혈병 치료제(다사티닙)이고, 다른 하나는 케일이나 크랜베리와 같은 식물에 있는 성분(케르세틴)이다. 연구팀은 75-90세 노인에 해당하는 24-27개월짜리 생쥐에게 세놀리틱을 주사했더니 생쥐의 수명이 평균 36% 길어졌다고 발표했다.[78)]

노화를 늦추는 연구도 활발하다. 현재까지 드러난 연구에 의하면 노화의 원인은 유전자 속에 있다. 세계에서 장수 지역으로 유명한 곳은 오키나와다. 이곳에 사는 100세 이상 장수 노인들에게는 질병에 강한 'DR1'이라는 면역 유전자가 공통적으로 존재한다. 122세까지 살았던 프랑스의 잔느 깔망(Jeanne Calment) 할머니도 알츠하이머를 억제하는 유전자를 가지고 있었다. 전문가들은 100세 넘는 노인들에게는 알츠하이머, 백내장, 동맥경화 등을 억제하는 유전자가 있는 것으로 분석했다.[79)]

2021년 1월 20일, 과학 저널 「네이처」에는 미국 스탠퍼드의대 신경학과 연구팀이 면역세포의 일탈과 관련된 호르몬을 억제하면 노화된 뇌를 젊게 되돌릴 수 있다는 실험 연구가 실렸다. 인간의 뇌와 순환계 및 신체의 말초 조직에는 골수 세포가 있다. 이 세포는 평상시에는 병원체 침입의 징후를 감시하고, 다른 세포에 영양 간식을 공급한다. 만약 외부에서 병원체가 침입하면 전투를 벌여 물리치고, 전투 후에는 죽은 세포와 응집된 단백질 덩어리 잔해물을 청소한다.

하지만 인간의 신체가 노화되기 시작하면 골수 세포는 서서히 비정상 작동을 하기 시작한다. 오작동을 일으켜서 존재하지 않는 적과 끊임없는 전쟁을 벌이려고 날뛰면서 정상 조직에 피해를 입힌다. 연구팀은 이런 특성을 가진 골수 세포가 인간의 면역 세포에 중요한 영향을 미친다는 것을 발견했다.

골수 세포에 풍부하게 있는 'EP2'는 면역 세포에서 발견되는 'PGE2' 호르몬의 주요 공급원이다. PGE2 호르몬은 어떤 수용체와 결합하느냐에 따라서 염증 촉진을 비롯해서 다양한 활동을 한다.

인간의 신체가 노화하면 골수 세포에서 EP2가 늘어나면서 염증을 촉진하는 PGE2 생산이 늘어난다. PGE2-EP2 결합은 세포 에너지 생산의 연료를 공급하는 포도당을 소비하는 대신 글리코겐으로 전환해 축적하는 경향을 증가시킨다. 글리코겐 축적이 증가하면 세포는 만성적인 에너지 고갈 상태에 빠지고, 세포의 염증성 격분(inflammatory rage)을 촉발시켜 염증 촉진이 빨라지면 노화되는 조직에 큰 피해를 입힌다. 그러면서 노화는 더욱 가속되고 골수 세포에서 오작동도 증가하면서 EP2 생산이 다시 늘어나는 악순환에 빠진다.

앤드리슨 교수는 이런 순환 과정을 '이중 타격(double-whammy)으로 만들어지는 양성 피드백 고리'가 작동하는 '노화의 경로'라고 표현했다. 이 연구 결과가 의미하는 것은 이렇다. 골수 세포에서 EP2 생산을 줄이면, 면역 세포에서 PGE2 생산도 줄고, 그러면 면역 세포의 염증 촉진도 감소하고, 노화를 되돌릴 수 있게 된다.

스탠퍼드의대 신경학과 연구팀은 인간 골수 세포와 쥐의 골수 세포를 배양해 한 가지 실험을 했다. 오작동을 하는 골수 세포 안에 있는 특정 호르몬과 수용체의 상호 작용을 차단하자 기능이 정상으로 회복되었다. 쥐의 경우, 골수 세포가 정상 작동하자 기억 능력(recall)과 공간 탐색 능력이 어린 생쥐 수준으로 복원되었다.[80)]

2021년 5월 4일 국제 학술지 「이라이프」에는 노화를 늦출 수 있는 또 다른 단서가 발표되었다. DNA 복구 메커니즘과 특정 유전자의 낮은 돌연변이가 초장수인을 만든 핵심 메커니즘이라는 가설이다. 이탈리아 볼로냐대학 등의 국제 공동 연구진이 105세 이상의 초장수인 그룹과 60대

후반의 건강한 일반인 그룹을 대상으로 유전적 특성을 비교하여 내린 결론이다. 연구팀에 의하면, 초장수인 그룹에서는 'STK17A'(DNA 복구 과정에 관여), 'COA1'(세포핵과 미토콘드리아 간의 의사소통 역할 담당)이라는 두 유전자 발현이 일반인과 달랐다. 즉 두 유전자가 장수에 영향을 준다는 의미다.[81)]

노화를 담당하는 DNA를 조정하는 기술 중에서 가장 유명한 것은 '텔로미어'(Telomere) 연구다. 늙는다는 것은 어떤 이유에서든지 세포의 분열 능력이 저하된다는 것이다. 인간의 몸은 세포가 손상되면 새로운 세포를 증식시켜서 대체한다. 세포 분열이다. 어린아이와 젊은이들은 이런 세포 분열이 활발하지만, 나이가 먹을수록 세포 분열은 저하된다. 죽음은 세포 분열이 멈춘 상태다.

캘리포니아대학교의 레오나드 헤이플릭(Leonard Hayflick) 교수는 세포의 분열 횟수에 한계가 있다는 것을 발견했다. 쥐는 15-20회 분열하고, 인간의 배아 세포는 50-70회 분열하고, 갈라파고스 거북은 125회 분열하면서 최대 175년까지 살 수 있다.[82)] 과학자들은 인간이든 동물이든 세포가 분열될 때마다 염색체 끝부분에 달려 있는 단백질 성분의 핵산 서열인 텔로미어의 길이도 짧아진다는 것을 발견했다. 텔로미어는 염색체의 말단에 존재하고, 일정한 염기 서열이 여러 번 반복되는 특수한 반복 서열을 갖는 DNA 조각이다.

하나님은 인간이 영생하지 못하도록 세포 분열 과정에서 DNA 중합 효소가 염색체의 끝부분을 완전히 복제할 수 없도록 장치를 걸어 놓으셨다. 세포 분열이 반복될수록 텔로미어가 점점 짧아지는 이유다. 텔로미어는 염색체 말단의 손상 혹은 근접한 염색체와의 융합으로부터 보호하는 역할을 수행한다. 세포 분열을 거듭하면서 텔로미어가 맨 마지막 매듭만 남게 되면 보호 역할을 더 이상 할 수 없게 되어 세포 복제가 멈춘다. 세포 복제가 멈추면 생명체는 죽는다. 텔로미어가 세포 시계인 셈이다. 만약 노화를 늦추려면 세포 분열 횟수를 늘리거나 텔로미어의 생존 기간을 늘리면 된다.

스페인 국립암연구소의 마리아 블라스코(Maria Blasco) 교수는 2012년 바이러스를 이용해서 쥐에게 외부에서 인위적으로 '텔로머레이스'(Telomerase, 염색체를 보호하는 효소, 텔로미어 단축을 지연시킴)를 주입하여 수명을 40% 연장하는 데 성공했다. 텔로머레이스를 체세포에서 인위적으로 주입해서 노화를 늦출 수는 있지만 새로운 문제가 생긴다. 암 세포다. 암 세포는 텔로미어가 줄어들지 않아서 무한 증식을 한다. 암 세포는 증식할 때마다 텔로미어를 계속 생성하는 텔로머레이스를 스스로 만들어 낸다. 인간의 5번 염색체 속에도 텔로머레이스가 들어 있다.

하지만 인간의 몸속에 있는 텔로머레이스는 인체의 60조 개의 체세포에서는 작동하지 않고 생식 세포의 무한 증식에만 관여한다. 후손에게 짧아지지 않은 텔로미어를 물려주어야 하기 때문이다. 하지만 유전자 돌연변이가 발생해서 불완전하거나 손상된 체세포가 세포 자살을 하지 않고 텔로머레이스가 달라붙어 무한 복제가 일어날 수 있다. 이렇게 불완전하거나 손상된 체세포의 무한 복제가 암이다.

이런 문제를 해결한다고 해서 곧바로 인간의 노화 속도를 늦출 수 있는 것은 아니다. 노화에 관여하는 원인은 다양하다. 예를 들어, 활성 산소도 노화의 원인이다. 우리가 숨을 쉴 때 들이마시는 산소는 인체가 에너지를 생산하는 데 아주 중요한 역할을 한다. 호흡을 통해 세포들에게 전달된 산소는 미토콘드리아와 화학 반응을 일으켜 에너지를 생산한다. 하지만 그 과정에서 2–5%가 불완전하게 연소되어 여분의 전자 하나를 더 얻어서 이리저리 돌아다니는 활성 산소(superoxide)가 된다. 불안정한 분자 상태인 활성 산소(과산화물)가 세포의 핵 속으로 들어가서 안정성을 얻으려고 여분의 전자를 던져 버리는 과정에서 DNA가 피해를 받는다.

활성 산소는 뇌경색, 당뇨, 백내장 등의 질병 유발에 관여하기도 하지만, 대체적으로는 노화에 직접적인 영향을 준다. 활성 산소에게 피해를 입은 DNA는 손상된 곳을 복구하는 효소를 생산하여 대응하지만 완벽한 복구는 불가능하다. 복구와 피해가 반복되면서 DNA 내부에는 피해들이 서서히 누적된다.

인체 세포 안에 있는 23개의 염색체 쌍 중에 17번째에는 'P53'이라는 감시 효소가 있다. 세포의 이상 증식이나 치명적인 돌연변이를 막아 주는 효소다. P53 효소는 손상과 복귀를 반복한 세포가 도저히 피해를 복구할 수 없는 지경에 이르렀다고 판단되면 몸 전체에 피해를 주기 않기 위해 파괴 효소에게 명령을 내려서 DNA를 잘라 내 버린다. 세포를 자살시키는 것이다. 이런 세포 사멸 현상이 뇌부터 각종 장기에 이르기까지 몸 전체에서 서서히 진행되는 것이 노화다.

물론 이 문제를 해결하는 방법도 연구 중이다. 인간 유전자 21번 염색체 속에는 활성 산소가 가지고 있는 전자를 제거하여 DNA의 피해를 감소시키게 하는 효소가 있다. 슈퍼옥사이드디스뮤타제(SOD), 카테라제, 글루카리온, 페록시다제라고 이름 붙은 분해 효소다. 분해 효소들은 모든 사람에게 있다. 하지만 사람마다 작용하는 강도가 다르다. 장수하는 사람들은 이 효소가 보통 사람들보다 더 강하게 작동한다. 인위적으로 노화를 늦추려면 이런 효소들이 더욱 강하게 작동하는 방식을 알아내면 된다.

MIT 생물학과 레너드 궈렌테(Leonard Guarente) 교수는 몇몇 유전자가 열량 제한에 관계하여 노화에 영향을 미친다는 것도 밝혀 냈다. '시르투인'(Sirtuin)이라는 유전자다. 뇌, 간, 신장 등에서 만들어지는 단백질 효소로서 노화 세포의 사멸을 억제하는 효과가 있는 것으로 알려져 있다.

영생(חַיָּה, ḥayya, ζωή)을 훔치는 두 가지 기술

노화를 늦추는 기술을 확보해도 인간이 원하는 영생을 얻을 수 없다. 하지만 인간은 지구의 종말이 올 때까지 영생을 훔치려는 욕망을 멈추지 않을 것이다. 영생을 훔칠 수 있는 다른 방법이 있을까?

필자가 현재 나온 기술적 가능성을 가지고 예측할 때 두 가지가 있다. 하나는 생물학적 세대 복제 방법이다. 유전자 복제 기술을 활용해서 유전학으로 완전히 똑같은 나를 재탄생시키는 방법이다. 단, 이 방법의 단점은 내 기억과 정신을 복제하는 것은 불가능하다는 것이다. 다른 하나는 디지털 영생이다. 이 방법은 내 기억과 정신을 복제하여 나를 재탄생시키는 길을 열어 주는 것이다.

유전자 복제 기술과 관련해 매우 중요한 3가지 사건이 2018–2021년에 발생했다. 첫 번째 사건은 2018년에 발생했다. 국제학술지 「셀」은 중국과학원(CAS) 신경과학연구소가 세계 최초로 '체세포핵치환'(SCNT, somatic cell nuclear transfer) 기법으로 원숭이를 복제하는 데 성공했다는 내용을 발표했다. 체세포핵치환 기술은 핵을 제거한 난자에 다른 체세포에서 분리한 핵을 넣어 복제 수정란을 만드는 기법이다. 이 수정란을 대리모에 착상하면 체세포를 제공한 개체와 유전적으로 동일한 동물을 얻을 수 있다. 22년 전 복제 양 '돌리'를 만들었던 기술이다.

중국과학원 신경과학연구소는 이 기술을 이용해서 세계 최초로 영장류(靈長類, primate) 복제를 성공시켰다. 양이나 개를 복제하는 것과 영장류를 복제하는 것은 차원이 다르다. 영장류를 복제했다는 것은 사람을 복제하는 원천 기술을 확보했다는 말과 같기 때문이다. 과거에도 영장류 복제 시도는 여러 번 있었다. 하지만 모두 실패했다. 원숭이에 이식한 복제 수정란이 자궁에서 착상하기 직전 단계인 '배반포기'까지 제대로 발달을 하지 않았기 때문이다. 중국은 이 기술을 확보했다는 말이다. 매우 우려스러운 상태다.

중국 연구진은 총 109개의 복제 수정란을 만들고, 그중에 79개를 21마리의 대리모 원숭이에 나눠 착상시켰다. 6마리의 대리모가 임신에 성공했고 이 중 2마리가 새끼를 낳았다. 바이춘리(白春礼) 중국과학원장이 직접 "인간을 복제할 생각은 없다"고 밝혔지만, 국제 사회의 우려가 크다. 중국은 인간과 뇌 구조가 비슷한 복제 원숭이 기술을 치매나 파킨슨 등 인간의 뇌 질환 연구용 실험 대상으로 사용하겠다고 밝혔다.[83)]

두 번째 중요한 사건은 2019년 1월 24일에 일어났다. 역시 중국과학원 신경과학연구소가 유전자 편집 기술을 이용해 인위적으로 유전적 결함을 가진 원숭이 5마리를 복제하는 데도 성공했다는 발표다. 이번에 복제한 원숭이들은 BMAL1 유전자를 의도적으로 제거했다. 이 유전자를 제거하게 되면 수면 장애, 우울증, 호르몬 장애, 조현병을 일으키는 것으로 알려져 있다.[84)]

마지막 사건은 2021년 4월에 일어났다. 인간 줄기 세포를 원숭이 배아에 주입해 종간 혼합 배아인 '키메라'를 세계 최초로 만들었다. 과학계는 인간과 원숭이의 키메라 배양 성공이 큰 업적이라고 반겼지만, 인간 세포를 활용한 연구의 위험성 논란은 더욱 커졌다.

인간과 원숭이의 종간 혼합 배아를 탄생시킨 것은 미국 솔크 생물과학

연구소 유전자 발현 실험실과 중국 쿤민이공대학 동물학연구소의 공동 작품이다. 미중 공동 연구팀은 마카크 원숭이의 배아를 채취하고 6일 뒤에 인간의 '유도 만능 세포주'에서 뽑아낸 세포 25개를 주입했다. 마카크 원숭이의 배아에 인간 세포를 주입하고 하루가 지난 뒤 132개 배아에서 인간 세포를 포착했으며, 10일 뒤 103개의 키메라가 크는 것이 확인됐다고 한다. 이후부터는 생존율이 줄어들기 시작해 키메라는 19일만 생존했고, 20일째에 폐기되어 세기의 실험은 막을 내렸다.

중국은 2018-2019년에 원숭이 복제를 연달아 성공시킨 경험을 가졌다. 미국 솔크 생물과학연구소 유전자 발현 실험실의 후안 카를로스 이즈피수아 벨몬테(Juan Carlos Izpisua Belmonte) 교수는 인간과 돼지 잡종 배아를 만드는 연구도 진행한 경력을 가지고 있었다. 2014년 미국 로체스터 대학에서 쥐에 인간 뇌 세포를 주입하는 실험을 했다. 1년 뒤 쥐의 뇌에는 인간 세포가 가득 들어찼고, 기억력이나 인지 능력에서 일반 쥐보다 훨씬 뛰어난 능력을 보인 것으로 나타났다.

2015년 미국 국립보건원(NIH)은 인간의 줄기 세포를 동물 배아에 결합시키는 연구 지원을 중단했다. 현재 7개 국가가 인간과 동물 세포의 혼합체를 만드는 것과 관련된 연구를 금지하거나 제한하고 있다. 하지만 미국의 강력한 경쟁국인 중국은 2011년부터 관련 연구를 허가했고, 2018-2021년에 영장류 복제와 인간과 동물의 혼합체를 만드는 연구에 성과를 내기 시작하자 미국도 흔들리고 있다. 미국 국립보건원도 조만간 인간과 영장류 간 키메라 연구 관련 내용을 일부 변경할 것으로 보인다.[85)]

필자는 교회와 성도가 경계의 사명을 게을리하면 탐욕과 교만에 휩싸인 인간이 언제든지 하나님이 주신 지혜와 기술을 오남용하여 영생을 훔칠 수 있다고 예측했다. 이 3가지 사건은 필자의 예측을 황당하고 쓸모없는 걱정으로 치부할 수 없는 징조다. 현재 인간의 기술은 인간을 복제할 수 있는 직전 단계에 도달했다. 심지어 미래에는 조작하고 변형시킨 유전자를 가지고 복제를 할 수도 있을 것이다. 복제할 인간의 유전자를 개선시키거나 다른 영장류 유전자의 강점을 혼합시킬 수도 있을 것이다.

2003년 4월 8일 영국 고등법원은 "아이의 생명을 구할 수 있다면 맞춤 아기 출산은 새로운 기술의 합법적 사용이다"라는 판결을 내렸다.[86] 2018년 영국과 미국의 공동 연구팀은 쥐 실험을 통해 포유류의 성별을 결정하는 'DNA 스위치'를 찾아내어 유전자 가위로 남녀 성별을 조작하는 데도 성공했다.[87] 미국의 벤처회사 미놈(Miinome)은 유전 정보 거래소를 만든다는 계획을 발표했다. 구글의 창업자 세르게이 브린(Sergey Brin)과 래리 페이지는 2013년 칼리코(Calico)라는 회사를 설립해서 인간의 수명을 500살까지 연장하는 연구를 시작했다.

인간 복제가 성공해도 복제 인간이 영생하는 것은 아니다. 복제 인간도 평균 수명 안에서 머물 것이다. 하지만 그 복제 인간을 다시 복제하고, 복제된 인간이 죽기 전에 다시 복제하고… 이런 식의 복제를 영원히 반복하면 영생이 가능하다. 필자는 이것을 '생물학적 세대 복제(Biological Generational Replication)를 활용한 영생'이라고 이름 붙였다. 먼 미래라 할지라도, '생물학적 세대 복제'로 영생을 훔치는 대반역을 시도하는 사람 혹은 인류가 등장할 가능성이 충분하다. 지금도 그 징후가 보이고 있기 때문이다.

필자는 '생물학적 세대 복제' 방법은 자기 기억과 정신을 복제하는 것까지는 할 수 없다고 분석했다. 하지만 자기 기억과 정신을 복제하는 다른 길이 있다. 바로 디지털 영생(Digital eternal life)이다. 디지털 영생은 뇌에 있는 신경망 구조, 그 안에 담긴 기억 정보, 각종 선택과 행동 패턴, 자의식 정보 등을 디지털로 복원하여 컴퓨터 알고리즘으로 만들어 디지털로 만들어진 가상 세계 속에서 영원히 살아가게 하는 기술이다. 인간의 몸은 죽어도 뇌 속에 있는 모든 정보를 컴퓨터에 이식하여 '가상 자아'(假像自我, Cyber Ego)가 영생하는 방법이다.

2013년 6월, 미국 뉴욕 링컨센터에서 개최된 '글로벌 퓨처 2045 회의'에 모인 학자들은 신체 수명이 다한 후에도 인간의 정신이 살아남을 수 있는 기술에 대한 활발한 논의를 했다. 인간의 두뇌 속 데이터를 컴퓨터로 전송해 홀로그램 상태의 가상 신체를 만드는 프로젝트였다. 이런 미래가 가능할까? 그 가능성을 예측해 보자.

먼저, 현실 세계에 사는 인간이 가상 세계 속에 자신의 데이터를 완벽하게 투영한 아바타를 만든다. 2010년 마이크로소프트사는 인간의 모든 기억과 과거가 디지털로 저장되어 가상 공간에서 영생할 수 있는 '마이라이프비츠' 프로젝트를 시도했다.[88] 마이라이프비츠 프로젝트처럼 내가 읽은 책에서부터 대화 기록이나 이메일까지 한곳에 모아 디지털화하여 완전한 전자 기억을 만든다.

그다음으로 내 기억과 정보를 나와 똑같이 생긴 3D 아바타에 주입하고 인공지능과 연결시킨다. 가상 아바타에게 현실의 나와 정확하게 일치하는 데이터를 입력해도 그것은 과거의 데이터다. 계속해서 업데이트하지 않으면 현재의 내가 아니라 과거의 나일 뿐이다. 가상 아바타가 계속해서 나와 같은 존재로 있게 하려면 내가 살아 있는 한 계속해서 나의 데이터를 업데이트해 주어야 한다.

하지만 문제는 내가 죽고 난 이후다. 현실 속의 내가 죽으면 더 이상 가상 속의 내 아바타에게 데이터를 업데이트할 수 없다. 가상 속의 아바타는 삭제하지 않는 한 죽지는 않지만, 내가 데이터를 마지막으로 업데이트한 상태에서 멈춘 채로 가상 공간을 떠돌아다녀야 한다. 존재한다기보다는 조종자를 잃고 '그냥 있는' 상태다. 변화가 없는 정지(停止) 상태는 진정한 영생이라고 할 수 없다.

이 문제를 해결하려면 내가 죽고 난 이후에도 가상 아바타가 계속해서 변화할 수 있는 장치를 마련해야 한다. 필자는 인공지능이 이것을 가능케 할 수 있다고 예측한다. 인공지능은 과거의 내 아바타의 정보를 기반으로 내가 현실 속에서 발전하고 변화하는 패턴을 추출해 낼 수 있다. 이를 기반으로 인공지능은 내가 죽고 난 이후에도 외부 정보나 가상 세계 속의 정보를 계속해서 받아들이고, 나의 패턴을 사용해서 가상의 아바타가 계속해서 발전하고 변화하도록 만들 수 있다.

현실의 나는 죽었지만, 인공지능은 내가 계속해서 살아 있었다면 새로운 환경에서 어떻게 적응하고 발전하고 변하는지를 예측하여 가상의 내 아바타를 변화시킬 것이다. 인공지능과 연결된 가상 자아는 현실 자아(現實自我, Ego)보다 더 발전할 가능성도 갖는다.

이런 순환이 오랫동안 반복되면 가상 아바타(가상 자아)가 나와 같았던 자아 수준을 벗어나 완전히 다른 내가 될 수도 있다. 인공지능과 내 아바타를 분리시키지 않는 한, (이론적으로) 내 아바타는 영생할 수 있다. 가상 세계에서 살고 있기 때문에 현실에 사는 인간이 하지 못하는 일을 할 수 있는 '가능성'(possibility)도 갖는다. 내 자녀나 후손들은 가상 세계 속에서 계속 생존하고 날마다 성장하는 내 아바타를 홀로그램으로 불러내거나 휴머노이드 로봇에 주입시켜 함께 생활하고 인생의 조언을 받을 수도 있다. 필자는 이것을 '디지털 영생'이라 부른다.

디지털 영생을 선물로 받은 가상 인간 기술은 과거 영상을 보여 주는 수준이 아니다. 사람에게 싫증이 난 사람이라면 내 자아를 가진 휴머노이드 로봇과 결혼할 수도 있을 정도로 완벽한 존재다. 이런 미래 혹은 이런 시도가 불가능할 것 같은가? 이미 이런 시도가 진행 중에 있다.

뉴질랜드 오크랜드에 있는 소울머신즈(Soul Machines) CEO 마크 세가(Mark Sagar)는 생명공학박사 학위를 가지고 있으며 "킹콩"부터 "아바타"까지 안면 시뮬레이션 작업을 하는 등 영화계에서 쌓은 노하우를 가지고 '베이비 엑스'(BabyX)라는 인공지능을 개발 중이다. 베이비 엑스는 인공지능이 탑재된 유아 실물 시뮬레이션이다. 소울머신즈는 디지털 의식을 어떻게 만들지를 핵심 연구 주제로 삼고 있다.

마크 세가가 자기 딸을 모델로 삼아 만든 베이비 엑스는 인간보다는 단순하지만 가상의 뇌와 근육 등을 갖고 있으며 웹 카메라를 통해 외부 물건을 인지하고 마이크로 목소리를 듣고 상호 작용하면서 사람, 강아지, 비행기 등 물체 인식(object recognition) 훈련을 받고 있다. 인간 아기가 지속적인 노출과 반복을 통해 물체를 인식하는 방법과 같다.

베이비 엑스도 방대한 데이터를 기반으로 패턴을 찾아 인공 뇌 신경망에 입력시켜 사용한다. 강아지는 사랑스럽다고 학습시키면서 웃도록 학습시켰고, 거미처럼 무서운 것을 보면 울도록 훈련시켰다. 사물 인식과 감정을 함께 학습시켰다. 가상 신경 전달 물질과 호르몬까지 만들어서 베이비 엑스에게 스트레스 시스템까지 적용시켰다. 겁을 주면 스트레스 호르몬이 분비되도록 기본 작동 원칙을 코딩했다. 스트레스 호르몬이 분비되는 양에 따라서 경계수위도 달라진다. 인간의 감정을 모사하기 위한 다양한 아이디어가 실험적으로 들어간 셈이다.[89)]

인공지능이 아바타를 성장시키려면 현재보다 높은 단계로 기술 발전이 일어나야 한다. 필자는 스스로 학습과 발전을 할 수 있는 '강한 인공지능' 수준에 이르면 가능할 것이라고 예측한다. 강한 인공지능은 인간 지능 '전

(全) 분야'에서 인간 능력을 그대로 모방하는 수준이다. 인간의 자유의지를 제외한 모든 것을 완벽하게 모방하는 수준이다.

이 수준에 올라가려면 구조적, 생물학적, 나노 공학적, 인지 과학적으로 많은 지식과 연구가 필요하다. 인간 뇌에 대한 모방과 신비를 알아야 하기 때문에 신경 공학과 유전 공학이 더 발전해야 한다. 뇌 스캔 기술도 더 발전해야 한다. 그다음에 심리학, 인지 과학을 통하여 뇌 지도가 만들어지면 매뉴얼을 해석할 수 있는 기술도 나와야 하고, 마스터 알고리즘도 필요하다. 컴퓨터 처리 능력도 현재의 슈퍼 컴퓨터보다 연산 속도가 1억 배 이상 빠른 양자 컴퓨터나 자기 컴퓨터, 원자 컴퓨터 등이 상용화되어야 한다. 필자의 예측으로는 이런 수준의 인공지능이 나타나려면 21세기 중반 이후에나 가능하다. 이 정도의 단계에 이르면 가상 공간의 내 아바타와 연결하여 디지털 영생을 현실화시킬 수 있다. 실제로 이런 서비스를 판매하는 회사가 등장할 수도 있다.

디지털 영생이 가능해지려면 강한 인공지능 이외에도 몇 가지 기술들이 추가로 필요하다. 예를 들어, '정밀한 3D 뇌 지도' 구축 기술이 필요하다. 2013년 독일 율리히 신경의학연구소 카트린 아문트(Katrin Amunts) 박사팀은 '빅브레인'(Big Brain)이라는 3D 뇌 지도를 제작했다. 빅브레인은 800억 개의 신경 세포(뉴런)를 분석해 10년 만에 완성한 매우 세밀한 뇌 해부도로, 자기공명영상(MRI)보다 10만 배 많은 데이터를 포함하고 있다.

연구자들은 '마이크로톰'(절단기)이라고 불리는 특수 장비로 뇌를 0.02mm 두께로 잘라 미세 현미경으로 단층 촬영해 6,572장의 사진을 완성했다. 연구를 위해 뇌 질환이나 정신 질환을 앓은 적이 없는 사망한 65세 여성의 뇌에 파라핀을 채운 다음 머리카락보다 훨씬 더 가는 0.02mm 두께로 잘랐다. 7,400개의 단면 조각으로 자른 뇌를 미세 현미경으로 단층 촬영한 후 이를 모아 입체적인 뇌 해부도를 완성했다. 세포 구조를 보여 줄 수 있도록 이 조각을 하나씩 염색하고 고해상 스캐너로 디지털화한 뒤 이를 컴퓨터로 재구성해 정밀 해부도를 완성했다.

이렇게 완성된 빅브레인은 뇌 조직을 1마이크로미터 단위까지 볼 수 있다. 기존 자기공명영상과 비교해 50배 세밀한 뇌 해부도를 만들었다는 점에서 초정밀 뇌 지도인 셈이다. 빅브레인은 건강하거나 병에 걸린 뇌에 대한 새로운 지식을 제공하고 있다. 마치 구글어스로 지형을 찾는 것처럼 뇌 구조를 찾아볼 수 있다. 인간의 대뇌피질은 매우 주름져 MRI나 fMRI(자기공명영상) 등의 영상 기술로는 한계가 있었다. 빅브레인은 알츠하이머, 파킨슨병 등 피질 두께의 변화와 깊은 관련이 있는 뇌 질환 연구에 활용도가 크다. 빅브레인은 기존 뇌 지도보다 50배나 정밀하지만 디지털 영생 기술에 사용되려면 더 높은 해상도를 가진 뇌 지도가 필요하다.

다음으로 필요한 기술은 '뇌 업로딩 기술'이다.[90] 2014년 "트랜센던스"라는 영화가 개봉했다. 천재 과학자 윌(조니 뎁)은 아주 강한 인공지능 개발을 목전에 둔다. 인류가 수억 년에 걸쳐 이룬 지능을 초월하고 자각 능력까지 가진 슈퍼 컴퓨터의 출현이 눈앞에 이르자 반(反)과학단체 RIFT가 인류의 멸망을 주장하며 인공지능을 개발한 윌을 살해한다. 윌의 연인 에블린(레베카 홀)은 윌을 다시 살려 내기 위해 윌의 뇌를 컴퓨터에 업로드시킨다. 과연 이런 일이 가능할까?

2014년 오픈웜(OpenWorm) 프로젝트 그룹은 '예쁜꼬마선충'(Caenorhabditis elegans)의 302개 뉴런 간 모든 연결을 매핑하고 이를 소프트웨어로 시뮬레이션하고 레고 로봇에 업로드해 로봇을 제어하는 데 성공했다. 이들이 만든 레고 로봇은 예쁜꼬마선충과 비슷하게 만들어진 신체 부위를 가지고 있었다. 코 역할을 하는 수중 음파 탐지기와 벌레의 운동 뉴런을 대체하는 모터다. 예쁜꼬마선충의 가상 뇌는 과학자들의 어떤 지시도 프로그래밍되지 않은 상태에서 로봇을 제어하고 움직였다. 살아 있는 선충과 비슷한 방식으로 말이다. 예를 들어, 코 역할을 하는 수중 음파 탐지기를 자극하자 로봇이 앞으로 움직이는 것을 멈췄다. 전방 및 후방 터치 센서를 만지면 로봇이 앞뒤로 움직였고, 음식 센서를 자극하면 전진했다.[91)]

현재는 선충의 뇌를 떼고 로봇과 연결하는 실험에 성공한 수준에 불과하다. 하지만 먼 미래의 언젠가는 인간의 뇌를 업로딩하는 것이 성공할 수 있다. 필자의 예측으로는 뇌 업로딩이 가능해지려면 아주 강한 인공지능 개발이 전제되어야 하고, 몇 가지 난제도 극복해야 한다. 예를 들어, 인간 뇌 배선들(커넥톰)의 의미 해독이 필요하다. 우리 몸에 있는 60조 개 정도의 세포는 빠르게 증식하여 세포 교체를 한다. 몸 전체 세포가 완전히 새로운 세포로 교체되는 데 걸리는 시간은 2-3개월이다. 뇌에는 신경세포를 억제하는 유전자가 있어서 이런 증식을 하지 않는다. 2-3개월이 지나도 예전의 내가 그대로 있어야 하니까 말이다.

「네이처」에 실린 논문에 의하면, 뇌에서 신경 세포 증식을 억제하는 유전자를 제거했더니 신경 세포가 증식을 시작했다. 똑같은 세포로 복제도 할 수 있었다. 뇌 복제다. 만약 뇌 지도가 완성되어 뇌의 어디에, 어떻게 기억이 저장되어 있고, 뇌 부위들이 어떻게 작동하고 있는지를 밝혀낸다면 그 부위를 인위적으로 자극해서 기억을 이식할 수도 있다.[92)]

21세기 중반 이전에 뇌 신경망을 도식화한 '커넥톰'이 완성될 것이다. 커넥톰 지도도 게놈 지도처럼 아직 이해하지 못한 언어로 쓰인 방대한 책이다. 글자들의 의미를 이해하는 것이 더 중요하다. 유전자 지도를 분석해도 유전자 배열들의 의미를 속속히 알아야 질병 치료가 가능해지듯이, 커넥톰 지도가 완성되어도 뇌 배선(네트워크)들의 의미를 속속히 해석해야 그 속에 담긴 기억 정보, 의미, 패턴 등을 추출할 수 있다. 이 부분도 시간이 오래 걸리더라도 신비가 속속 밝혀질 것이다. MIT 연구진은 예쁜꼬마선충에 형광 빛을 내는 유전자를 주입하여 신경 세포가 작동할 때 빛을 내게 했다. 이런 기술을 사용하면 뇌 신경망의 특정 부위나 특정 시냅스가 무슨 활동을 하고, 무슨 의미가 있는지를 아는 실마리를 얻을 수 있다.

뇌 업로딩을 하려면 이외에도 여러 가지 난제들이 있다. 인체 냉동 보존술, 기억을 이식하는 컴퓨팅 기술이 필요하다. 인간 뇌 전체를 시뮬레이션할 수 있는 컴퓨터 성능도 필요하다. 업로드된 커넥톰 시뮬레이션이 제대로 작동하려면 커넥톰 변화의 기본 방식인 '4R'을 완벽하게 작동시키는 기술이 필요하다.

4R이란 뉴런들 간의 연결의 세기를 강화하거나 약화하는 방식인 '가중치 변경'(Reweight), 시냅스를 새로 만들거나 제거하는 방식인 '재연결'(Reconnect), 가지 돌기가 자라거나 축소되는 방식인 '재배선'(Rewrite), 그리고 기존의 뉴런을 제거하고 완전히 새로운 뉴런을 만드는 방식인 '재생'(Regeneration)이다.[93] 새로운 기억을 저장하거나 재조합하는 작용이 일어나지 않으면 업로드된 자아는 옛 자아 그 상태에 머물기 때문이다.

필자는 이 모든 난제가 탁월한 과학자들의 노력으로 21세기 말-22세기 초에는 해결될 가능성이 있다고 예측한다. 이 정도의 기술을 확보하면 뇌 업로딩이 시도될 수 있는 거의 모든 기반이 마련된 것이라 생각한다. 뇌 업로딩이 되면 디지털 영생을 시도하거나, 가상에서 완벽하게 시뮬레이션된 다른 뇌를 구매하여 사용할 수도 있다. 논리적으로는 충분한 가능성이다.[94]

BIGCHANGE

CHAPTER. 4

빅체인지 시대,
새로운 미래 고통들이 몰려온다

사회적 고통이 창궐하는 이유

우리는 하나님이 이끄시는 빅체인지(Big Change) 시대에 새로운 변화를 경계(watch, guard)하면서 하나님이 보내 주시는 '징조'(σημεῖον, signal)를 읽어 내고 있다. (미래학적으로 설명하면, 시대 변화를 모니터링하고 미래 징후를 읽어 내는 것이다.) 필자는 이것은 '오직 은혜'와 '오직 믿음'으로 '세상에 물들지 않고, 세상을 다스리는' 거룩한 사역 3가지(경계, 대비, 이끎) 중 첫 번째 다스림에 해당한다고 정의했다.

필자는 교회와 성도가 경계해야 할 두 가지는 기술 오남용과 사회적 고통이라고 했다. 지금까지 필자는 기술 오남용을 방치하면 어떤 미래가 일어날 수 있는지를 예측했다. 수천 년 인간의 역사 안에서 기술 오남용 사례는 많았다. 왜 교회와 성도는 기술 오남용을 경계하는 데 실패했을까? 가장 큰 이유는 "다스리라"라는 명령을 소홀히 여겼기 때문이다. 그다음 이유는 기술 오남용이 만들어 내는 대반역 사건은 장기적 위기이기 때문이다. 기술을 이용해서 하나님을 대적하는 대반역 사건 자체는 보이지 않는 곳에서 서서히 진행되고, 오랜 시간이 지나야 수면 위로 실체를 드러낸다. 기술 오남용이 시작되더라도 한동안은 교회나 성도를 직접 위협하거나 큰 고통을 주지 않는다. 교회가 세상에서 일어나는 기술 오남용에 무심하거나 별일이 아니라고 생각하기 쉬운 이유다.

하지만 기술 오남용은 깊은 곳에 숨어 있는 악성 종양과 같아서 밖으로 터져 나오는 순간, 강력한 충격과 손상을 준다. 완전히 알아차린 이후에는 대응하기가 힘들다. 가까스로 대응에 성공하더라도 후유증이 심각하고 광범위하게 퍼진다.

이제 교회와 성도가 경계해야 할 사회적 고통들에 대해서 이야기해 보자. 기술 오남용이 장기적 위기라면, 사회적 고통은 즉각적 위기다. 사회적 고통은 짧은 시간에 수면 위로 부상한다. 사회적 고통이 발생하는 첫 번째 이유는 기술 오남용이 사회 각 분야에 침투해서 만들어진다. 또 다른 이유도 있다. 사회적 고통은 하나님이 주신 경제, 사회, 환경, 문화, 법, 정치, 제도 등의 영역에 하나님이 선물로 주신 지혜와 지식 자체의 오남용으로도 만들어진다.

> "하나님이 이 네 소년에게 학문을 주시고 **모든 서적을 깨닫게 하시고 지혜를 주셨으니** 다니엘은 또 모든 환상과 꿈을 깨달아 알더라"(단 1:17).

예를 들어 보자. 기술이 하나님의 은혜이듯, 재물 얻는 능력(돈 버는 경제 금융적 지혜와 지식, 사업 아이디어)도 하나님이 신자와 비신자를 가리지 않고 일반 은혜로 주시는 선물이다.

사업에 성공하려면 두 가지가 필요하다. 하나는 사업 아이디어다. 사업 아이디어는 지혜, 지식, 기술로 구성된다. 사업 아이디어만 있다고 성공할 수 없다. 누군가 내가 만든 제품과 서비스가 팔리도록 도움을 주어야 한다. 즉 사람의 마음이 움직여야 한다. 사람의 마음을 움직이는 것은 내 능력으로 되지 않는다. 하나님의 역사만으로 가능하다. 하나님은 사람의 마음을 완악(harden, 딱딱함)하게 내버려 두어 내 말을 듣지 않게도 하시고, 온유하게 바꾸셔서 내 말을 듣게도 하실 수 있다. 새로운 제품이 팔리려면 시장이 움직여야 한다. 하나님이 바다를 휘저어 물결을 뒤흔들듯이 시장을 흔드신다.

이처럼 사업에 필요한 아이디어를 통찰하는 것, 사람의 마음을 움직이는 것, 시장에 큰 변화가 발생하는 것 모두 하나님이 주시는 재물 얻는 능력에 포함된다. 그리고 하나님이 이렇게 하시는 이유도 분명하다. 믿음의 자손에게 주신 '언약'을 이루시기 위함이다.

"어떤 사람에게든지 **하나님이 재물과 부요를 그에게 주사** 능히 누리게 하시며 제 몫을 받아 수고함으로 즐거워하게 하신 것은 **하나님의 선물이라**"(전 5:19).

"사람이 마음으로 자기의 길을 계획할지라도 그의 **걸음을 인도하시는 이는 여호와시니라**"(잠 16:9).

"**왕의 마음이 여호와의 손에 있음**이 마치 봇물과 같아서 **그가 임의로 인**

도하시느니라"(잠 21:1).

"**여호와께서 바로의 마음을 완악하게 하셨으므로** 그들의 말을 **듣지 아니하였으니**"(출 9:12).

"내가 그의 **마음을 완악한 대로 버려 두어** 그의 임의대로 행하게 하였도다"(시 81:12).

"하나님을 섬기는 루디아라 하는 한 여자가 말을 듣고 있을 때 **주께서 그 마음을 열어** 바울의 말을 따르게 하신지라"(행 16:14).

"나는 네 하나님 여호와라 **바다를 휘저어서 그 물결을 뒤흔들게** 하는 자이니 그의 이름은 만군의 여호와니라"(사 51:15).

"그러나 네가 마음에 이르기를 내 능력과 내 손의 힘으로 내가 이 재물을 얻었다 말할 것이라 네 하나님 여호와를 기억하라 **그가 네게 재물 얻을 능력을 주셨음이라 이같이 하심은 네 조상들에게 맹세하신 언약을 오늘과 같이 이루려** 하심이니라"(신 8:17-18).

하지만 탐욕이 가득 찬 인간은 이런 하나님의 선물도 오남용한다. '독점'하려는 시도를 쉬지 않는다. 독점하는 과정에서 불공정, 약탈, 착취, 비정함, 질서 파괴, 부정 등 다양한 부작용과 큰 요동이 나타난다. 즉각적이고 짧은 시간에 수면 위로 부상하는 특성을 가진 사회적 고통은 사회적 약자에게는 죽음에 이르게 하는 치명적 위협이다.

"여호와께서 나단을 다윗에게 보내시니 그가 다윗에게 가서 그에게 이르되 한 성읍에 두 사람이 있는데 한 사람은 부하고 한 사람은 가난하니 **그 부한 사람은 양과 소가 심히 많으나** 가난한 사람은 아무것도 없고 자기가 사서 기르는 작은 암양 새끼 한 마리뿐이라 그 암양 새끼는 그와 그의 자식과 함께 자라며 그가 먹는 것을 먹으며 그의 잔으로 마시며 그의 품에 누우므로 그에게는 딸처럼 되었거늘 어떤 행인이 그 부자에게 오매 부자가 자기에게 온 행인을 위하여 자기의 양과 소를 아껴 잡지 아니하고 **가난한 사람의 양 새끼를 빼앗아다가 자기에게 온 사람을 위하여 잡았나이다 하니**"(삼하 12:1-4).

사회적 고통은 교회와 성도에게도 직접 위협을 준다. 사회적 고통은 성도의 마음과 정신에 상처를 주고, 신앙을 흔들고, 삶을 망가뜨린다. 지금 한국 사회는 사회적 고통이 점점 커지고 있다. 성경이라는 거울로 비춰보면 한국 교회와 성도의 책임이 크다. 한국 교회와 성도는 어쩌다가 사회적 고통 경계와 치유에 실패했을까? 가장 큰 이유는 역시 "다스리라"라는 명령을 소홀히 여겼기 때문이다. 그다음 이유는 교회와 성도가 사회, 환경, 법, 정치 제도에서 나타나는 약자의 고통을 외면했기 때문이다. 더 나아가 부지불식간에 오남용에 직간접으로 가담하여 공범으로 살았기 때문이다.

교회가 소금의 역할을 잃으면 세상의 고통은 치료되지 못한다. 세상 살맛이 사라진다. 세상의 부패(腐敗, corruption) 속도가 빨라진다. 교회가 빛의 역할을 잃으면 사회적 고통의 원인이 드러나지 않는다. 세상은 어둠의 세력의 독무대가 된다. 결국 교회와 성도도 이런 부패한 세상, 고통의 처절한 절규가 진동하는 세상, 어둠이 가득한 세상에 갇히게 된다.

"너희는 세상의 소금이니 소금이 만일 **그 맛을 잃으면** 무엇으로 짜게 하리요 후에는 아무 쓸데없어 다만 **밖에 버려져 사람에게 밟힐 뿐이니라** 너희는 세상의 빛이라 산 위에 있는 동네가 **숨겨지지 못할 것이요** 사람이 등불을 켜서 말 아래에 두지 아니하고 등경 위에 두나니 이러므로 집 안 모든 사람에게 비치느니라 이같이 너희 빛이 사람 앞에 비치게 하여 그들로 **너희 착한 행실을 보고** 하늘에 계신 너희 아버지께 영광을 돌리게 하라"(마 5:13-16).

요동치는 세상,
늘어나는 고통

새로운 시대가 오면 새로운 고통도 함께 온다. 새로운 변화를 만들어 내는 새로운 약자가 등장한다. 세상이 요동치면 이미 존재하는 고통의 크기도 확대된다. 새로운 약자가 될 가능성은 비신자와 신자를 가리지 않는다. 다가오는 새로운 미래 고통들이 무엇인지 통찰하는 지혜를 얻으려면 무엇이 세상을 요동치게 만드는지를 파악해야 한다. 이에 필자가 주목하고 있는 몇 가지 이슈들을 간단하게 소개하려 한다.

2020-2021년, 전 세계는 코로나19 팬데믹 대재앙이라는 고통스런 늪을 건너고 있다. 코로나19 팬데믹은 수많은 인명 피해를 발생시켰고 경제적 충격도 동반했다. 경제적으로는 중산층을 무너뜨렸고, 사회적으로는 서민층과 약자에게 고통이 집중되었다. 코로나19 기간, 전염병은 남녀노소, 빈부격차, 지위고하를 가리지 않았지만 약자와 가난한 사람들에게 준 충격은 상대적으로 컸다.

가난한 사람들이 먼저 일자리를 잃었다. 약한 사람들이 감염과 사망 위험에 더 노출되었다. 마스크가 없는 노인은 무료 급식도 받지 못했다. 유럽에서는 코로나19에 걸린 노인들 상당수가 방치되었다. 유럽의 어떤 정치인은 노인들이 희생해야 한다고 대놓고 말했다. 미국에서도 흑인 사망률이 더 높았다. 미국의 일리노이주 시카고, 위스콘신주 밀워키, 루이지애나주 등에서는 사망자의 70%가 아프리카계였다. 이들 지역에 아프리카계 주민은 전체 인구의 3분의 1을 넘는 피해 규모다.[1] 부자들은 고가의 마스크, 개별 응급실, 외진 곳에 위치한 별장이나 개인 소유 섬으로 피신을 갔다.

경제 위기가 오래가고 충격받는 범위가 넓어지면 중산층도 예외가 아니다. 조지프 스티글리츠(Joseph Stiglitz) 교수는 이번 팬데믹이 끝나기도 전에 중산층의 가장 하위단에 있는 이들은 실업, 임금 삭감 등으로 빈곤층으로 추락할 것이라고 예측했다. 국제구호단체 옥스팜은 전 세계 5억 명이 빈곤층으로 떨어질 것이라고 추정했다.

특히 코로나19로 인해 1918–1919년 스페인 독감 이후 처음으로 경제 셧다운에 들어갔다. 미국에서는 한 달 만에 2,000만 개가 넘는 일자리가 사라졌다. 2008년 글로벌 금융 위기 이후 10년 동안 복구한 일자리들이 단 한 달 만에 사라졌다. 국제노동기구(ILO) 사무총장 가이 라이더(Guy Ryder)는 2020년 2분기에만 전 세계에서 1억 9,500만 명분의 정규직이 사라질 것이라고 추정했다. 코로나19 제2차 대유행기까지 지나고 나면 한국도 일자리 충격이 1997년과 2008년 위기 때보다 더 심해질 것이다. 수많은 자영업자가 파산하고 중소기업들도 상당히 문을 닫을 수 있다. 살아남아도 대규모 구조 조정을 해야 한다. 이 시기에 일자리나 가게를 잃은 중산층은 회복하는 데 시간이 오래 걸릴 것이다.

이렇게 코로나19는 21세기 초반을 코로나19 이전과 이후로 나눠도 될 정도로 강력한 사건이고, 엄청난 고통을 만들어 낸 대재앙이자, 세상을 가장 크게 요동치게 한 사건이다. 다행히 역사상 가장 빠른 속도로 백신 개발에 성공해서 추가 피해를 줄일 수 있었다. 이스라엘, 영국, 미국, 유럽, 한국 등 주요 선진국에서 백신 대규모 접종이 진행되면서 깊고 무서운 공포의 터널을 빠져나올 희망도 생겼다. 미국과 유럽 등 주요 선진국은 2021년 말-2022년 초 무렵이면 코로나19 대재앙 상황에서 벗어날 가능성이 높다.

하지만 전 세계가 코로나19 정국에서 완전히 빠져나오려면 시간이 더 필요하다. 코로나19 바이러스 대규모 감염은 저절로 멈추지 않는다. 집단 면역이 형성되어야 멈춘다. 집단 면역을 형성하는 방법은 두 가지다. 하나는 백신 접종으로 '인위적 집단 면역' 형성이다. 다른 하나는 코로나19에 감염되어 형성되는 '자연적 집단 면역'이다. 세계보건기구가 코로나19 팬데믹의 전 세계 완전 종식을 선언하려면 2023년에나 가능할 것으로 예측된다. 이 말은 백신 접종과 자연적 감염이 지속되면서 전 지구적 집단 면역이 형성되는 시점이 2023년이라는 의미다.

필자가 이 원고를 작성하고 있는 2021년 7월 현재 기준으로 전 세계 인구 대비 코로나19 백신 제1차 접종을 마친 비율은 26%에 불과하다.[2)] 제2차 접종까지 완료한 비율은 12.8%로 더 낮다. 2020년 12월부터 2021년 7월까지 8개월 동안 성과 치다. 최근 백신 접종 속도는 일주일 평균 2,046만 명이다. 코로나19는 전염성이나 중증 감염률이 높아서 집단 면역 형성 기준이 70-80%로 높다. 전 세계에 백신 공급이 원활하다는 최고 시나리오에서도 16-24개월 정도 시간이 더 필요하다.

하지만 선진국은 백신 접종 속도가 현저히 둔화되었다. 소아 백신 승인이 아직 되지 않았고, 백신 접종을 거부하는 성인 집단의 저항이 크기 때문이다. 신흥국은 구매할 경제적 여력이 있어도 백신 제조사의 공급 순위에서 밀려 있고, 제3세계와 빈국에서는 백신을 구매할 돈이 없어서 구호물자가 올 때까지 기다려야 한다.

코로나19 바이러스는 델타, 감마로 계속 변이가 일어나면서 감염 속도를 높이고 있다. 인도에서 처음 나타난 델타 바이러스의 경우, 영국에서 나타난 알파 변이에 비해 전파력이 40-80% 높고, 입원 확률도 85% 더 높은 것으로 추정된다. 델타 바이러스를 중국 우한에서 초기 발생했던 바이러스와 비교하면 2.5-3배 이상 전염력이 강해졌다.

결국 현실에서는 백신 접종만으로 집단 면역 형성에 성공하기 힘들다. 대신 상당수의 나라들이 백신 접종을 하기도 전에 수많은 감염자를 발생시키면서 자연 면역을 형성할 가능성이 높다. 백신 접종과 자연 면역 형성이 복합적으로 작용한다는 것을 반영하여 전 세계가 집단 면역(70-80% 면역 형성)에 도달하는 시점은 2023년 말경이 된다.

코로나19 정국에서 벗어나도, 인적 피해자들의 후유증 기간은 생각보다 길어질 것이다. 코로나19에 감염되고 회복된 사람들 중에 많은 이가 신경계, 호흡기, 뇌 기능 등에서 장기간 후유증에 시달리고 있다. 코로나19로 벌써 400만 명이 넘는 사망자가 발생했다. 코로나19 종식에 이를 때면 최소 500만 명 이상 사망자가 나올 것이다. 빈국이나 제3세계, 중국이나 인도 등에서 공식 집계되지 않은 사망자, 집계 수치 조작까지 추정하여 반영한다면 사망자 수는 1,000만 명 이상 발생했을 수도 있다.[3] 사랑하는 가족, 친척, 이웃과 친구를 잃고 깊은 상처를 입은 사람들이 수천만 명이 넘는다는 의미다.

2021년 3월, AP통신과 시카고대 여론연구센터는 미국 성인 1,400여명을 상대로 코로나19로 가까운 사람의 사망을 경험한 비율을 조사했다. 응답자의 5명 중 1명이 단 1년 만에 친한 친구, 친척, 가족을 코로나19로 잃었다고 응답했다.[4] 코로나19 종식을 선언할 때쯤이면 사랑하는 사람을 잃은 경험을 한 이들이 더 늘어날 것이다. 이들의 심적 고통은 매우 오래 갈 것이다. 코로나19로 인한 죽음은 준비된 죽음이 아니다. 납득 가는 죽음도 아니다. 사랑하는 이들이 죽어 가는 상황에 있어도 가족과 친구들은 아무것도 못해 줬다. 심지어 땅에 묻히는 것조차도 가까이에서 지켜보지 못한 이들이 많다. 그 어떤 죽음보다 상처와 고통이 컸던 죽음이다.

코로나19 이전 경제 상태로 완전하게 복귀하는 데도 시간이 더 필요하다. 국제 무역 환경도 완벽한 복구를 위해서는 몇 년의 시간이 더 필요하다. 이 모든 인적, 물적 후유증 기간까지 포함하면 앞으로도 몇 년 동안 코로나19 정국은 지속될 수 있다. 코로나19가 만들어 내는 각종 사회적 고통들도 생각보다 오래 지속될 가능성이 높다는 말이다.

앞으로 한국 교회와 성도가 관심 가져야 할 것들

교회와 성도가 사회적 고통을 경계하고 치유하기 위해 관심을 가져야 할 것은 코로나19 정국이 전부가 아니다. 앞으로 4년 바이든 정부 시기 내내, 미중 패권 전쟁에도 촉각을 곤두세워야 한다. 코로나19 사건 이후로 세상을 크게 요동치게 하는 중요 변수이기 때문이다.

전 세계는 미국과 중국이 국제 정치판에서 경제력과 군사적 힘으로 자국의 세력과 다른 나라에 대한 영향력을 넓히려고 벌이는 패권 전쟁의 향배를 주목하고 있다. 세계 최강대국 미국과 중국이 정면충돌하면 전 세계는 바짝 긴장해야 한다. 기업의 매출에서 개인 투자 시장까지 전체가 영향을 받는다. 미중 대충돌이 누군가에게는 새로운 기회를 만들어 줄 수 있지만, 누군가를 새로운 위기와 고통 속으로 빠뜨릴 수도 있다. 특히 한국은 미중 전쟁이 치열해지면 미국과 중국 양국에서 압박을 받을 수 있다. 중국이 '사드 보복' 때처럼 한국에 비열한 보복을 가할 수도 있다. 중국이 한국에 보복을 가하면 중국 선교는 물론이고 수많은 성도의 기업과 가정에 경제적 충격이 발생할 수 있다.

바이든 시대에는 미중 간의 경쟁과 갈등이 더욱 고조되는 패권 전쟁 제3차 국면이 벌어진다. 미중 패권 전쟁 제1차 국면은 오바마 정부 시절에 시작되었다. 2008년 서브 프라임 모기지 사태로 미국 경제가 붕괴되고 달러 신뢰도가 흔들리자 중국은 G1 야심을 드러냈다. 오바마 정부는 중국의 도전과 무너진 내수 경제를 회생시켜야 했다. 절체절명의 순간이었다. 오바마 정부는 '차이메리카' 관계를 깨고, 미국 산업과 일자리 회복을 위해 은근한 보호무역주의 태도로 전환했다. 자연스럽게 중국을 향한 패권 전쟁 선포 상황이 되고 말았다.

이렇게 시작된 미중 간의 패권 전쟁은 2016년 트럼프가 대통령에 당선되면서 제2차 국면으로 발전했다. 트럼프 대통령과 행정부는 중국과 무서운 말 폭탄을 주고받으며 전 세계를 긴장으로 몰아넣었다. 신냉전 시대가 시작되었다는 평가가 줄을 이었다. 하지만 실리에 민감했던 트럼프 대통령은 표면적으로 강렬하게 치고받는 모습을 연출했지만 이면에서는 중국이 민감하게 생각하는 약점은 건들지 않았다. 중국도 실리를 추구하는 트럼프 대통령의 비위를 맞춰 주면서 미국산 수입 물량을 늘렸다. 한마디로, 온건한 패권 전쟁 국면이었다.

2020년 대선에서 바이든이 새로운 대통령이 되었고, 민주당이 상하원을 모두 장악하는 격변이 일어났다. 자연스럽게 미중 패권 전쟁도 제3차 국면으로 전환되었다. 앞으로 바이든 행정부 시기 4년 동안 미중 간의 패권 전쟁은 어떤 모습으로 전개될까?

필자의 예측으로는 트럼프 행정부 시절과 정반대 상황이 될 가능성이 높다. 겉으로는 신사적이고 합리적으로 중국에 대응하는 것처럼 보이지만, 실제적으로 가장 강렬한 패권 전쟁 국면이 될 가능성이 높다. 바이든 행정부와 상하원을 장악한 민주당이 가장 중요하게 여기는 가치는 인권과 환경이다. 특히 인권 문제는 중국이 가장 민감하게 여기고 금기시하는 이슈다. 중국 공산당 체제의 생존과 연결되어 있기 때문이다.

중국이 신장 위구르족 인권이나 홍콩 민주화 시위를 탄압할 때 트럼프 대통령은 겉으로는 경고하고 엄포를 놓았지만 실제적 행동은 취하기를 미뤘다. 바이든 행정부는 다르다. 임기 내내 실제적 행동을 계속 취할 가능성이 높다. 지금까지 중국은 다른 나라들이 자국의 인권 문제를 거론하면 반드시 보복했다. 군사적 위협도 가하면서 일사항전 의지를 천명했다.

인권을 최우선 가치와 정부의 정체성으로 자부하는 바이든 행정부와 중국의 위험천만한 충돌은 '정해진 미래'다. 그렇기 때문에 바이든 행정부 4년 임기 내내 트럼프 시절보다 더욱 긴장해야 한다. 미중 간의 격렬한 충돌과 기 싸움의 불똥과 고통이 어디로 튈지 아무도 모른다.

중국이 암호 화폐 구제 및 제재를 강력하게 하는 이유도 미중 패권 전쟁 때문이다. 중국이 미국을 뛰어넘으려면 기축통화 지위를 얻는 것이 필수다. 하지만 중국의 노력에도 불구하고 글로벌 시장에서 위안화 지위는 여전히 낮다. 당분간 위안화가 달러 지위를 넘는 것은 불가능하다. 유로화가 가진 지위를 넘는 것조차도 역부족이다.

이런 상황에서 디지털 화폐는 중국 정부가 노리는 반전 카드다. 중국 정부가 디지털 위안화로 제1기축통화 지위국 자리를 노리려면 가장 먼저 비트코인을 쳐 내야 한다. 중국이 디지털 법정 화폐 경쟁에서 앞서 나가면 미국도 가만히 앉아 있을 수 없다. 디지털 달러 현실화 시간표를 앞당겨야 한다.

암호 화폐 투자 시장의 관점에서 보면 두 나라의 경쟁은 디지털 화폐 시장의 미래를 앞당기는 호재다. 하지만 이미 암호 화폐 투자 시장에서 1-2위를 다투는 비트코인이나 이더리움 등에게는 악재다. 미국, 중국, 유럽연합 등이 발행하는 법정 암호 화폐에게 현재 지위를 넘겨주어야 한다. 현재 위상이 무너지면 가격은 폭락한다. 미중 패권 전쟁의 불똥이 암호 화폐 시장으로 튀는 것은 시간문제다.

미중 패권 전쟁 이외에도 사회 변화에 긍정 혹은 부정적 영향을 주면서 세상을 요동치게 할 변수들이 많다. 대표적으로 '경제 금융의 불안정'이다. 앞으로 4년은 다음 자산 시장 버블 대붕괴까지 버블이 큰 규모로 확대되는 시기라는 것을 주목해야 한다. 당분간 주식 시장이나 부동산 시장에서 가격 상승이 지속되면서 웃는 사람들이 많겠지만, 달콤한 수익과 웃음은 그다지 오래가기 힘들 것이다.

코로나19 이후 투자 시장에서 '영끌투자'라는 말이 유행이 될 정도로 20-30대의 투자 열풍이 컸다. 하지만 이런 열풍에는 큰 문제가 하나 잠복해 있다. 바로 '빚투'다. 빚투는 빚을 내서 투자 시장에 뛰어드는 행위를 가리킨다. 설상가상으로 20-30대의 투자 성향이 매우 공격적이다. 암호 화폐처럼 가치 판단이 불분명하고 변동성이 매우 큰 투자 상품에 발을 담근 젊은이들이 많다.

초저금리가 지속되면서 분위기가 좋을 때는 위험한 투자 행위도 큰 고통을 낳지 않는다. 하지만 앞으로 미국을 시작으로 전 세계가 초저금리 시대를 끝내고 서서히 기준 금리를 올릴 것이다. 시중에 풀린 돈을 회수하고 돈줄을 조일 것이다.

필자는 이 과정에서 신흥국들에서 주식 시장과 채권 시장 폭락, 화폐 가치 폭락, 금융 위기, 외환 위기 등이 일어날 가능성을 높게 본다. 암호화폐 시장에도 큰 충격이 발생할 것이다. 미국이 기준 금리 인상을 시작하고 어느 정도 시간이 흐르면 미국과 중국의 주식 시장을 필두로 전 세계 주식 시장에도 대폭락 사태가 재발할 가능성이 높다. 이런 일이 일어나면 새로운 사회적 고통들이 터져 나올 것이다.

교회 안에도 투자 시장에 뛰어든 이들이 상당하다. 주식 시장, 암호 화폐 시장 등에서 대폭락이 일어나면 상당수의 젊은 세대가 통곡과 고통 속에 빠질 수 있다. 전 재산을 날리고, 엄청난 빚을 지고 십수 년을 살아가야 하는 엄청난 고통도 시작될 수 있다.

"나는 다행히 투자를 하지 않고 있다"고 안도의 한숨을 쉴 수도 없을 것이다. 다가오는 투자 시장 대폭락은 실물 경제 전반으로 충격이 퍼져 나가게 될 사건이다. 코로나19가 발발하자 투자 시장이 대폭락했다. 하지만 정부와 중앙은행이 엄청난 돈을 퍼부으면서 투자 시장을 살려 냈고, 실물 경제 대침체도 막았다. 코로나19가 길어지면서 자영업자들의 위기가 극에 달했지만 상당수 기업들은 정부와 중앙은행의 돈 풀기 정책으로 파산을 면했다.

하지만 다음번 위기는 다를 수 있다. 2008년에 있었던 글로벌 금융 위기, 1997년 한국의 외환 위기 때와 비슷한 사태와 고통이 재발할 수 있다. 다음번 위기 때에는 2020-2021년처럼 무차별적으로 돈을 시장에 뿌릴 수 없을 것이다. 다음번 위기 자체가 엄청나게 돈을 뿌려서 정부, 기업, 가계의 부채가 폭발해서 생긴 일이기 때문이다. 이미 세계의 경제는 돌이킬 수 없는 빚에 의해 쌓인 모래성이 되어 버렸다. 여기서 레버리지를 줄이면 사상누각처럼 무너지고 만다. 대폭락 이후 실물 경제의 침체 기간은 코로나19 때보다 오래갈 수 있다. 한국의 경우, 경제가 대침체에 빠지면 탈출하는 데 평균 18-36개월이 소요되었다.

한국에서도 수많은 '좀비 기업'(Zombie Company)이 파산할 것이다. 좀비 기업은 회생할 가능성이 없음에도 정부 또는 채권단으로부터 지원을 받아 연명하는 기업을 가리킨다. 3년 연속 이자 보상 배율이 1배 미만인 기업을 가리킨다. 이자 보상 배율이 1배 미만이라는 뜻은 한 해 영업을 해서 번 돈으로 그해에 지불해야 할 은행 대출 이자도 갚지 못하는 경영 상태를 말한다. 이런 기업을 구제 금융으로 겨우 살려 놓고 있기 때문에, 영어 단어로 '되살아난 시체'를 뜻하는 '좀비'(zombie)에 빗대어 부른다.

2008년 글로벌 금융 위기가 발발하자 한국 정부는 기업의 줄도산을 막기 위해 회생 가능성이 없는 중소기업에까지 일괄적으로 긴급 자금을 지원했다. 2009년 5월 한국개발연구원(KDI)의 분석에 따르면, 당시 한국의 좀비 기업은 전체 기업의 14.8%에 해당하는 2,600여 개였고, 서비스 업종에서는 5개 기업 가운데 1개 기업이 좀비 기업으로 분류되었다.[5)]

한국 정부는 2008년 글로벌 금융 위기 이후에도 좀비 기업을 퇴출하지 못했다. 좀비 기업을 퇴출하면 그 과정에서 실업률이 올라가고, 주식 시장은 하락하고, 경제성장률도 하락한다. 디플레이션도 올 수 있다. 정치적으로 위험이 매우 큰 선택이다.

2020-2021년 코로나19 정국에도 한국 정부와 중앙은행은 막대한 돈을 퍼부어서 경제 대폭락을 막았다. 그 과정에서 좀비 기업도 추가 자금 지원을 받았다. 하지만 글로벌 경제와 무역 상황이 최악으로 치달았다.

멀쩡한 대기업도 매출과 이익이 줄었다. 좀비 기업은 상황이 더욱 악화되었다. 추가로 좀비 기업으로 전락한 사례도 증가했다. 2020년 기준, 재무제표 공시 기업 2,520개 가운데 이자 보상 배율이 1 미만인 기업 비중은 39.7%까지 증가했다.[6] 2008년과 비교해서 2배나 늘었다. 몇 년 후 경제 대충격이 발생하면 사회에 미치는 파장도 배가 될 가능성이 커졌다는 의미다.

가계 부채도 역대 최고치다. 현재 "코로나19보다 무서운 것이 가계 부채 급증이다"라는 말이 시중에 떠도는 상태다. 부동산 가격 상승과 주식시장 영끌 열풍, 자영업자 부채 증가 등으로 한국의 가계 부채는 GDP 대비 106.1%(2020년 말 기준)다. 비교적 잘사는 나라들의 모임인 경제협력개발기구(OECD) 37개국 중에서 6번째로 높다. 총규모는 1,936조 원이다(2021년 6월 기준).

하지만 증가 속도만 본다면 중국 다음으로 2위이고, 가계의 소득으로 부채를 감당할 수 있는 능력을 평가하면(가처분소득 대비 가계 부채 비중 170% 초과) 경제협력개발기구 국가들 중 최상위권일 정도로 위험하다.[7] 가계 부채가 무너지면 부동산 가격도 무너지고, 그것이 다시 가계의 재정을 추가로 악화시킨다.

이렇게 빚과 버블 위험이 산적해 있으면 경제가 균형 있게 작동하지 못한다. 임금 상승은 더딘데 밥상 물가는 빠르게 오르는 '나쁜 인플레이션'이 서민을 괴롭힌다. 나쁜 인플레이션이 발생하는 이유 중 하나는 돈 가치 하락도 한몫을 한다. 실제 경제 성장보다 새로운 돈이 만들어져서 시중에 뿌려지는 속도가 더 빠르면 이미 있던 돈의 가치가 하락한다. 이것을 '화폐 가치 하락'이라 부른다.

엄밀히 말하면, 돈을 마구 찍어 내면서 만들어진 화폐 가치 하락은 '화폐 사기'다. 유럽 역사상 최초의 세계 제국, 세계 문명을 이룬 나라를 무너뜨린 요인 중 하나가 화폐 사기다. 주후 284년에 군대의 추대로 황제 자리에 오른 디오클레티아누스(Gaius aurelius Valerius Diocletianus)는 재위 기간(주후 284-316년) 내내 금화나 은화에 불순물을 섞어 화폐 가치를 속여 유통량을 급격히 늘리는 화폐 사기를 적극 이용해서 경제를 유린했다.

기억하는가? 하나님은 세상에서 죄악의 관영함을 늦추고 사회적 약자를 보호하시기 위해 공정과 회복의 대원칙을 주셨다. 그중 하나가 화폐(금융) 경제의 가장 중요한 원칙으로 주신 '화폐 사기 금지 규정'이다. 에스겔 45장 12절에는 "세겔은 이십 게라니 이십 세겔과 이십오 세겔과 십오 세겔로 너희 마네가 되게 하라"라는 말씀이 있다. 이 구절은 화폐 단위에 사용된 무게에 관한 것이다. 화폐에 대한 표준 무게로 세겔을 다루고 있고, 이 세겔은 후에 동전으로 사용되었다.

고대로부터 경제와 관련된 가장 기본적인 두 가지 사기는 도량형을 조작하는 사기(도량형 사기)와 화폐에 사용된 금속의 무게나 순도를 조작하는 사기(화폐 사기)였다. 도량형 사기는 시장 경제에서 자주 일어났고, 화폐 사기는 정부와 권력자들 가운데서 자주 일어났다. 두 가지 사기 행태의 피해는 고스란히 서민과 사회적 약자들에게 돌아갔고, 심할 때는 경제를 파탄시키고, 정의를 무너뜨리고, 죄악의 관영함에 일조했다. 그래서 하나님은 정의, 공의, 공정을 바로 세우는 가장 기본적인 수단으로 척량과 무게를 정확하게 사용하라는 교훈을 주셨다.

로마 황제의 주도로 정부가 공공 기관을 통해 액면 가치는 그대로 두고 약속된 화폐 순도만 낮춰서 통화량을 증가시키자 돈 가치는 뚝뚝 떨어졌다. 로마는 그리스가 시행했던 가격 통제를 추종했다. 제품의 가격을 마음대로 올리는 상인들을 사형에 처하는 극단적 가격 통제였다. 하지만 황제와 정부가 도량형 사기를 감행해 시중에 화폐 유동성을 증가시켜 돈 가치가 점점 하락하는데도 불구하고 상품 가격을 올릴 수가 없게 되자 생산자는 손해를 감수하면서 시장에 물건을 공급해야 했다. 정부가 생산자의 이익을 약탈하는 결과가 만들어졌다. 생산자도 그대로 앉아서 당할 수는 없었다. 생산자들은 손해를 줄이기 위해 공급량을 줄였다.

로마 도시 곳곳에서 식료품과 소비재의 공급이 점점 감소하자 서민과 사회적 약자들의 고통은 증가했다. 도시 경제가 침체되기 시작하자 사람들이 도시를 탈출해서 시골로 이주했다. 로마 정부는 도시 거주자가 시골로 이주하는 것을 금지하는 법률을 공포했다. 하지만 굶주림을 견디지 못한 사람들은 농촌으로 계속 도망을 갔다. 도시 인구가 줄면서 시장이 무너지자 장인들도 도시에서 살 수 없었다.

로마 제국을 튼튼히 뒷받침했던 도시들이 몰락하자 로마의 힘도 쇠퇴하기 시작했다. 도시 내에서 혹은 도시 간의 상업이 쇠퇴하자 정부의 재정 부담은 커졌다. 정부 재정 적자가 늘어나자 황제와 정부의 화폐 사기는 더 심해졌다. 로마 전체에 악순환이 깊어졌다. 인구가 감소하고 로마 경제가 무너지자 빈약한 재정에 군사력마저 약화되었다. 나라가 뿌리째 흔들리자 정치 권력 투쟁은 극에 달했다.

로마를 호시탐탐 노리고 있던 게르만족이 이런 기회를 놓칠 리 없었다. 결국 5세기 초 로마 제국 서쪽이 게르만족에게 완전히 넘어갔다. 주후 476년 게르만계 고트족(Goths) 장군 오도아케르(Odoacer)는 기병대를 앞세워 서로마 제국 마지막 황제 로물루스 아우구스툴루스(Romulus Augustulus)로부터 황위를 빼앗고 서로마 제국을 멸망시켰다.

현대에도 같은 일은 반복된다. 정부가 재정 적자를 메꾸고 인위적으로 경제성장률 수치를 끌어올리기 위해 중앙은행을 통해 돈을 마구 찍어 내면 똑같은 고통과 문제가 시작된다. 총통화량이 재화와 서비스에 상관없이 늘게 되면서 경제의 기본 개념인 공급과 수요가 균형을 맞추려는 작용이 발생한다. 상품이나 서비스는 늘지 않았는데 이를 살 수 있는 돈만 많아지면 결국 재화와 서비스의 가격은 오르게 되어 돈 가치가 줄어들게 된다. 이것을 '인플레이션'이라고 말한다.

이런 의미에서 인플레이션은 감추어진 세금이다. 즉 정부가 인위적으로 돈의 양을 늘려서 개인들이 가지고 있는 돈의 가치가 사라지게 해버리기 때문이다. 더 적나라하게 표현하면, 정부가 '실제 경제 성장 규모보다 더 많은 돈을 찍어 내서 시중에 통용시키는' 화폐 사기를 주도해서 국민의 돈을 약탈해 가는 행위다. 이렇게 나쁜 인플레이션이 일어나면 몇 가지 사회적 고통이 반복된다.

첫째, 경제성장률이 3-4%라는 좋은 성적을 기록해도 늘어난 경제 성장의 성과가 전 세대와 계층으로 골고루 나눠지지 않아서 'K자형 비동기화'가 심해진다. 돈을 버는 사람은 더 많이 벌고, 가난한 사람과 사회적 약자들의 경제적 고통은 늘어나는 상태의 심화다.

둘째, 인플레이션율이 높아지는 만큼 보이지 않는 증세 효과가 나타나게 된다.

셋째, 사회적 고통이 심해지는 틈을 타서 정권 교체가 일어난다. 이런 상황에서 일어나는 정권 교체는 긍정적 결과로 귀결되지 않는다. 포퓰리즘을 등에 업고 정권을 교체한 세력은 국민의 요구를 무분별하게 들어준다. 그 과정에서 정부가 더 많은 빚을 지게 만든다. 정부의 빚은 훗날 국민의 세금으로 전부 되돌려진다. 싹 다 갈아엎어야 한다는 분위기가 극에 달하면 독재자가 등장할 수도 있다. 제1차 세계대전에 패해서 엄청난 전쟁 배상금을 물어야 했던 독일은 극심한 인플레이션에 시달렸다. 결국 히틀러라는 희대의 독재자가 출현하는 사회적 분위기가 만들어지고 말았다.

넷째, 화폐를 마구 찍어 내면 시중에서는 물가(인플레이션율)는 높아지고 남아도는 돈은 투자 시장으로만 몰려들어 주식과 부동산 가격을 폭등시킨다. 특히 부동산 가격이 폭등하면 서민과 사회적 약자들의 생존에 심각한 위협을 준다.

마지막으로, 정치로도 해결하지 못하는 화폐 가치 하락의 부작용(물가 상승, 자산 시장 버블 증가, 부의 불균형 분배, 부채 증가 등)은 금융 위기가 반복되면서 처리된다.

이외에도 빅체인지 시대에 세상을 요동치게 하여 사회적 고통을 증가시킬 변수들이 많다. 고실업, 고물가, 고금리의 3고 현상, 달러 가치 변화 등은 중산층과 서민층, 자영업자와 중소기업인의 근심과 걱정을 늘어나게 할 변수들이다. 증세도 새로운 글로벌 트렌드로 부상할 것이다. 경제 위기 때마다 부자는 더욱 부자가 되었고, 가난한 사람은 더욱 가난해졌다. 코로나19 이후 가장 확실한 미래는 부의 양극화가 더욱 심해지는 미래다.

2020년 4월 22일 노벨경제학상 수상자 조지프 스티글리츠 컬럼비아대학 경제학과 교수는 영국 「가디언」과의 인터뷰에서 코로나19 사태 이후 미국 내 부의 불평등 격차가 티핑 포인트(도약점)에 도달할 것이라고 예측했다.[8] 격차 속도가 더 빨라진다는 의미다.

한국 사회도 새롭게 부상하는 세대들과 기존의 세대들과의 심각한 갈등과 충돌들 때문에 극심한 피로감에 빠져 있다. 정치적으로도 미국 못지않게 둘로 쪼개져서 극심한 대립과 갈등을 벌이고 있다. 세대 간에 일고 있는 사고의 차이, 행동의 차이, 디지털 문화의 차이도 좁혀지지 않고 있다. 사회적 격차가 커지면서 갈등과 마찰이 지속되면 기존의 시스템이나 사회 의식에 바탕을 둔 오래된 믿음과 가치들의 불신과 해체를 요구하는 위협적인 도전도 증가한다.

정치가 불안하면 사회적 고통이 배가된다

정치적 불안은 사회적 고통을 배가시키는 변수다. 앞으로 미국의 헤게모니 약화를 틈타서 전 세계 주요 국가들이 군비 증강을 늘리면서 주변국과의 군사적 긴장 관계를 높여 갈 것이다. 이들 국가가 대외적으로 군사적 긴장감을 높이고 적대심을 높이면 내부에서는 배타적 민족주의가 득세하면서 인종 차별과 공격도 늘어날 것이다. 이런 변화들은 중국과 독립을 원하는 대만의 불편한 관계, 미국이 이라크를 비롯한 중동 지역의 정치적 판도를 바꾸려는 노력, 아프리카의 불붙은 전쟁, 북한의 재도발 위험 등과 맞물리면서 세상을 계속 요동치게 할 것이다.

코로나19 경제 충격과 후유증으로 국민 불만이 높아지면서 각국에서 정권 교체가 일어나고 있다. 제3국에서는 내전이 격화되거나 기존 독재자가 축출되어 새로 권력을 잡은 세력이 다른 방식의 독재를 할 가능성도 높다. 선진국에서는 위기 탈출과 재건을 명분으로 정부 빚을 늘리고 사회의 모든 영역에 일일이 간섭하고 통제하는 거대 정부의 귀환 선언이 일어나고 있다. 선진국에서 민주적 절차에 따라 권력을 획득한 권력자나 그룹도 독재적 행보를 하여 국민을 고통 속으로 몰아넣을 수 있다.

대체로 독재자는 발언의 옳고 그름을 떠나 시원시원한 행보를 한다. 독재자 특유의 강한 신념은 위기 시에 대중을 사로잡는 데 중요한 무기다.

독재자는 자기 신념의 정당성을 위해 대중이 증오하는 적을 재빠르게 간파하여 적과 아군을 분명하게 나눠 버린다. 기존 정치 집단을 무력화시키기 위해서는 대중을 등에 업어야 하기 때문에 포퓰리즘 성향도 강하다. 이들은 내부의 정치 세력을 비롯해서 다른 나라와 포퓰리즘 경쟁을 벌이면서 경제적 피해를 입은 대중을 유혹한다.

이들이 지지자를 등에 업고 기존 법률을 무시하고 헌법 권한을 넘어서는 위험한 행보를 서슴지 않거나 혹은 권위주의적 성향이나 전체주의 신념을 적극 구사하면 독재가 된다. 법을 초월하는 모양새가 싫다면 법을 고쳐서 '합법적'으로 기업이나 국민의 자유를 침해하고 권리를 제한하는 일을 시도한다. 혼란이 커졌기 때문에 혼란을 잠재우고 무너진 경제를 빠른 시간에 재건하려면 초법적이거나 초의회적인 통치가 다시 필요하다는 명분을 내세우면 가능한 일들이다.

이런 경향은 국가 경제가 허약할수록 더 강해진다. 경제 위기가 전 세계에 퍼지면 선진국들도 경기 침체에 빠지지만, 경제적 약소국은 침체 기간이 훨씬 더 길다. 실업률도 더 높아진다. 그만큼 독재자 혹은 독재 권력의 활동 범위와 기간이 넓어진다.

전 세계 주요 선진국을 겨냥하는 대형 테러 공격 가능성 등도 세상을 요동치게 만드는 잠재 변수다. 제1, 2차 세계대전, 한국전쟁, 베트남전쟁 이후 전 세계 국가가 둘로 나뉘어 치르는 대규모 전쟁은 아직 일어나고 있지 않다. 그렇다고 안심할 수 없다. 지금 전 세계는 불안한 평화, 악마 같은 불안정성 위에 있다. 새로운 전쟁 양상이 시작되고 있기 때문이다. 테러 전쟁이다. 그리고 테러 전쟁은 언제든지 인류를 공멸시킬 대규모 세계 전쟁으로 비화될 수 있다.

현재 일어나고 있는 테러 전쟁은 밑바탕에 두 가지 큰 문제를 깔고 있다. 하나는 부의 불평등이고, 다른 하나는 종교 문제다. 이 두 가지는 인류 역사에 가장 많이 등장했던 전쟁 발발 요인이다. 특히 종교적 신념을 두고 벌이는 전쟁은 그 어떤 전쟁보다 치열하고 오랫동안 끈질기게 지속된다.

2001년 9월 11일, 이슬람 극단주의자들이 알라의 이름으로 악을 심판한다는 말을 던지며 미국의 심장 뉴욕의 110층 세계무역센터 쌍둥이 빌딩과 워싱턴 국방부 건물을 공격했다. 2001년 10월 7일, 미국은 빈 라덴(Osama bin Laden)과 알 카에다를 잡는다는 명분으로 아프가니스탄을 침공했다. 2002년 1월, 미국은 북한, 이라크, 이란을 '악의 축'으로 규정했다. 2003년 미국과 영국을 중심으로 한 연합군은 대량살상무기(WMD)를 제거한다는 명분으로 이라크 수도 바그다드도 무차별 폭격하면서 전쟁을 일으켰다.

이렇게 서로 악을 심판한다는 이슬람 국가와 기독교 국가의 전쟁은 2001년부터 현재까지 계속되고 있다. 2021년, 바이든 대통령은 아프가니스탄에서 미군의 완전 철수를 단행했다. 그러면 전쟁은 끝이 난 것일까? 아니다. 이슬람과 기독교의 종교 전쟁은 역사가 매우 길고, 앞으로도 계속 이어질 것이다. 이슬람 극단주의 무장 세력은 미국, 영국, 이스라엘과 그들에게 협조하는 서방 국가들을 '사악한 뱀의 머리'라고 규정한다. 종말론적 극단주의자들은 이들과 협조하는 몇몇 아랍 국가와 비이슬람 국가들도 '사악한 뱀의 몸통'으로 규정하고 성전(聖戰)을 선언하고 테러 공격을 일삼는다.

이슬람법에는 모든 남자 이슬람교도는 성인이 되면 '지하드'(성전, 聖戰)에 참가할 의무가 있다고 명시되어 있다. 지하드는 신앙이나 원리를 위해 투쟁하는 행위다. 코란에서 지하드는 '(약탈적) 전쟁'을 의미하는 단어가 아니다. 알라를 위해 '애씀', '분발', '투신'의 뜻이다.[9] 알라를 기쁘게 하기 위해 포교하고 진리를 보호하는 노력이다. 그런 의미에서만 성전이다.[10] 자신의 죄와 스스로 싸우는 거룩한 전쟁이다. 그래서 모든 성인 남성 이슬람교도에게 의무가 된다. 참가자에게는 전리품이 분배되고, 순교하면 천국이 약속된다.

지하드는 마음에 의한, 펜(논설)에 의한, 지배에 의한, 그리고 또 검에 의한 4가지 방식으로 나뉜다. 총칼을 드는 것도 진리를 보호하기 위해 부득이 하게 싸우지 않으면 안 되는 상황에서만 방위적 성격으로 허락하는 것이 정통 교리다. 이런 이유들로 이슬람은 역사적으로도 융화 정책을 주로 사용했고 다른 종교와 공존을 우선했다.[11]

하지만 이슬람 극단주의자들은 신앙이나 원리를 위해 투쟁하는 지하드 의무를 왜곡 해석했다. 빈 라덴은 미국 심장부 테러를 '방어적 전쟁'이라는 단어로 둔갑시켰고, 종말론적 극단주의 무장 세력들은 총칼을 들고 벌이는 전쟁을 아예 공격 명분으로 둔갑시켜 버렸다.

대표적인 세력이 ISIS다. 이들은 코란에서 예언된 종말론적 사상을 추종하고 순수 이슬람 시대로 회귀를 목표로 한다. 그래서 내부 정화를 위해 다른 이슬람교도도 공격한다. 다른 지하디스트 조직과 가장 큰 차이점이다. ISIS는 자신들을 중심으로 천년왕국이 건설되고, 현재 자신들이 치르고 있는 전쟁은 최후의 심판 직전에 일어나는 거대 전투(al-Malhamat al-Kubra)라고 믿고 선전한다.[12]

지난 수백 년 동안 기독교는 유럽과 미국 등 선진국 중심으로 세력을 키웠다. 21세기에 들어서 저출산, 고령화, 세속주의의 만연 등으로 선진국에서 기독교는 감소하고 있다. 1900년 전 세계 기독교 인구의 3분의 2는 유럽에 있었다. 21세기 초, 21억 명의 기독교인들 중에서 4분의 1 정도만 유럽에 산다. 2050년경이면 5분의 1로 줄게 될 것이다.[13] 반면, 인구가 폭발적으로 증가하는 남반구에서 기독교는 급성장할 것이다. 2025년이면 남반구의 기독교 인구는 17억 명을 넘을 것이다. 선진국들이 몰려있는 북반구의 기독교 인구를 압도하는 숫자다. 미국을 대체할 새로운 기독교 신정 국가의 출현도 가능하다.

문제는 남반구에서 기독교 인구만 늘어나는 것이 아니라는 점이다. 전 세계 이슬람화를 목표로 하고 있는 이슬람도 남반구에서 같은 속도로 증가할 것이다.[14] 기독교와 이슬람의 남진(南進) 현상이다. '종교와 삶에 관한 퓨 포럼'(The Pew Forum on Religion and Public Life)에서 발간한 보고서에 따르면, 2030년까지 중동의 일부 부유한 산유 국가들에서 이슬람 인구는 둔화된다. 그러나 남반구 국가들의 이슬람화로 인해 2030년 22억 명 정도로 늘어날 것으로 예측된다.[15] 기독교가 쇠퇴하고 있는 선진국에서 이슬람의 포교 활동도 꾸준하게 증가 중이다.

이런 변화 양상을 토대로 예측한다면 기독교와 이슬람 극단주의자들 간의 무력 충돌이나 테러 전쟁은 선진국, 개발도상국, 제3세계를 가리지 않고 곳곳에서 일어날 가능성이 매우 높다. 기독교와 이슬람이 남진하는 아프리카, 동아시아, 남미 등은 정치적으로 불안하고 부의 불균형 분배가 큰 나라들이다. 그들 중 대부분은 생존 문제 해결의 통로를 초자연적인 신앙 추구에서 찾을 것이다. 정치나 사회 변화보다는 개인의 구원에만 집중할 것이다. 이 땅의 모든 고난과 고통에서 벗어나는 내세적 천년왕국을 소망할 것이다. 병 고침, 귀신 쫓아냄 등과 같은 기적적 능력, 환상적 예언이나 묵시적 미래 등 개인적 주제에만 관심을 가질 것이다. 99%는 이렇게 신앙생활을 한다.

문제는 극소수 무력 강경파, 광신자, 이단 종파 등을 아우르는 1%다.

이들은 광신적이고 공격적인 포교 열정을 갖는다. 잘못된 종말론도 갖는다. 진리를 수호하는 데 총칼 사용을 정당화한다. 미래에 남반구에서 정치적 불안이 커지고, 독재 정권이 무너진 자리를 치열한 종교 전쟁이 대신할 가능성이 있다. 현재도 54개국으로 구성된 아프리카 땅의 34%가 무정부 지역이고, 이 지역들은 이슬람 무장 단체나 반군 등이 좌지우지하는 땅이다.

교회와 성도가 경계를 소홀히 하면 미래에 기독교 극단주의자나 잘못된 종말론적 이단 세력이 이슬람 국가에 대한 테러를 시작하거나 이슬람 사원을 불태우고 이슬람인들을 살해하는 일이 거꾸로 발생할 수도 있다.

21세기 중반이 되면 물과 식량의 문제, 상대적 가난에 대한 불만 고조, 뜨거워진 지구로 인해 기독교인이든 이슬람인이든 종말론 신앙 분위기가 커질 수 있다. 경제적 호황기에는 극단적 종교 성향이 약해지지만, 불황이나 위기가 커질수록 사람들에게 종교적 성향도 커지고 극단주의 주장도 힘을 얻는다. 자연재해의 빈번함과 국제적 군사 갈등 등이 커지면 성경이나 코란에 있는 마지막 전쟁과 종말이 임박했다는 예언도 힘을 얻을 수 있다. 기독교나 이슬람 지성인들에게조차도 경전의 예언은 무시할 수 없는 영향력을 발휘한다.

이런 상황에서 극단주의 이슬람 세력의 테러와 기독교인 살해가 일정한 수위를 넘어가면 기독교 내에 있는 극단주의 세력이나 종말론적 색채가 강한 집단이 무력 맞대응을 벌일 가능성이 충분하다. 이런 분위기를 미국이나 중국 내에 있는 군부나 민족주의 강경 정치 세력들이 이용하면 곧바로 전 세계 전쟁이 벌어진다.

전염병도 다시 돌아온다

2010년 필자는 '다음번 전염병 대유행'에 대한 시나리오를 발표했다. 2009년 신종 플루가 전 세계 팬데믹을 일으킨 후 필자는 앞으로 빠르면 12년 후에 또 다른 전염병 팬데믹이 발생할 가능성이 크다고 예측했다. 가장 유력한 발병 진원지로 중국도 거론했다. 필자가 다음번 전염병 대유행에 대한 예측을 발표한 지 12년이 지난 2020년, 스페인 독감 이후 100년 만에 가장 큰 팬데믹 대재앙이 발생했다. 그것도 필자가 주목했던 국가인 중국에서 발생했다. 이제 전염병 대재앙은 끝이 났을까? 아니다. 전염병도 반드시 다시 돌아올 것이다.

코로나19 이후에 새롭게 만들어지는 환경 뉴노멀이 있다. 일명 '전염병 일상화'다. 지엽적 전염병과 팬데믹이 하나의 패키지를 이루면서 반복되는 패턴 형성이 뉴노멀이다. 반복되는 패턴의 주기는 '10-12년'이다. 패턴의 예를 들면 다음과 같다.

2009년 신종 플루는 전 세계 팬데믹 사태를 일으켰다. 그 후에는 지엽적 전염병 발병이 일어났다. 2013년 메르스, 2014년 에볼라, 2016년 지카 바이러스가 지엽적 전염병 위기를 만들었다. 그리고 2020년에 코로나19라는 전 세계 팬데믹 사태가 다시 발생했다. 2009년 팬데믹과 2020년 팬데믹 사이는 12년 기간이고, 그 안에 지엽적 전염병 발병이 3개 일어났다. 이전 팬데믹과 다음 팬데믹 사이에 3-4개 정도의 지엽적 전염병이 발생하는 패턴이 앞으로 계속 반복될 '전염병 일상화'라는 뉴노멀의 기본 구조다.

2020년 발병한 코로나19 바이러스는 2009년 발병했던 신종 플루보다 강력했다. 다음번에 다시 찾아와서 전 세계 팬데믹을 일으킬 인플루엔자 바이러스는 전염성과 치사율이 코로나19보다 한 단계 향상되어 나타날 가능성이 크다. 코로나19 팬데믹과 다음번 팬데믹 사이에 등장할 지엽적 전염병도 위력이 한층 세져서 나타날 것이다.

새로운 바이러스가 출현할 가능성도 있다. 세계보건기구에 의하면, 지난 40여 년 동안 39가지의 새로운 전염병이 발견되었다. 다시 되돌아오고 있는 페스트, 뎅기열병, 콜레라, B형 간염 등의 전염병도 계속 변이가 일어나면서 인간의 면역 체계를 회피하는 능력을 기르고 있다. 동물에게만 발생하는 인플루엔자 바이러스가 변종을 일으켜 종간 경계를 뛰어넘어 인간을 공격하는 사례도 늘고 있다. 예를 들어, 2009년 신종 플루 발발 후 만 1년도 되지 못한 2010년 6월 3일, 중국 중부의 후베이성 어저우시 어청구에 사는 22세의 임산부가 조류에만 발병하는 인플루엔자(H5N1)에 감염돼 숨지는 사건이 발생했다.

바이러스는 사람에게만 전염되는 바이러스, 철새 등의 조류들에게만 전염되는 바이러스, 돼지 등에게만 전염되는 바이러스가 따로 존재한다. 이론적으로는 다른 종간 교류는 불가능하다. 하지만 기존의 이론을 뒤엎으면서 바이러스의 종간 교류가 가능해지는 이유는 무엇일까?

인플루엔자 바이러스는 DNA보다 불완전한 RNA 구조로 되어 있고 8개로 나뉜 유전자 조각들이 끊임없이 변이하려는 속성을 가진다. 그래서 중간 숙주 안에서 유전자를 재조합해 사람 인체에 감염되기 쉽고 동시에 인류의 대부분이 감염을 막는 면역력이 없는 바이러스로 재탄생할 수 있다. 불완전한 RNA 구조로 되어 있는 인플루엔자는 한 번이라도 인간의 몸에 잠입할 수 있게 된 후로는 언제든지 인간의 면역 시스템을 더 잘 피할 수 있도록 변이 혹은 변종(돌연변이)을 반복한다. 변이와 변종을 거치는 과정에서 사람의 면역 반응을 피하고 백신을 무력화시키는 능력을 획득한다.

그것이 전부가 아니다. 전 세계 인간을 감염시킬 수 있는 능력을 갖추기 위해 변이와 변종을 계속 반복한다.

중국 후베이성 22세의 임산부를 사망하게 만든 조류 인플루엔자(H5N1)의 치사율은 60-80%다. 바이러스는 치사율이 높으면 전염성은 낮아서 인간 간 감염 속도가 느리다. 팬데믹으로 발전하기 전에 진압이 가능하다. 하지만 바이러스도 종족 번식이 최고 목적이다. 더 많은 인간 숙주에 퍼져서 종족을 퍼트리려면 치사율을 낮추고 전염성을 강화시키는 쪽으로 선택적 변이와 변종을 반복한다. H5N1 바이러스도 인간에게 감염을 시작했기 때문에 언젠가는 코로나19나 스페인 독감 바이러스처럼 팬데믹을 일으킬 수 있는 수준으로 변이나 변종에 성공할 가능성이 충분하다. 그러면 또 한 번의 대재앙이 일어난다.

필자는 앞으로 '전염병 일상화' 패턴이 1-2회 반복해서 일어나는 동안 중국 후베이성 22세의 임산부를 사망하게 한 H5N1 바이러스가 전 세계 인간을 공격할 준비를 마칠 가능성도 충분하다고 생각한다.

전염병 일상화라는 뉴노멀이 만들어진 이유는 무엇일까? 두 가지 원인이 크다. 하나는 환경 파괴다. 다른 하나는 세계화다. 인간은 삶의 편리와 생존 이득을 위해 지구 환경을 파괴한다. 더 나은 주거 시설을 얻기 위해 나무를 베고, 산을 깎고, 강과 바다를 메워 집을 짓고 도시를 건설한다. 지구 온난화(global warming)도 환경 파괴의 결과물 중 하나다. 지구 온난화는 장기간에 걸쳐 지구의 평균 기온이 높아지는 현상이다. 지구 온난화를 일으키는 주요 원인은 온실가스 배출이다.

산업혁명 이후 제1온실가스 이산화탄소 농도는 30% 이상 증가, 제2온실가스 메탄은 2배 증가했다. 이들 온실가스는 공장, 자동차, 헤어스프레이 등 생활 편리재, 소 등 가축의 배설물 등에서 배출된다. 모두 인간이 편리하고 풍족한 삶을 살기 위해 노력한 과정에서 나온 부작용들이다.

'환경 파괴나 오염이 전염병 발병과 무슨 관계가 있을까?' 하는 의문을 가질 수 있다. 신종 전염병은 완전히 새로운 바이러스가 유발하지 않는다. 거의 이미 존재하는 바이러스(혹은 있었지만 알지 못했던 바이러스)가 원인이다. 환경이 바뀌지 않으면 바이러스나 세균은 제자리에만 있어서 서식지 자체가 다른 인간과 만날 위험이 줄어든다. 환경 파괴가 서로 만나는 접점을 늘리고 상호 작용 가능성을 늘리면서 인간을 직접 공격하는 빈도가 높아지는 것이다.

말라리아 등 일정 지역에서만 인간을 공격하는 질병도 환경 파괴가 불러온 지구 온난화 현상으로 기온과 강수량이 상승하면서 인간을 공격하는 지역을 넓혀 간다. 바이러스가 변이와 변종을 반복하는 과정에서 종간의 경계를 뛰어넘어 인간을 공격하는 종말적 사태가 발생할 가능성도 커진다. 지구 온난화가 계속되어 지구가 점점 더워지면 전염병과 각종 질병을 일으키는 매개 곤충인 진드기나 모기 등의 분포 지역도 확대된다. 곤충의 번식과 활동량도 증가된다. 열대 정글 속에 숨어 있던 라임병(Lyme borreliosis), 말라리아, 뎅기열 등 무서운 질병균들이 모기 등의 매개 곤충을 통해 북반구의 도시들까지 전달될 확률도 높아진다.

미래에도 인간은 부와 국가 발전이라는 명분을 앞세워 지구의 모든 지역을 개발하면서 생태계 파괴를 지속할 것이다. 전 세계 인구는 2023년에 80억 명을 돌파한다. 2058년이면 100억 명도 돌파한다. 그동안 더 많은 도시를 건설하기 위해 더 많은 산과 바다와 정글이 파괴될 것이다. 더 많은 소비가 일어나면서 더 많은 온실가스도 배출될 것이다.

가축 집단 사육도 포기하지 못할 것이다. 더 많은 고기를 먹기 위해서는 어쩔 수 없는 선택이다. 가축 사육이 늘어나면 소 등의 가축이 배출하는 메탄가스도 늘어날 것이다. 일부 국가에서는 이익을 늘리기 위해 비위생적인 가축 사육과 도축도 지속할 것이다. 그런 행위는 동물과 인간의 종간 감염 가능성을 높이면서 지금보다 강력한 변종 바이러스가 발생할 가능성을 키운다.

조류 독감은 밀집, 효율, 약물, 돈벌이가 작동하는 전 세계 곳곳에 있는 공장형 양계장을 무한 복제의 터전으로 삼고 있다.[16] 원숭이나 침팬지에서 발병하는 유인원 면역 결핍 바이러스(SIV)는 사냥꾼이 잡은 고기를 먹거나 사냥을 하는 과정에서 변종되어 인간에게 감염된 것으로 추정된다. 학계에서는 치사율이 80%를 넘어서 역사상 가장 치명적인 바이러스로 분류되는 에볼라 바이러스도 비슷한 방식으로 인간에게 전염되었을 것으로 추정한다.

에볼라 바이러스는 1976년 아프리카 콩고의 한 정글에서 벌목 작업을 하던 사람이 처음 감염되었다. 에볼라강에 서식하는 원숭이가 중간 숙주였을 것이라고 추정하지만, 그것도 확실치 않아서 숙주를 알 수 없는 병으로 남아 있다. 에볼라 바이러스는 건강한 사람이라도 악수 한 번 하는 것만으로 감염될 정도로 전염성이 매우 높다. 사람 몸속으로 침투한 에볼라 균은 단백질 막을 파괴하고 세포 속으로 들어가서 세포가 터질 정도로 빠르게 증식한다. 모든 세포가 터지면서 사람은 피를 토하고 죽는다.

현재 에볼라 바이러스는 감염된 사람(숙주)이 죽는 속도가 빠른 덕분에 지역 방어망을 뚫고 전 세계로 빠르게 퍼지지 못하고 있다. 하지만 에볼라 바이러스가 변이와 변종을 계속하는 중이기에, 언제든지 숙주를 죽이는 치명율을 스스로 낮추고 전염성을 높여 전 세계로 퍼질 능력을 확보할지 모른다. 2003년 최초 발병한 중증급성호흡기증후군(SARS, Severe Acute Repiratory Syndrome) 사스도 중국 남부 광둥성의 박쥐가 사향고양이에게 감염시켰고, 그 고양이 고기를 인간이 도축해서 먹는 과정에서 인간 몸에 침투했다.

가축 사육이 늘어나면 집단 사육하는 가축의 질병 감염을 막기 위한 항생제 남용도 증가한다. 가축 몸에 있는 바이러스들이 항생제에 내성을 키우면 슈퍼 박테리아 출현 가능성이 높아진다. 가축의 몸속에서 항생제에 내성을 키운 균들이 밖으로 흘러나와 인간의 몸속에 들어오면 다른 균들에게도 내성을 전달할 수 있다.

최후의 항생제인 '반코마이신'(Vancomycin)에도 내성을 보이는 균(VRSA, Vancomycin-Resistant Staphylococcus Aureus)은 이미 출현한 상태다. 미국에서는 항생제내성세균(MRSA), 반코마이신 내성장구균(VRE), 병원 내 제2차 세균 감염 등으로 많게는 200만 명의 환자가 감염되고, 10만 명 이상이 사망을 한다. 약이 없으면 만들어지지 않았을 것이라는 평가를 받는 항생제내성세균은 이미 주요 선진국들의 병원들에 대부분 침투해 있다.[17] 교묘하게도 항생제내성세균이 환자 과밀 병원과 환자들의 자유로운 이동을 따라 서식하기 때문이다.

병원에서 환자에게 남용하는 항생제도 슈퍼 박테리아 출현을 앞당기는 요인이다. 슈퍼 박테리아 집단 발병이 이미 시작되었다는 것을 유념해야 한다. 항생제에 내성을 지닌 슈퍼 박테리아가 느리지만 점점 큰 문제로 발전 중이라는 사실을 의미하는 중요한 신호이기 때문이다.

여기에 세계화가 더해지면서 특정 지역에서 발생한 살인적 질병과 바이러스는 비행기, 배, 자동차 등을 통해 순식간에 전 세계로 퍼진다. 사스 바이러스는 처음에는 감염 환자를 치료하던 의사를 감염시켰지만, 그 의사가 결혼식에 참석하기 위해 150km 떨어진 홍콩으로 가서 12명의 피로연 손님에게 병을 옮겼다. 그리고 결혼 피로연을 마치고 각자의 나라로 되돌아간 12명을 통해 싱가포르, 베트남, 캐나다 등으로 빠르게 확산되었다. 이런 방식으로 8개월 동안에만 30개 국가들에서 8,000명 정도가 감염되었다. 그중에서 774명이 사망했다. 사스 바이러스와 유사종이지만 치사율은 더 높은 중동호흡기증후군 메르스도 사우디아라비아와 아랍에미리트를 중심으로 발생했지만, 비행기 승객을 매개로 유럽까지 전염되었다.

2020년 발생한 코로나19 바이러스는 중국 우한의 봉쇄망을 어떻게 뚫었을까? 비행기다. 필자는 코로나19 발병 초기에 향후 코로나19가 전파되는 경로와 순서를 예측하는 데 다양한 자료를 참고했는데, 그중에서 가장 효과적이었던 것은 전 세계 항공기 운항 지도였다. 단일 자료로는 가장 높은 예측 적중률을 보여 주었다. 미래에는 이동 수단의 발달이 가속화되면서 세계는 더 빠르게 이동하고 더 광범위하게 접촉할 것이다. 지금도 매년 10억 명 정도가 놀이와 업무를 위해 세계를 돌아다닌다. 미래에는 이 숫자가 2-3배 더 늘 것이다. 그만큼 전염병의 세계적 확산 위험도는 높아진다.

먹거리의 세계화도 질병이나 전염병을 전파시키는 원인으로 작용한다. 1993년, 장출혈성 대장균 'O157'이 미국산 쇠고기로 만든 햄버거 패드에서 발견되었다. 미국이 O157 대장균에 오염된 소고기를 수출하는 과정에서 전 세계로 병균이 퍼져 나갔다. 뇌를 잠식하는 죽음의 '프리온'[prion, 단백질(Protein)과 바이러스 입자(virion)의 합성어]이라 불리는 '크로이츠펠트-야코프병'(CJD, Creutzfeldt-Jakob disease)도 전 세계를 공포에 떨게 했다. 일명 '인간 광우병'이다. 프리온도 바이러스처럼 지속적으로 변이와 변종을 거듭한다.

가정 요리나 패스트푸드의 재료로 많이 쓰이는 오리, 닭, 메추라기도 국가들 간에 서로 주고받는 중요한 먹거리 무역 품목들 중의 하나다. 그러나 매년 정기적으로 고개를 쳐드는 조류 독감균 때문에 공포에 휩싸인 양계업자들이 세계 곳곳에서 미친 듯이 오리나 닭, 메추라기들을 폐사시킨다. 무역의 세계화는 먹거리뿐만 아니라 해충, 잡초, 세균, 조작된 유전인자들을 무차별적으로 뒤섞는 데 일조한다. 광우병은 동물성 단백질 사료의 국제 무역을 최적의 유통 경로로 삼고 있다. 그중에 세계적인 살인마 몇몇이 숨어 있다.

꼭 기억하자. 전염병이 전쟁보다 무섭다. 1918–1919년 발병한 스페인 독감은 제1차 세계대전에서 죽은 사망자보다 몇 배 더 많은 인명을 앗아갔다. 2020–2021년에 발병한 코로나19도 제2차 세계대전 이후에 지구상에서 발생했던 전쟁과 테러로 사망한 사망자보다 더 많은 죽음을 불러왔다. 이런 무서운 전염병은 '반드시' 다시 되돌아온다.

**"한국 교회와 성도는 어쩌다가
사회적 고통 경계와 치유에 실패했을까?"**

교회가 소금의 역할을 잃으면
세상의 고통은 치료되지 못한다.
세상의 부패 속도가 빨라진다.
교회가 빛의 역할을 잃으면
사회적 고통의 원인이 드러나지 않는다.
세상은 어둠의 세력의 독무대가 된다.
결국 교회와 성도도 이런 부패한 세상,
고통의 처절한 절규가 진동하는 세상,
어둠이 가득한 세상에 갇히게 된다.

5. 한국 교회, 위기를 통찰하자
6. 한국 교회, 어디로 빅체인지할 것인가

PART 2

한국 교회,
어디로
빅체인지할 것인가

B I G C H A N G E

CHAPTER. 5

한국 교회,
위기를 통찰하자

이미 한국 교회는 쇠퇴기다

필자는 2013년 출간했던 『2020-2040 한국교회 미래지도』를 통해 한국 교회에 곧 밀어닥칠 미래 위기들에 대해서 예측하고 대응을 권면했다. 하지만 한국 교회의 변화와 대응 속도는 느렸다. 한국 교회 대응보다 미래 위기가 더 빨랐다. 2013년 예측했던 위기는 이제 현실이 되었다. '다가올 위기'에서 '이미 시작된 위기'가 되었다. (필자가 예측하고 경고했던 한국 교회와 한국 교회 성도에게 닥칠 위기들에 대해서 자세하게 알고 싶은 독자는 필자의 책 『2020-2040 한국교회 미래지도 1, 2』를 참고하라.)

당시 필자가 염려했던 한국 교회 위기 중에서 가장 큰 것은 '한국 교회의 쇠퇴기 진입'이었다.[1] 필자의 날 선 예측에 일부는 동의했지만, 일부는 부정했다. 한국 교회 주일학교나 청년부 숫자가 줄기는 했지만, 한국 교회 전체 숫자는 계속 증가 중이었기 때문이다.

그 후로 10년 가까이 시간이 지났다. 한국 교회의 성도 총숫자는 어떻게 변했을까? 한국 교회의 성도 총숫자는 2013년보다 증가했다. 그렇다면 필자가 한국 교회가 쇠퇴기에 진입할 위기에 빠졌다고 한 예측이 잘못되었을까? 당시에도 필자는 한국 교회의 양적 변화를 예측하면서 당분간은 총숫자가 증가하면서 양적 감소 위기감을 무디게 할 것이라고 진단했다. 오히려 총 기독교인 숫자가 2030-2035년까지 계속 증가하는 것이 '착시 효과'를 일으켜서 위기에 대한 경고 목소리를 무시하거나 눌러 버릴 가능성이 크다고 예측했다.

다음 도표는 필자가 2013년에 발표했던 '한국 기독교인 총인구 변화' 시뮬레이션 결과다. 2013년 이후에도 기독교인 총인구는 계속 증가하고, 2030년경에 최고점에 이른다. 그리고 2045년까지 완만하게 감소하다가 그 이후에 상당히 빠른 속도로 총인구 감소가 일어난다. 그래서 필자는 당시에 이런 자조적인 말을 했다.

> "이미 한국 교회 내부에서 거대한 변화가 일어나고 있다. 당분간 한국 교회가 무너진다는 경고도 여기저기서 흘러나올 것이다. 하지만 양적으로 계속 증가하는 아이러니한 상황이 지속되면서, 우리 세대가 은퇴할 때까지는 한국 교회는 그런 대로 잘 버틸 수 있을 것이다. 웃어야 할지, 울어야 할지 모르는 상황이다."[2]

| 2013년에 예측한 한국 기독교인 총인구 변화 (가나안 성도, 이단 포함) |

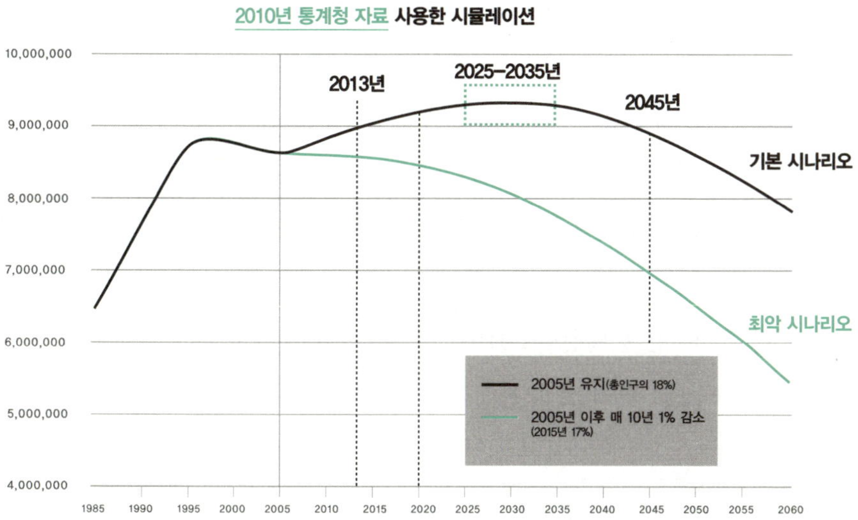

지금 한국 교회의 현재와 미래를 바라보는 필자의 시각은 어떨까? 2013년과 다르지 않다. 코로나19 기간을 거치면서, 필자는 한국 교회는 "이미 쇠퇴기 문턱을 넘어, 점점 깊이 들어가고 있다"고 진단한다. 필자가 한국 교회가 쇠퇴기에 있다고 평가한 이유는 크게 3가지다. 양적 위기, 질적 위기, 방향성 상실이다.

한국 교회가 쇠퇴기에 접어들었다고 평가하는 첫 번째 이유인 양적 위기에 대해서 살펴보자. 한국 교회의 양적 위기는 총 기독교인 수의 감소가 시작되는 2035년까지 갈 필요가 없다. 한국 교회는 지금 겉으로는 몸집이 계속 커지지만 속은 썩어 가고 있기 때문이다. 한국 교회 양적 변화의 현재와 미래를 이해하는 데 도움이 되도록, 필자가 새롭게 보정한 시뮬레이션 결과를 먼저 소개하겠다. 다음은 필자가 2015년 통계청에서 발표한 인구주택조사 자료를 가지고 새롭게 보정한 한국 기독교인 총인구 변화 추이 예측이다.

필자가 한국 기독교인 총인구 변화 예측을 보정한 이유는 2013년 발표 당시 기초로 사용했던 "2010년 통계청 인구주택조사 자료"가 2015년 조사에서는 약간의 변화가 발생했기 때문이다. 통계청에서 실시했던 인구주택조사 결과, 변화는 두 가지였다. 하나는 2015년 기독교인의 실제 총 숫자가 2010년 통계청 조사 때의 예측치보다 약 50만 명 정도 상승되었다. 다른 하나는 통계청의 2015년 자료는 한국인 평균 수명 증가 속도가 2010년 때보다 더 빠르게 진행되는 현상을 반영했다. 한국인 전체 평균 수명 증가 속도가 빨라지면서 고령자 생존 기간이 길어지는 현상이 나타났고, 한국인 총인구 감소 속도가 느려졌다.

다음은 통계청의 자료의 변화를 반영하여 필자가 '새로 보정한 한국 기독교인 총인구 변화 예측 기본 시나리오'다. 필자의 기본 시나리오(baseline future)는 한국 교회 내에서 발생하는 추가적인 인구 구조 변화 시나리오를 반영하지 않았다. 기본 시나리오는 2015년 기독교인 비율이 앞으로도 변하지 않는다는 전제에서 한국 전체 인구 구조 변화를 그대로 따라갔다. 그 결과, 2013년에 필자가 발표했던 미래 예측보다 전체 기독교인 숫자가 조금 상승하는 시뮬레이션 결과가 도출되었다.

| 새로 보정한 한국 기독교인 총인구 변화 예측 (가나안 성도, 이단 포함) |

2015년 통계청 자료 사용한 시뮬레이션

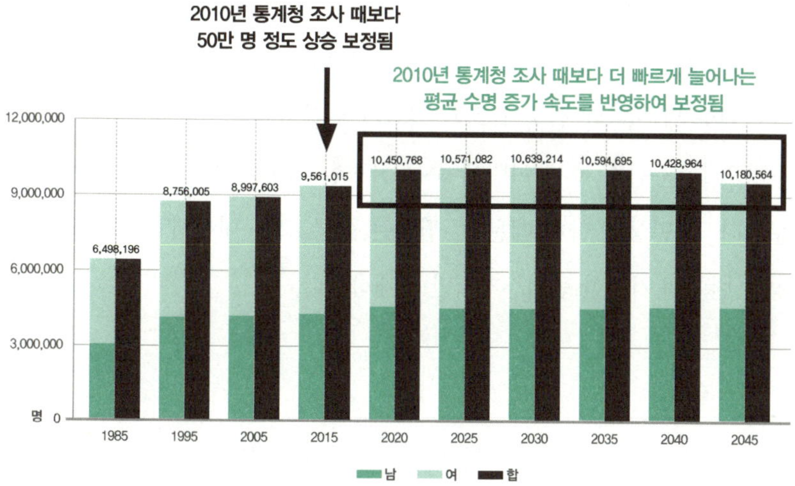

이런 결과에도 불구하고, 필자는 현재 한국 교회가 쇠퇴기에 진입했다는 큰 틀을 바꾸지 않는다. 이유는 3가지다.

첫째, 상승 보정된 숫자는 몇십 만에 불과하다. 둘째, 통계청의 조사 결과가 2010년과 2015년이 달라진 이유는 평균 수명 상승의 결과가 더해진 것으로, 기존 기독교인 고령자 사망자 숫자가 줄어든 결과다. 셋째, (필자는 이것이 기독교인 숫자가 50만 명 정도 상승하는 데 가장 큰 이유라고 여긴다.) 증가분 50만 명은 (인구주택조사에서는 기독교인으로 분류되지만) 실제로는 기독교 이단에 속한 사람들 숫자가 크게 증가했고, 기독교 안에서도 가나안 성도 숫자가 증가한 것이 반영되었을 가능성이 매우 높다. 상승 보정된 50만 명이라는 숫자는 한국 교회가 비기독교인을 열정적으로 전도해서 기독교인으로 개종시킨 결과가 아닐 가능성이 높다. 실제로, 같은 기간 기독교 대형 교단들의 자체 조사 결과에 따르면, 교단별 기독교인 전체 숫자는 정체되었거나 약간 감소했다.

새로 보정한 시뮬레이션 결과를 보면, 한국 교회 성도의 총숫자는 2030년까지 계속 증가한다. 심지어 2035년에도 크게 감소하지 않는다. 그럼에도 필자는 왜 한국 교회가 쇠퇴기에 접어들었다고 경고했을까? 총숫자의 느린 감소 추세 이면에 숨은 급격한 기독교인 인구 구조 변화 때문이다. 지면상의 한계 때문에, 필자는 한국 교회 내에서 일어나고 있는 양적 변화의 거대한 변화 3가지만 소개하겠다.

양적 측면에서 일어나고 있는 거대한 변화

한국 교회 양적 측면에서 일어나고 있는 첫 번째 거대한 변화는 '중심층'에서 일어난다. 2040년경부터 한국 교회의 중심층은 55-79세가 되고, 가장 많은 세대(10년씩 구분)는 65-74세다. 2020년에 한국 교회의 중심층은 40-64세였고, 가장 많은 세대(10년씩)는 45-54세였다. 고령화는 빠르게 진행되고 있었지만, 아직 중장년층이 견고했다. 하지만 2040년이 되면 중심층 연령이 15년 이상 늙는다. 가장 숫자가 많은 세대(10년씩)는 65-74세로 더 빠르게 늙는다. 2060년에는 중심층이 60-84세로 완전하게 초고령화된다. 하지만 가장 많은 세대(10년씩)는 60-69세로 2040년보다 5년 젊어진다.

이유가 무엇일까? 초고령화가 심해지면서 60-90세까지 인구층이 골고루 두터워져서 중심 세대는 더 나이가 들지만 가장 많은 세대의 연령은

| 2020년 기독교 연령별 숫자 예측 |

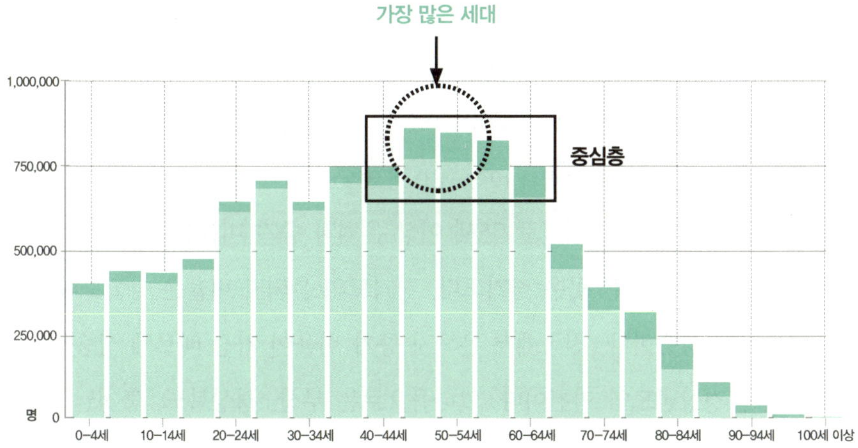

| 2040년 기독교 연령별 숫자 예측 |

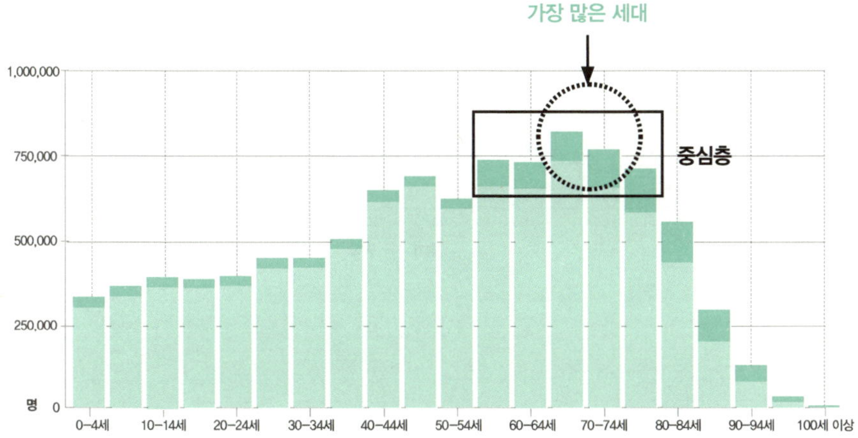

아이러니하게도 5년 젊어진 것이다. 대신, 전체 성도 중에서 55세 이상이 차지하는 비율은 2040년 58%에서 2060년 65–70%(추정치)로 높아지면서 초고령화가 강화된다.

더 심각한 문제는 필자가 예측한 결과로는 한국 교회의 고령화는 한국 전체 고령화보다 빠르다는 것이다. 2040년 55세 이상 비율은 한국 전체가 47.9%인데 기독교는 58%다. 10% 포인트 더 높다. 2060년 한국 전체의 55세 이상은 53.3%다. 2060년 한국 교회 55세 이상은 65-70%로 예측된다(20년 동안 한국 전체보다 10% 포인트 더 빨라진다는 가정을 반영함).

2045년까지 각 지역별로 55세 이상 은퇴자 증가 비율을 예측해 보자. 총숫자가 가장 많은 곳은 경기도다. 경기도의 은퇴자 비율은 서울보다 더 가파르게 상승한다. 전국에서 은퇴자 증가 비율이 가장 빠르게 상승하는 지역은 경상남도와 인천이다. 그다음으로는 부산, 경상북도, 충청남도가

| 2045년까지 기독교 은퇴자(55세 이상) 숫자 예측 |

〈50세 이하 매년 1% 감소 시나리오〉

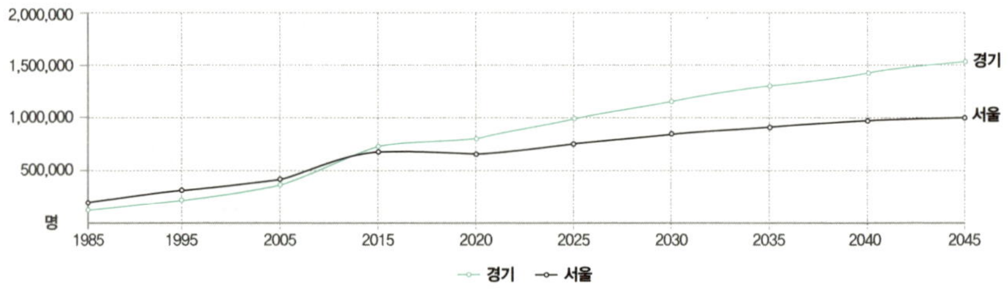

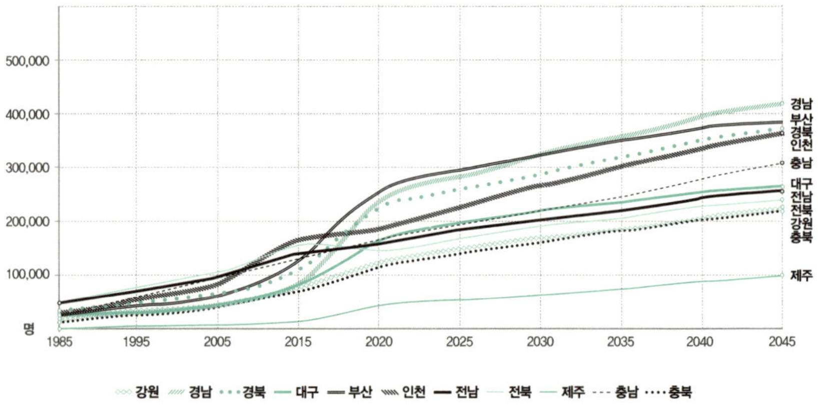

뒤를 잇는다. 나머지 지역들도 은퇴자 증가 속도가 서울보다 빠르다.

참고로, 장년층(30-54세)의 변화도 지역별로 조금씩 차이가 난다. 서울, 인천, 경기도, 전라북도, 전라남도는 2015년부터 장년층의 감소를 피부로 느꼈을 것이다. 반면, 경상남도, 부산, 경상북도, 대구, 충청북도는 2015-2020년까지 장년층이 증가하는 추세가 지속되었다. 하지만 이 지역들도 2020년부터는 장년층이 빠르게 감소하는 추세로 접어든다. 2020년 이후 장년층 감소 속도가 상대적으로 느린 지역은 제주도와 서울이다.

| 2045년까지 기독교 장년(30-54세까지) 숫자 예측 |

〈50세 이하 매년 1% 감소 시나리오〉

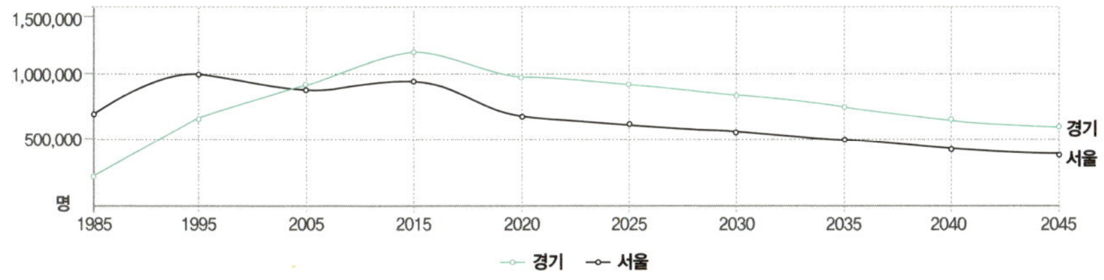

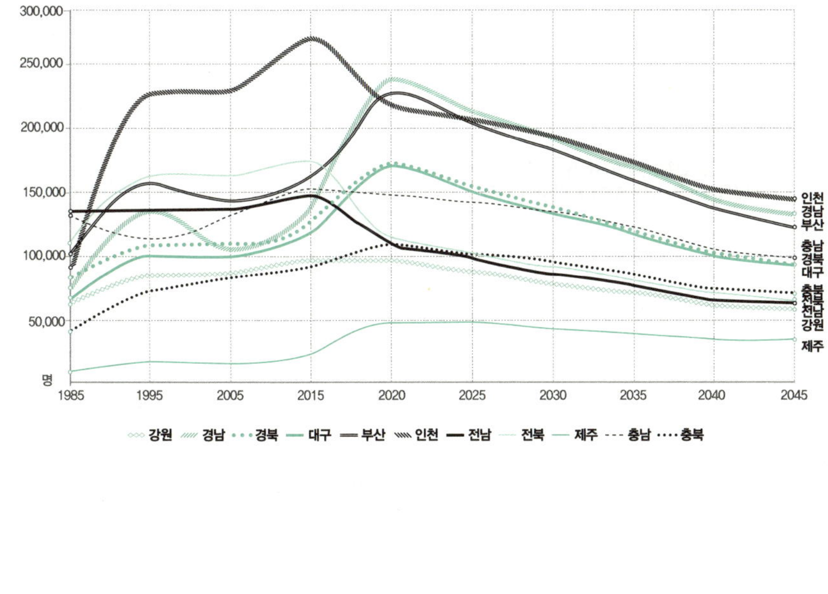

한국 교회 양적 측면에서 일어나고 있는 두 번째 거대한 변화는 '교육부'에서 일어난다. 다음 도표를 보자. 한국 교회가 개별 교회 단위에서 주일학교(영유아–고등부)와 청년대학부가 문 닫는 상황이 본격 발생하는 첫 기간은 1995–2015년까지다. 2015–2020년 정도까지는 이런 현상이 잠시 소강 상태에 들어갔다. 하지만 2020–2030년까지 개별 교회 단위에서 주일학교와 청년대학부가 추가로 사라지는 일이 다시 시작된다.

여기가 끝이 아니다. 2035년경부터는 한국 교회 교육부 역사상 대규모 감소가 마지막으로 일어나는 단계로 진입한다. 해당 교회에서 주일학교와 청년대학부가 없어지면 그 학생들은 주일학교와 청년대학부가 운영되는 중대형 교회로 흡수된다. 주일학교가 없어지면 가정 전체가 이동하는 현상도 연쇄적으로 발생하면서 장년층(30–54세)도 줄어든다. 청년대학부가 없어지면 교회 역동성이 크게 꺾인다. 결국 교육부가 문 닫은 교회는 초고령화가 더욱 빨라진다.

| 2060년까지 기독교 교육부 전체(1–29세) 숫자 예측 |

〈50세 이하 매년 1% 감소 시나리오〉

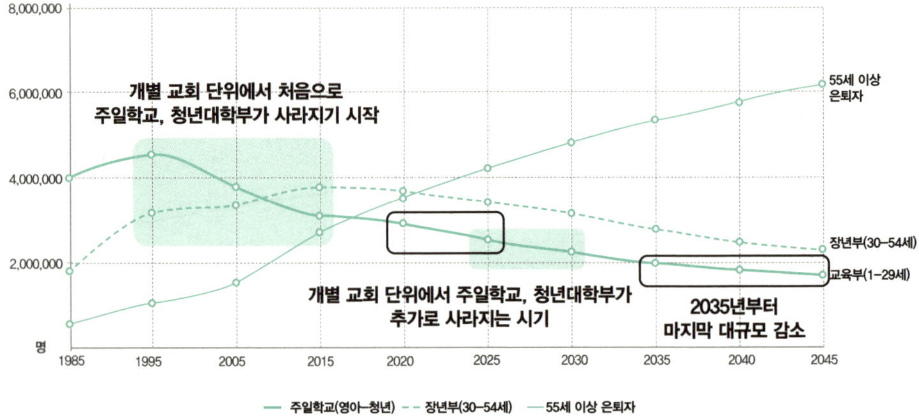

다음 도표는 2060년까지 교육부 중에서 어린이부(유년부, 초등부), 중등부, 고등부만의 양적 수치 변화를 예측한 그림이다. 한국 교회 주일학교(어린이부, 중고등부)의 총숫자가 감소를 시작한 때는 대략 1970년부터다. 제2차 베이비부머 세대의 끝 무렵이 되면서 국가 단위로 산아 제한 효과가 나타난 시점이다. 1970-1995년까지는 한국 교회 제2의 전성기가 펼쳐지던 시기다. 이때 주일학교의 감소는 산아 제한 때문에 일어난 현상으로 큰 문제로 지적되지 않았다.

하지만 1995-2015년까지 20년 동안 주일학교의 대규모 감소는 달랐다. 이 시기는 개별 교회 단위에서 한국 교회 역사상 처음으로 주일학교, 청년대학부가 문을 닫기 시작한 단계다. 지속적인 출산율 감소, 순수한 비신자 전도율 하락, 수평 이동 증가 등이 주요 원인이었다. 특히 기독교인의 지방에서 수도권으로, 중소형 교회에서 대형 교회로 수평 이동이 결정적 요인이었다.

예를 들어, 2013년 기준으로 장로교단에서는 새 신자의 44.4%가 수평 이동 결과였다. 이런 현상은 다른 교단들도 비슷했다. 감리교단은 43.7%, 성결교단은 42.6%가 수평 이동으로 새 신자 숫자가 채워졌다.[3)] 2020년 예장합동교단의 자체 조사(총회교육개발원 조사)에 따르면, 산하 교회들 중에서 주일학교를 운영하지 못하는 교회는 22.4%였다. 주일학교를 운영하는 교회들도 절반은 부서별 인원이 10명 이하였다. 부서별로 보면, 미취학부서는 70%가 10명 이하로 운영됐고, 유초등부는 53.1%, 중고등부는 51%가 10명 이하로 운영되고 있었다. 부서별 인원이 30명을 초과하는 교회는 미취학부 2.6%, 유초등부 3.5%, 중고등부 4.4% 등 소수에 불과했다.[4)] 한국 교회가 성장기를 지나 성숙기에 들어섰고, 곧 쇠퇴기에 진입할 수 있다는 중요한 신호다. 하지만 한국 교회는 이 신호에 민감하지 못하고 있다.

2035년경부터는 한국 교회 교육부 역사상 대규모 감소가 한 번 더 일어난다. 특히 이 시점에는 청년대학부보다 주일학교의 감소폭이 훨씬 더 클 것이다. 그리고 이 마지막 대규모 감소 단계를 끝으로 한국 교회 주일학교와 청년대학부는 유럽 교회처럼 스스로의 힘으로는 더 이상 소생하기 힘든 상황에 진입하게 될 것이다.

| 2060년까지 기독교 주일학교(초등-고등부) 숫자 예측 |

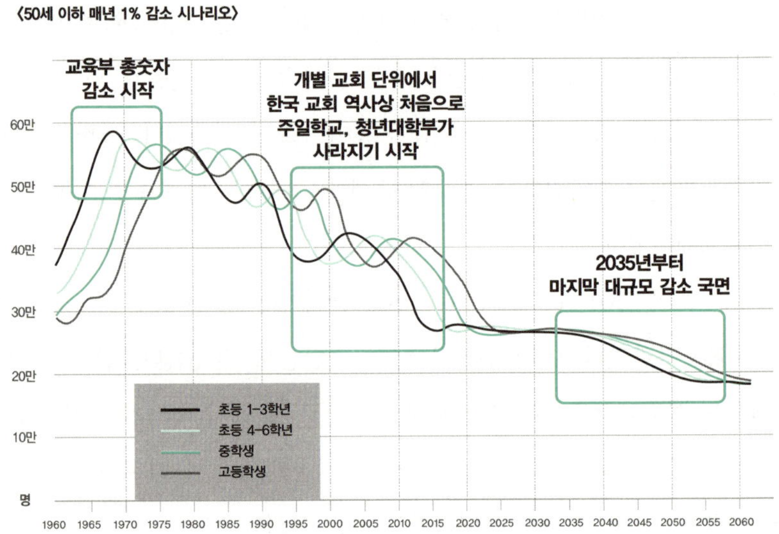

마지막 대규모 감소 국면이 끝나고 난 2055-2060년의 교육부(1-29세) 전체 숫자는 얼마까지 감소할까? 필자의 기본 시나리오는 190만 명 정도다. 기본 시나리오는 현재 비율을 그대로 유지하고, 한국 인구 감소율만 적용한 예측이다. 기독교 이단 및 가나안 성도 가정의 학생도 포함한 수치다.[5)]

하지만 한국 교회 교육부 비율이 매년 1%씩 감소하면 129만 명까지 감소할 수 있다(이단 및 가나안 성도 가정의 학생 포함). 최악의 시나리오의 경우, 실제 교육부 전체 숫자는 70-80만 명까지 감소할 수 있다. 최악의 시나리오는 교육부 비율이 매년 1%씩 감소하고, 기독교 이단 및 가나안 성도 가정의 학생 숫자를 빼고, 한국 교회 교육부(1-29세) 감소 비율이 한국 전체 1-29세 총인구 감소 비율보다 빠르다는 전제를 반영한 예측이다. 2060년 최악의 시나리오를 기준으로, 교육부 전체(70-80만 명) 안에서 어린이부, 중등부, 고등부 숫자는 30-40만 명까지 감소할 수 있다.

2030년,
대형 교회 부도가 시작된다

주일학교가 문을 닫으면 젊은 부부층의 수평 이동이 지속된다. 젊은 부부층이 주일학교가 잘 운영되는 대형 교회로 수평 이동을 하면 교회 중심층 연령은 더욱 높아진다. 여기에 교회 재정을 뒷받침하는 35-49세의 핵심 경제층이 줄어들면 교회 재정은 순식간에 휘청거린다. 여기에 기준 금리마저 인상되면 이미 빌려다 쓴 부채로 인한 재정 압박도 늘어난다. 이런 악순환은 처음에는 서서히 진행되다가, 일정한 시점이 지나면 속도가 빨라지면서 교회를 부도 위기로 몰고 간다.

교회 건축과 교회 재정 역량 간의 관계 변화를 간단하게 살펴보자. 평양대부흥운동 이후 한국 교회의 재부흥기는 6 · 25전쟁 이후에 다시 시작되었다. 이 시기에는 모두가 가난했던 시절이었기 때문에 천막 교회, 판자 교회 등이 주를 이뤘다.

1970–1980년대에 들어서는 한국 경제의 발전과 더불어 기독교인들의 숫자도 급격하게 늘어났다. 이 시기는 한국 기독교의 본격적인 성장기이자 최고의 전성기였다. 이런 급격한 성장에 힘입어 수많은 교회가 개척되었고, 1960–1970년대에 개척된 교회들은 현대화된 건물을 짓기 시작했다. 이런 추세는 1980년대 후반까지 이어졌다.

이때가 한국 기독교 교회 건축 제1차 열풍이 발생한 시기다. 이 시기에 새로운 예배당이나 수양관 건축을 한 교회들은 대부분 빚 갚는 데 문제가 없었다. 이유는 5가지다.

첫째, 당시에는 성도들이 전 재산 혹은 상당한 재산을 바쳐서 건축 헌금을 하는 놀라운 열정을 가지고 있었다. 둘째, 교회 재정의 중심을 담당하는 35–49세 경제층의 숫자가 계속 증가했다. 셋째, 한국 경제도 건국 이래 가장 높은 경제성장률을 기록했다. 넷째, 기독교 성장도 지속되어서, 교회를 짓고 난 이후에도 성도 수가 증가하면서 재정 능력이 강화되었다. 마지막으로, 한국 경제 역량이 강화되면서 기준 금리가 낮아져서 이자 부담이 줄어들었다.

이 시기에 한국 교회에는 교회 건축에 대한 두 가지 확신이 만들어졌다. 아무리 큰 비용을 들여서 건축을 하더라도 부도가 나지 않고 은행 빚 상환에 성공할 수 있다는 것, 교회 건축 이후에 오히려 성도 수가 증가한다는 확신이었다.

다음 도표는 1970년대와 1990년대의 35–49세 경제 중심 세대 숫자를 비교한 것이다. 대략 한국 전체에서 해당 층의 자연적 증가율만 27% 정도였다. 교회 건축을 하고 수평 이동하는 성도를 붙드는 데 성공했다면 성도 수가 40–50% 증가했을 것이다. 당연히 재정 능력도 그만큼 강화되어 은행 빚을 감당하는 데 큰 문제가 없었다.

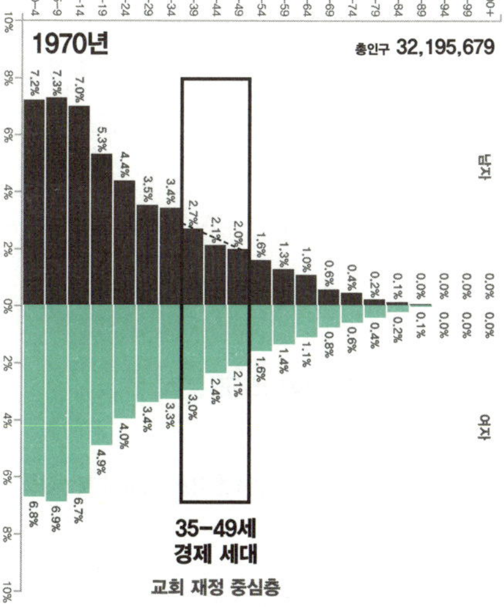

출처: UN, PopulationPyramid.net

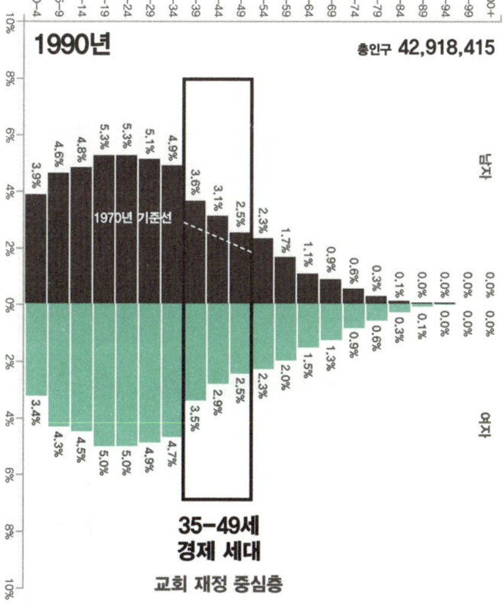

출처: UN, PopulationPyramid.net

이런 한 차례의 성공 경험과 확신을 바탕으로 1990년대 중반부터 2008년 전까지 10여 년 동안 한국 교회는 재건축 열풍에 돌입했다. 한국 기독교 교회 건축 제2차 열풍 시기다. 제2차 건축 열풍이 분 데는 몇 가지 이유가 있었다.

첫째, 20–30년 전 개척 당시 지었던 건물이 노후화되었다. 둘째, 정치권에서 혁신 도시나 신도시 개발 등의 공약을 쏟아 냈고, 전국에 신도시나 신도심 지역이 생겨나면서 수많은 종교 부지가 생겨났다. 전국적으로 재개발 열풍도 일어나면서 건축 시장이 활발하게 움직였다. 셋째, 이 무렵부터 기독교 내부에서는 수평 이동을 통한 교회 성장 추세가 대세로 떠오르기 시작했다. 교회 지도자들 사이에서는 자기 교회 성도의 수평 이동 가능성을 미연에 차단하고자 하는 목적과 지방이나 다른 교회에서 수평 이동을 하는 교인을 붙잡기 위한 욕심이 묘하게 공존했다. 넷째, 1997년 외환 위기가 발발하기 전까지 아시아 경제 성장 열풍이 만들어지면서 한국 경제 성장도 지속되었다. 마지막으로, 한국은행의 기준 금리가 제1차 건축 열풍 시기보다 더 낮아졌다. 더 많은 돈을 빌려도 더 적은 이자 비용이 발생했다.

| 한국 경제성장률, 기준 금리 추이와 교회 건축 시기 비교 분석 |

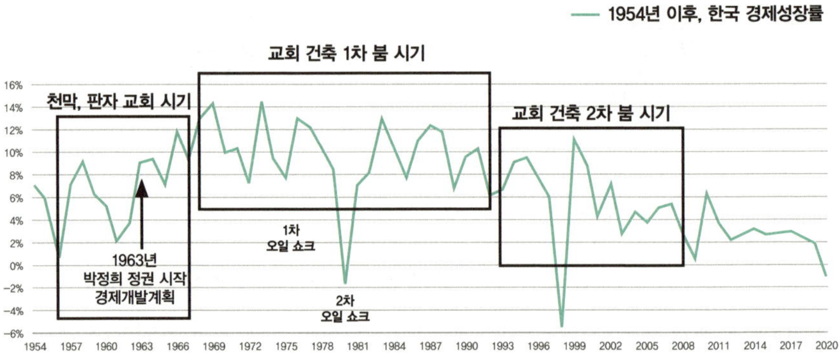

| 한국은행 기준금리 변화 추이 |

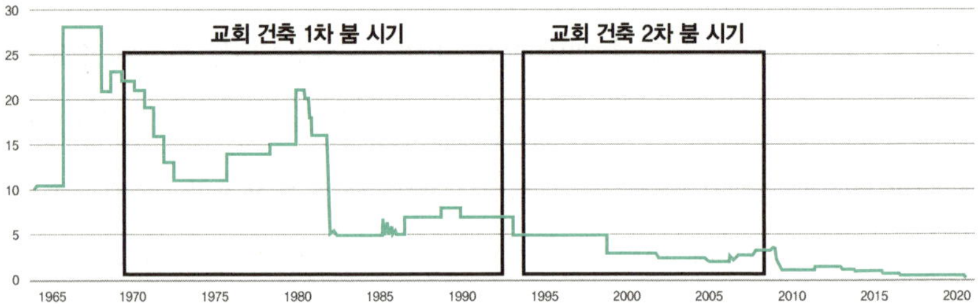

출처: Internation Monetary Fund fred.stlouisfed.org

제2차 교회 건축 열풍이 불어서 신규 예배당이나 수양관을 건축할 당시에는 제1차 교회 건축 열풍이 불었던 20-30년 전과 별다른 점이 없었다. 경제성장률 수치는 그 당시보다 낮아졌지만, 성도의 경제 총규모는 더 커졌기 때문에 건축을 시작할 때에는 미래에 대한 불안감이 없었다.

하지만 문제는 대규모 건축을 완료하고 난 이후부터 시작되었다. 더 정확하게 말하면, 2008년 미국발 금융 위기가 전 세계를 강타하면서부터 상황이 완전히 달라졌다. 1997년 외환 위기와 2008년 글로벌 금융 위기 충격을 두 번 맞으면서 한국 경제는 크게 주저앉았다. 35-49세의 경제 중심층의 인구는 2005년을 정점으로 하락하기 시작했다. 다음 도표를 보면, 2010년 35-49세 인구는 2005년에 비해 거의 늘지 않았다. 2020년이 되자, 35-49세 인구는 10% 이상 감소로 전환되었다.

성도들의 건축 헌금 열정도 예전과는 전혀 달랐다. 가계 경제가 두 번의 경제 위기로 심각한 위기에 빠졌고, 교회의 권위와 신뢰도가 하락하면서 헌금 사용에 대한 의심이 늘면서 물질적 헌신 열정이 빠르게 줄어들었다. 수평 이동을 통한 성장도 한계에 도달하면서 교회는 더 크게 지었지만, 오히려 건축 헌금 압박과 은행 빚에 대한 심리적 부담으로 성도 수가 감소하는 역성장 현상이 발생하기 시작했다. 일부 중대형 교회에서 재정이 붕괴하면서 부도 사태가 발생했다. 한국 기독교 역사상 처음 등장한 충격이었다.

"교회가 망하다니…."

이전과는 전혀 다른 패턴이 속출하자 한국 교회 지도자들은 당황하기 시작했다.

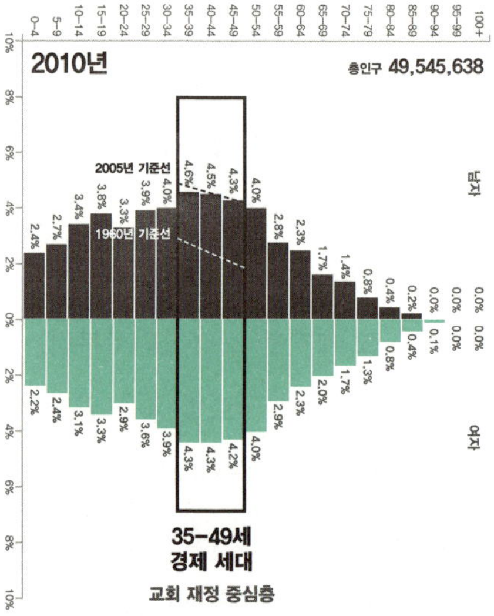

출처: UN, PopulationPyramid.net

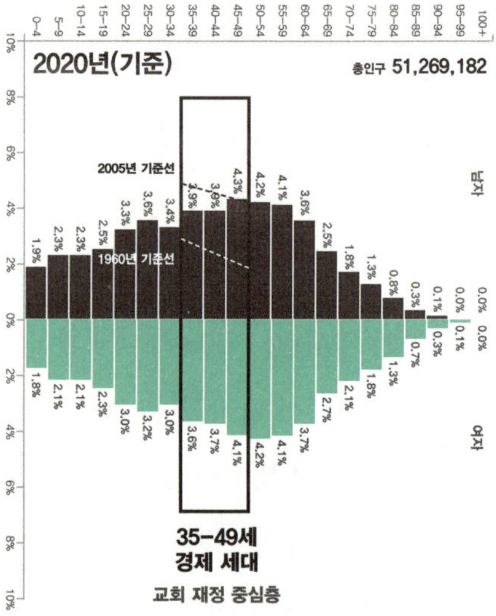

출처: UN, PopulationPyramid.net

교회 부도는 소수의 교회에서 발생했지만, 재정적 부담과 압박감 상승은 교회 건축을 했던 대부분의 교회에서 나타났다. 이런 상황에도 불구하고, 교회 부도가 본격적으로 발생하지 않은 이유가 있었다. 바로 대한민국 건국 이래 가장 낮은 금리 상황이었다. 앞으로는 어떻게 될까? 다음 도표를 보자.

2030-2040년, 한국 전체 35-49세의 인구수는 계속 감소한다. (필자가 2005년과 2020년 수치를 기준선으로 표시했는데, 2040년까지 계속 기준선 아래로 내려간다.) 한국 경제성장률도 1-2%대로 주저앉아서 일본처럼 될 가능성이 높다. 청년 일자리는 이미 가장 큰 사회 문제가 되었다. 그리고 2008년 글로벌 금융 위기 이후에 막대한 은행 빚을 지고도 버틸 수 있도록 해주었던 초저금리 상황이 끝난다.

당분간 전 세계는 기준 금리 인상으로 추세 전환을 할 것이다. 기준 금리를 인상하는 과정에서 상승 추세가 멈추고 다시 초저금리로 되돌아올 수 있다. 하지만 기준 금리가 인상하다가 갑자기 하락으로 전환된다는 것은 경제 위기가 발생했다는 의미다. 즉 앞으로 2030년까지는 기준 금리 인상으로 인한 은행 이자 부담과 원금 상환 압력에 시달리는 사태, 혹은 또 다른 경제 위기로 가계와 기업 경제가 크게 흔들리는 사태에 시달리게 될 가능성이 높다.

중대형 교회라면 2030년까지 10년 정도는 버틸 수 있을지 모른다. 하지만 2030년을 지나면 버틸 수 있는 여력도 거의 소진하게 될 것이다. 문제는 버틸 여력이 다 소진되었는데 은행에 갚아야 할 원금과 이자 비용은 여전히 많이 남아 있다는 것이다. (참고로, 현재 한국 교회가 금융권에 지고 있는 빚의 규모는 대략 4조 5,000억-5조 원으로 추정된다.)

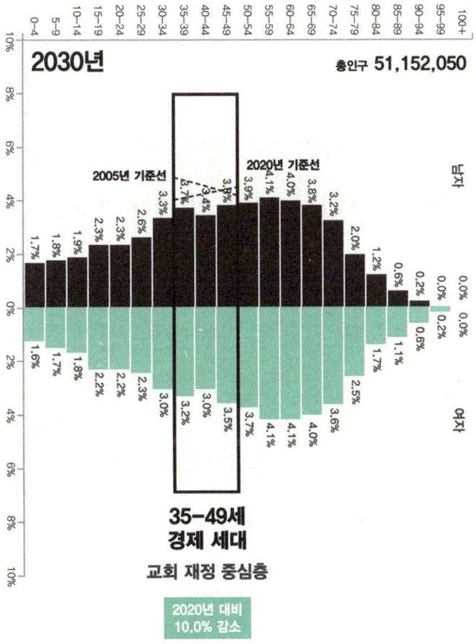

출처: UN, PopulationPyramid.net

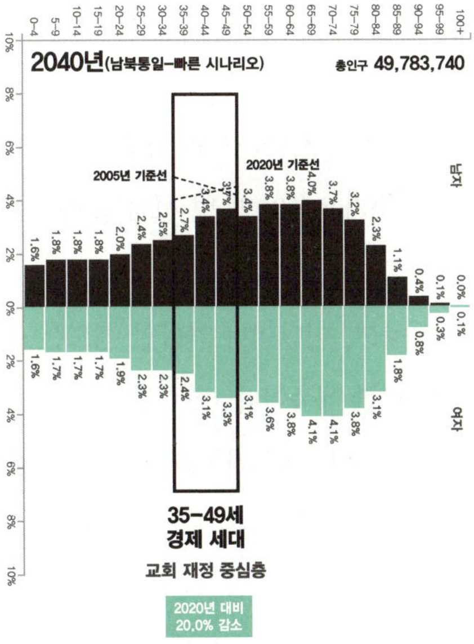

출처: UN, PopulationPyramid.net

2035년, 지방 교회 소멸 대재앙이 시작된다

한국 교회의 양적인 측면에서 일어나고 있는 세 번째 거대한 변화는 2060년에 수면 위로 부각되는 '기독교 총인구'의 급감이다. 2035년까지 한국 교회는 내부에서 앞서 살펴본 두 가지의 거대한 양적 변화가 계속 진행되어도 총인구는 급격한 감소를 보이지 않는다. 하지만 2045년을 넘어서면서 총인구에서도 거대한 변화가 시작된다.

필자의 예측으로는, 2060년경이 되면 한국 기독교인 전체 숫자는 최악의 시나리오에서는 400만 명까지 감소할 수 있다. 2060년 한국 교회 총인구의 기본 시나리오(현재 비율이 그대로 유지되고, 한국 인구 감소분만 적용하고, 이단 및 가나안 성도를 포함)는 850만 명 정도다. 하지만 한국 기독교 총인구 비율이 매년 1%씩 감소하면 720만 명까지 감소할 수 있다(이단 및 가나안 성도 가정의 학생 포함).

최악의 시나리오의 경우, (이단 및 가나안 성도를 제외한) 실제 한국 기독교 전체 숫자는 400만 명 선이 붕괴될 가능성도 충분하다. 최악의 시나리오는 한국 기독교 총인구 비율이 매년 1%씩 감소하고, 한국 인구 감소율을 적용하고, 이단이나 가나안 성도는 지금보다 더 빠르게 증가한다는 전제를 반영한 예측이다.

필자가 한국 기독교 총인구 비율이 매년마다 1%씩 감소한다는 조건을 예측에 넣은 이유가 있다. 다음 도표를 보자. 한국 기독교 대형 교단 중 한 곳인 예장통합의 2010-2019년까지 전체 교인 수 변화다. 10년 동안 10% 넘게 전체 교인 수가 감소했다. 매년 수만 명대 감소폭이 계속되고 있다. 연평균 감소율이 1% 포인트를 넘는다. 어린이, 청소년부 감소도 심각하다. 10년 동안 7만 3,279명 감소했다. 39% 감소율이다.

예장통합은 예장합동과 함께 한국 교회 전체 성도 수의 절반 이상을 차지한다. 예장통합 교단은 산하 교회들이 통일된 양식에 맞춰 인원수를 보고한다. 상당히 정확한 통계라고 봐도 된다.[6] 필자가 우려하는 2060년 최악의 시나리오가 단순한 상상에 불과한 미래가 아닐 수 있다.

| 예장통합 전체 교인 수 |

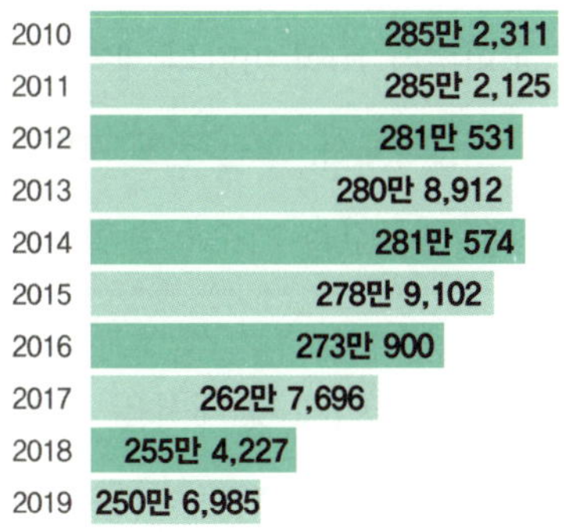

(매년 말일 기준, 단위: 명)

| 주일학교 중고등부 학생 수 |

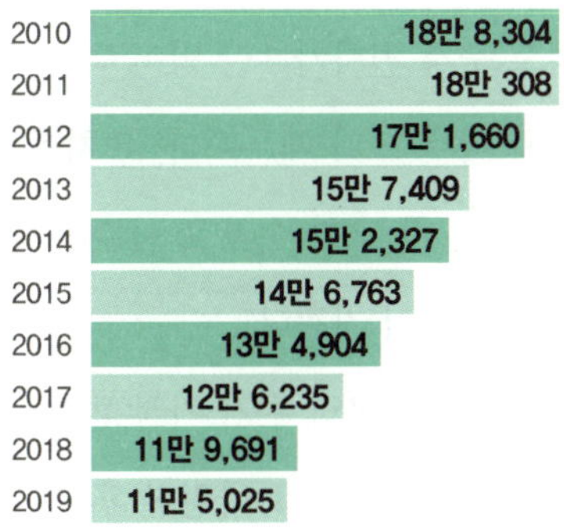

자료: 예장통합 통계위원회

필자가 한국 교회 총인구 감소와 관련해서 가장 우려하는 위기가 있다. 바로 지방 교회 소멸 대재앙이다. 2035년 이후부터 한국 교회 총인구 감소가 시작되면 지방 교회 소멸은 가속화된다. 현재 한국의 전국 시군구에 있는 지방 교회 60-70%가량이 데드크로스 현상에 직면했을 것이다.[7] 이 중 4분의 1은 2000년 이전부터 데드크로스 현상에 빠졌을 것이다. 데드크로스는 사망자 수가 출생자 수보다 많아서 인구가 자연 감소하는 현상이다.

2060년이면 현재 데드크로스 현상에 빠진 교회들 중 상당수의 교회가 성도가 한 명도 없게 되면서 문을 닫을 수 있다. 2010-2019년까지 예장통합 교단 내에서만 미자립 교회가 1,000여 곳이나 증가했다. 소멸되지 않고 살아남은 교회도 안전하지 않다. 두 가지 문제에 빠질 것이다. 하나는 평균 교인 숫자가 크게 감소할 것이다.

예장통합 교단의 교회 한 곳당 교인 수 분포도에서 '중앙값'(Median)은 2010년 72명에서 2019년 51명까지 매년 2-3%씩 감소했다. 중앙값은 통계 집단의 변량을 크기 순서대로 늘어놓았을 때 중앙에 위치하는 값이다. 중앙값에 관심을 가져야 하는 이유가 있다. 한국 교회 내에 개교회의 성도 숫자 편차가 1만 명이 넘는 초대형 교회부터 10명 미만의 개척 교회까지 너무 크기 때문이다. 편차가 이렇게 큰 상태에서, 교단 전체 교인 수를 교단 내 교회 숫자로 단순하게 나눈 산술 평균값을 기준으로 할 경우 착시 현상이 커진다.

중앙값은 교인 수가 가장 많은 초대형 교회부터 이제 갓 개척을 시작한 교회까지 순서대로 나열한 후 정중앙에 위치한 교회의 교인 숫자를 본다. 2019년 중앙값이 51명이라는 의미는 예장통합 교단 내에 9,000여 개 교회를 한 줄로 세웠을 경우 성도 수가 51명 이하가 되는 교회가 절반이라는 의미다.[8] 지금 각 교단별로 대형 교회, 초대형 교회로 성도들의 수평이동이 더욱 빨라지면서 중앙값 하락 속도도 매우 빠르게 진행 중이다. 2060년이 되면 중앙값이 어디까지 떨어질지 가늠하기 힘들다.

필자의 예측으로는 2060년 중앙값은 현재 51명의 절반(25명)까지도 떨어질 수 있다. 2060년이면 전체 교회 중 절반이 독자 생존 절대 불가라는 의미다. 그러나 중앙값이 25명까지 하락하면 실제 상황은 더 심각해질 수 있다. 한국 교회 전체 중 80% 이상이 독자 생존 절대 불가 상황에 빠질 수 있다. 그 이유는 소멸되지 않고 살아남은 교회가 직면하게 될 다른 하나의 문제 때문이다. 바로 초고령화다.

필자가 몸담고 있는 예장합동 교단은 2017년 기준으로 전체 교인 수가 100명 이하인 교회가 68.8%이고, 100-199명이 14.1%다. 82.9%가 200명 미만인 셈이다.[9] 현재 진행되고 있는 초고령화 속도라면 2040년경이면 200명 미만 교회는 대부분 전체 교인의 50% 이상이 65세 이상이 될 가능성이 높다.

2060년이 되면, 이들 교회(현재 200명 미만)의 절반은 데드크로스 현상으로 교회 문을 닫게 될 것이다. 2017년 교회 숫자를 기준으로 하면 절반 정도가 사라지는 셈이다. 각 교단마다 수천 개 교회가 사라지는 비극적 사건이다. 소멸되지 않고 남은 교회도 성도 수가 100명 미만으로 줄어들고, 그들의 60-70% 이상도 55세 이상 은퇴자가 될 것이다. 은퇴자 10명 중 8-9명은 65세 이상 노인일 것이다. 이런 인구 구성으로는 재정적으로 독자 생존 불가다. 특히 2060년경에 평균 교인 수가 중앙값 이하인 교회는 65세 이상 노인만 100% 남게 될 것이다.

코로나19, 한국 교회의 질적 위기 상태를 적나라하게 드러냈다

한국 교회가 쇠퇴기에 접어들었다고 평가하는 두 번째 이유인 질적 위기에 대해서 살펴보자. 필자가 염려하는 질적 저하는 크게 3가지다. 첫째, 타협하는 설교다. 둘째, 도덕 수준 하락이다. 셋째, 하나님, 인간, 세상에 관한 새로운 질문에 대한 신학적, 목회적 통찰의 부재이다.

성경과 기독교 역사가 공통적으로 말하는 것이 있다. '교회의 무너짐은 강단에서 시작된다'는 사실이다. 그리고 강단의 권위, 성경의 권위를 무너뜨리는 것은 외부의 힘이 아니다. 설교자 스스로가 강단의 수준을 낮춘다. 성경의 권위도 교회 지도자가 스스로 낮춘다. 강단과 성경의 권위를 낮추는 대표적인 악행들은 잘못 가르침, 자기를 위해 가르침, 하나님의 말씀을 가감하여 전함, 세상 풍속이나 인기와 타협 등이다(왕하 17:28-35; 삿 17:6; 딤전 4:1-2).

유다 왕 시드기야 때 바벨론의 침략으로 나라가 멸망할 위기에 처했지만 하나냐 등 거짓 선지자들은 근거 없는 낙관론과 헛된 가르침으로 거짓 평화와 승리를 예언했다. 그들의 타락한 메시지, 인기에 타협하는 설교, 허탄한 묵시를 들은 왕과 백성은 오만해졌다(렘 23:16-17, 28:1-11, 29:31; 겔 13:1-16). 성경은 거짓 평강의 묵시를 예언하는 이들을 '여우 같은 선지자'라고 책망한다(겔 13:4).

요한계시록에 등장하는 일곱 교회 중에서 두 교회는 강단이 무너져서 책망을 받았다. 버가모교회는 극단적 자유주의(무율법주의)를 주장하는 니골라당의 잘못된 교훈을 가르치고 따랐다(계 2:12-16). 버가모교회의 강단이 기독교와 세속 신앙과 문화가 교묘하게 혼합된 잘못된 가르침으로 점령당한 것이다. 두아디라교회는 이세벨을 용납했다고 책망을 받았다. 두아디라교회는 우상 숭배, 음행, 성공을 위해 세상과 타협하라고도 가르친 것으로 전해진다. 간음이 실제 간음일 수도 있고, 세상과 타협한 것을 간음으로 비유한 것일 수도 있다(계 2:18-29).

한국 교회도 기독교 시작 100년이 넘어서 사사기 시대처럼 변해 가고 있다. 타협하는 메시지와 거짓 선지자가 늘어나고 있고, '자기 소견에 옳은 대로' 믿음생활을 하는 성도가 늘어나고 있다. 사사와 선지 생도들이 힘을 잃었듯이, 목회자와 사역자들이 힘을 잃고 있다. 교회의 권위와 신뢰는 땅에 떨어졌다. 교회 지도자의 책임은 하나님의 거룩함을 나타내는 것이다(민 20:10-13). 하지만 그 책임을 무겁게 받아들이는 지도자는 줄어들고 있다.

설교자가 인격이나 도덕적 수준에 문제가 없어도, 강단에서 잘못된 메시지를 선포하면 심각한 문제가 만들어진다. 모세가 십계명을 받으러 시내산에 올라간 후 아론의 잘못된 가르침으로 이스라엘 백성은 금송아지를 만들었다. 백성이 원하는 하나님을 만들어 준 아론의 가르침은 타협하는 메시지의 전형이다. 성경은 아론의 타협하는 메시지가 백성을 방자하게 만들어서 원수의 조롱거리가 되게 했다고 지적한다.

'방자함'은 곧 잘못 가르침에서 나오는 잘못된 생각과 행동을 말한다. 거짓 메시지, 타협하는 메시지는 설교자 자신은 물론이고 교인을 방자하게 만들어 원수의 조롱거리가 되게 한다(잠 29:18; 출 32:23-25). 성경은 강단이 무너진 예배를 하나님을 멸시하는 예배라고 지적한다(말 1:6-10).

예장합동 "총회표준문서"에 이런 문구가 나온다.

> "하늘 아래 가장 순결한 교회들이라도 혼잡과 오류에 빠지기 쉬우며(마 13:24-30, 47), 또 심지어 어떤 교회들은 그리스도의 교회가 아니라 사탄의 집회가 될 만큼 타락하였다(롬 11:18-22; 계 18:2)."

강단이 무너지고, 예배가 멸시되고, 페스트 이후 중세 교회처럼 잘못된 경제관과 불의한 행위로 얻은 재물로 교회 건물만 높이 올리고, 성도가 믿음과 행위가 일치하지 않고 무례해지면 기독교는 쇠퇴기에 빠지고, 교회도 타락한다. 기독교가 쇠퇴기에 들어서면 교만한 일부 지도자들이 스스로 자신을 속이고, 정의를 버리고, 본분에서 벗어나서 활개 치는 모습을 공공연하게 드러내도 막는 자가 없다(옵 1:3; 느 9:16; 암 6:1; 미 3:1, 7:3-4;

말 3:15; 고전 5:2). 진리의 말씀이 기갈되고(암 8:11), 첫사랑이 식고, 백성이 방자해지면서 믿음과 행함의 불일치가 늘어 가고, 곳곳에서 하나님의 말씀과 기준을 멸시하고 불순종하는 등 각종 종교적 위선이 늘어나고, 거짓에 미혹되고, 도덕적 부패와 사회적 불법(성도의 부도덕한 삶, 교회의 탐욕과 불법)이 창궐한다(암 2:4-8, 5:10-13, 8:5-6).

요한계시록 일곱 교회 중에서 세 교회는 순수한 신앙을 잃어버렸고, 이웃 사랑을 잃어버렸고, 믿음과 행함이 일치하지 않으며 부유함에 취해서 미지근하고 무례한 교회라는 책망을 받았다. 사데교회는 행위에서 온전한 것이 없었고(계 3:1-6), 라오디게아교회는 부요한 교회여서 행위가 부지런하지 않고 미지근했고 가난한 자들을 돌보지 않았다(계 3:14-22). 에베소교회는 지식이 넘치지만(훈련을 많이 받음) 첫사랑을 잃어버려서 책망을 받았다(계 2:1-7). 현재 한국 교회와 성도의 삶에 요한계시록 세 교회가 책망받은 문제들이 모두 있다.

이스라엘 백성이 애굽 시대, 광야 시대를 지나 젖과 꿀이 흐르는 가나안 땅에서 살면서 순수한 신앙을 잃어버렸듯이, 한국 교회 성도들은 한강의 기적을 일으키며 세계가 놀라는 경제와 문화 발전이 이루어진 시대를 살아가면서 거룩함, 순결함, 청지기 사명과 헌신, 이웃 사랑을 잃어버렸다. 나라 밖에서는 잘못된 종말론에 근거한 극단주의적이고 눈살을 찌푸리게 하는 공격적인 선교가 일어났고, 나라 안에서는 이웃과 사회적 약자들의 문제와 기독교인으로서 책임은 무시하고 '종교의 자유'라는 권리만 앞세운 이기적이고 무례한 기독교가 되어 갔다. 고려 말 불교에 대한 회의와 불신이 극에 달했던 것처럼 기독교에 대한 회의와 불신이 극대화되고 있다.

코로나19 팬데믹 대재앙은 한국 교회가 가지고 있던 이런 질적 위기 상태를 적나라하게 드러내고 만방에 조롱거리가 되게 한 결정적 사건이다. 코로나19 대재앙 기간에 한국 사회에서 반기독교 문화는 엄청난 기세로 확산했다. 신천지, ○○○ 목사와 성도들의 집회 강행 사건, 일부 선교단체와 선교회가 운영하는 대안 교육 시설 감염 확산을 넘어 기성 교회에서도 집단 감염 사건이 계속 발발했다. 이런 와중에 입양아 학대 사건 가해 부모가 기독교인이라는 사실은 한국 기독교 신뢰도를 완전히 추락시켰다.

기독교 단체에서는 신천지는 기독교 이단이라고 항변하고, 대면 예배를 강행하고 정부의 방역에 정면으로 반발한 ○○○ 목사를 비난하고 고발했다. 일부 선교단체에서도 자성을 선언했다. 기독교 연합회들은 교회 안에서 집단 감염이 일어나서 자영업자, 국민, 방역과 치료에 매진하는 공무원과 의료진에게 큰 피해를 끼친 것을 사과했다. 하지만 여론은 싸늘했고, 소 잃고 외양간 고치는 행위에 불과했다. "교회라면 지긋지긋하다", "개신교 정말 너무하다", "개신교는 이기적이다", "예수의 뜻으로 돈 버는 사람들"이라며 한국 사회와 국민이 기독교를 바라보는 부정적인 시선과 반기독교 문화를 잠재우기에도 역부족이었다.

2021년 1월 29일, 기독교 여론조사기관인 목회데이터연구소는 "코로나19 정부 방역 조치에 대한 일반 국민 평가 조사" 결과를 발표했다. 한국 교회를 "별로 · 전혀 신뢰하지 않는다"라고 답한 비율이 76%였다. 2020년 1월, 기독교윤리실천운동이 실시한 "한국 교회의 사회적 신뢰도 조사" 당시 "한국 교회를 신뢰하지 않는다"는 응답 비율 68%보다 더 높은 조사 결과였다. 특히 "매우 · 약간 신뢰한다"는 응답을 한 비율은 21%에 불과했는데, 이들을 다시 기독교인과 비기독교인으로 나눠 보면 비기독교인의 비율은 9%에 불과했다. 한국 교회와 기독교인은 한국 사회에서 빛과 소금이라고 말하기 부끄러운 상태다.

2021년 1월 21일, 질병관리청이 코로나19 확진자 감염원을 분석한 자료에 따르면 교회가 진원지였던 비율은 전체 11%에 불과하다. 하지만 목회데이터연구소가 설문 조사한 결과에서는 한국 국민들은 교회발 감염 비율이 44%는 될 것이라고 응답했다.[10] 언론과 방송에 교회가 집중 조명되면서 교회발 감염에 대해 과장된 인식도 분명히 존재했다. 사실 코로나19 기간 동안 한국 교회 대부분은 정부의 방역 정책에 최선을 다해서 협력했다.

2021년 1월, 장로회신학대학교가 지앤컴리서치와 함께 조사한 결과에 따르면, 한국 교회 목회자 91%가 교회가 정부의 방역 정책에 잘 협조했다고 응답했다. "교회가 코로나19에 잘 대응하고 있다"고 응답한 목회자도 79.7%, "교회는 사회가 요구하는 목소리를 잘 이해하고 있다"고 응답한 목회자도 66.3%에 달했다.[11]

하지만 우리가 착각하지 말아야 할 것이 있다. 필자가 말했듯이, 한국 교회와 기독교인의 신뢰도 추락은 코로나19 때문만이 아니다. 코로나19 이전부터 오랫동안 누적된 결과다. 장로회신학대학교가 지앤컴리서치와 함께 조사한 결과에 따르면(복수 응답), 비기독교인들이 교회에 바라는 모습 1위는 윤리성(41.8%)이었다. 그다음으로 공익성(37%), 배려심(34.7%), 투명성(34.6%), 절제심(25.5%)을 요구했다.[12]

교회를 다니는 청년 절반이 10년 후에는 교회를 다니지 않을 것 같다는 충격적인 조사 결과도 나왔다. 2021년 1월, 목회데이터연구소가 21세기교회연구소와 공동으로 전국 19-39세 청년 700명을 대상으로 설문 조사한 결과다. 응답자의 40%는 "10년 후엔 신앙은 유지하지만 교회에 나가지는 않을 것 같다"라고 했고, 7%는 "기독교 신앙 자체도 버릴 것 같다"고 응답했다. 이유도 분명했다. "교회 지도자들의 권위주의적 태도"가

19%로 1위였고, "시대를 따라가지 못하는 교회의 고리타분함"이 15%, "교인 간 형식적인 관계"가 13%, "교회 지도자들의 언행 불일치"와 "불투명한 재정"이 각각 12%와 8%를 차지했다.[13]

2021년 4월, 세상과 교회를 섬기는 ARCC연구소가 청년 1,017명에게 "왜 교회를 떠나는가"에 대해 설문 조사한 자료를 공개했다(복수 응답). 교회를 옮길 생각이 있다고 답한 청년들의 경우, 가장 불만족이 높은 부분은 목회자의 언행불일치였다. 그다음으로는 교회의 헌신 강요, 목회자의 설교, 영적 필요가 채워지지 않음, 목회자의 상처되는 말 순이었다.[14] 이런 상황은 기독교가 쇠퇴기에 들어선 나라에서 공통적으로 나타나는 현상이다.

2020년 12월, 미국의 여론 조사 기관 갤럽이 미국 성인 1,018명을 대상으로 15개 직업군에 대해 신뢰도를 조사한 결과, 기독교 성직자를 신뢰한다고 응답한 비율은 39%에 불과했다. 2006년 조사(58%)에 비해서도 19% 포인트 추가 하락했다. 신뢰도 1위를 기록한 직업은 간호사(89%)였고, 의사(77%), 약사(71%) 등 의료 전문가들이 미국인의 신뢰를 가장 높게 받았다. 특히 의사와 약사는 전년 대비 각각 12% 포인트와 7% 포인트 상승했는데, 이들이 코로나19 대재앙에서 보여 준 헌신과 희생 정신 때문이었다.

갤럽 조사에서 눈여겨볼 것은 18-34세층에서 성직자를 신뢰하지 않는다는 응답 비율이 가장 높았다는 점이다.[15] 미국 기독교 여론 조사 기관 라이프웨이리서치가 23-30세 2,002명에게 설문 조사한 결과, 청년들이 성인이 되어 교회를 떠나는 중요 이유는 "교회가 신뢰와 진정성을 보여주지 못하고 위선적이었기 때문"이었다. 어릴 적 교회를 다녔다가 교회를 떠난 청년 중 37%는 교회와 교인들에게 "진심을 느끼지 못했다"고 응답

했고, 41%는 교회와 교인들을 "위선적"이라 평가했다.[16)]

강단이 처참하게 무너지고 잘못된 가르침으로 기독교인의 무례함이 커지고 있는 상황에서 하나님, 인간, 세상에 대한 새로운 질문에 대한 신학적, 목회적 대답을 못하는 마지막 질적 위기 요소는 어쩌면 당연할지 모른다. 하나님이 이끌고 계시는 빅체인지 시대에 대두되는 영적 구원에 대한 새로운 질문(미래 기술이 가져다주는 신, 인간 존재에 대한 도전, 더욱 창궐하는 이단과 새로운 사이비 종교 등), 세상과 이웃에 대한 보호와 관련한 시대적 질문(환경, 경제 불평등, 일자리, 주거 문제, 인권과 LGBTQ 문제 등)에 한국 교회는 아무런 준비가 되어 있지 않다.

교회가 방향성을 상실하면 성도가 벼랑 끝으로 몰린다

필자가 한국 교회가 쇠퇴기에 접어들었다고 평가하는 마지막 이유는 '방향성 상실'이다. 모든 문제는 교만에서 시작된다(겔 7:20; 호 13:6). 방향성 상실도 교만이 원인이다. 교만하면 자신을 스스로 속이고 본분에서 벗어나게 만든다. 방향성을 상실한 지도자들이 가짜 메시지를 전하고, 잘못된 예배로 하나님을 멸시하고, 진리의 말씀을 기갈되게 하면 교회와 성도들도 방향성을 함께 상실한다.

예수님 당시에도 마음이 가장 교만하고 완악한 사람은 제사장, 바리새인, 서기관들이었다(막 3:5). 스스로 교만해져서 눈이 어두워진 제사장, 바리새인, 서기관들은 구원의 주님을 알아보지 못했다. 올바른 방향을 상실하고 회칠한 무덤처럼 행동했다.

교회와 교회 지도자가 방향성을 잃자 한국 교회 성도의 삶과 영성도 벼랑 끝으로 몰리고 있다. 강단이 무너지고 지도자가 스스로 교만하면 무례한 기독교인만 양산되는 것이 아니다. 무례하지 않은 성도들도 서서히 변질된다. 자신도 모르는 사이에 성공에 도움이 되거나 건강에 유익하다는 명분으로 잡다한 정신적, 영적 요소들이 교배된 기독교에 빠진다. "누구의 종교나 신앙이 옳은지는 아무도 모른다"는 상대적 종교 가치를 주장하는 친절한 불가지론, 하나님도 믿고 다른 것도 함께 믿는 다신주의에도 빠진다.

이스라엘 백성도 타락할 때는 하나님도 믿고 우상도 숭배했다. 조금만 방심하면 교회 안에도 우상 숭배가 침투한다. 금송아지를 만들어야만 우상 숭배가 아니다. 우상은 하나님께 부여되는 칭호(창조자, 반석, 피할 산성, 위로자, 안위자, 도움, 보호자, 두려움, 경외함 등)를 붙일 수 있는 것들이다. 현대 사회에서 가장 크고 강력한 우상은 '힘'과 '자기애'다. 한국 교회를 무너뜨린 것도 힘과 자기애를 섬기기 때문이다. 힘은 돈, 공적 권력, 명예이고, 자기애는 자기 신념, 음욕, 자녀 사랑 등이다. 힘과 자기애를 이기려면 자기 희생과 겸손이 필요하다. 예수님이 자기를 따르는 자에게 희생과 겸손을 강조하신 이유다.

하지만 한국 교회는 겸손을 잃고 교만해졌다. 자기희생을 잃고 무례한 이기주의 집단이 되어 갔다. 겸손과 자기희생을 잃으면 교회 내부에서도 공동체가 주는 유익과 책임을 무시하는 개인주의 신앙이 득세한다.

성도의 변질은 여기서 그치지 않는다. 물질과 시간의 헌신이 감소하는 다운시프트 신앙을 대세로 받아들인다. '지금 옳고 편한 곳이 내 교회'라는 신유목 교인, 현실 교회를 극단적으로 부인하고 탈교회를 외치는 가나안 신앙의 유혹에도 빠진다. 죄에 대한 회개, 하나님의 말씀을 지키는 책임, 헌신과 희생을 도전하는 메시지는 듣기 싫은 내용이 되어 가고, 말랑말랑하고 감각적으로 듣기에만 좋은 메시지가 늘어나면서 성경 지식과 신학 지식도 얕아진다. 그럴수록 이방 종교와 이단의 공격에 흔들리는 빈도도 높아진다. 성도가 말씀대로 살지 않으면 영성만 흔들리는 것이 아니다. 정신도 함께 흔들린다.

2021년, 미국 여론 조사 기관 라이프웨이리서치가 목회자 1,007명에게 "성도들이 음모론을 확산하는 모습을 자주 목격하는가?"라는 질문을 던졌다. 49%가 "그렇다"("매우 그렇다" 13% 포함)고 응답했다.[17] 미국 사회는 트럼프 행정부 4년과 코로나19 대재앙 국면을 거치면서 거짓 뉴스와 각종 음모론에 시달리면서 정신적인 전쟁을 치렀다. 이런 위기에서 교회와 성도들이 중심을 바로잡고 시대를 올바른 방향으로 이끌어야 한다. 하지만 미국 교회와 성도는 이런 사역에 실패했다. 오히려 교회와 성도들이 불확실한 정보, 음모론, 가짜 뉴스를 확산하여 사회를 혼란, 갈등, 고통 속으로 밀어넣는 데 일조하고 말았다. 교회 지도자들의 영적 통찰력이 흐려지고 강단이 무너지면서 나타난 폐해다. 영혼이 잘되어야 범사가 잘되는 것이 하나님의 법칙이다.

> "사랑하는 자여 네 영혼이 잘됨같이 네가 범사에 잘되고 강건하기를 내가 간구하노라"(요삼 1:2).

영혼이 무너지면 정신이 무너진다. 영혼과 정신이 무너지면 다른 모든 육체적 일과 생활들이 연쇄적으로 무너진다. 먼저 가정이 무너진다. 가정이 무너지면 외로움과 고독이 증가한다. 1-2인 가구 증가라는 사회적 변화는 외로움과 고독을 증폭시킨다. 하나님의 말씀에 무지하면 영혼과 정신을 붙잡아 줄 기초가 무너지면서 3무(무기력, 무관심, 무의미)의 위기에 빠진다.

하나님의 기준을 버리면 세계관도 흔들린다. 이 상태가 되면 직장생활은 물론이고 다양한 경제활동과 사회생활이 올바른 방향을 잃고 흔들린다. 이미 많은 성도가 경제는 위태롭고, 소득은 줄고, 집값은 높고, 빚은 크고, 직업은 불안하고, 은퇴 준비는 부실한 상태에 놓여 있다. 이런 위기에 몰린 성도를 구할 수 있는 것은 하나님의 말씀뿐이다. 어서 속히 무너진 강단을 다시 세우고, 교회가 올바른 방향성을 회복하고, 하나님의 기준으로 성도의 삶을 다시 세우지 않으면 미래 불안은 더욱 커지고 소망은 사라질 것이다.

다음은 한국 교회가 정상 궤도를 벗어나 방향성을 상실한 현재 상태를 표현한 도표다. 한국 교회는 질적으로 수준 높은 초대 교회(구국과 순교)에서 6·25전쟁 이후 복음의 뜨거운 열정으로 양적으로 급성장하는 교회(세계 최

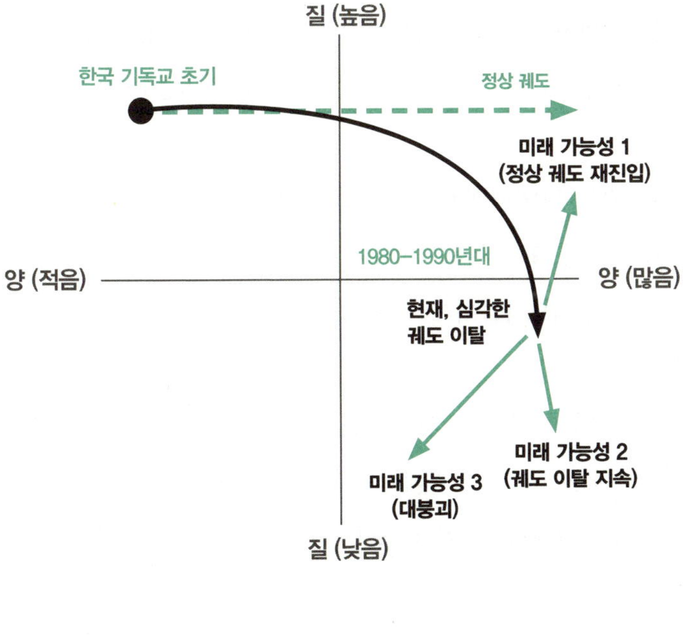

대 성장)로 복음의 진보를 이루었다. 하지만 정상 궤도에서 이탈하면서 사회에서 조롱받는 교회(질적 쇠퇴)에서 텅 비고 늙어 가는 교회(양적 쇠퇴)까지 추락 중이다. 현재 한국 교회의 위치는 정상 궤도로 재진입하느냐, 궤도 이탈을 지속하느냐, 대붕괴로 무너지느냐를 결정하는 중대 기로에 있다.

이 책을 읽는 독자 중에서는 한국 교회가 쇠퇴기에 들어갔다는 평가를 받아들이기 힘들어하는 분도 있을 것이다. 아직 한국 교회에는 바알에 무릎 꿇지 않은 7,000명이 있듯이 건강한 교회들도 많이 남아 있다고 항변할 수 있다.

틀린 말이 아니다. 하지만 한국 교회 전체가 회개하고 하나님이 원하시는 방향으로 빅체인지하지 않으면 한국 교회의 양적 규모가 무너지는 것을 막을 방법은 없다. "회개와 올바른 방향으로 돌이킴 없이도 우리는 하나님의 백성이고 하나님의 교회이니 하나님이 구원하신다"라는 거짓 가르침이 무너지지 않으면 진정한 회복은 불가능하다. 지도자가 회개하지 않은 교회도 쇠퇴하고 흩어질 것이다. 교회가 무너진 빈자리에는 이단, 이방 종교, 세속 문화가 들어설 것이다. 예레미야를 통해 성경이 말하는 회복의 방법은 회개, 하나님께 돌아옴, 하나님의 말씀과 기준 지킴(율법 지킴)뿐이다.

다행히 코로나19 대재앙을 거치면서 한 가지 희망의 불씨가 일어나고 있다. 초대 한국 교회처럼 기도의 자리로 돌아가자는 운동이 일어나고 있다. 한국 교회 지도자들이 한국 교회의 위기와 잘못을 인식하고 회개하기 시작했다.

2021년 1월 19일, 예장합동 교단은 목회자(목사와 부목사) 600명을 대상으로 한 설문 조사를 정리해서 "코로나19 시대 한국 교회 신생태계 조성 및 미래 전략 수립을 위한 조사 결과 보고서"를 발표했다. 설문 조사에 응한 목회자(목사와 부목사) 86%는 한국 교회에 혁신이 "매우 필요"하다고 응답했고, 12.9%가 "약간 필요"하다고 응답했다. 총 98.9%가 한국 교회의 근본적 혁신에 동감했다. 주요 개혁 대상이 누군가에 대한 질문에는 "목회자" 자신이라는 응답이 32.8%로 가장 많았다. 그다음으로 "개별 교단 · 총회 · 노회"가 28.4%, "기독교 관련자 모두" 23.2%, "기독교 기관 · 연합 단체" 7.4% 등의 순이었다. 즉 지도자의 회개와 변화가 가장 중요하다는 것에도 공감했다.

가장 중요한 혁신 과제가 무엇인가에 대한 질문에는 "개인의 경건생활 회복 · 생활 신앙 교육"(24.4%), "자기 교회 중심성 · 비공공성 탈피"(20.3%)가 각각 1, 2위로 꼽혔다. 코로나19 사태 속에 불거진 한국 교회 문제 해결을 위한 최선의 방안으로는 "교회 · 예배의 본질 재정립"(43.7%)과 "교회 중심의 신앙에서 생활 신앙 강화"(23.5%)라는 의견이 제기됐다. 즉 강단의 회복과 하나님 말씀에 순종하며 사는 거룩한 삶의 회복이 중요하다는 공감이었다.[18]

CHAPTER. 6

한국 교회, 어디로 빅체인지할 것인가

다시 시작하자. 우리의 사명이 끝나지 않았다

"너희 안에서 행하시는 이는 하나님이시니 자기의 기쁘신 뜻을 위하여 너희에게 소원을 두고 행하게 하시나니"(빌 2:13).

필자의 마음에 하나님이 주신 소원이 있다. 하나님의 빅체인지로 만들어지는 새로운 패러다임에서, 한국 교회가 한 번 더 크게 쓰임 받기를 소원한다. 한 번 더 우리에게 기회를 주시길 소원한다. 필자는 이 소원 때문에 한국 교회가 빅체인지하기를 간절히 부르짖는다. 이 소원은 필자만 가진 것이 아니다. 하나님도 동일한 소원을 가지신다. 아니, 하나님이 가지신 소원을 필자에게 주신 것이다.

> "그러므로 나의 사랑하는 자들아 너희가 나 있을 때뿐 아니라 더욱 지금 나 없을 때에도 **항상 복종하여 두렵고 떨림으로 너희 구원을 이루라**" (빌 2:12).

사도 바울이 빌립보교회와 성도에게 도전했던 말씀이다. 사도 바울은 빌립보교회와 성도가 하나님께 선물로 받은 구원을 두려움과 떨림으로 이루기를 소원했다. '이루다'라는 것은 구원의 선물을 아직 받지 않았기 때문에 받을 때까지 두렵고 떨림으로 기다리라는 의미가 아니다. '이루다'로 번역된 헬라어 단어 'κατεργάζομαι'는 영어로는 '건강관리를 위해 운동하다', '일이 잘 풀려 나오다'라는 뜻을 가진 'work out'으로 번역된다. 선물로 받은 놀라운 구원, 놀라운 새 생명, 위대한 영생을 정성스럽게 간수하고, 그 은혜를 십분 누리고, 다양한 영역에서 잘 활용하라는 의미다.

한마디로, 구원받았으면 그냥, 대충, 게으르게, 가만히, 아무 느낌 없이 살지 말라는 말이다. 사명자로 살라는 명령이다. 구원을 선물로 주신 당신을 향한 하나님의 뜻과 기준에 순종하여(빌 2:12, "복종하여", follow instruction) 한번 적극적으로 도전하며 구원의 놀라운 보화를 잘 펼쳐 살아보라는 의미다.

한국 교회와 성도여! 우리도 다시 한 번 해보자. 하나님이 원하시는 방향으로 빅체인지해 보자. 한국 교회에 주신 새로운 시대적 사명에 죽도록 충성해 보자. 선물로 받은 놀라운 구원, 놀라운 새 생명, 위대한 영생을 정성스럽게 간수하고, 그 은혜를 십분 누리고, 다양한 영역에서 잘 활용해 보자. 늦었다고 생각하는 때가 가장 빠른 때라는 말도 있다. 우리가 여기서 끝나서는 안 된다. 우리가 다시 충성하면 하나님은 그 충성으로 기적을 다시 이루실 것이다. 중요한 것은 눈앞에 놓인 절망스런 상황이 아니다. 내가 올바른 방향으로 가고 있는지, 충성하고 있는지다.

> "**맡은 자들에게** 구할 것은 충성이니라"(고전 4:2).

> "**내 눈이 이 땅의 충성된 자를 살펴** 나와 함께 살게 하리니"(시 101:6).

> "그 주인이 이르되 잘하였도다 착하고 충성된 종아 네가 **적은 일에 충성하였으매 내가 많은 것을 네게 맡기리니** 네 주인의 즐거움에 참여할지어다 하고"(마 25:23).

우리가 다시 한 번 순종하면 내 안에서 하나님이 행하시는 역사가 일어난다. 우리가 하나 되고, 한국 교회가 회복되고, 기독교인이 다시 빛과 소금이 되고, 민족과 세상이 다시 변화되는 역사가 일어난다. 회개하고 돌아서자. 조롱거리로 사는 것을 버리고, 이제 그만 돌아서자. 하나님이 원하시는 방향으로 빅체인지하자. 하나님이 간절히 원하신다.

어떤 이들은 필자가 한국 교회 쇠퇴기와 위기론을 말한다고 부정적인 사람이라고 오해한다. 아니다. 예레미야 선지자가 이스라엘의 멸망을 경고하고, 바벨론의 포로생활을 예언했다고 해서 이스라엘에 대한 소망까지 버렸던 것은 아니다. 오히려 이스라엘에 대한 소망과 애정이 있었기에 쇠락과 치욕을 경고했다. 진정한 회복을 위해서는 괴롭더라도 죄를 직시하고, 듣기 싫더라도 문제를 받아들여야 한다. 이런 이야기를 듣기 싫다는 것 자체가 바리새인과 서기관들처럼 '스스로 교만해졌다'는 증거다.

이 책을 읽는 독자도 필자의 냉정한 분석과 예측을 곡해하거나 잘못 사용하면 안 된다. 이 책을 읽고 엠마오로 내려가는 두 제자처럼 "이제 다 끝났다"며 포기와 절망으로 끝나면 안 된다. 분명 한국 교회는 쇠퇴기에 들어섰다. 하지만 완전히 끝난 것은 아니다.

예수님이 예루살렘 성전이 "돌 하나도 돌 위에 남지 않고 다 무너뜨려지리라"(막 13:2)라고 말씀하신 것은 절망과 포기 선언이 아니다. 하나님의 말씀과 구원의 약속 위에서 말씀하신 새로운 회복 선언이다. 예수님이 끝내지 않으시면 한국 교회도 끝난 것이 아니다. 예수님은 절대 포기가 없으시다. 예수님께는 "다 이루었다"는 완성만 있다. 한국 교회는 사명을 아직 다 이루지 않았다.

한국 교회가 이 땅에 존재해야 할 이유가 아직 남아 있다. 그것이 무엇인가?

"내 몸에서 **그리스도가 존귀하게** 되게 하려 하나니"(빌 1:20).

'존귀'로 번역되는 헬라어 'μεγαλύνω'는 영어 성경에서는 'honor', 'magnify', 'make large', 'increase' 등의 단어로 번역된다. 사도 바울은 자신이 이 땅에 살아가는 이유를 예수 그리스도가 자신의 몸, 인생, 생각, 말, 행동 등 모든 것을 통해 극대화(magnify, make large, increase)되시도록 하는 데 있다고 고백했다. 그것이 예수 그리스도를 영화롭게(honor) 하는 길이라고 고백했다. 한국 교회와 성도도 마찬가지다. 우리가 이 땅에 사는 이유, 한국 땅에 교회를 세우는 것을 넘어 우리가 가진 모든 것을 통해 예수 그리스도가 극대화되시게 하는 사명이 아직 끝나지 않았다.

'믿음의 진보'도 한국 교회가 여전히 강건해야 할 이유다. 빌립보서 1장

24-25절에서 사도 바울은 "내가 육신으로 있는 것이 너희를 위하여 더 유익하리라 내가 살 것과 너희 믿음의 진보와 기쁨을 위하여 너희 무리와 함께 거할" 것이라고 고백했다. 사도 바울이 죽지 않고 이 땅에 좀 더 생존해야 하는 이유가 빌립보교회와 성도의 '믿음의 진보'(your progress/grow/furtherance/advancement in the faith)라는 것을 분명히 한 고백이다.

필자는 에벨이란 인물을 소개하면서 하나님이 그를 다른 사람들보다 오래 살게 하신 까닭은 하나님의 구원에 대한 역사적 증언자가 되게 하시기 위해서라고 했다. 하나님은 아담과 노아 이후 아브라함, 이삭, 야곱에게까지 믿음의 진보가 일어나도록 에벨이 이 땅에서 사는 날을 길게 하셨다. 이런 믿음의 진보는 예수님의 제자들과 사도 바울과 디모데를 거쳐, 교부들과 주기철 목사님을 비롯한 신앙의 선조들을 거쳐, 현재 우리까지 계속된다.

한국 교회에는 믿음의 진보가 다음 세대와 아시아를 넘어 땅끝까지 이어지도록 하는 사명이 여전히 남아 있다. 성경은 말세에 가까워질수록 변화는 빨라지고, 지식이 증가하고, 문명이 고도화되지만(단 12:4), 다음 세대가 신앙생활 하기가 어려워지고, 배교가 늘어나고(살후 2:3), 제도권 교회와 성도의 권세가 깨져 갈 것이라고 예언한다(단 12:7). 우리는 이런 시대에 다니엘처럼 지혜롭게 하나님의 신호를 통찰하고 믿음의 진보를 이루어 내야 할 사명을 부여받았다(단 9:22, 12:10).

다니엘의 기도

"내가 금식하며 베옷을 입고 재를 덮어쓰고 주 하나님께 기도하며 간구하기를 결심하고 내 하나님 여호와께 기도하며 자복하여 이르기를 크시고 두려워할 주 하나님, **주를 사랑하고 주의 계명을 지키는 자를 위하여** 언약을 지키시고 그에게 인자를 베푸시는 이시여 우리는 이미 범죄하여 패역하며 행악하며 반역하여 **주의 법도와 규례를 떠났사오며** 우리가 또 주의 종 선지자들이 주의 이름으로 우리의 왕들과 우리의 고관과 조상들과 온 국민에게 말씀한 것을 **듣지 아니하였나이다** 주여 공의는 주께로 돌아가고 수치는 우리 얼굴로 돌아옴이 오늘과 같아서 유다 사람들과 예루살렘 거민들과 이스라엘이 가까운 곳에 있는 자들이나 먼 곳에 있는 자들이 다 **주께서 쫓아내신 각국에서 수치를 당하였사오니 이는 그들이 주께 죄를 범하였음이니이다**…그러므로 **여호와께서 이 재앙을 간직하여 두셨다가 우리에게 내리게 하셨사오니** 우리의 하나님 여호와께서 행하시는 모든 일이 공의로우시나 우리가 그 목소리를 듣지 아니하였음이니이다"(단 9:3-7, 14).

'×독교.' 세상이 한국 교회와 성도를 향해 던진 가장 수치스런 말이다. 성경은 한국 교회와 성도가 조롱과 수치를 당한 이유를 분명히 말한다. 하나님의 말씀을 듣지 않고(온전히 전하지 않고) 주의 법도와 규례를 떠나서 패역하고 행악하고 반역했기 때문이다. 하나님이 값없이 은혜로 주신 구원에 대한 감격과 감사가 사라졌고, 온 우주의 주인이시며 나를 지으신 아버지 되신 하나님에 대한 '거룩한 두려움'(holy fear)인 '경외'가 사라졌기 때문이다. 이 두 가지를 잃어버리고 '탕자처럼' 자기 소견에 옳은 대로 살았기 때문이다. 하나님을 얼마나 가볍게 생각했으면 '까불다'라는 단어를 하나님을 향해 거침없이 쏟아 낼 수 있을까? 자기 소견에 옳은 대로 하나님을 자기 성공의 도구로 사용한 것이 우리에게서 감사와 경외가 사라졌다는 증거다.

세상의 조롱은 이런 한국 교회와 성도를 향한 하나님의 징계다. 하나님도 자신이 하신 말씀대로 세상을 통치하시고 섭리하신다. 하나님의 자녀라도 하나님의 말씀을 지키지 않으면 '지키지 않았을 때 하나님이 약속하신 결과'를 만날 수밖에 없다(출 12:13, 15). 징계다.

조롱과 수치에서 벗어나는 방법도 분명하다. 다니엘처럼 자신과 민족을 위해 회개해야 한다. 하나님의 큰 긍휼을 의지하여 용서를 구하는 기도를 해야 한다. 돌이키는 기도를 해야 한다. 이것이 정답이다. 이것이 다시 시작하는 첫걸음이다.

> "주여 구하옵나니 주는 주의 공의를 따라 주의 분노를 주의 성 예루살렘, 주의 거룩한 산에서 떠나게 하옵소서 이는 우리의 죄와 우리 조상들의 죄악으로 말미암아 예루살렘과 주의 백성이 사면에 있는 자들에게 수치를 당함이니이다 그러하온즉 우리 하나님이여 지금 **주의 종의 기도와 간구를 들으시고** 주를 위하여 주의 얼굴빛을 주의 황폐한 성소에 비추시옵소서 나의 하나님이여 귀를 기울여 들으시며 눈을 떠서 우리의 황폐한 상황과 주의 이름으로 일컫는 성을 보옵소서 **우리가 주 앞에 간구하옵는 것은** 우리의 공의를 의지하여 하는 것이 아니요 **주의 큰 긍휼을 의지하여 함이니이다** 주여 들으소서 **주여 용서하소서**"(단 9:16–19).

> "너희는 나를 찾으라 그리하면 살리라"(암 5:4).

> "하나님이 그들이 행한 것 곧 그 악한 길에서 돌이켜 떠난 것을 보시고 하나님이 뜻을 돌이키사"(욘 3:10).

하나님이 한국 교회와 성도에게 주신 징계는 '죗값'이 아니다. 형벌(법적 처벌, punishment)도 아니다. 우리를 깨닫게 하시려는 사랑의 채찍이다. 죄에 대해서 피 흘리기까지 대항(영적 싸움)하지 않아서 주시는 훈련(discipline)이다. 예수님은 우리의 과거, 현재, 미래의 모든 죄와 잘못에 대한 형벌을 십자가에서 짊어지고 감당하셨다. 죗값도 모두 치르셨다. 더 이상 피 흘림과 법적 처벌은 없다. 깨닫게 하시고 성숙하게 하시는 하나님의 사랑의 훈련만 있다. 우리의 어그러짐을 고쳐 주시는 하나님의 은혜다.

훈련이니 낙심하지 말아야 한다. 훈련을 마치면 연단을 받아 예수 그리스도의 거룩한 성품이 몸에 배고 치유, 회복, 의와 평강의 열매를 맺게 된다. 훈련이 없으면 건강해질 수 없다. 예수님의 거룩한 성품에 온전히 동참할 수 없다. 훈련이 은혜다. 고난이 은혜다.

> "내 아들아 **주의 징계하심**을 경히 여기지 말며 그에게 **꾸지람을 받을 때에 낙심하지 말라** 주께서 그 **사랑하시는 자를 징계하시고** 그가 받아들이시는 아들마다 채찍질하심이라 하였으니"(히 12:5-6).

> "징계가 당시에는 즐거워 보이지 않고 슬퍼 보이나 후에 그로 말미암아 **연단받은 자들은** 의와 평강의 열매를 맺느니라"(히 12:11).

> "고난당하기 전에는 내가 그릇 행하였더니 이제는 주의 말씀을 지키나이다"(시 119:67).

하나님의 징계의 채찍을 맞을 때 우리가 자복하고 회개하는 기도를 시작하면 하나님의 큰 긍휼이 임하고, 하나님의 가르침이 임하고, 하나님의 지혜와 총명이 임하고, 성령 하나님이 주시는 새로운 시대적 소명이 임한다. 그러면 우리는 다시 시작할 수 있다.

> "내가 이같이 말하여 기도하며 내 죄와 내 백성 이스라엘의 죄를 자복하고 내 하나님의 거룩한 산을 위하여 내 하나님 여호와 앞에 간구할 때 곧 내가 기도할 때에 이전에 환상 중에 본 그 사람 가브리엘이 빨리 날아서 저녁 제사를 드릴 때 즈음에 내게 이르더니 **내게 가르치며** 내게 말하여 이르되 다니엘아 내가 이제 네게 **지혜와 총명을 주려고** 왔느니라 곧 네가 기도를 시작할 즈음에 명령이 내렸으므로 이제 네게 알리러 왔느니라 너는 크게 은총을 입은 자라 그런즉 너는 **이 일을 생각하고 그 환상을 깨달을지니라**"(단 9:20–23).

> "그 후에 내가 **내 영을 만민에게 부어** 주리니 너희 자녀들이 장래 일을 말할 것이며 너희 늙은이는 꿈을 꾸며 너희 젊은이는 이상을 볼 것이며"(욜 2:28).

한국 교회,
어디로 빅체인지해야 할까

회개의 시작은 자백(인정)이고, 완성은 돌이킴이다. 방향의 대전환이다. 삶의 빅체인지다. 어디로 빅체인지해야 할까? 성경에 답이 있다. 복음으로 빅체인지해야 한다. 복음에 하나님의 능력과 지혜가 있기 때문이다.

"하나님의 지혜에 있어서는 이 세상이 자기 지혜로 하나님을 알지 못하므로 하나님께서 전도의 미련한 것으로 믿는 자들을 구원하시기를 기뻐하셨도다 유대인은 표적을 구하고 헬라인은 지혜를 찾으나 **우리는 십자가에 못 박힌 그리스도를** 전하니 유대인에게는 거리끼는 것이요 이방인에게는 미련한 것이로되 오직 부르심을 받은 자들에게는 유대인이나 헬라인이나 그리스도는 **하나님의 능력이요 하나님의 지혜니라** 하나님의 어리석음이 사람보다 지혜롭고 하나님의 약하심이 사람보다 강하니라"(고전 1:21-25).

"오직 너희는 그리스도의 **복음에 합당하게 생활하라**"(빌 1:27).

복음은 무엇인가? 십자가에 못 박히신 예수 그리스도, 삼위일체 하나님 자신이시다. 복음은 무엇인가? 삼위일체 하나님의 성품과 뜻이다.

"천사가 이르되 무서워하지 말라 보라 내가 온 백성에게 미칠 큰 **기쁨의 좋은 소식**을 너희에게 전하노라 오늘 다윗의 동네에 너희를 위하여 구주가 나셨으니 곧 **그리스도 주시니라**"(눅 2:10-11).

"**그리스도 예수 안에 있는 속량**으로 말미암아 **하나님의 은혜**로 값없이 의롭다 하심을 얻은 자 되었느니라[하나님의 뜻] 이 예수를 하나님이 그의 피로써 **믿음으로 말미암는** 화목제물로 세우셨으니 이는 **하나님께서 길이 참으시는**[하나님의 성품] 중에 전에 지은 죄를 간과하심으로 **자기의 의로우심**[성품]**을 나타내려 하심이니** 곧 이때에 자기의 의로우심을 나타내사 자기도 의로우시며 또한 **예수 믿는 자를 의롭다 하려 하심이라**[뜻]

> 그런즉 자랑할 데가 어디냐 있을 수가 없느니라 무슨 법으로냐 행위로냐 아니라 **오직 믿음의 법**으로니라…하나님은 다만 유대인의 하나님이시냐 또한 이방인의 하나님은 아니시냐 진실로 **이방인의 하나님도 되시느니라**[뜻] 할례자도 믿음으로 말미암아 또한 **무할례자도 믿음으로 말미암아 의롭다 하실**[뜻] 하나님은 한 분이시니라"(롬 3:24-30).

한국 교회와 성도가 '복음'으로 빅체인지해야 한다는 것은 '하나님'으로 빅체인지한다는 말이다. '하나님의 성품과 뜻'으로 빅체인지한다는 말이다. 땅끝까지 복음을 전하라는 '지상 대명령'은 하나님의 뜻과 성품을 증거하고 가르치라는 명령이다. 이 땅을 다스리라는 창조 대명령은 하나님의 뜻과 성품을 기준으로 삼아 경계하고, 대비(대응, 치유)하고, 이끌라는 명령이다. 하나님이 구원받은 자에게 이 땅에서 주신 모든 복은 이 두 가지 명령을 위한 것이다.

그리고 예수님은 십자가에 자신의 피를 흘려 주셔서 우리에게 하나님께 나갈 수 있는 '담력'(confidence, 신뢰를 기반으로 한 자신감과 확신)을 선물해 주셨다. 언제든지 한국 교회와 성도는 예수 그리스도가 십자가에서 흘리신 피를 힘입어 담대하게 하나님께로 되돌아갈 수 있다.

> "예수께서 나아와 말씀하여 이르시되 하늘과 땅의 모든 권세를 내게 주셨으니 그러므로 너희는 가서 모든 민족을 제자로 삼아 **아버지와 아들과 성령의 이름으로 세례를 베풀고** 내가 너희에게 **분부한 모든 것을 가르쳐 지키게 하라** 볼지어다 내가 세상 끝날까지 너희와 항상 함께 있으리라 하시니라"(마 28:18-20).

“하나님이 그들에게 **복을 주시며** 하나님이 그들에게 이르시되 생육하고 번성하여 **땅에 충만하라, 땅을 정복하라**, 바다의 물고기와 하늘의 새와 땅에 움직이는 모든 생물을 **다스리라** 하시니라”(창 1:28).

“그러므로 형제들아 우리가 예수의 피를 힘입어 성소에 들어갈 **담력을 얻었나니**”(히 10:19).

타락한 죄인에게 ‘기쁜 소식(福音, Gospel)인 하나님의 성품과 뜻’으로 되돌아간다는 의미는 무엇인가? 하나님의 성품과 뜻이 한국 교회와 성도가 땅끝까지 증거해야 할 내용이라는 의미다. 하나님의 성품과 뜻이 모든 제자에게 가르쳐 지키게 해야 할 내용이고, 끝까지 달려가야 할 방향(길)이고, 완수해야 할 목표(사명)라는 의미다. 하나님의 성품과 뜻이 성도 안에서 자연스럽게 나타나야 할 생각, 선택, 행동의 기준(인생의 기준)이 된다는 말이다. 이 사실을 ‘신뢰를 기반으로 한 자신감으로 확신한다’는 뜻이다.

“구원받은 자, 하나님의 기준(성품과 뜻)으로 빅체인지해야 한다.”

구원받은 자,
하나님의 기준으로 빅체인지한다

우리는 성경을 ‘정경’(正經)이라 한다. 정경은 ‘규범’, ‘기준’, ‘잣대’라는 뜻을 갖는다. 성경을 왜 기준이라고 부를까? 교회와 성도의 기준은 나 자신이 아니다. 위대한 인물도 아니다. 돈도 아니다. 성공도 아니다. 사회 규범도 아니다. 교회와 성도의 유일한 기준은 하나님 한 분뿐이다. 하나님이 기준이 되시어 나와 세상을 측정하고 평가하신다.

성경은 하나님 자신, 하나님의 성품과 뜻, 하나님의 이루심을 기록한 책이다. 그래서 필자가 지금부터 '하나님의 기준'이라고 말하면 성경 말씀을 가리킨다.

하나님은 영이시니 성품과 뜻이 하나님 자신이다. 하나님은 세 인격과 세 위격으로 존재하시지만, 하나님의 성품과 뜻은 동일하다. 삼위일체의 신비다. 하나님의 이루심을 다른 말로 하면, '일하심과 섭리'(攝理, providence)다. 하나님은 전지전능하시고 유일한 참 신이시기에 하나님이 뜻을 가지시면 동시에 그리고 완전하게 이루어진다. 하나님의 뜻하심과 이루심에는 결코 실패가 없고 차이가 없다. 뜻하심이 곧 이루심(일하심과 섭리)이다.

종합하면, 하나님의 성품과 뜻이 하나님 자신이고, 하나님의 이루심 그 자체다. 그래서 필자가 '하나님의 기준'이라고 말하면 하나님의 성품과 뜻을 가리킨다. 하나님의 성품과 뜻이 무엇인지는 성경에 밝히 기록되어 있다. 기준이 분명하면 기술의 오남용, 지식의 오남용이 무엇인지, 선악이 무엇인지도 밝히 알 수 있다.

성경은 한국 교회와 성도의 능력과 지혜와 강함이 '하나님'에게서 나온다고 단언한다. 당연하다. 하나님이 모든 것의 유일한 기준이시기 때문이다. 한국 교회와 성도가 세상을 변화시킬 능력과 지혜와 강함이 '하나님의 성품과 뜻'에서 나온다고 단언한다. 당연하다. 하나님의 성품과 뜻이 하나님 자신이기 때문이다.

"우리의 힘은 십자가를 붙듦에서 나온다"는 말이 있다. 같은 말이다. 십자가는 사랑 그 자체이신 하나님, 그 하나님의 최고 성품인 사랑, 하나님의 가장 위대한 뜻인 구원의 최고 표현이고 상징이기 때문이다.

"오직 여호와의 뜻만이 완전히 서리라"(잠 19:21).

"오직 부르심을 받은 자들에게는 유대인이나 헬라인이나 그리스도는 **하나님의 능력이요 하나님의 지혜니라** 하나님의 어리석음이 사람보다 지혜롭고 하나님의 약하심이 사람보다 강하니라"(고전 1:24-25).

위기 때마다 교회와 성도가 본질로 되돌아가야 한다고 말한다. 본질(本質, Essence)은 어떤 존재에 관해 '그 무엇'이라고 정의할 수 있는 근본적 성질이다. 인간의 본질은 생물학적 성질과 인격적 성질로 나뉜다. 생물학적 본질은 생사의 조건과 한계를 규정한다. 인격적 본질은 권리와 의무를 규정한다.

성도의 본질은 무엇일까? 성도는 예수 그리스도로 말미암아 구원받은 하나님의 거룩한 백성이다(벧전 2:5). 이 정의에 따르면, 성도의 본질 중 생물학적 성질은 '영생'이다. 이 땅에서 하나님이 정하신 생물학적 탄생과 죽음 이후 천국에서 영과 육을 모두 가진 상태로 영생이다.

성도의 본질 중 인격적 성질은 무엇일까? '거룩함'이다. 거룩함은 하나님의 성품이다. 성도가 거룩함을 획득하는 것은 자기의 행위가 아니라, 예수 그리스도의 의(義)의 전가(轉嫁)를 통해서만 가능하다. 거룩함은 권리와 의무를 동시에 갖는다. 권리는 '죄 없다(거룩하다) 선언 받음'과 '거룩한 하나님의 자녀 됨'이다. 의무는 무엇일까? 하나님의 거룩함에 동참하는 것이다.

『웨스트민스터 대요리문답』 제1문은 "사람의 제일 되며 가장 높은 최고의 목적은 무엇입니까?"라고 묻는다. 답은 "하나님을 영화롭게 하며, 영원토록 그를 온전히 즐거워하는 것입니다"(롬 11:36; 고전 10:31; 시 73:24-28)이다. '하나님을 영화롭게 하며 영원토록 그를 즐거워하는 것'은 어떻게 이룰 수 있을까? 그리스도를 통해 획득한 의를 가지고 인격적으로 하나님의 성품과 뜻에 참여(동행)하는 것으로만 가능하다.

교회의 본질은 무엇일까? 교회는 '하나님을 인정'하는 행위, 곧 신앙 고백 위에 세워진다(마 16:16-18). 교회는 이러한 본질을 가진 성도들의 모임이다. 성경은 두세 사람이 예수님의 이름으로 모이면 예수님이 함께하시는 영적 공동체, 즉 교회가 된다고 가르쳐 준다(마 18:20).

성경은 교회의 본질도 생물학적 성질과 인격적 성질로 비유한다. 교회의 생물학적 본질은 무엇인가? 예수 그리스도가 머리이시고 교회가 그리스도의 몸 됨이다(엡 1:23). 교회의 인격적 본질도 권리와 의무로 구성된다. 권리는 보호받음이다. 의무는 '하나 됨'과 '양육'(온전하게 함)이다. 하나 되어 함께 성장하기 때문에 한 몸, 즉 공동체라고 부른다.

사도 바울은 예수님의 마음이 교회가 하나 되는 기초라고 가르친다. 예수 그리스도의 마음은 무엇인가? 자기를 비우신 예수 그리스도의 성품, 하나님의 공의를 세우고 우리를 사랑하사 십자가에 죽으신 예수 그리스도의 뜻이 예수님의 마음이다.

교회는 예수 그리스도의 마음을 바탕으로 온 성도가 같은 방향으로 마음과 사랑과 뜻과 행동을 모아야 한다. 같은 방향을 바라보는 것(visio)을 '비전'(Vision)이라고 부른다. 예수님이 각자 교회에 고유하게 주신 하나님의 성품과 뜻을 침투시킬 사역의 영역을 한마음으로 보는 것이다.

"누구든지 언제나 자기 육체를 미워하지 않고 오직 **양육하여 보호하기**

를 그리스도께서 교회에게 함과 같이 하나니 우리는 그 몸의 지체임이라"(엡 5:29–30).

"**너희 안에 이 마음을 품으라 곧 그리스도 예수의 마음**이니 그는 근본 하나님의 본체시나 하나님과 동등됨을 취할 것으로 여기지 아니하시고 오히려 **자기를 비워** 종의 형체를 가지사 사람들과 같이 되셨고 사람의 모양으로 나타나사 **자기를 낮추시고** 죽기까지 복종하셨으니 곧 **십자가에 죽으심이라**"(빌 2:5–8).

"마음을 같이하여 같은 사랑을 가지고 뜻을 합하며 **한마음을 품어**"(빌 2:2).

"내게 주신 영광을 내가 그들에게 주었사오니 이는 **우리가 하나가 된 것같이 그들도 하나가 되게 하려** 함이니이다 곧 내가 그들 안에 있고 아버지께서 내 안에 계시어 그들로 **온전함을 이루어 하나가 되게 하려 함은** 아버지께서 나를 보내신 것과 또 나를 사랑하심같이 그들도 사랑하신 것을 세상으로 알게 하려 함이로소이다"(요 17:22–23).

"사도들의 손을 통하여 민간에 표적과 기사가 많이 일어나매 **믿는 사람이 다 마음을 같이하여 솔로몬 행각에 모이고**"(행 5:12).

양육(온전하게 함)은 예배와 가르침과 서로 사랑으로만 가능하다. 양육(예배, 가르침, 서로 사랑)이 되기 위해서는 최소 두 사람 이상이 모여 공동체(교회)를 형성해야 한다.

참된 예배는 무엇인가? 성경이 가르쳐 준다. 하나님은 영이시니 우리도 성령으로 예배해야 한다. 성령은 우리 안에 와 계신 하나님이시다. 그래서 성령을 의지하지 않는 예배는 참된 예배가 아니다. 하나님은 진리이시니 우리도 진리로 예배해야 한다. 진리는 영원하다. 영원하지 않은 것은 진리가 아니다. 이 땅에 있는 정보, 지식, 지혜는 영원하지 않다. 영원한 것은 하나님만이 참 신이시라는 것, 십자가를 통한 구원이 하나님이 정하신 유일한 구원의 길이며, 하나님의 성품과 뜻만이 우리 삶의 방향과 구체적 행동 규범이라는 사실뿐이다. 이 진리를 붙들 때 진리가 우리를 영원히 자유케 한다. 참된 예배가 되게 한다.

참된 예배에서는 무슨 일이 일어날까? 성령의 도우심을 받아 진리이신 하나님을 인정하는 일이 일어난다. 성령의 도우심을 받아 예수 그리스도를 마음으로 믿고 입으로 시인하며 구원을 노래하는 일이 일어난다(롬 10:9). 강단에서는 거룩함의 권리(죄 없다 선언 받음, 하나님의 자녀 됨)와 의무(하나님의 성품과 뜻에 참여), 영생의 소망이 쉬지 않고 선포된다.

그러면 성도가 본질에서 벗어나지 않는 역사가 일어난다. 하나님의 성품과 뜻을 배운 성도가 가정, 직장, 사회에서 하나님의 성품과 뜻을 기준으로 삼아 생각하고, 판단하고, 말하고, 행동하고 살면 삶이 예배가 된다. 교회와 성도의 전도와 선교도 바뀐다. 전도와 선교는 지상 교회로 초청이 전부가 아니다. 하나님의 성품과 뜻에 참여하는 삶으로 죄인을 초청하는 행위가 전도의 완성이다.

> "아버지께 **참되게 예배**하는 자들은 **영과 진리로 예배**할 때가 오나니…하나님은 영이시니 예배하는 자가 영과 진리로 예배할지니라"(요 4:23-24).

"그러므로 우리는 예수로 말미암아 항상 찬송의 제사를 하나님께 드리자 이는 **그 이름을 증언하는 입술의 열매**니라 **오직 선을 행함과 서로 나누어 주기를 잊지 말라** 하나님은 이 같은 제사를 기뻐하시니라"(히 13:15-16).

"너희 몸을 하나님이 기뻐하시는 거룩한 산제사로 드리라 이는 너희가 드릴 영적 예배니라"(롬 12:1).

예배, 강단 메시지와 다양한 방식의 가르침을 통해 하나님을 아는 지식도 자라난다. 서로 사랑하는 훈련과 사역은 믿음과 행함을 일치시켜 성도가 온전함을 이루도록 돕는다. 하나 되지 못하고, 자기주장을 앞세우고, 다툼이 끊이지 않는 교회를 상상해 보라. 예배가 무너지고, 강단에서 거룩함의 권리와 의무와 천국 소망 메시지가 사라지고, 서로 사랑함보다는 허영이 넘치고, 자기에게만 관심을 갖는 성도로 가득 찬 교회를 상상해 보라.

성경은 하나 됨과 올바른 양육 행위가 무너지면 본질을 잃은 교회라고 평가한다(빌 1:27-2:5). 교회와 성도에게는 이 땅에서 어디로 가느냐, 얼마나 성공하느냐는 중요하지 않다. 중요한 것은 거룩한 백성으로 '온전함'이다. 온전해야 하나님과 동행할 수 있기 때문이다. '동행'(הָלַךְ, walk with, 창 5:24)은 같은 방향으로 함께 걷는 것이다. '같은 방향으로 함께 걷는다'는 말은 '하나님의 성품과 뜻에 친밀하다. 따른다. 참여한다'는 의미다. 성경은 "지혜로운 자와 동행하면 지혜를 얻고"(잠 13:20), "두 사람이 뜻이 같지 않은데 어찌 동행하겠으며"(암 3:3)라고 말한다.

하나님과 동행하면 하나님의 성품을 얻는다. 하나님이 기뻐하신다(히

11:5). 바꿔 말하면, 하나님의 성품과 뜻에 나를 맞추면 하나님과 함께 걷는 상태가 된다. 신약 성경은 이런 모습을 '온전함' 혹은 '성숙'(장성한 성도)이라고 부른다. 필자는 이런 모습을 '하나님의 기준으로 빅체인지했다'고 말한다. 참고로, 성경은 하나님 말씀의 초보만 반복해서 배워야 하는 수준을 어린아이 신앙이라고 평가한다.

"바나바가 사울을 찾으러 다소에 가서 만나매 안디옥에 데리고 와서 둘이 **교회에 일 년간 모여 있어 큰 무리를 가르쳤고** 제자들이 안디옥에서 비로소 그리스도인이라 일컬음을 받게 되었더라"(행 11:25–26).

"**모든 성경**은 하나님의 감동으로 된 것으로 교훈과 책망과 바르게 함과 의로 교육하기에 유익하니 이는 **하나님의 사람으로 온전하게 하며** 모든 선한 일을 행할 능력을 갖추게 하려 함이라"(딤후 3:16–17).

"너희가 **다시 하나님의 말씀의 초보에 대하여 누구에게서 가르침을 받아야 할 처지**이니 단단한 음식은 못 먹고 젖이나 먹어야 할 자가 되었도다 이는 젖을 먹는 자마다 어린아이니 **의의 말씀을 경험**하지 못한 자요 단단한 음식은 **장성한 자**의 것이니 그들은 지각을 사용함으로 연단을 받아 **선악을 분별하는** 자들이니라"(히 5:12–14).

"오직 우리 주 곧 구주 예수 그리스도의 은혜와 그를 아는 **지식에서 자라 가라**"(벧후 3:18).

"너희를 위하여 기도하기를 그치지 아니하고 구하노니 너희로 하여금 모든 신령한 지혜와 총명에 **하나님의 뜻을 아는 것으로 채우게** 하시고 주께 합당하게 행하여 범사에 기쁘시게 하고 모든 선한 일에 열매를 맺게 하시며 **하나님을 아는 것에 자라게 하시고**"(골 1:9-10).

"어느 때나 하나님을 본 사람이 없으되 만일 **우리가 서로 사랑하면** 하나님이 우리 안에 거하시고 그의 사랑이 **우리 안에 온전히 이루어지느니라**"(요일 4:12).

"믿음이 그의 행함과 함께 일하고 행함으로 믿음이 온전하게 되었느니라"(약 2:22).

"므두셀라를 낳은 후 삼백 년을 **하나님과 동행하며** 자녀들을 낳았으며"(창 5:22).

"노아는 의인이요 당대에 완전한 자라 그는 **하나님과 동행하였으며**"(창 6:9).

하나님의 모든 기준(하나님의 성품과 뜻)은 공의와 사랑으로 수렴된다. 공의와 사랑이 하나님의 궁극적 성품들이기 때문이다. '공의'는 판단(심판)하시는 하나님의 궁극적 성품이고, '사랑'은 용서하시는 하나님의 궁극적 성품이다. 하나님의 성품 중 하나인 '거룩'은 이런 공의와 사랑이 '극(極, extreme)에 달한 상태'를 의미한다.

필자는 (사회적 고통에 대해 다루면서) 경제 금융에서 하나님의 기준 몇 가지를 예시했다. 하나님은 왜 그런 기준을 주셨을까? 그것이 하나님의 성품이기 때문이다. 하나님의 공의와 사랑은 충돌하지 않는다. 둘 다 진정한 사랑의 모습을 보여 준다. 하나님은 스스로 말에 얽매여 어쩔 수 없이 공의를 행하시는 분이 아니시다. 능동적이고 자발적이고 기쁨으로 공의를 지키시는 분이다. 하나님의 공의 지킴 자체가 사랑이기 때문이다. 가장 확실한 실례가 십자가에 자기 아들을 기쁨으로 내어주신 성부, 십자가에서 나를 위해 기쁨으로 온몸을 던져 죽으심으로 하나님의 공의와 사랑을 동시에 이루신 성자 예수님이시다.

"하나님은 사랑이시라"(요일 4:16).

"새 계명을 너희에게 주노니 서로 사랑하라 내가 너희를 사랑한 것같이 너희도 서로 사랑하라 **너희가 서로 사랑하면 이로써 모든 사람이 너희가 내 제자인 줄 알리라**"(요 13:34-35).

"오직 만군의 여호와는 정의로우시므로 높임을 받으시며 거룩하신 **하나님은 공의로우시므로 거룩하다 일컬음을 받으시리니**"(사 5:16).

"나 외에 다른 신이 없나니 **나는 공의를 행하며 구원을 베푸는 하나님**이라"(사 45:21).

"우리의 하나님 여호와께서 **행하시는 모든 일이 공의로우시나**"(단 9:14).

"그들은 내 백성이 되고 **나는 진리와 공의로 그들의 하나님이 되리라**"(슥 8:8).

> “**공의로 세계를 심판**하심이여 정직으로 만민에게 판결을 내리시리로다”(시 9:8).

> “이는 정하신 사람으로 하여금 **천하를 공의로 심판**할 날을 작정하시고 이에 그를 죽은 자 가운데서 다시 살리신 것으로”(행 17:31).

> “공의와 정의를 행하는 것은 제사드리는 것보다 여호와께서 기쁘게 여기시느니라”(잠 21:3).

‘하나님의 뜻’이란 하나님의 성품이 십계명처럼 인간의 언어로 구체적으로 표현되거나, 하나님의 성품이 이 땅에서 구체화된 것이다. 예를 들어, 필자는 ‘사랑’은 용서하시는 하나님의 궁극적 성품이라고 했다. 그래서 하나님이 이 땅을 사는 우리가 이해할 수 있는 언어로 ‘사랑’을 최고의 기준이라고 기록하셨다. 이것이 ‘하나님 사랑’과 ‘이웃 사랑’으로 다시 나뉘어 기록되고, 이것을 다시 10개의 구체적 계명으로 나누어 기록한 것이 ‘십계명’이다.

“너는 나 외에는 다른 신들을 네게 두지 말라”라는 제1계명은 하나님 사랑의 구체화다. “네 이웃의 집을 탐내지 말라”라는 제10계명은 이웃 사랑의 구체화다. “간음하지 말라”라는 제7계명은 성희롱이나 성폭력 금지는 물론이고 부부 간 사랑의 구체화다. “네 부모를 공경하라”라는 제5계명은 부모에 대한 사랑의 구체화다.

> “선생님 율법 중에서 어느 계명이 크니이까 예수께서 이르시되 네 마음을 다하고 목숨을 다하고 뜻을 다하여 주 너의 **하나님을 사랑하라** 하셨

으니 이것이 크고 첫째 되는 계명이요 둘째도 그와 같으니 **네 이웃을 네 자신같이 사랑하라** 하셨으니 이 두 계명이 온 율법과 선지자의 강령이니라"(마 22:36-40).

"사람이 귀를 돌려 율법을 듣지 아니하면 그의 기도도 가증하니라"(잠 28:9).

"하나님은 사랑이시라 **사랑 안에 거하는 자는 하나님 안에 거하고** 하나님도 그의 안에 거하시느니라…우리가 사랑함은 그가 먼저 우리를 사랑하셨음이라 **누구든지 하나님을 사랑하노라 하고 그 형제를 미워하면 이는 거짓말하는 자니** 보는 바 그 형제를 사랑하지 아니하는 자는 보지 못하는 바 하나님을 사랑할 수 없느니라 **우리가 이 계명[뜻]을 주께 받았나니**"(요일 4:16-21).

"주께서 이르시되 그날 후에 내가 이스라엘 집과 맺을 **언약**은 이것이니 **내 법을 그들의 생각에 두고 그들의 마음에 이것을 기록**하리라 나는 그들에게 하나님이 되고 그들은 내게 백성이 되리라"(히 8:10).

'성령에 감동된다'는 것은 무엇인가? 황홀경에 빠지는 것이 아니다. 하나님의 성품과 뜻을 깨닫는 상태다. 하나님의 성품과 뜻에 감동되는 상태다. 하나님의 성품과 뜻에 지배되는 상태다. 진리이신 하나님은 어제나 오늘이나 동일하시다. 진리이신 하나님의 성품과 뜻도 변함없고, 어느 민족이나 인류에게나 동일하다.

진리이신 하나님은 한국 교회가 하나님의 기준(성품과 뜻)을 변함없이 전하고, 가르치고, 지키기를 원하신다. 진리이신 하나님은 한국 교회 성도가 기술과 경제 금융 활동을 비롯해서 정치, 법, 제도, 문화, 경영, 환경, 사회, 가정 등 모든 영역에서 하나님의 기준을 따라서 생각하고, 판단하고, 선택하고, 행동하기를 원하신다. 그러면 한국 교회 강단이 회복되고 예배가 살아난다. 그렇게 되면 우리의 생각, 행동, 인생을 통해 하나님이 '존귀'(μεγαλύνω, honor, magnify, make large, increase)하시게 되는 역사가 일어난다.

우리가 그 길을 걷고, 우리 자녀들도 그 길을 걷게 하고, 우리가 땅끝까지 이르러 제자 삼은 이들이 그 길을 걷게 되면 '믿음의 진보'도 일어난다. 날마다 하나님과 동행하게 된다. 하나님이 날마다 구원받는 사람을 더하셔서 교회 부흥이 일어난다(행 2:47).

"예수 그리스도는 어제나 오늘이나 **영원토록 동일하시니라**"(히 13:8).

"온갖 좋은 은사와 온전한 선물이 다 위로부터 빛들의 아버지께로부터 내려오나니 **그는 변함도 없으시고** 회전하는 그림자도 없으시니라"(약 1:17).

"주께서 침묵하신다고 누가 그를 정죄하며 그가 얼굴을 가리신다면 누가 그를 뵈올 수 있으랴 **그는 민족에게나 인류에게나 동일하시니**"(욥 34:29).

"내가 내 자녀들이 **진리 안에서 행한다** 함을 듣는 것보다 더 기쁜 일이 없도다"(요삼 1:4).

"너희는 내게 배우고 받고 듣고 본 바를 **행하라 그리하면** 평강의 하나님이 **너희와 함께 계시리라**"(빌 4:9).

사회적 고통을 치유하시는 하나님의 방법

하나님의 기준으로 사회적 고통과 문제를 풀어야 근본적 치유와 회복이 일어난다. 세상, 가정, 나의 문제에 하나님의 기준을 적용하는 것은 하나님의 성품을 침투시키는 것이다. 그 어떤 문제, 그 어떤 사회적 고통도 하나님의 성품이 침투하면 근본적인 치유와 회복이 일어난다. 하나님은 이 순간에도 사회적 고통에 귀를 기울이시고, 그들의 고통과 문제에 하나님의 성품이 침투되기를 원하신다.

"**너는 내게 부르짖으라 내가 네게 응답하겠고** 네가 알지 못하는 크고 은밀한 일을 네게 보이리라"(렘 33:3).

"약한 자를 그가 약하다고 탈취하지 말며 곤고한 자를 성문에서 압제하지 말라 **대저 여호와께서 신원하여 주시고**"(잠 22:22-23).

"여호와께서 이르시되 내가 애굽에 있는 내 백성의 고통을 분명히 보고 그들이 그들의 감독자로 말미암아 **부르짖음을 듣고 그 근심을 알고**"(출 3:7).

"그가 내게 **부르짖으면 내가 들으리니** 나는 자비로운 자임이니라"(출 22:27).

"**모든 선한 일에** 너희를 온전하게 하사 **자기 뜻을 행하게** 하시고"(히 13:21).

하나님은 고통받는 자의 부르짖음을 들으시고, 교회와 성도가 하나님의 성품에 '어울리는' '마땅한' 행동(right work)을 통해 치유하신다. 마태복음 5장 16절의 "착한 행실"(τὰ καλὰ ἔργα)이나 디도서 2장 14절의 "선한 일"(καλῶν ἔργων)은 길에 떨어진 휴지를 줍거나 교통 법규를 잘 지키는(good job) 수준이 아니다. 세상이 원하는 도덕적 수준이나 의무 때문에 눈치 보며 해야 하는 행동이 아니다. 교회와 성도의 '어울리는' '마땅한' 행동은 '선'(ἀγαθός, truly good) 그 자체이신 하나님의 성품을 닮은 행동이다. 하나님의 교훈(기준)을 빛나게(attractive, adorn)하는 행동, '높은 수준의 행실'(action to meet high standards)을 가리킨다.

빌립보서 1장 10절은 "지극히[excellent] 선한 것", 히브리서 12장 13절은 "곧은 길"(straight line, right direction), 히브리서 13장 21절은 "하나님의 뜻을 실현하기 위해 하는 일"(everything good for doing his will)이라고 표현했다. 하나님의 자녀, 하나님의 백성으로 구성된 공동체(교회)가 천국 시민으로서 마땅하게 해야 할 하나님의 성품에 어울리는 행실이다. '마땅한 행실'이라는 말은 해도 되고, 안 해도 되는 선택 사안이 아니라는 의미다.

성경은 '마땅하게 해야 할 행실'이라는 말을 '포기하지 말라', '기회가 있을 때마다 하라', '격려하라'라고 표현하기도 한다. 특히 '격려하라'라고 번역된 히브리어 단어 '**παροξυσμός**'(paroxsym)은 '발작'이란 뜻도 가진다. 하나님의 성품에 '어울리는' '마땅한' 행동을 발작이 일어날 정도로 도발하고 자극하라(provoke, spur one another)는 명령이다. 그리고 이런 착한 행실을 교회 안에 있는 믿음의 가정들에게 먼저, 그리고 더 많이 하라고 가르친다.

"예수께서 이르시되 네가 어찌하여 나를 선하다 일컫느냐 **하나님 한 분 외에는 선한 이**(ἀγαθός, truly good)가 없느니라"(막 10:18).

"이같이 **너희 빛**이 사람 앞에 비치게 하여 그들로 너희 **착한 행실**을 보고 하늘에 계신 너희 아버지께 영광을 돌리게 하라"(마 5:16).

"서로 돌아보아 사랑과 선행을 **격려하며**"(히 10:24).

"[종들은 자기 상전들에게] **모든 참된 신실성**[faithfulness]을 나타내게 하라 이는 **범사에 우리 구주 하나님의 교훈을 빛나게** 하려 함이라…**그가 우리를 대신하여 자신을 주심**은 모든 불법에서 우리를 속량하시고 우리를 깨끗하게 하사 **선한 일을 열심히 하는 자기 백성이 되게** 하려 하심이라" (딛 2:10-14).

"우리가 **선을 행하되 낙심하지 말지니 포기하지 아니하면** 때가 이르매 거두리라 그러므로 우리는 **기회 있는 대로** 모든 이에게 착한 일을 하되 더욱 믿음의 가정들에게 할지니라"(갈 6:9-10).

다시 강조한다. 하나님은 교회와 성도를 통해 하나님의 성품이 세상 곳곳에 침투하여 이 땅의 고통과 문제를 해결하신다. 이것은 하나님의 섭리다. 하나님의 일하심이다. 하나님이 이 방법으로 일하시는 것은 아담의 범죄 이후부터 계속되었다.

아담의 범죄 이후 하나님은 세상에서 죄악의 관영함을 늦추고, 사회적 약자를 보호하고, 고통을 치유하기 위해 하나님의 성품을 따라 모든 분야에 공정과 회복(사랑)의 대원칙을 주셨다. 하나님은 공정과 회복의 대원칙을 지키라고 명령하시면서, 속량(구원)과 약속의 땅을 주심(하나님 나라를 거저 받음)도 함께 거론하셨다. 하나님의 성품이 구체적으로 반영된 각종 대원칙들은 비신자들에게는 일반 은혜이지만, 교회와 성도에게는 '어울리는' '마땅한' 행동이라는 의미다.

그렇기 때문에 교회와 성도가 하나님이 은혜로 주신 공정과 회복의 대원칙을 이웃, 사회, 국가에 잘 적용하여 지키면 하나님의 성품이 침투되면서 사회적 고통은 줄고, 죄악의 관영함은 늦춰지고, '더 나은 미래'를 만들어 갈 수 있다. 하지만 교회와 성도가 대원칙을 무시하고 지키지 않으면 정반대의 상황이 펼쳐진다.

예를 들어 보자. 하나님은 돈(경제 금융)과 사업 경영에 하나님의 성품에 따른 최소한의 기준을 일반 은혜로 주셨다. 최소한의 기준이란 이치, 원리(법칙), 관(세계관)을 가리킨다. 하나님이 주신 최소한의 기준을 신자나 비신자 모두 잘 적용하고 지키면 사회는 안정되고 인생이 빛나는 복을 받는다. 하지만 지키지 않으면 돈 때문에 한 개인의 삶은 물론이고 사회 전체가 고통의 소굴이 된다.

어떤 이들은 이런 기준들이 현대 교회에는 맞지 않다고 주장한다. 아니다. 이런 기준들은 하나님의 성품에서 나온 것이기에 불변하다. 구약의 성도, 신약의 성도, 현대 성도 모두가 지키고 보전해야 할 원칙이다. 하나님이 주신 돈(경제 금융)과 사업 경영에 대한 최소한의 기준은 간단하다. "가난한 사람의 것을 빼앗지 말라. 상대를 속이지 말라. 독점하지 말라"다. 하나님의 궁극적 성품인 공의와 사랑을 따라 나온 대원칙이다.

하나님은 이스라엘 민족과 믿음의 성도들이 돈과 경영에 대한 하나님의 대원칙을 지키고 보전해야 하는 특별한 이유도 강조하셨다. 바로 속량(구원)과 가나안 땅 주심(하나님 나라를 거저 받음)이다. 하나님의 경제 대원칙을 지키는 행위에는 하나님의 은혜가 뒤따른다는 약속도 함께 해주셨다.

> "네 형제가 가난하게 되어 빈손으로 네 곁에 있거든 너는 그를 도와 거류민이나 동거인처럼 너와 함께 생활하게 하되 너는 **그에게 이자를 받지 말고** 네 하나님을 경외하여 네 형제로 너와 함께 생활하게 할 것인즉 너는 그에게 이자를 위하여 돈을 꾸어 주지 말고 이익을 위하여 네 양식을 꾸어 주지 말라 **나는 너희의 하나님이 되며 또 가나안 땅을 너희에게 주려고 애굽 땅에서 너희를 인도하여 낸 너희의 하나님 여호와이니라**"(레 25:35-38).

하나님이 사람에게 재물(富, Wealth)을 주시는 기준은 3가지다. 이 역시 하나님의 성품에 따른 기준이다. 생존을 위해 필요한 최소한의 재물을 얻게 하시는 것, 궁핍함을 채워 주시는 것은 들에 피는 꽃과 공중 나는 새부터 사람에 이르기까지 누구에게나 은혜로 주신다. 필요에 따라 '넉넉한 수준'의 재물을 모으는 것은 부지런함과 충성의 결과다. 5달란트 맡은 자처럼 '엄청난 수준'의 재물을 모으는 것은 특별한 지혜의 은사요, 하나님이 주신 부의 분배 미션에 충성해야 하는 소명이다.

하나님은 우리 각자가 감당할 수 있는 재물과 부요의 양을 아신다. 그렇기 때문에 이 3가지 기준을 가지고 각기 다른 분량으로 재물을 주시고, 이 땅에서 다양한 노동의 수고를 하는 과정에서 제 몫의 재물과 부요를 얻게 하신다. 하나님은 신자나 비신자나 구별하지 않고 각기 제 몫만큼 수고만 하면 정해진 몫의 재물을 얻을 수 있게 하신다.

> "또 너희가 어찌 의복을 위하여 염려하느냐 **들의 백합화가 어떻게 자라는가 생각하여 보라** 수고도 아니하고 길쌈도 아니하느니라…그러므로 염려하여 이르기를 무엇을 먹을까 무엇을 마실까 무엇을 입을까 하지 말라 이는 다 이방인들이 구하는 것이라 **너희 하늘 아버지께서 이 모든 것이 너희에게 있어야 할 줄을 아시느니라**"(마 6:28-32).

> "유덕한 여자는 존영을 얻고 **근면한 남자는 재물을 얻느니라**"(잠 11:16).

> **"부지런한 자의 경영은 풍부함**에 이를 것이나"(잠 21:5).

> "어떤 사람에게든지 하나님이 재물과 부요를 그에게 주사 능히 누리게 하시며 **제 몫을 받아 수고함으로 즐거워하게 하신 것**은 하나님의 선물이라"(전 5:19).

다른 사람에게 선물로 주신 재물의 분량을 시기하면 재물의 주인이신 하나님께 대한 불신이고 불충이다. 하나님께 많은 재산을 선물로 받으면 근심도 많고 책임만 많아진다. 재산이 많아지면 먹여 살려야 하는 사람도 많아진다. 재산이 늘어나면 지출도 늘어난다. 눈으로 보는 재미는 있겠지만, 실제로 그 모든 재산을 다 쓸 수 있는 것도 아니기 때문에 실제 유익은 별로 크지도 않다. 빛 좋은 개살구라는 말이다. 심지어 하나님이 원하는 만큼 재물과 부요를 주시는 것과 누리게 하시는 것은 별개인 경우도 많다. 그리고 이 땅의 물질은 영원하지 않다. 어느 날 한순간에 날아가 버리는 허무한 것이다.

반면, 하나님이 선물로 주신 재물을 각자 분량에 맞게 가난한 사람들에게 나눠 주면 오히려 풍족함과 윤택함의 은혜가 지속되고 하나님의 갚아주심의 은혜를 추가로 경험할 수 있다. 위기를 만날 때 뜻밖의 도움을 받을 수도 있다. 그리고 흩어 구제해도 이 땅에서 가난해지지 않는다. 더욱 부하게 될 수도 있다. 하나님이 기억하시고, 그 일(부를 골고루 분배하는 일)을 계속하도록 더 큰 부를 맡기시기 때문이다. 이 모든 원리는 하나님의 성품에서 기인한다.

> "**은을 사랑하는 자는 은으로 만족하지 못하고 풍요를 사랑하는 자는 소득으로 만족하지 아니하나니** 이것도 헛되도다 **재산이 많아지면 먹는 자들도 많아지나니** 그 소유주들은 **눈으로 보는 것 외에 무엇이 유익하랴** 노동자는 먹는 것이 많든지 적든지 잠을 달게 자거니와 **부자는 그 부요함 때문에 자지 못하느니라** 내가 **해 아래에서 큰 폐단 되는 일**이 있는 것을 보았나니 곧 **소유주가 재물을 자기에게 해가 되도록 소유하는 것이라** 그 재물이 재난을 당할 때 없어지나니 비록 아들은 낳았으나 그 손에 아무것도 없느니라"(전 5:10-14).

> "어떤 사람은 그의 영혼이 바라는 모든 소원에 부족함이 없어 재물과 부요와 존귀를 하나님께 받았으나 **하나님께서 그가 그것을 누리도록 허락하지 아니하셨으므로 다른 사람이 누리나니** 이것도 헛되어 악한 병이

로다"(전 6:2).

"**부자 되기에 애쓰지 말고** 네 사사로운 지혜를 버릴지어다 네가 **어찌 허무한 것에 주목**하겠느냐 정녕히 **재물은 스스로 날개를 내어 하늘을 나는 독수리처럼 날아가리라**"(잠 23:4-5).

"**흩어 구제하여도 더욱 부하게 되는 일이 있나니** 과도히 아껴도 가난하게 될 뿐이니라 구제를 좋아하는 자는 풍족하여질 것이요 남을 윤택하게 하는 자는 자기도 윤택하여지리라"(잠 11:24-25).

"**일곱에게나 여덟에게 나눠 줄지어다** 무슨 재앙이 땅에 임할는지 네가 알지 못함이니라"(전 11:2).

"**가난한 자를 불쌍히 여기는 것은 여호와께 꾸어 드리는 것이니** 그의 선행을 그에게 갚아 주시리라"(잠 19:17).

"구제함을 은밀하게 하라 은밀한 중에 보시는 너의 **아버지께서 갚으시리라**"(마 6:4).

"고넬료가 주목하여 보고…천사가 이르되 네 **기도와 구제가 하나님 앞에 상달되어 기억**하신 바가 되었으니"(행 10:4).

하나님이 다른 사람에게 재물을 많이 주셨다고 해서 시기할 필요가 없는 또 다른 이유가 있다. 하나님이 선물로 주신 재물은 주인이 종의 재능과 책임 분량에 맞게 나눠서 잠시 맡기신 소유에 불과하기 때문이다. 많이 맡았으면 많이 남겨야 한다. 책임이 크다는 말이다. 하나님은 신자든 비신자든 가리지 않고 많은 재산을 선물로 주시면 그 사람을 통해 부의 불균형 분배를 해결하는 '나눔'의 책임도 함께 주신다.

예수님도 주의 기도에서 "오늘 우리에게 일용할 양식을 주시옵고"(마 6:11)라고 가르치셨다. 이 기도는 단순히 하루 먹을 양식을 구하는 수준이 아니다. 그랬다면 "오늘 나에게 일용할 양식을 주옵소서"라고 기도하라고 가르치셨을 것이다. 나의 하루 음식을 넘어, 우리가 함께 매일 나누어 먹을 수 있도록 해달라는 기도다. 우리의 나눔으로 모두의 필요를 채워 줄 수 있는 일들이 나의 기도와 행위로 일어나도록 해달라는 기도다. 이런 책임을 완수하지 않고 곡간에 쌓아 두기만 하면 오히려 해가 되고 무익하고 악하고 게으른 종이라고 책망을 받는다. 종국에는 모아 둔 것도 빼앗기게 된다.

하나님이 우리에게 재물을 주시는 이유는 두 가지다. 하나는 생존이다. 다른 하나는 '생존을 위해 필요한 재물을 제외하고' 나머지는 함께 일하는 사람들에게 정당한 급여로 나눠 주고, 가난한 사람들에게 나눠 주어서 이 땅에 존재하는 부의 불균형 분배(가난)를 해결하라는 명령이다. 그렇기 때문에 성경에는 '경건(예배)과 구제'(행 10:2), '선행과 구제'(행 9:36), '기도와 구제'(행 10:4), '전도와 구제'(행 2:43-47)처럼 구제가 모든 경건한 일과 함께 등장한다. 이 땅에 있는 재물에도 하나님의 성품이 침투하면 사회적 고통을 줄이고, 사람을 살리고, 사회를 치유하고, 더 나은 미래를 만들어 갈 수 있다.

"**충성되고 지혜 있는 종이 되어** 주인에게 그 집 사람들을 맡아 **때를 따**

라 양식을 나눠 줄 자가 누구냐 주인이 올 때에 그 종이 이렇게 하는 것을 보면 그 종이 복이 있으리로다 내가 진실로 너희에게 이르노니 **주인이 그의 모든 소유를 그에게 맡기리라**"(마 24:45-47).

"**내가 곤고하고 가난한 백성을 네 가운데에 남겨 두리니** 그들이 여호와의 이름을 의탁하여 보호를 받을지라"(습 3:12).

"너희가 만일 불의한 **재물에도 충성하지 아니하면** 누가 참된 것으로 너희에게 맡기겠느냐"(눅 16:11).

"**네가 죽도록 충성하라** 그리하면 내가 생명의 관을 네게 주리라"(계 2:10).

"삼가 너는 마음에 **악한 생각을 품지 말라** 곧 이르기를 일곱째 해 면제년이 가까이 왔다 하고 **네 궁핍한 형제를 악한 눈으로 바라보며 아무것도 주지 아니하면 그가 너를 여호와께 호소하리니 그것이 네게 죄가 되리라** 너는 반드시 그에게 줄 것이요, 줄 때에는 아끼는 마음을 품지 말 것이니라 **이로 말미암아 네 하나님 여호와께서 네가 하는 모든 일과 네 손이 닿는 모든 일에 네게 복을 주시리라 땅에는 언제든지 가난한 자가 그치지 아니하겠으므로** 내가 네게 명령하여 이르노니 너는 반드시 네 땅 안에 네 형제 중 곤란한 자와 궁핍한 자에게 네 손을 펼지니라"(신 15:9-11).

"가난한 자와 부한 자가 함께 살거니와 **그 모두를 지으신 이는 여호와시**

니라"(잠 22:2).

"네가 만일 **네 하나님 여호와의 말씀만 듣고 내가 오늘 네게 내리는 그 명령을 다 지켜 행하면** 네 하나님 여호와께서 네게 기업으로 주신 땅에서 네가 반드시 복을 받으리니 **너희 중에 가난한 자가 없으리라**"(신 15:4-5).

"네 하나님 여호와께서 네게 주신 땅 어느 성읍에서든지 가난한 형제가 너와 함께 거주하거든 그 가난한 형제에게 네 마음을 완악하게 하지 말며 **네 손을 움켜쥐지 말고**"(신 15:7).

"**하나님 아버지 앞에서 정결하고 더러움이 없는 경건**은 곧 **고아와 과부를 그 환난 중에 돌보고** 또 자기를 지켜 세속에 물들지 아니하는 그것이니라"(약 1:27).

하나님의 성품과 뜻을 알게 되면 하나님이 선물로 주신 재물을 생존에 필요한 만큼만 사용하고 나머지를 나눠서(구제하여) 이 땅에서 일어나는 부의 불균형 분배를 해결하는 데 사용할 수밖에 없다. 그렇기 때문에 하나님이 말씀하신 것처럼 자기 몫 이상의 부를 탐낼 필요가 없어진다.

하나님이 정하신 자기 몫 이상의 부를 탐내면 하나님과의 관계만 깨질 뿐이다. 재물을 탐내고 사랑하고 자기 것이라고 착각하면 만족이 없고, 만족이 없으면 주인을 원망하게 된다. 심지어 주인을 나쁜 사람이라고 비난하게도 된다. 혹시 당신이 지금 소유한 부에 만족함이 없는가? 그렇다면 당신은 부를 사랑하고 탐내는 사람이다. 하나님을 원망하고, 나쁘고 불공평한 신이라고 비난할 가능성이 큰 사람이다. 하나님의 성품과 뜻을 진심으로 깨닫지 못한 사람이다. 조심하라. 하나님의 기준에 반(反)하는 것은 하나님의 성품에 반(反)하는 것이다. 하나님의 성품에 반(反)하면 하나님과의 관계도 깨질 수 있다.

> "한 부자가 그 밭에 소출이 풍성하매 심중에 생각하여 이르되 내가 곡식 쌓아 둘 곳이 없으니 어찌할까 하고 또 이르되 내가 이렇게 하리라 내 곳간을 헐고 더 크게 짓고 내 모든 곡식과 물건을 거기 쌓아 두리라…하나님은 이르시되 어리석은 자여 오늘 밤에 네 영혼을 도로 찾으리니 그러면 네 준비한 것이 누구의 것이 되겠느냐 하셨으니 자기를 위하여 재물을 쌓아 두고 **하나님께 대하여 부요하지 못한 자**가 이와 같으니라"(눅 12:16-21).

> "**무릇 많이 받은 자에게는 많이 요구**할 것이요 **많이 맡은 자에게는 많이 달라** 할 것이니라"(눅 12:48).

> "또 어떤 사람이 **타국에 갈 때 그 종들을 불러 자기 소유를 맡김**과 같으니 **각각 그 재능대로** 한 사람에게는 금 다섯 달란트를, 한 사람에게는 두 달란트를, 한 사람에게는 한 달란트를 주고 떠났더니 다섯 달란트 받은 자는 바로 가서 그것으로 장사하여 또 다섯 달란트를 남기고 두 달란트 받은 자도 그같이 하여 또 두 달란트를 남겼으되 한 달란트 받은 자는 가서 땅을 파고 그 주인의 돈을 감추어 두었더니 오랜 후에 그 종들의 주인이 돌아와 그들과 결산할새…한 달란트 받았던 자는 와서 이르되 주인이여 **당신은 굳은 사람이라 심지 않은 데서 거두고 헤치지**

않은 데서 모으는 줄을 내가 알았으므로 두려워하여…그 주인이 대답하여 이르되 **악하고 게으른 종아**…이 **무익한 종**을 바깥 어두운 데로 **내쫓으라**"(마 25:15-30).

"**돈을 사랑함이 일만 악의 뿌리**가 되나니 이것을 **탐내는 자들**은 미혹을 받아 믿음에서 떠나 많은 근심으로써 자기를 찔렀도다"(딤전 6:10).

"**자기의 재물을 의지하는 자는 패망하려니와** 의인은 푸른 잎사귀 같아서 번성하리라"(잠 11:28).

성경은 가난한 사람을 둘로 구분한다. 스스로 게을러 가난하게 된 사람과 성실하지만 가난한 사람이다. 전자는 좀 더 자고, 좀 더 졸고, 좀 더 누워 있고 싶은 욕망으로 스스로 자기를 죽이는 어리석은 사람이다. 성경은 게으름을 정직함과 비교하면서 '악하고 게으른 종'이라고 책망한다. 하나님의 성품에 반(反)하기 때문이다.

게을러 가난하게 된 사람은 이웃에게도 미움을 받게 되고, 구걸하더라도 얻지 못한다. 게으름에서 벗어나지 않으면 빈궁하고 곤핍한 생활을 강도같이 만나서 인생이 가시밭이 된다. "개미에게라도 배우라"라는 핀잔도 받는다. 스스로 게을러 가난하게 된 사람은 영적으로도 가난한 자가 되어 모든 것을 잃고 슬피 울며 이를 가는 날을 당한다. 이날이 오기 전에 게으른 자와 불의한 방식으로 남의 것을 도둑질하듯 부를 축적하는 사람, 사회적 약자들을 돌보지 않고 나누지 않는 사람들은 회개해야 한다.

"**내가 게으른 자의 밭과 지혜 없는 자의 포도원**을 지나며 본즉 **가시덤불**

이 그 전부에 퍼졌으며 그 지면이 거친 풀로 덮였고 돌담이 무너져 있기로 내가 보고 생각이 깊었고 내가 보고 훈계를 받았노라 네가 좀 더 자자, 좀 더 졸자, 손을 모으고 좀 더 누워 있자 하니 **네 빈궁이 강도같이 오며 네 곤핍이 군사같이 이르리라**"(잠 24:30-34).

"**게으른 자의 욕망이 자기를 죽이나니** 이는 자기의 손으로 일하기를 싫어함이니라"(잠 21:25).

"**게으른 자의 길은 가시 울타리 같으나** 정직한 자의 길은 대로니라"(잠 15:19).

"그 주인이 대답하여 이르되 **악하고 게으른 종아** 나는 심지 않은 데서 거두고 헤치지 않은 데서 모으는 줄로 네가 알았느냐 그러면 네가 마땅히 내 돈을 취리하는 자들에게나 맡겼다가 내가 돌아와서 내 원금과 이자를 받게 하였을 것이니라 하고 그에게서 그 한 달란트를 빼앗아 열 달란트 가진 자에게 주라 무릇 있는 자는 받아 풍족하게 되고 없는 자는 그 **있는 것까지 빼앗기리라** 이 무익한 종을 **바깥 어두운 데로 내쫓으라 거기서 슬피 울며 이를 갈리라** 하니라"(마 25:26-30).

"**가난한 자는 이웃에게도 미움을 받게 되나**"(잠 14:20).

"**게으른 자**는 가을에 밭 갈지 아니하나니 그러므로 거둘 때에는 **구걸할지라도 얻지 못하리라**"(잠 20:4).

"**게으른 자여 개미에게** 가서 그가 하는 것을 보고 **지혜를 얻으라**"(잠 6:6).

"도둑질하는 자는 다시 도둑질하지 말고 돌이켜 **가난한 자에게 구제할 수 있도록 자기 손으로 수고하여 선한 일을 하라**"(엡 4:28).

반면, 성실하지만 가난한 사람은 다르다. 그는 하나님의 섭리 때문에 가난한 사람이다. 하나님이 선물로 주신 재물의 양이 적어서 성실하게 일해도 가난한 부류에 속해서 산다. 하나님이 교회와 성도에게 하나님의 뜻과 사랑을 실천할 수 있는 기회를 주시기 위해 가난에 처하게 섭리하신 사람이기 때문이다. 교회와 성도를 통해 이들 안에 하나님의 성품이 침투되어 하나님의 존귀과 영광을 드러내도록 지으심 받은 이들이다. 성경이 교회와 성도가 가난한 자를 구제하면 주님을 대접한 상을 받는다고 약속한 이유다.

하지만 교회와 성도가 하나님의 기준을 따라 행하지 못하고, 하나님의 기준으로 세상을 이끌지 못하면 그는 계속 가난한 상태로 남아 있게 되고, 그가 하나님께 호소하면 하나님이 진노하신다. 그도 스스로 '하나님이 나에게는 재물이라는 선물을 적게 주셨다'며 불공평하다고 생각하면 안 된다. 하나님은 그에게 다른 선물을 주신다. 믿음의 부요다. 심령의 가난함에서 나오는 진정한 기쁨과 부요와 만족이다. 물질이나 사회적 고통이 가져다주는 고난은 그리스도의 순종을 배워 우리를 온전하게 만들어 준다.

요한계시록 일곱 교회 중 책망받지 않은 교회가 두 곳 있다. 서머나교회와 빌라델비아교회다. 그중 서머나교회는 물질에 궁핍한 가난한 교회였다. 환난이 끊이지 않는 교회였다. 하지만 그들은 궁핍과 환난 속에서도 주님을 배반하지 않았다. 부요함이 독이 되어서 행위가 부지런하지 않고 미지근해진 라오디게아교회와 정반대였다(계 3:14-22). 재물이 부요한 사람은 (돈의 독특한 특성 때문에) 영적으로 가난한 자가 되기 쉽다. 부자도 심령을 가난하게 하면 천국에 들어갈 수 있지만(마 5:3), 큰 재물 때문에 마음이 가난해지기가 어렵다(마 19:21-22). 하나님의 섭리는 작은 시각에서는 불평등하게 보이지만, 큰 시각에서는 공평한 은혜다. 하나님의 성품이 그러하기 때문이다.

"여호와께서 **온갖 것을 그 쓰임에 적당하게 지으셨나니** 악인도 악한 날에 적당하게 하셨느니라"(잠 16:4).

"하나님께서…세상의 **약한 것들을 택하사** 강한 것들을 부끄럽게 하려 하시며"(고전 1:27).

"나에게 이르시기를 **내 은혜가 네게 족하도다** 이는 내 능력이 약한 데서 온전하여짐이라 하신지라…그러므로 내가 그리스도를 위하여 약한 것들과 능욕과 **궁핍**과 박해와 곤고를 기뻐하노니 이는 **내가 약한 그때에 강함이라**"(고후 12:9-10).

"내가 주릴 때에 너희가 먹을 것을 주었고 목마를 때에 마시게 하였고 나그네 되었을 때에 영접하였고 헐벗었을 때에 옷을 입혔고 병들었을 때에 돌보았고 옥에 갇혔을 때에 와서 보았느니라 이에 **의인들이 대답하여 이르되 주여 우리가 어느 때에 주께서 주리신 것을 보고 음식을 대접하였으며 목마르신 것을 보고 마시게 하였나이까 어느 때에 나그네 되**

신 것을 보고 영접하였으며 헐벗으신 것을 보고 옷 입혔나이까 어느 때에 병드신 것이나 옥에 갇히신 것을 보고 가서 뵈었나이까 하리니 임금이 대답하여 이르시되 내가 진실로 너희에게 이르노니 너희가 여기 내 형제 중에 **지극히 작은 자 하나에게 한 것이** 곧 내게 한 것이니라 하시고"(마 25:35-40).

"내 사랑하는 형제들아 들을지어다 하나님이 **세상에서 가난한 자를 택하사 믿음에 부요하게 하시고** 또 자기를 사랑하는 자들에게 약속하신 나라를 상속으로 받게 하지 아니하셨느냐"(약 2:5).

"가난한 자에게 복음이 전파된다 하라"(눅 7:22).

"너희 가난한 자는 복이 있나니 **하나님의 나라가 너희 것임이요**"(눅 6:20).

"가난하여도 성실하게 행하는 자는 부유하면서 굽게 행하는 자보다 나으니라"(잠 28:6).

"근심하는 자 같으나 항상 기뻐하고 **가난한 자 같으나 많은 사람을 부요하게 하고 아무것도 없는 자 같으나 모든 것을 가진 자로다**"(고후 6:10).

"그가 아들이시면서도 받으신 **고난으로 순종함을 배워서 온전하게** 되셨은즉"(히 5:8-9).

"예수께서 제자들에게 이르시되 내가 진실로 너희에게 이르노니 **부자는 천국에 들어가기가 어려우니라** 다시 너희에게 말하노니 낙타가 바늘귀로 들어가는 것이 부자가 하나님의 나라에 들어가는 것보다 쉬우니라 하시니"(마 19:23-24).

"네가 말하기를 **나는 부자라 부요하여 부족한 것이 없다 하나 네 곤고한 것과 가련한 것과 가난한 것과 눈먼 것과 벌거벗은 것을 알지 못하는도다**"(계 3:17).

적게 받은 사람이 더 많이 가진 사람을 시기할 필요가 없듯이, 많이 가진 사람도 적게 가진 사람을 차별하거나 무시하면 안 된다. 겸손해야 한다. 이것도 하나님이 주신 경제 금융의 대원칙 중에 하나다. 하나님이 정하신 자기 몫 이상의 부를 탐내면 하나님과의 관계가 깨진다. 자기가 가진 선물로 받은 것들을 자랑하며 사람을 차별하는 데 오남용해도 하나님과의 관계가 깨진다. 많은 것을 선물로 주신 사람에게 하나님이 원하시는 것은 더 큰 충성뿐이다. 겸손과 충성도 예수님의 고유하고 위대한 성품이다.

"너희 안에 이 마음을 품으라 곧 그리스도 예수의 마음이니 그는 근본 하나님의 본체시나 하나님과 **동등됨을 취할 것으로 여기지 아니하시고 오히려 자기를 비워 종의 형체를 가지사** 사람들과 같이 되셨고 사람의 모양으로 나타나사 **자기를 낮추시고 죽기까지 복종하셨으니** 곧 십자가에 죽으심이라"(빌 2:5-8).

"맡은 자들에게 구할 것은 **충성이니라**"(고전 4:2).

"내 형제들아 영광의 주 곧 우리 주 예수 그리스도에 대한 믿음을 너희가 가졌으니 **사람을 차별하여 대하지 말라** 만일 너희 회당에 금가락지를 끼고 아름다운 옷을 입은 사람이 들어오고 또 남루한 옷을 입은 가난한 사람이 들어올 때에 너희가 아름다운 옷을 입은 자를 눈여겨보고 말하되 여기 좋은 자리에 앉으소서 하고 또 가난한 자에게 말하되 너는 거기 서 있든지 내 발등상 아래에 앉으라 하면 **너희끼리 서로 차별하며 악한 생각으로 판단하는 자**가 되는 것이 아니냐 내 사랑하는 형제들아 들을지어다 하나님이 세상에서 가난한 자를 택하사 믿음에 부요하게 하시고 또 자기를 사랑하는 자들에게 약속하신 나라를 상속으로 받게 하지 아니하셨느냐"(약 2:1-5).

하나님은 재물을 얻는 수고를 할 때에도 남을 속이지 말고 공정을 지키라고 명령하셨다. 하지만 불의한 자들은 재물을 탐하여 제 몫 이상의 것을 손에 쥐려고 하나님의 경제 대원칙을 지키지 않는다. 심지어 가난한 자의 것도 무자비하게 탈취하는 죄악을 범한다.

"주 여호와께서 이같이 말씀하셨느니라 이스라엘의 통치자들아 너희에게 만족하니라 너희는 포악과 겁탈을 제거하여 버리고 정의와 공의를 행하여 내 백성에게 속여 빼앗는 것을 그칠지니라 주 여호와의 말씀이니라 너희는 **공정한 저울과 공정한 에바와 공정한 밧을 쓸지니** 에바와 밧은 그 용량을 동일하게 하되 호멜의 용량을 따라 밧은 십분의 일 호멜을 담게 하고 에바도 십분의 일 호멜을 담게 할 것이며 세겔은 이십 게라니 이십 세겔과 이십오 세겔과 십오 세겔로 너희 마네가 되게 하라"(겔 45:9-12).

"너희는 재판할 때나 길이나 무게나 양을 잴 때 불의를 행하지 말고 **공평한 저울과 공평한 추와 공평한 에바와 공평한 힌을 사용하라** 나는 너희를 인도하여 애굽 땅에서 나오게 한 너희의 하나님 여호와이니라 너희는 내 모든 규례와 내 모든 법도를 지켜 행하라 나는 여호와이니라" (레 19:35-37).

"세겔은 이십 게라니 이십 세겔과 이십오 세겔과 십오 세겔로 너희 마네가 되게 하라"(겔 45:12).

"**가난한 자를 삼키며 땅의 힘없는 자를 망하게 하려는 자**들아 이 말을 들으라 너희가 이르기를 월삭이 언제 지나서 우리가 곡식을 팔며 안식일이 언제 지나서 우리가 밀을 내게 할꼬 **에바를 작게 하고 세겔을 크게 하여 거짓 저울로 속이며 은으로 힘없는 자를 사며 신 한 켤레로 가난한 자를 사며 찌꺼기 밀을 팔자** 하는도다 여호와께서 야곱의 영광을 두고 맹세하시되 내가 그들의 모든 행위를 절대로 잊지 아니하리라 하셨나니"(암 8:4-7).

'에바'(Ephah, אֵיפָה)는 '바구니'란 뜻이다. 한 바구니에 넣은 곡물(밀, 보리, 볶은 곡식, 곡물의 가루 등)의 양으로 단위의 명칭을 삼은 것으로, 고체의 양을 측정하는 데 사용한다(출 16:36; 민 5:15; 룻 2:17; 사 5:10). 1에바는 약 22리터이며, 성인 남자의 한 달 치 품삯에 해당하는 곡식 양이다. '밧'(בַּת, 바트)은 액체 측량 단위로, 1밧은 약 26리터이고, 1호멜의 10분의 1에 해당한다(겔 45:10-14). '힌'(hin, הִין)은 '항아리'라는 뜻이다. 고대에는 일정한 항아리를 가지고 액체의 부피를 쟀다. '세겔'(Shekel, שֶׁקֶל)은 히브리어로 '무게를 달다'라는 뜻의 '쇄칼'에서 유래한 말이다. 고대 팔레스타인을 비롯한 중근동 지방에서 가장 기본이 되는 무게(중량) 단위가 세겔이었다. 훗날 화폐 단위로도 통용되었다.

이 말씀들은 속임수를 사용해서 돈을 벌지 말라는 것이 핵심이다. 무게, 질량, 부피, 교환 비율, 화폐 등을 속이는 것은 죄악이다. 특히 국가(왕)가 백성을 대상으로 화폐 사기 등 거대한 속임수를 쓰는 것에 대한 경고다. 하나님은 남을 속이지 말고 공정하게 돈을 벌어야 이 땅에서 수명이 길고 편안한 잠을 잘 수 있다고 가르치셨다.

> "너는 네 주머니에 두 종류의 저울추 곧 큰 것과 작은 것을 넣지 말 것이며 네 집에 두 종류의 되 곧 큰 것과 작은 것을 두지 말 것이요 **오직 온전하고 공정한 저울추를 두며 온전하고 공정한 되를 둘 것이라 그리하면 네 하나님 여호와께서 네게 주시는 땅에서 네 날이 길리라**"(신 25:13-15).

자본가와 기업인이 노동자를 대할 때도 지켜야 할 대원칙이 있다. 노동자를 학대하지 말고, 일한 만큼 합당한 급여를 정확한 날짜에 지급해야 한다. 급여를 책정하는 것도 노동자 입장에서 정하라고 했다. 원칙은 간단하다. 노동자가 억울해하지 않는 급여다. 기업 사냥꾼도 되지 말라고 가르친다. 자기가 세우지 않은 집을 빼앗는 것은 제 몫의 재물을 수고하여 얻는 정상적 행위가 아니다. 이런 모든 것이 다 하나님의 성품의 구체적 실현이다.

> "너는 네 이웃을 억압하지 말며 착취하지 말며 **품꾼의 삯을 아침까지 밤새도록 네게 두지 말며**"(레 19:13).

"**곤궁하고 빈한한 품꾼**은 너희 형제든지 네 땅 성문 안에 우거하는 객이든지 그를 **학대하지 말며 그 품삯을 당일에 주고 해 진 후까지 미루지 말라** 이는 그가 가난하므로 그 품삯을 간절히 바람이라 그가 너를 여호와께 호소하지 않게 하라 그렇지 않으면 그것이 네게 죄가 될 것임이라"(신 24:14-15).

"내가 심판하러 너희에게 임할 것이라 점치는 자에게와 간음하는 자에게와 거짓 맹세하는 자에게와 **품꾼의 삯에 대하여 억울하게 하며** 과부와 고아를 압제하며 나그네를 억울하게 하며 나를 경외하지 아니하는 자들에게 속히 증언하리라 만군의 여호와가 말하였느니라"(말 3:5).

"수고하여 얻은 것을 삼키지 못하고 돌려주며 매매하여 얻은 재물로 즐거움을 삼지 못하리니 이는 그가 가난한 자를 학대하고 버렸음이요 **자기가 세우지 않은 집을 빼앗음이니라**"(욥 20:18-19).

하나님은 투자에 대해서도 하나님의 성품이 반영된 대원칙을 주셨다. 이 원칙도 간단하다. 두 가지다. 하나는 '가난한 자의 것은 정당한 방식이라도 투자의 대상으로 삼지 말라'는 것이다. 가난한 자의 생존에 필요한 것까지 투자의 대상으로 삼거나 담보로 잡는 것은 정당한 것의 범주에 들어가지 않는 행위이고, 포학함이라는 죄를 짓는 행위라고 규정하셨다.

가난한 자의 토지는 사지 말고, 생존에 필요한 최소한의 것은 빼앗지도 말고, 정당한 이유라도 취하지 말아야 한다. 어쩔 수 없이 가난한 자의 생존과 관련된 것들(의복, 토지, 집)을 사게 되었으면(투자 수익으로 얻게 되었으면) 최대한 빨리 제값을 받고 되돌려 줄 방법(형제가 되사 줌)을 찾아야 하고, 그러지 못하면 구매한 사람이 희년에는 무상으로 되돌려 주어야 한다고 명령하셨다. 그렇게 해야 하는 이유는 재물(토지 포함)의 주인이 하나님이시기 때문이다. 가난한 자의 것을 투자 대상으로 삼거나 담보 잡는 행위는 자신이 주인의 것을 임시로 맡아서 공의를 행하는 책임을 맡았다는 사실을 망각하는 일이다. (참고로, 다음 말씀에서 '성벽 있는 성내의 가옥'이란 가난한 자의 가옥이 아니라는 의미다.)

하나님의 성품이 반영된 투자의 또 다른 대원칙은 '독점하지 말라'이다.

"네 이웃에게 무엇을 꾸어줄 때에 너는 **그의 집에 들어가서 전당물을 취하지 말고** 너는 밖에 서 있고 네게 꾸는 자가 전당물을 밖으로 가지고 나와서 네게 줄 것이며 **그가 가난한 자이면 너는 그의 전당물을 가지고 자지 말고 해 질 때에 그 전당물을 반드시 그에게 돌려줄 것이라** 그리하면 그가 그 옷을 입고 자며 너를 위하여 축복하리니 그 일이 네 **하나님 여호와 앞에서 네 공의로움**이 되리라"(신 24:10-13; 참고 출 22:25-27).

"어떤 사람은 고아를 어머니의 품에서 빼앗으며 **가난한 자의 옷을 볼모 잡으므로 그들이 옷이 없어 벌거벗고 다니며 곡식 이삭을 나르나 굶주리고**"(욥 24:9-10).

"**토지를 영구히 팔지 말 것은 토지는 다 내 것임이니라** 너희는 거류민이요 동거하는 자로서 나와 함께 있느니라…만일 네 형제가 가난하여 **그의 기업 중에서 얼마를 팔았으면** 그에게 가까운 기업 무를 자가 와서 그의 형제가 판 것을 무를 것이요…그러나 자기가 무를 힘이 없으면 그 판 것이 희년에 이르기까지 **산 자의 손에 있다가 희년에 이르러 돌아올**

지니 그것이 곧 그의 기업으로 돌아갈 것이니라 성벽 있는 성내의 가옥을 팔았으면 판 지 만 일 년 안에는 무를 수 있나니 곧 그 기한 안에 무르려니와 일 년 안에 무르지 못하면 그 성안의 가옥은 산 자의 소유로 확정되어 대대로 영구히 그에게 속하고 **희년에라도 돌려보내지 아니할 것이니라** 그러나 **성벽이 둘리지 아니한 촌락의 가옥은** 나라의 전토와 같이 물러 주기도 할 것이요 희년에 돌려보내기도 할 것이니라"(레 25:23-31).

"무릇 만군의 여호와의 포도원은 이스라엘 족속이요 그가 기뻐하시는 나무는 유다 사람이라 그들에게 **정의를 바라셨더니 도리어 포학이요** 그들에게 공의를 바라셨더니 도리어 부르짖음이었도다 **가옥에 가옥을 이으며 전토에 전토를 더하여 빈틈이 없도록 하고 이 땅 가운데에서 홀로 거주하려 하는 자들**은 화 있을진저 만군의 여호와께서 내 귀에 말씀하시되 정녕히 허다한 가옥이 황폐하리니 크고 아름다울지라도 거주할 자가 없을 것이며"(사 5:7-9).

"너희 땅의 곡물을 벨 때에 밭모퉁이까지 **다 베지 말며 떨어진 것을 줍지 말고** 그것을 가난한 자와 거류민을 위하여 **남겨 두라** 나는 너희의 하나님 여호와이니라"(레 23:22).

이런 원칙들을 받아들이고 지키면 하나님의 성품이 이 원칙들을 지키는 사람에게도 가득하게 되어 돈을 사랑하지 않는 태도가 형성된다. 있는 바를 족한 줄로 아는 태도가 형성된다. 돈을 섬기는 죄악에 빠지지도 않는다. 돈을 사랑하고 섬기는 행위는 '있는 바를 족한 줄로 모르는 행위', '돈이 없는 것을 무서워(근심)하는 마음'을 의미한다. 돈을 사랑하는 행위는 곧 '자기를 사랑하는 행위'다. 돈이 있기에 내가 마음이 놓이고, 내가 살아 있는 것 같고, 내가 힘이 생기고, 자신감이 넘치는 것 같다는 표현이다. 이 모든 것은 곧 '자기애'다.

심리학에서 과도한 자기애는 '셀프 나르시시즘'(자기 이기주의)이라는 질병으로 평가한다. 성경은 분명하게 말한다. 돈을 사랑하면 하나님의 기준(성품)에 대한 신뢰(믿음)에서 떠나서 부정과 부패의 미혹에 빠지게 된다. 부부, 가정, 동료, 직장, 공동체, 사회 속에서 그 어떤 악으로도 발전하게 된다. 돈에 욕심이 생기고 돈을 사랑하면 그만큼 사람과 세상에 대한 무서움과 경계감도 생긴다. 하지만 돈에 욕심을 버리면 예수님이 보이고, 예수님을 바라보고 예수님의 성품을 가득 채우면 세상에 대한 무서움이 사라진다. 히브리서 저자가 "돈을 사랑하지 말고"(히 13:5)라고 시작한 구절에서 "내가 무서워하지 아니하겠노라"(히 13:6)라고 끝맺음한 이유다.

있는 바를 족한 줄로 여기는 마음은 돈에 대한 것도 주님께 의지하고, 돈의 유무도 주님이 주관하신다는 것, 나는 주인의 재물을 관리하는 청지기에 불과하다는 것을 신뢰하는 행위, 주님이 나를 결코 버리지 않으신다는 믿음의 행위다. 내가 가진 은행 계좌, 투자 계좌는 주님의 창고다. 창고에 얼마의 물품을 채울지는 주인이신 하나님이 결정하시고, 하나님이 선물로 주시고, 나는 그것을 충성스럽게 관리하는 청지기일 뿐이다. 충성이라는 성품은 내 마음대로가 아니라, 주인의 마음에 합당하게 일하는 것이다.

"돈을 사랑하지 말고 **있는 바를 족한 줄로 알라** 그가 친히 말씀하시기를 **내가 결코 너희를 버리지 아니하고 너희를 떠나지 아니하리라** 하셨느니라 그러므로 우리가 담대히 말하되 주는 나를 돕는 이시니 **내가 무서워**

하지 아니하겠노라 사람이 내게 어찌하리요 하노라"(히 13:5-6).

"네 보물 있는 그곳에는 네 마음도 있느니라"(마 6:21).

"돈을 사랑함이 일만 악의 뿌리가 되나니 이것을 탐내는 자들은 **미혹을 받아 믿음에서 떠나** 많은 **근심으로써 자기를 찔렀도다**"(딤전 6:10).

마지막으로, 하나님이 우리에게 주신 하나님의 성품을 따른 경제 금융의 대원칙이 하나 더 있다. 재물의 규모를 자랑하지 말고, "내가 하나님이 주신 경제 금융의 대원칙을 잘 지켰다"라는 것을 자랑하라고 가르치셨다. 더 나아가 독수리처럼 날아가 버릴 재물보다 하나님의 은총을 사모하라고 가르치셨다.

"은이나 금보다 은총을 더욱 택할 것이니라"(잠 22:1).

"여호와께서 이와 같이 말씀하시되 지혜로운 자는 그의 지혜를 자랑하지 말라 용사는 그의 용맹을 자랑하지 말라 **부자는 그의 부함을 자랑하지 말라** 자랑하는 자는 **이것으로 자랑할지니** 곧 명철하여 **나를 아는 것과 나 여호와는 사랑과 정의와 공의를 땅에 행하는 자인 줄 깨닫는 것**이라 나는 이 일을 기뻐하노라 여호와의 말씀이니라"(렘 9:23-24).

"내가 모든 **재물을 즐거워함같이 주의 증거들의 도를 즐거워하였나이다** 내가 주의 법도들을 작은 소리로 읊조리며 주의 길들에 주의하며 주의 율례들을 즐거워하며 **주의 말씀을 잊지 아니하리이다**"(시 119:14-16).

> "그러나 내게는 우리 주 **예수 그리스도의 십자가 외에 결코 자랑할 것이 없으니**"(갈 6:14).

하나님이 이런 대원칙들을 주신 이유는 분명하다. 교회와 성도를 통해 하나님의 성품(기준)을 사회 곳곳에 침투하여 죄악의 관영함을 늦추시고, 사회적 약자를 보호하시고, 그들의 고통을 없애 주시기 위함이다.

사회적 고통의 대부분은 돈에 대한 탐욕, 그것을 위한 경제 금융 지식, 지혜, 기술의 오남용에서 발생한다. 하나님이 정하신 최소한의 경제 원칙(공정)을 지키지 않고 독점, 약탈, 불공정 경쟁, 속임, 사기와 착취를 일삼는 데서 발생한다. 교회와 성도는 하나님이 선물로 주신 재물을 오남용하고 하나님의 경제 금융 대원칙을 지키지 않아서 발생하는 사회적 고통을 경계하는 데 열심을 내야 한다. 초대 교회처럼 하나님의 대원칙을 땅끝까지 가르치고 지키게 하여 영혼 구원과 사회적 고통을 함께 해결해 가야 한다.

창조 대명령과 지상 대명령은 서로 분리된 명령이 아니다. 둘 중 하나만 지키면 되는 선택 사안도 아니다. 창조 대명령 준행은 지상 대명령 수행을 위한 다리(bridge)다. 동시에 지상 대명령은 창조 대명령을 포함한다. 초대 교회는 두 명령을 함께 수행할 때 온전해진다는 것을 알았고, 실천했다. 그들이 하나님의 성품을 따라 만들어진 경제 금융 대원칙을 지켜 행하자 하나님은 온 백성에게 칭송을 받게 해주셨고, 믿는 사람이 더해지면서 교회의 부흥도 일어나게 하셨고, 사회가 치유되는 역사도 일으키셨다.

> "믿는 사람이 다 함께 있어 **모든 물건을 서로 통용하고 또 재산과 소유를 팔아 각 사람의 필요를 따라 나눠 주며** 날마다 마음을 같이하여 성전

에 모이기를 힘쓰고 집에서 떡을 떼며 기쁨과 순전한 마음으로 음식을 먹고 하나님을 찬미하며 또 **온 백성에게 칭송을 받으니 주께서 구원받는 사람을 날마다 더하게 하시니라**"(행 2:44-47).

"이는 마게도냐와 아가야 사람들이 예루살렘 성도 중 **가난한 자들을 위하여 기쁘게 얼마를 연보하였음이라** 저희가 기뻐서 하였거니와 또한 **저희는 그들에게 빚진 자니 만일 이방인들이 그들의 영적인 것을 나눠 가졌으면** 육적인 것으로 그들을 섬기는 것이 마땅하니라"(롬 15:26-27).

"예수께서 이르시되 네가 **온전하고자 할진대** 가서 **네 소유를 팔아 가난한 자들에게 주라** 그리하면 하늘에서 보화가 네게 있으리라 그리고 와서 나를 따르라 하시니"(마 19:21).

초대 교회는 경제 금융 분야를 넘어 사회 모든 영역에서 하나님이 주신 대원칙을 지켰다. 예를 들어, 초대 교회는 하나님이 정치인과 공무원(법 포함)에게 주신 대원칙도 정성을 다해 지켰다. 정치인과 공무원은 죄악의 관영함을 늦추고, 사회적 약자의 고통을 줄이는 데 핵심 역할을 하는 직업이다. 하나님이 이들에게 주신 대원칙도 간단하고 명료하다. 신실과 정의와 공의, 불의한 이익을 미워함, 착취 금지, 사회적 약자 보호와 억울함에서 구원이다. 이 역시 하나님의 성품이다.

지금도 성도는 자신의 정치적 선호도, 혈연과 지연과 학연을 따라서 정치와 공무를 행해서는 안 된다. 하나님의 성품을 따라 하나님이 명령하신 하나님의 기준을 따라 정치하고 공무를 수행하면서 사회의 고통에 귀를 기울이고, 약한 자를 돕고, 하나님이 만드신 세상을 지키는 법을 만들고,

악법이 세워지지 않게 해야 한다. 하나님의 기준을 가지고 요셉처럼 지혜롭고 통찰력 있게 나라를 다스려야 한다.

"오직 정의를 물같이, 공의를 마르지 않는 강같이 흐르게 할지어다"(암 5:24).

"너희는 재판할 때에 불의를 행하지 말며 **가난한 자의 편을 들지 말며 세력 있는 자라고 두둔하지 말고 공의로 사람을 재판할지며**"(레 19:15).

"**가난한 자와 궁핍한 자**를 구원하여 **악인들의 손에서 건질지니라** 하시는도다"(시 82:4).

"너는 또 온 백성 가운데서 능력 있는 사람들 곧 하나님을 두려워하며 진실하며 **불의한 이익을 미워하는 자를 살펴서 백성 위에 세워** 천부장과 백부장과 오십부장과 십부장을 삼아"(출 18:21).

"**신실하던 성읍**이 어찌하여 창기가 되었는고 **정의**가 거기에 충만하였고 **공의**가 그 가운데에 거하였더니 이제는 살인자들뿐이로다 네 은은 찌꺼기가 되었고 네 포도주에는 물이 섞였도다 네 고관들은 패역하여 **도둑과 짝하며 다 뇌물을 사랑하며 예물을 구하며 고아를 위하여 신원하지 아니하며 과부의 송사를 수리하지 아니하는도다**"(사 1:21-23).

"**너희 소돔의 관원들아 여호와의 말씀을 들을지어다 너희 고모라의 백성아 우리 하나님의 법에 귀를 기울일지어다** 여호와께서 말씀하시되 너희의 **무수한 제물이 내게 무엇이 유익하뇨** 나는 숫양의 번제와 살진 짐승의 기름에 배불렀고 나는 수송아지나 어린양이나 숫염소의 피를 기뻐하지 아니하노라 너희가 내 앞에 보이러 오니 이것을 누가 너희에게 요구하였느냐 내 마당만 밟을 뿐이니라 헛된 제물을 다시 가져오지 말라 분향은 내가 가증히 여기는 바요 월삭과 안식일과 대회로 모이는 것도 그러하니 **성회와 아울러 악을 행하는 것을 내가 견디지 못하겠노라** 내 마음이 너희의 월삭과 정한 절기를 싫어하나니 그것이 내게 무거운 짐이라 내가 지기에 곤비하였느니라 너희가 손을 펼 때에 내가 내 눈을 너희에게서 가리고 너희가 많이 기도할지라도 내가 듣지 아니하리니 이는 **너희의 손에 피가 가득함이라** 너희는 스스로 씻으며 스스로 깨끗하게 하여 내 목전에서 너희 악한 행실을 버리며 행악을 그치고 **선행을 배우며 정의를 구하며 학대받는 자를 도와주며 고아를 위하여 신원하며 과부를 위하여 변호하라** 하셨느니라 여호와께서 말씀하시되 오라 우리가 서로 변론하자 너희의 죄가 주홍 같을지라도 눈과 같이 희어질 것이요 진홍같이 붉을지라도 양털같이 희게 되리라 **너희가 즐겨 순종하면 땅의 아름다운 소산을 먹을 것이요** 너희가 거절하여 배반하면 칼에 삼켜지리라 여호와의 입의 말씀이니라"(사 1:10-20).

"이스라엘의 통치자들아 너희에게 만족하니라 **너희는 포악과 겁탈을 제거하여 버리고 정의와 공의를 행하여 내 백성에게 속여 빼앗는 것을 그칠지니라** 주 여호와의 말씀이니라"(겔 45:9).

초대 교회는 신분 차별, 인종 차별, 남녀노소 차별, 유대인과 이방인 차별도 하지 않았다. 하나님의 명령이고 하나님의 성품이기 때문이다. 모든 사람을 동일하게 격려하고, 돌보고, 남겨 두고, 억울하게 하지 않고, 면제하고, 붙들어 주었다.

"우리가 유대인이나 헬라인이나 **종이나 자유인이나 다 한 성령으로 세례를 받아 한 몸이 되었고** 또 다 한 성령을 마시게 하셨느니라"(고전 12:13).

"거기에는 헬라인이나 유대인이나 할례파나 무할례파나 야만인이나 스구디아인이나 종이나 자유인이 **차별이 있을 수 없나니** 오직 그리스도는 만유시요 만유 안에 계시니라"(골 3:11).

"너는 **이방 나그네를 압제하지 말며 그들을 학대하지 말라** 너희도 애굽 땅에서 나그네였음이라 너는 **과부나 고아를 해롭게 하지 말라** 네가 만일 그들을 해롭게 하므로 **그들이 내게 부르짖으면 내가 반드시 그 부르짖음을 들으리라**"(출 22:21-23).

"**매 삼 년 끝**에 그해 소산의 **십분의 일을 다 내어** 네 성읍에 저축하여 너희 중에 분깃이나 기업이 없는 레위인과 네 성중에 거류하는 **객과 및 고아와 과부들이 와서 먹고 배부르게 하라** 그리하면 네 하나님 여호와께서 네 손으로 하는 범사에 네게 복을 주시리라"(신 14:28-29, 신약에서도 여전히 십일조가 당위성을 갖는 이유가 된다).

"**매 칠 년 끝에는 면제하라** 면제의 규례는 이러하니라 그의 이웃에게 꾸어 준 모든 채주는 그것을 면제하고 그의 이웃에게나 그 형제에게 독촉하지 말지니 이는 **여호와를 위하여 면제를 선포**하였음이라 이방인에게는 네가 독촉하려니와 **네 형제에게 꾸어 준 것은** 네 손에서 면제하라"(신 15:1-3).

"너는 육 년 동안 그 밭에 파종하며 육 년 동안 그 포도원을 가꾸어 그 소출을 거둘 것이나 **일곱째 해에는 그 땅이 쉬어 안식하게 할지니 여호와께 대한 안식이라** 너는 그 밭에 파종하거나 포도원을 가꾸지 말며… 너는 **일곱 안식년**을 계수할지니 이는 칠 년이 일곱 번인즉 안식년 일곱 번 동안 곧 **사십구 년**이라…너희는 **오십 년째 해를 거룩하게 하여** 그 땅에 있는 모든 주민을 위하여 **자유를 공포하라** 이 해는 너희에게 희년이니 너희는 각각 자기의 소유지로 돌아가며 각각 자기의 가족에게로 돌아갈지며"(레 25:3-10).

"너는 **객이나 고아의 송사를 억울하게 하지 말며** 과부의 옷을 전당 잡지 말라 너는 애굽에서 종 되었던 일과 네 하나님 여호와께서 너를 거기서 **속량하신 것을 기억하라** 이러므로 내가 네게 이 일을 행하라 명령하노라 네가 밭에서 곡식을 벨 때에 그 한 뭇을 밭에 잊어버렸거든 다시 가서 가져오지 말고 **나그네와 고아와 과부를 위하여 남겨 두라** 그리하면 네 하나님 여호와께서 네 손으로 하는 모든 일에 복을 내리시리라 네가 네 감람나무를 떤 후에 그 가지를 다시 살피지 말고 그 **남은 것은 객과 고아와 과부를 위하여 남겨 두며** 네가 네 포도원의 포도를 딴 후에 그 남은 것을 다시 따지 말고 **객과 고아와 과부를 위하여 남겨 두라** 너는 애굽 땅에서 종 되었던 것을 기억하라 이러므로 내가 네게 이 일을 행하라 명령하노라"(신 24:17-22).

“또 형제들아 너희를 권면하노니 **게으른 자들을 권계하며** 마음이 약한 자들을 **격려하고** 힘이 없는 자들을 **붙들어 주며** 모든 사람에게 **오래 참으라**”(살전 5:14).

한국 교회, 장자의 명분으로 빅체인지한다

사도행전에 등장하는 초대 교회는 가장 이상적인 지상 교회다. 초대 교회 성도는 ‘세상을 흔드는 사람들’이란 평가를 받았다. 가장 이상적인 지상 교회는 모두가 복 받아 부자가 되는 교회가 아니다. 부의 불균형 분배 문제가 있지만 스스로 해결할 수 있는 힘이 있는 교회다. 이상적인 교회는 고통이 없는 교회가 아니다. 스스로 치유하는 능력이 있는 교회다. 세상을 흔드는 성도들은 ‘세상의 기준’과 ‘하나님의 기준’이라는 두 법의 싸움(롬 7:23-25)에서 승리한 이들이다.

2000년 전 초대 교회와 성도들만 이렇게 산 것이 아니다. 종교개혁자 존 칼빈(John Calvin)도 매점매석(독점)으로 부를 긁어모은 자들을 향해 “살인자, 사나운 짐승, 가난한 자를 물어뜯고 삼키는 자, 그들의 피를 빨아먹는 자”라고 격렬하게 비난했다.

칼빈은 빈곤은 인간이 선을 행할 기회를 부여하기 위해 하나님이 허락하신 사건이라고 정확한 해석을 했다. 칼빈은 부자들에게 금욕주의나 재물의 포기가 아니라, 자신의 재력이 허용하는 한도 안에서의 사회적 약자를 위한 선한 행동과 마음을 당부했다. 칼빈은 가난의 문제에 대한 정부의 역할도 강조했다. 좋은 정부인지 아닌지에 대한 평가는 사회적 약자를 향해 어떤 역할을 했고, 그 시행 내용이 구체적으로 무엇인가에 따라 결정된다고 말했다. 칼빈은 정부와 공무원의 책무는 시민들의 사유재산을 안전하게 보호하고, 그들이 정당하게 재산을 형성해 가도록 하며, 정직과 단아함이 유지되도록 지도하는 것이라고도 가르쳤다.

17세기 독일 경건주의운동을 주도한 필립 스페너(Philip Spener), 18-19세기 영국과 미국을 중심으로 칼빈주의 사상을 뿌리로 하는 청교도도 총체적 복음의 관점으로 경제 문제에 대해 활발하게 관여했다. 그들은 청지기적 관점을 가지고 가난한 자들의 필요를 위해 자신의 재물을 사용했다. 칼빈의 사상에 뿌리를 두고 있었던 청교도는 가난한 사람들에게 음식이나 생필품을 나누어 주는 것에 그치지 않고 일자리를 찾아 주어 경제적 활동을 스스로 하도록 도와주는 것이 가장 좋은 자선이자 구제라고 생각했다.

영국의 부흥 운동가였던 존 웨슬리(John Wesley)도 이런 사역에 깊은 관심을 가졌다. 웨슬리는 구약에서 하나님이 명령하신 희년 정신의 적극적인 실현을 계속 시도해야 한다고 주장했다. 예수 그리스도로 인해 새롭게 거듭나면 인간의 경제 의식도 새로워져야 한다고 믿었기 때문이다. 실제로, 웨슬리는 과도한 국가의 빚과 불필요한 연금으로 인해 부당하게 늘어난 세금 제도에 대한 개혁, 고용 제도의 개혁, 노예 해방 운동, 재물의 나눔과 경제에 대한 청지기 의식의 실현, 재산 상속 반대, 농장 독점화 반대, 시장 경제에 의한 자본의 독점화에 대한 반대, 탄광 일꾼들을 위한 노동조합 운동 등을 적극 실천했다.

미국에서는 제1, 2차 대각성운동을 이끌었던 지도자들을 통해 창조 대명령과 지상 대명령 사역이 동시에 계승되었다. 18세기 제1차 대각성운동의 대표적인 지도자였던 조나단 에드워즈(Jonathan Edwards)는 당시 뉴잉

글랜드에 만연되어 있던 부정직한 사업과 부당한 이익 갈취 등에 대해 강력하게 규탄하고, 절대적 의무로서의 나눔 사역을 강조하면서 기독교인들의 진정한 돌이킴을 가르쳤다.

19세기 제2차 대각성운동의 대표 지도자였던 찰스 피니(Charles Finney)도 진정한 회심은 이웃을 위한 선행과 사회적 책임과 불가분의 관계에 있는 총체적 회심이라고 규정하고 노예 제도의 폐지, 이민자를 위한 취업, 가난한 자에 대한 구제 등의 사역에 힘을 쏟았다.

한국의 초대 교회와 성도도 똑같은 삶을 살았다. 하나님이 선물로 주신 재물의 오남용, 하나님이 경제, 사회, 환경, 문화, 법, 정치, 제도 등의 영역에 주신 지혜와 지식 자체의 오남용을 경계했다. 하나님이 죄악의 관영함을 늦추시고 사회적 약자를 보호하시기 위해 일반 은혜로 주신 공정과 회복의 원칙도 지키고 보존했다. 하나님이 주신 공정과 회복의 원칙을 기준 삼아 사회 모든 부분의 원칙도 만들어 갔다.[1]

요한계시록 일곱 교회 중 책망받지 않은 두 곳 중 한 교회가 빌라델비아 교회다. 주님은 이들이 믿음과 행함이 일치했고, 인내의 말씀을 지켰다고 칭찬하셨다(계 3:7-13). 수많은 신앙의 선진이 이렇게 살 수 있었던 이유는 그들의 생각과 마음에 하나님의 성품과 뜻을 담았기 때문이다. 하나님의 성품과 뜻을 이 땅 곳곳에 침투시켜 구원, 치유, 회복이 일어나게 하는 것이 교회와 성도가 마땅히 해야 할 사명이라는 것을 알았기 때문이다. 그리고 이것이 장자(상속자)에게 주어진 책임이고 명분이라는 것을 분명히 알았기 때문이다.

> "한 그릇 음식을 위하여 **장자의 명분을 판 에서와 같이 망령된 자가 없도록 살피라**"(히 12:16).

> "에서가 이르되 **내가 죽게 되었으니 이 장자의 명분이 내게 무엇이 유익하리요**…야곱이 떡과 팥죽을 에서에게 주매 에서가 먹으며 마시고 일어나 갔으니 **에서가 장자의 명분을 가볍게 여김**이었더라"(창 25:32-34).

> "만일 그리스도 안에서 **우리가 바라는 것이 다만 이 세상의 삶뿐이면** 모든 사람 가운데 우리가 더욱 **불쌍한 자이리라**"(고전 15:19).

세상 기준만 잘 따르면 된다는 유혹에 빠지는 것은 배고픔이라는 육체의 소욕을 따라 한 그릇 음식을 위하여 장자의 명분을 팔아 버린 '망령된 행위'다. 장자의 명분은 가장 큰 축복의 계보다. 이삭이 야곱을 장자로 착각하고 해준 기도를 들어 보자.

> "그가 가까이 가서 그에게 입맞추니 아버지가 그의 옷의 향취를 맡고 그에게 축복하여 이르되 내 아들의 향취는 여호와께서 복 주신 밭의 향취로다 하나님은 하늘의 이슬과 땅의 기름짐이며 풍성한 곡식과 포도주를 네게 주시기를 원하노라 만민이 너를 섬기고 열국이 네게 굴복하리니 네가 형제들의 주가 되고 네 어머니의 아들들이 네게 굴복하며 너를 저주하는 자는 저주를 받고 너를 축복하는 자는 복을 받기를 원하노라"(창 27:27-29).

장자의 명분은 구속사를 잇는 막중한 책임이다. 에서가 야곱에게 장자의 명분을 팔아넘기는 순간, 예수님의 계보가 에서에게서 야곱으로 넘어갔다. 이런 소중한 권리와 책임을 가볍게 여긴 에서처럼 살면 안 된다. 하나님은 우리를 상속자로 삼는 축복을 주셨다. 구속사를 이어 나가는 막중

한 책임을 주셨다. 장자의 명분이다. 에서처럼 육체의 소욕을 따라 행하는 망령된 행위에서 돌아서야 한다. 세상 기준이 아니라 하나님의 기준을 따름이 선이고, 의이며, 믿음이며, 장자의 영광이다.

필자는 세상이 만든 기준이 완전히 쓸모없는 것이라고 말함이 아니다. 인간도 하나님의 모양과 형상대로 창조되었기 때문에 선악을 어느 정도 구별하여 알 수 있다(창 3:22). 하지만 아담과 하와가 스스로 만들어 입은 '무화과나무 잎' 옷처럼 불완전하다(창 3:7). 구원에 이르지 못한다. 근본적 치유와 회복에 이르지 못한다. 이를 가르치시기 위해 하나님은 아담과 하와에게 가죽옷을 입히셨다(창 3:21).

교회와 성도에게 주어진 장자로서 임무는 세상의 기준을 따라 적당히 사는 것이 아니다. 하나님의 기준(성품과 뜻)으로 세상의 기준을 바로잡고, 고치고, 온전하게 만들어야 한다. 하나님은 언제나 동일하시다. 하나님의 역사도 같다. 한국 교회 안팎으로 어려움이 있고, 고난이 있고, 넘어지고 쓰러지는 사람이 있고, 불의와 불공평이 있는 이유는 우리가 하나님의 기준(하나님의 성품)으로 다시 일으켜 세우라는 하나님의 뜻이다. 치유하고 회복시키고 바로잡아 곧은길을 내라는 장자에게 주어진 사명이다.

한국 교회와 성도여! 장자의 명분으로 빅체인지하자.

"예수 그리스도는 어제나 오늘이나 **영원토록 동일하시니라**"(히 13:8).

"여호와가 너희를 위하여 기록한 율례와 법도와 율법과 계명을 지켜 **영원히 행하고**"(왕하 17:37).

7. 한국 교회가 최우선으로 이끌어야 할 새로운 사역 5

PART 3

한국 교회,
빅체인지를 이끌라

B I G C H A N G E

CHAPTER. 7

한국 교회가 최우선으로 이끌어야 할 새로운 사역 5

미래로 방향을 재정렬하고, 세상 이끌기를 시작하자

지상 대명령을 수행하는 성도를 '증인'이라 부른다면, 창조 대명령을 수행하는 성도를 '청지기'라 부른다(수 1:7; 왕하 21:8; 레 25:55; 사 41:8-9, 43:10). 하나님이 우리에게 청지기 직무로 주신 '세상 다스림'은 지배, 남용, 낭비가 아니다. 필자는 '하나님의 성품과 뜻'을 기준 삼아 세상을 경계하고(watch, guard), 대비(대응, 치유)하고(prepare, respond, heal), 이끄는 것(lead)이 청지기 직무(account of my management)의 정수라고 해석했다. 지금까지 필자는 빅체인지 시대에 하나님의 성품과 뜻을 기준 삼아 세상을 경계하고 대비(대응, 치유)하는 것의 중요성과 방법 등에 대해서 설명했다. 이제 한국 교회와 성도가 '무엇을 이끌어야 할지'를 생각해 보자.

이끌기(lead)는 창조 대명령의 완성이다. "한국 교회와 성도는 세상을 어디로 이끌어야 할까?"라는 질문에 대한 대답은 성경에 분명하게 나와 있다. 하나님이 창조하신 모든 것은 '심히 좋은' 상태였다(창 1:31). 하나님이 아담에게 명령하신 "다스리라"(창 1:28)라는 말씀의 의미는 심히 좋은 상태를 유지하라는 것이다. 한국 교회와 성도는 하나님이 창조하신 세상을 '심히 좋은 상태', '더 나은 미래'로 이끌어야 한다.

그렇다면 우리가 이끌어 가는 방향이 하나님이 기뻐하시는 심히 좋은 상태, 더 나은 미래라는 것을 무엇으로 판단할 수 있을까? 간단하다. 하나님의 성품과 뜻이 판단한다. 성경 전체는 "우리가 하나님의 성품과 뜻을 기준 삼아 세상을 이끌면 세상은 심히 좋은 상태, 더 나은 미래로 나아간다"고 명확하게 가르친다.

하나님은 세상이 심히 좋은 상태, 하나님을 찬양하는 상태로 마지막 날까지 온전히 다스려지기를 원하신다. 그것이 창조 대명령의 목적이다. 하지만 인간은 하나님을 배반하고 타락하여 창조 대명령을 온전히 수행하지 못한 상태가 되었다. 하지만 하나님은 창조 세계를 포기하지 않으셨다. 예수 그리스도를 이 땅에 보내 십자가에서 죽게 하심으로 인간만 구속하신 것이 아니다. 아담과 함께 저주받고 훼손된 창조 세계 전부를 구속하고 회복시키셨다. 그것뿐만이 아니다. 성령을 보혜사로 이 땅에 보내셔서 우리와 영원히 함께 있게 하셔서 창조 대명령과 지상 대명령이 마지막 날까지 계속되게 하신다.

인류 역사의 매 시대마다 하나님은 이런 자신의 계획을 실현할 교회와 사람을 찾으신다. 이런 교회와 사람을 찾아서 '하나님이 기뻐하시는 시대적 소명'을 주신다. 한국 교회와 성도가 하나님이 주신 시대적 소명을 붙잡고 세상을 경계하고 대비(대응, 치유)하고 이끄는 직무에 충성하면 '모든 선한 일을 행할 능력'도 함께 주신다(딤후 3:17). 선한 청지기는 하나님이 맡겨 주신 능력을 하나님을 위해 모두 사용하여 하나님이 창조하신 세상이 심히 좋은 상태, 더 나은 미래로 발전하는 데 한 시대를 기여하고 천국(본향)으로 돌아가는 사람이다(벧전 4:10; 눅 12:42).

하지만 하나님이 기뻐하시는 시대적 소명을 품고 살지 않으면 '주인의 소유를 낭비하는 청지기'로 전락한다(눅 16:1). 한국 교회와 성도가 하나님이 주신 시대적 소명에 귀를 닫으면 하나님은 다른 사람을 사용해서 그분의 계획을 성취하시지만, 우리는 하나님의 은혜 밖으로 쫓겨날 수 있다(에 4:14). 구속사의 패러다임을 한국에서 다른 나라로 옮기실 수 있다. 코로나19는 한국 교회와 성도에게 "우리가 누구냐? 교회는 무엇을 할 수 있느냐?"라는 큰 도전, 큰 질문을 던졌다. 우리가 내놓을 답은 분명해야 한다.

"하나님이 창조하신 세상을 치유하고 심히 좋은 상태, 더 나은 미래로 이끄는 청지기 직무를 다시 시작하겠다."

필자는 빅체인지 시대에 한국 교회와 성도가 최우선으로 이끌어야 하는 5가지의 새롭고 도전적인 사역을 제안한다. 신중년 리트릿, 가정 회복, 메타버스 영성, 통일 준비, 지구 회복이다. 이 5가지 사역 영역은 빅체인지 시대 복음 전파의 새로운 '가교'(bridge, 다리)이기도 하다. 복음이 우리에게서 전도와 선교 대상자들에게 넘어가려면 가교가 필요하다.

가교는 복음을 전하는 자와 복음을 듣는 자가 만나는 방식을 가리킨다. 가교는 야구 방망이에서 스팟에 해당한다. 공을 스팟에 맞혀야 홈런이 나온다. 예수님도 복음 전파에 가교를 이용하셨다. 요한복음 4장에서 예수님은 우물가에 있는 사마리아 여인에게 복음의 가교로 '사마리아인과 상종하지 않는 유대 사회 관습', '우물물'과 '남편'을 사용하셨다.

> "사마리아 여자가 이르되 당신은 유대인으로서 어찌하여 사마리아 여자인 나에게 **물을 달라 하나이까** 하니 이는 **유대인이 사마리아인과 상종하지 아니함이러라** 예수께서 대답하여 이르시되 네가 만일 하나님의 선물과 또 네게 물 좀 달라 하는 이가 누구인 줄 알았더라면 네가 그에게 구하였을 것이요 그가 생수를 네게 주었으리라…예수께서 대답하여 이르시되 **이 물을 마시는 자마다 다시 목마르려니와** 내가 주는 물을 마시는 자는 영원히 목마르지 아니하리니 **내가 주는 물은 그 속에서 영생하도록 솟아나는 샘물이 되리라**…이르시되 가서 **네 남편을 불러 오라** 여자가 대답하여 이르되 나는 남편이 없나이다 예수께서 이르시되 네가 남편이 없다 하는 말이 옳도다 너에게 남편 다섯이 있었고 지금 있는 자도 네 남편이 아니니 네 말이 참되도다 여자가 이르되 **주여 내가 보니 선지자로소이다**…여자가 이르되 메시아 곧 그리스도라 하는 이가 오실 줄을 내가 아노니 그가 오시면 모든 것을 우리에게 알려 주시리이다 예수께서 이르시되 네게 말하는 **내가 그라 하시니라**"(요 4:9–26).

예수님이 사마리아 여인에게 사용하신 복음의 가교(우물물과 남편)는 인간의 필요, 죄, 문명에 관한 것들이었다. 시대가 변하면 복음의 가교도 변한다. 인공지능, 로봇, 나노 및 생명공학 기술들이 넘쳐 나는 현재와 미래 사회에서, 예수님이 복음을 전하신다면 어떤 가교를 사용하실까?

분명한 것은 '우물물'을 복음의 가교로 삼지는 않으실 것이다. 빅체인지 시대에 이미 시작된 위기와 고통, 앞으로 다가올 새로운 고통과 위기, 새로운 기술 문명과 사회 변화 등을 복음의 가교로 사용하실 것이다. 필자가 한국 교회와 성도들에게 제안하는 5가지 새롭고 중요한 사역들은 세상을 경계하고, 대비(대응, 치유)하고, 이끄는 청지기 직무이며 동시에 복음의 새로운 가교가 될 것이다.

신중년을 이끌라.
한국 교회의 미래가 달려 있다

필자는 강의 때마다 한국 교회가 미래를 잃어버리지 않으려면 두 세대를 살려야 한다고 강조한다. 다음 세대와 신중년 세대다. 다음 세대(주일학교)는 한국 교회가 수십 년 뒤에도 존재할 수 있게 해주는 실체적 씨앗이다. 주일학교가 없는 교회는 미래가 없다. 주일학교를 포기한 교회는 미래를 포기한 교회다. 당연하고 상식적이다. 그렇다면 한국 교회 미래를 위해 신중년은 왜 중요할까? 두 가지 이유다.

하나는 앞으로 청소년보다 더 방황하는 세대가 신중년이다. 앞으로 가장 불행한 세대라고 불리는 현재의 젊은 세대보다 더 큰 위험에 빠질 수 있는 세대가 신중년이다. 이들을 회복시키고 다시 세우지 않으면 지금 당장 교회가 무너진다. 지금 당장 교회가 무너지면 미래도 없다.

또 다른 이유는 신중년은 한국 교회가 위기를 극복하고 미래로 성공적으로 나아가는 데 가장 큰 역할을 할 세대다. 이들의 힘과 새로운 헌신은 절대적 요소다. 한국 교회의 미래가 이들에게 달려 있다고 해도 과언이 아니다. 필자가 장담하건대, 신중년을 회복시키고 다시 세우는 교회는 새로운 부흥의 역사를 보게 될 것이다. '신중년'(新中年)의 사전적 의미는 '자기 자신을 가꾸고 인생을 행복하게 살기 위해 노력하며 젊게 생활하는 중년'을 이른다. '중년'(中年)은 청년과 노인의 중간 세대다.

과거(1990년대) 평균 수명 60-70세 시대에는 중년은 전체 인구의 28-30%를 차지했던 30-49세 나이의 사람들을 지칭했다. 가수 김광석이 1994년에 발매한 음반 수록곡 "서른 즈음에"의 가사를 보면 "머물러 있는 청춘인 줄 알았는데"라는 소절이 나온다. 청년 시절이 끝나고 중년에 들어선 가수의 심정을 노래했다. 이 당시 한국 남성 평균 수명은 61.7세, 여성은 75.5세였다. 노인의 기준은 65세 이상이었다. 하지만 100세 시대가 되면서 중위값, 평균 수명, 노인 기준이 높아지면서 중년을 지칭하는 연령의 시작점이 높아지고, 중년층으로 분류하는 연령대의 폭도 넓어졌다.

다음 도표에서 과거 중년은 중위값 바로 위부터 형성되었다. 중위값이 계속 상승하는 것을 반영하고, 개인 건강 증진, 평균 수명 증가와 노인 기준이 높아진 것을 반영하면 2020-2025년에 중년층에 대한 새로운 인구학적 기준이 만들어진다. 2020-2025년 한국 남성 평균 수명은 78.2세, 여성은 84.4세가 된다. 1990년 대비 남성은 16.5세, 여성은 8.9세 늘어난다. 한국 전체 인구의 중위값은 1990년대 25-29세에서 43-47세 정도로 높아진다(18-20년 증가). 개인 건강 증진과 평균 수명 증가를 반영하여 노인의 기준도 1990년대 대비 최소한 10년 정도 늦춰진 75세가 된다.

반면, 은퇴 시기는 빨라지고 있다. 한국 사회는 법적으로 60세 정년이 보장된 일자리를 제외하고는 실제 은퇴 시기가 평균 49.1세(2017년 기준)까지 낮아졌다. 2018년 11월, 국회입법조사처가 발간한 "60세 이상 정년 의무화의 입법 영향 분석" 보고서에 따르면, 한국의 고령층(55-64세) 인구가 '가장 오래 근무한 일자리를 그만둔 연령'은 2006년 평균 50.3세에서 2017년 49.1세로 계속 낮아졌다.[1] 이와 같은 변화를 반영하면 필자가 규정하는 신중년층 연령은 50-74세까지로, 1990년대보다 중년 시작점은 20세 높아지고, 폭은 5세 정도 넓어지고, 전체 인구에서 차지하는 비율도 36-38%로 8% 포인트 증가한다. 한국 교회의 경우, 한국 사회보다 저출산 고령화 비율과 속도가 좀 더 빠른 것을 감안하면 2025년경 교회 내에서 신중년의 비율은 40%를 넘길 가능성이 매우 높다.

| 한국 사회 중년층의 변화 |

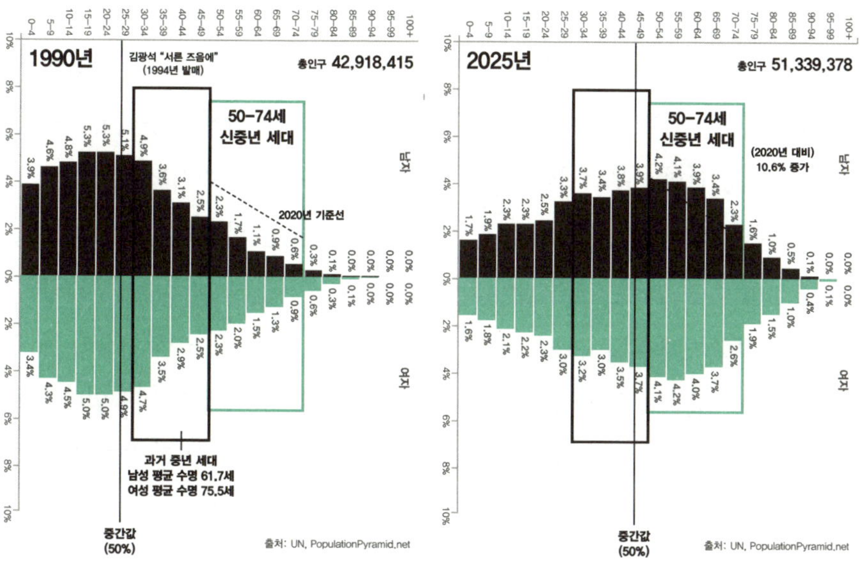

필자는 신중년이 청소년보다 더 방황하는 세대, 젊은 세대보다 더 큰 위험에 빠질 수 있는 세대가 될 것이라고 예측했다. 이유는 분명하다. 세상은 100세를 넘어 120세 시대로 빅체인지 중이지만, 가장 오래 근무하고 가장 많은 급여를 받았던 직장에서 은퇴를 당하는 시기는 평균 49.1세다. 조기 은퇴에 대한 실족감이 매우 크고, 미래에 대한 불안도 가장 높다.

49–50세 가장은 청소년이나 대학생 자녀가 있다. 엄청난 학비와 자녀들의 결혼 비용, 그리고 자신의 남은 50년 생활비 부담과 걱정으로 짓눌려 압도당한다. 이 나이는 신체적으로도 갱년기가 시작되면서 심리적 고통도 커진다. 청소년의 방황이나 젊은이의 미래 걱정과는 비교되지 않는 고통과 심리적 불안과 혼동에 빠진다.

2025년경이면 각 교회마다 이런 상황에 빠진 성도의 비율이 40%를 넘는다. 이들이 흔들리면 교회 전체가 흔들린다. 이들이 우울증에 빠지면 교회 전체가 심각한 영적 침체에 빠진다. 이들의 재정이 흔들리면 교회 재정도 함께 흔들린다. 이들이 방황하면서 심리적 불안과 분노를 표출하면 교회는 심각한 혼란에 빠진다. 이들을 회복시키고 다시 세우지 않으면 지금 당장 교회가 무너진다. 지금 당장 교회가 무너지면 미래도 없다.

하지만 이들은 양날의 검이다. 정확한 진단, 치유, 회복과 새로운 비전을 심어 주면 강력한 영적 검이 되어 교회를 다시 세운다. 세상을 '심히 좋은' 상태로 변화시킬 수 있다. 세상을 이끄는 영적 어른, 영적 거장이 될 수 있다. 이들을 강력하고 날카로운 영적 검으로 다시 세울 수만 있다면 신중년은 한국 교회가 미래로 성공적으로 나아가는 데 가장 큰 역할을 할 세대다. 한국 교회가 위기를 극복하고 미래로 나아가는 데 이들의 힘과 새로운 헌신이 절대 동력이 될 것이다.

한국 사회에서 신중년은 인구 구성도 가장 크고, 동시에 경제력도 가장 높다. 과거에는 은퇴와 동시에 죽음을 준비해야 했다. 미래는 다르다. 은퇴는 죽음이 아닌 또 다른 시작이다. 은퇴 후 50년은 새로운 인생, 인생 제2막이다. 신중년은 새로운 도전을 할 수 있는 시간적 여유가 다른 세대들보다 상대적으로 많다. 신중년은 인생의 경험과 지혜가 높다. 신중년은 스스로의 나이도 실제 나이보다 7.3세 정도 젊게 인식하고 있다.[2] 그들 스스로도 자신은 노인이 아니고, 얼마든지 젊은이 못지않게 일하고 사역할 수 있다는 생각을 할 정도로 젊고 에너지가 넘친다. 그들은 한국의 경제와 문화 발전을 이끈 경험과 지혜가 축적되어 있다. 높은 교육 수준과 교양도 가지고 있다. 이런 역량을 가진 신중년은 아래 세대와 위 세대를 잇는 가교 역할을 충분히 할 수 있다. 신중년 사역을 잘하면 이들이 주일학교 아이들과 젊은이들을 가르치고, 양육하고, 이끌어 줄 것이다. 신중년 사역을 잘하면 2030년부터 급격하게 증가하는 노인층에 대한 대비도 가능해진다. 훈련받은 신중년들이 노인이 되어도 교회 안에서 지속적인 사역자와 후원자로 세워질 수 있다.

다시 강조하지만, 한국 교회의 미래가 신중년에게 달려 있다 해도 과언이 아니다. 필자가 다시 한 번 장담하건대, 신중년을 회복시키고 다시 세우는 교회는 새로운 부흥의 역사를 보게 될 것이다. (신중년 사역에 대한 필자의 자세한 분석과 설명을 알기 원하는 독자는『2020-2040 한국교회 미래지도 2』를 참고하라.)

가정 회복을 이끌라.
아이들의 미래가 달려 있다

'핵가족'이라는 키워드는 지난 20년간 한국 사회를 대변했다. 앞으로 10-20년은 '나노 가족'(Nano Family)이 새로운 가족 키워드다.

2021년 1월 기준, 한국 사회에서 1인 가구의 숫자가 900만을 넘었고 4인 이상 가구 비율은 20%까지 하락했다.[3] 2035년경이 되면 한국의 가족 형태는 1-2인 가족이 전체 가구의 65%를 넘는다. 가족은 더 작게 분열되고, 홀로 사는 청년, 노인이 증가할 것이다. 이혼율도 계속 증가해 한 부모 가족, 조부모 가족도 증가하게 된다. 중혼도 증가하면서 가족 구성원의 변화를 경험하는 아이들이 늘어난다. 전통적인 가족 개념이 무너지고, 비혼 동거 가족, 동성 결합 가족도 늘어나면서 법적 가족에 대한 논쟁도 격렬해질 것이다.

앞으로가 더 큰 문제다. 반복되는 경제난, 급변하는 사회 의식, 다양한 사회 변화가 지속될 것이기 때문이다. 이런 위협과 변화가 커질수록 더 많은 가정이 분열되고 무너지고 깨질 것이다. 한국 사회 역사 중에서 가정 회복과 지킴이 가장 중요한 문제로 부각하는 시대가 오고 있다. 자연스럽게, 가정을 회복하고 지키는 사역은 한국 교회를 향한 중요한 시대적 요청이 될 것이다.

| 장래 가구 추계 주요 내용(총 가구 수 및 평균 가구원 수) |

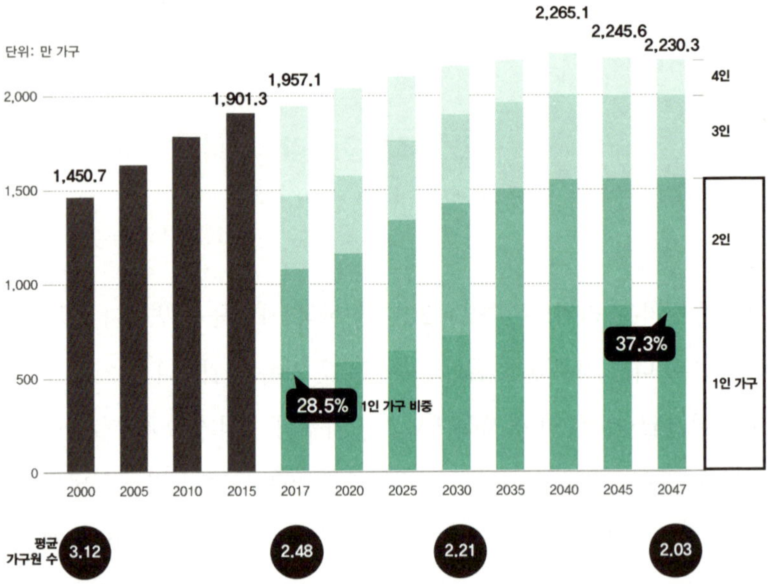

출처: 통계청, 연합뉴스, 2019.9.18., 박영석

가정이 무너지고 깨지면 가장 큰 피해를 보는 대상은 아이들이다. 필자는 한국 교회 주일학교 사역도 교회 중심에서 가정과 교회를 연결한 총체적 사역으로 전환되어야 한다고 본다. 가정이 무너지고 깨진 상황에 있는 아이들은 일주일에 1시간 교회 양육으로는 치유, 회복과 성장이 어렵다. 가정을 살리지 않고서는 아이들을 살릴 수 없다. 가정이 무너지면 아이들은 미래를 향해 나갈 수 없다.

필자의 경험으로는 가정에 심각한 문제가 있는 아이들은 꿈과 비전을 포기한다. 현재 생활이 지옥과 같기 때문에 온통 머릿속에 현재의 고통스런 환경을 탈출하고자 하는 마음뿐이다. 비전이 들어갈 공간이 없다. 심지어 교회에 나올 마음도 잃어버린다. 상처로 가득 찬 마음에 세상을 증오하고 주변인과 관계를 끊는다. 스스로 고립되어 자신을 망가뜨리게 된다.

이들이 교회에 찾아올 때까지 기다리는 것은 늦다. 교회와 성도가 이들을 찾아 가정으로 들어가야 한다. 이들의 무너진 가정을 다시 세워야 한다. 깨어진 가정을 치유해야 한다. 더 이상 가정이 무너지고 깨지지 않도록 예방하는 사역도 시작해야 한다. 가정은 교회 안의 교회다. 수많은 가정이 연합하여 거대한 교회가 된다. 코로나19 기간에도 많은 가정이 위기에 몰렸다. 어서 속히 무너진 가정을 다시 세울 사역을 시작해야 한다.

1-2인 가구가 계속 증가하는 현상도 눈여겨보아야 한다. 혼자 사는 이유는 다양하지만, 1-2인 가구의 공통점이 있다. '외로움'과 '소외'다. 즉 앞으로 한국 교회와 성도가 치유해야 할 가장 큰 시대적 고통은 외로움과 소외가 될 수 있다는 의미다.

한국 교회는 가장 큰 비중을 차지하는 1-2인 가구 성도가 신앙과 삶의 균형을 잡고 당당하게 신앙생활을 할 수 있도록 돕는 다양한 교회 문화와 전문 목회 사역을 개발해야 한다. 1-2인 가구 특성을 고려한 맞춤형 구역 조직과 양육 훈련도 필요하다. 강단에서 선포되는 메시지 안에서도 이들을 배려하고, 이들의 외로움과 소외를 치유하고 예방하려는 노력이 묻어나야 한다. 교회 내 의사 결정 과정에서 1인 가구가 소외되지 않게 해야 하고, 교회 사역과 임직자 임명에도 새로운 변화를 반영하는 지혜를 짜내야 한다.

메타버스 영성을 이끌라.
새로운 종교 공간이다

코로나19로 대규모의 디지털 비대면 경험이 강제적으로 일어났다. 비대면 업무, 비대면 학습, 비대면 라이프스타일 등이 한동안 새로운 트렌드, 뉴노멀로 자리 잡았다. 하지만 코로나19가 종식되면 우리 사회의 대부분은 대면 활동으로 되돌아갈 것이다. 일부 기업이 비대면 업무 방식(재택근무)을 유지할 가능성도 있지만, 여전히 실험 차원이나 사무실 임대료를 절약하기 위한 보조적 수단에 머무를 것이다.

비대면 업무 기술이 많이 발달하기는 했지만, 아직은 장점보다 단점이 많다. 최고 장점은 무엇일까? 회사 입장에서는 사무실 비용을 줄일 수 있고, 근로자 입장에서는 출퇴근이 자유롭고 길에서 버리는 시간도 줄일 수 있다. 하지만 단점도 크다. 회사 입장에서는 대면 방식보다 업무 관리가 힘들고, 근로자 입장에서는 업무를 시작하고 끝내는 시간이 불분명해서 업무 시간이 늘어날 가능성이 있다. 재택근무라고 하지만, 정작 집에서 장시간 업무를 보는 것이 힘든 환경이다.

학교 수업도 마찬가지다. 준비가 완벽하지 않은 상태에서 강제적으로 비대면 수업을 경험했다. 여기저기서 부작용이 발생했다. 부모 입장에서는 장점보다는 '하루라도 빨리 아이들이 학교에 다시 등교했으면 좋겠다!'는 생각을 강화시켰다. 학생들 입장에서도 수업료가 아깝다는 생각이 들게 했다. 일부 전문가는 어린아이의 경우 대면 관계가 부족하면 뇌 발달에도 부정적 영향을 미칠 것이라는 우려를 내비치기도 했다. 비대면 경험은 미래 경험 일부를 미리 맛보는 유익, 원격 가상 활동의 수용성 증가라는 유익한 점이 있었지만, 전면적 비대면 사회로 전환은 일시적 현상이 될 가능성이 높다.

코로나19로 종교 활동도 비대면, 원격, 가상 활동 등이 활발하게 이루어졌다. 도덕적 상상력(moral imagination)에 기반을 둔 비대면 성찬식을 하고, 디지털 편집 기술을 이용해서 찬양대 찬양도 실험했다. 화상 회의 시스템을 이용해서 해외 선교지와 리모트(remote) 선교도 경험했다. 비대면 기술을 계속 사용해서 각 가정과 직장 등 개인 처소를 동 시간에 연결하는 인터넷 기도회, 가정 신앙 교육 등도 아주 좋은 결과물이었다.

이런 비대면 환경과 디지털 기술을 통한 새로운 종교 활동 경험 중 일부는 코로나19 종식 이후에도 계속될 수 있다. 시간과 공간의 제약으로 모이기 힘든 상황을 극복하는 대안이나 새로운 전도와 선교 방식으로 괜찮은 방법이라는 분위기가 만들어졌기 때문이다.

하지만 인간의 본능은 비대면이 늘어나면 대면의 욕구가 커진다는 것이다. 종교 활동은 이런 욕구가 다른 영역보다 강하다. 코로나19가 종식되면 예배를 비롯한 거의 모든 신앙 활동이 대면으로 되돌아갈 것이다. 그럼에도 한국 교회는 '메타버스'(Metaverse)를 주목해야 한다. 메타버스는 지금껏 만나 보지 못한 새로운 종교 공간이 될 것이기 때문이다.

필자는 현실 세계(Real world)와 가상 세계(Cyber world)의 경계가 완전히 파괴되는 제2차 가상 혁명(가상 세계) 단계에서 메타버스가 출현한다고 예측했었다. 제2차 가상 혁명 단계에는 '가상은 현실로 튀어나오고, 현실은 가상으로 흡수되는' 미래가 펼쳐진다. 2021년 현재는 가상 혁명 2단계 초입부, 메타버스 개념 형성기다.

필자의 예측으로는 지금 시작된 메타버스가 보편화되려면 최소 10-20년은 시간이 더 필요하다. 인공지능 아바타, 홀로그램, 지연 없는 초실감 가상현실(Virtual Reality), 6G-7G 기술, 휴먼 인터페이스, 웨어러블 컴퓨터, 3D 그래픽 및 디스플레이 등 다양한 미래 기술들이 완성 단계에 들어서야 하기 때문이다.

하지만 10-20년 후쯤에 메타버스가 보편화 단계에 들어서면 현실 세계를 그대로 복사한 쌍둥이 지구가 가상 공간에 출현할 수 있다. 일명, '가상 지구'(Virtual Earth) 혹은 '디지털 지구'(Digital Earth)다. 가상 지구는 현실의 지구보다 더 현실 같은 지구, 현실보다 더 뛰어난 초월적 지구다.

현실에 존재하는 지구도 메타버스로 인해 변화를 강요받는다. 현실 위에 가상이 입혀지고, 현실과 가상이 동시에 하나의 공간에 존재하는 복합현실이 된다. 현실 공간의 지구는 망가지면 다시 만들어 낼 수가 없다. 있는 것을 잘 보존해야 한다. 하지만 가상 세계에 만들어진 가상 지구(디지털 지구)는 망가지거나 인기가 없으면 폭파하고 얼마든지 다시 만들 수 있다. 기술만 확보하면 누구나 가상 지구, 가상 행성을 만들 수 있다. 수십 개, 수백 개, 수천 개의 가상 지구들을 묶고, A라는 행성에서 B라는 행성으로 디지털 좌표 이동 기술로 순간 이동하게 만들면 가상 은하계가 만들어진다.

그 가상 지구를 하나의 가상 공화국처럼도 만들 수도 있다. 가상 지구

안에 사는 디지털 주민들에게 자치를 맡기면 자치 공화국이 되고, 특정한 기업이나 개인이 가상 행성을 만들고 소유권(운영권)을 갖게 되면 그들이 운영하는 공화국이 될 수 있다. 자기 나름대로 국가 운영 기준이나 헌법을 만들 수도 있다. 가상 지구들은 운영 방식이 어떠하냐에 따라서, 대중적인 지지를 얼마나 얻느냐에 따라서 인기 있는 행성이 될 수도 있고, 인기 없는 행성이 될 수도 있다. 디지털 주민들이 많은 행성은 가치가 상승하지만, 디지털 주민들이 없는 행성은 불모지가 된다.

가상 지구나 가상 행성에 사는 디지털 주민(혹은 가상 주민)은 현실에 사는 사람이 만든 가상 아바타다. 가상 지구를 수없이 만들 수 있는 것처럼, 가상 아바타도 원하는 만큼 만들어 낼 수 있다. 지금은 한 사람이 하나의 아바타만 동 시간에 조작할 수 있다. 하지만 미래에는 인공지능을 자기 아바타에 심어 놓으면 컴퓨터나 스마트폰에서 로그아웃을 해도 가상 공간 안에서 내 아바타가 나의 조작 없이도 24시간 활동할 수 있게 된다. 인공지능 기술을 사용하면 동 시간에 몇 개의 아바타들을 각기 다른 가상 지구나 행성들에서 동시에 움직일 수도 있게 된다.

제2차 가상 혁명의 완성은 이런 세상의 완성을 가리킨다. 메타버스 혹은 제2차 가상 혁명은 인간이 거주하는 '공간'의 혁신적 변화이기 때문에 사람, 기업, 조직, 사회, 국가 등 모든 것이 빨려들어 가게 될 것이다. 현재 우리에게 익숙한 포털, 홈페이지, 게임, SNS 등 모든 인터넷 활동도 흡수해 버린다.

제1차 가상 혁명 단계에서는 가상 공간에 접속하고(로그인) 접속을 끊는 것(로그아웃) 모두 자신의 의지로 할 수 있었다. 컴퓨터, 인터넷, 웹 브라우저를 켜고 끄는 모든 행위를 인간 사용자가 스스로 결정할 수 있었다. 제1차 가상 혁명 단계는 상시 접속이 아니었다. 비상시적인 접속이었다. 제

2차 가상 혁명 단계에서는 가상 공간에 접속할 의지를 갖지 않아도 강제 접속될 수 있어서 개인에게는 접속을 끊는 것만 자기 의지로 가능하다. 제2차 가상 혁명이 완성 단계에 이르면 집, 회사, 자동차, 도시 등 어느 장소에서든 컴퓨터나 스마트폰을 켜지 않아도 가상 세계가 눈에 보이고 들리는 상시적 접속 상황이 만들어지기 때문이다.

예를 들어, 회사에 출근하기 위해서 집을 나서서 자율주행자동차를 탑승하는 순간 자동차 안에서 내다보는 외부 풍경이 모두 가상 지구의 모습이 될 수도 있다. 자율주행자동차가 인공지능의 명령을 따라서 나를 회사까지 안전하게 출근시켜 주는 동안, 나는 내가 즐겨 찾는 가상 행성을 여행하면서 다양한 가상 활동들을 할 수 있는 미래다. 현재의 메타버스는 이런 단계는 아니기 때문에 개념 형성 단계라고 평가하는 것이다.

제2차 가상 혁명 단계에서는 내가 지금 가상 공간에 있다는 것을 인지할 수 있다. 제3차 가상 혁명 단계에서는 생물학적 인간인 내가 가상에 있는지, 현실에 있는지 구별하지 못한다. 내가 가상에 있는지, 현실에 있는지를 인지하느냐 못하느냐가 제2차 가상 혁명과 제3차 가상 혁명을 나누는 뚜렷한 기준이다.

제3차 가상 혁명 단계에서는 가상 공간에 접속하고, 접속을 끊는 것 모두 자신의 의지대로 하기가 쉽지 않다. 가상 세계의 해상도가 인간의 망막으로 보는 것과 같은 수준(레티나 해상도)으로 높아지고 실사 영화적 움직임을 하는 아바타와 가상 사물들로 가득 차 있기 때문에 인간의 뇌가 현실과 가상을 구별하지 못하여 접속을 차단하는 의지력 발휘가 쉽지 않다. 그래서 제3차 가상 혁명 단계가 완성 수준에 오르면 인간은 가상 세계에 상시 접속을 하고 평생 로그아웃하지 못한 상태로 살 수도 있다.

부산장신대 교수이고 현대종교 이사장인 탁지일 목사는 앞으로 예상되

는 이단 트렌드 중 첫 번째 특징으로 '온라인'을 꼽았다. 다음은 탁지일 목사의 이야기다.[4)]

> "코로나19 이후 이단들은 전통적 유형들을 뛰어넘고 있다. 인터넷을 통해 '시간'과 '장소'와 '연령'을 초월해 미혹하는가 하면, 유튜브 등 다양한 소셜미디어 곳곳에 미혹의 덫을 치고 방문자들을 기다린다. 더욱이 대중은 이제 스스로 손품을 팔아 이단 사이비 콘텐츠들을 찾아 기웃거린다. 현재의 비대면 거리 두기 상황은 이단들에게 결코 악조건이 아니다. 올해는 온라인 환경을 적극 활용하는 이단들의 포교와 교육, 통제가 더 광폭 행보를 보일 전망이다."

코로나19가 끝나면 기성세대는 비대면 환경, 온라인, 메타버스를 떠날 것이다. 하지만 기성세대와 교회는 떠나도 이단들은 그 공간을 새로운 종교 공간, 포교 공간으로 차근차근 점령해 갈 것이다. 세상도 대면 환경으로 대부분 돌아가지만, 비대면 환경을 완전히 버리지 않는다.

필자는 코로나19 이후에 '혼합 대면'(Mixedtact)이 새로운 트렌드가 될 것이라고 예측했다. 코로나19를 기점으로 '대면(tact) → 비대면(Untact) → 대면(tact)'으로 전환이 아니다. '대면 → 비대면 → 혼합 대면(Mixedtact)'으로 전환이다. 교회도 이런 트렌드를 눈여겨보아야 한다. 혼합 대면은 일상의 주요 접촉 방식은 대면 접촉 방식으로 회귀하지만, 코로나19로 얻은 비대면 접촉 방식의 장점을 십분 살려서 둘을 혼합해서 사용하는 새로운 삶의 방식이다.

비대면 환경, 온라인, 메타버스를 버리지 않는 대상이 또 있다. 바로 현재 청년, 청소년, 어린이 세대를 아우르는 'MZ세대'와 미래에 나타날 'A세대'다. 미국 메타버스의 선두 주자로 꼽히는 로블록스는 1억 5,000만 명이 회원으로 가입되어 있고 일일 평균 4,000만 명이 이용한다. 이들 이용자 중 7-12세 비율은 49.4%, 13-18세 비율은 12.9%다.[5] 한국 네이버가 만든 메타버스 플랫폼인 제페토는 이용자 2억 명 중 80%가 10대이고, 이 중 90%가 외국인이다. 미래에 나타날 'A세대'는 태어나면서부터 인공지능(Artificial Intelligence)과 가상 세계(Artificial World)와 함께 사는 세대다.

영국 보험회사 이클리지에스티컬 인슈어런스(Ecclesiastical Insurance)가 영국 성공회, 침례교, 감리교, 천주교 등 1,132명을 대상으로 실시한 조사에서, 교회 10곳 중 9곳이 코로나19 발생 후 줌(ZOOM) 등 가상 회의 채널을 사용해 성도들과 소통했다는 응답을 했다.

조사 결과에 따르면, 2020년 3월 이후 공개 행사와 가상 회의를 주최하기 위해 줌을 처음 사용했다는 목회자는 1,093명 중 90.2%인 986명이고, 이메일이나 페이스북으로 성도들과 소통했다는 목회자는 각각 443명(40.5%), 364명(33.3%)이나 됐다.

온라인 설문 응답자 1,132명 중 65%(738명)는 코로나19 상황이 종식되어도 영상 등 구축한 시스템을 활용하겠다는 뜻을 밝혔다. 새로운 방식의 소통이 성도들의 교회 출석에 긍정적인 영향을 주었다는 판단 때문이었다. 실제로, 설문에 참여했던 교회 사역자 1,108명 중 43.5%(482명)가 온라인 소통으로 인해 출석 성도가 증가했다고 응답했고, "상당한 증가"도 172명, "약간 증가"도 310명이나 되었다.[6]

물론 이번 코로나19 기간에 시행했던 온라인 종교 활동에 대한 만족도는 높지 않았다. 예장합동 총회가 실시했던 '코로나19 시대 전국 중고등학생들의 종교 영향도 인식 조사와 미래 인식 조사' 결과 온라인 종교 활동이 "생각보다 괜찮았다"가 32.7%, "집중이 잘 안 됐다"가 37.9%, "현장보다 못했다"가 29.4%였다.[7] 기술적 한계와 인격적 교제에 대한 갈망이 큰 이유였다.

하지만 제2차 가상 혁명, 메타버스, 비대면과 대면을 혼합해서 사용하는 혼합 대면 환경은 거스를 수 없는 대세다. 현재 나타나는 다양한 단점들도 기술이 발달하고 대면 활동과 비대면 활동을 혼합하여 사용하기 시작하면 상당수가 해소될 것이다.

더 중요한 것이 있다. 현실 세계에서 가상 세계로 무게 중심이 넘어가는 대세는 '이미 정해진 미래'다. 피할 수 없는 미래라면 교회와 성도가 메타버스 세계의 영성을 이끌어야 한다. 새로운 종교 공간으로 떠오르는 가상 세계도 창조 대명령과 지상 대명령을 수행하는 영역으로 삼아 다스려야 한다. 필자는 이런 행위를 '메타버스 선교'(metaverse mission)라고 지칭한다.

필자는 코로나19 이후 제4기 선교가 시작될 것이라고 예측한다. 세계적 선교학자인 랄프 윈터(Ralph D. Winter) 박사는 세계 선교를 시대별로 제3기까지 구분했다. 제1기는 유럽 문화와 맞닿은 해변 지역 선교 시대이고, 제2기는 내륙까지 확장되는 선교였다. 제3기는 미전도 종족 선교에 초점이 맞춰졌다.

필자는 코로나19 이후 시작될 제4기 선교 시대는 세계가 하나로 통합되고, 물리적 공간과 거리감이 사라지고, 언어와 인종 장벽이 허물어지고, 새로운 미래 문화가 세워지는 4차원(촉각까지 포함) 가상 세계가 될 것이라고 예측한다. 필자는 한국 교회와 성도가 코로나19 대응에서 얻은 노하우를 발전시켜 교회 안의 소통뿐만 아니라 새로운 선교 사역의 지평을 확장했으면 한다.

앞으로 20-30년은 선교의 제3, 4시대가 공존하고, 그 이후에 MZ세대가 장년이 되고 A세대가 청년이 되는 시점에는 제4시대 선교 환경이 아프리카를 포함한 제3세계 대부분과 선진국으로 역선교를 아우르는 전 세계 주류 선교 패러다임이 될 것이다.

통일 준비를 이끌라.
한민족의 역사적 사역이다

필자는 『2020-2040 한국교회 미래지도』에서 한국 교회가 통일에 대해서 얼마나 준비하고 있는가에 대한 질문을 심각하게 던졌다.[8] 필자의 질문은 "한국 교회가 통일이 되게 해달라고 얼마나 기도했느냐?"가 아니었다. 기도한 만큼, 통일에 대한 실제적 준비를 얼마나 하고 있느냐에 대한 질문이었다.

필자가 이런 질문을 던진 이유는 한반도의 통일이 한 세대 안에 충분히 '실현 가능한 미래'가 되고 있기 때문이었다. 어쩌면 30년 이내에 통일이 현실화될 수 있다. 만약 미중 패권 전쟁에서 미국이 이기고 중국이 크게 흔들리면 통일의 시기는 앞당겨질 수도 있다.

1998년 민족화해협력범국민협의회에서 조사한 결과에 의하면, 당시 국민의 93.1%는 통일에 찬성했다. 하지만 2019년 서울대 통일평화연구원이 조사한 '2019년 통일 의식 조사' 결과에 따르면 통일이 필요하다고 응답한 국민은 53%였다. 반면, "그저 그렇다" 혹은 "반반이다"라며 고민하고 있는 응답자는 26.5%, 그리고 "필요하지 않다"고 응답한 비율은 20.5%였다.

| ‘통일의 필요성’에 대한 조사 결과 |

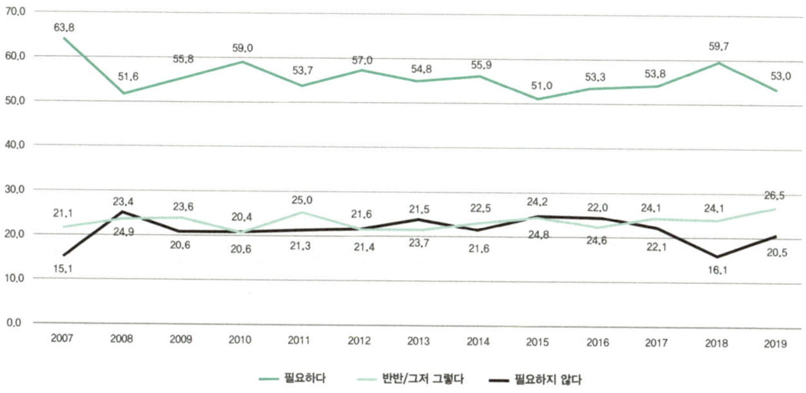

출처: 서울대 통일평화연구원 ‘2019년 통일 의식 조사’, 2019.10.8. 발표

2019년 서울대 통일평화연구원이 조사한 ‘2019년 통일 의식 조사’ 결과에 따르면, 통일이 필요한 이유도 같은 민족이라는 당위성과 역사적 소명이라는 마음은 줄어들고 있다. 북한 주민을 불쌍히 여기는 연민이 통일의 이유가 되는 비율도 줄고 있다. 대신, 전쟁 위협을 없애기 위한 어쩔 수 없는 선택이라든지, 통일이 되면 한국이 더 잘살게 될 것이라는 현실적 이유가 늘어나고 있다.

통일이 되면 어떤 체제를 선택하는 것이 좋으냐는 질문에서는 “남북한 두 체제 유지”를 선택한 비율이 상대적으로 증가했다. 통일이 되더라도 두 체제를 유지시켜서 남한에 피해를 최소화해야 한다는 심정이 담긴 응답이다. 특히 눈여겨볼 것이 하나 있다. 20대에서 통일이 되지 말아야 한다는 응답도 높았고, 북한을 적대 대상으로 보는 인식도 가장 높았다.

| '통일의 이유'에 대한 조사 결과 |

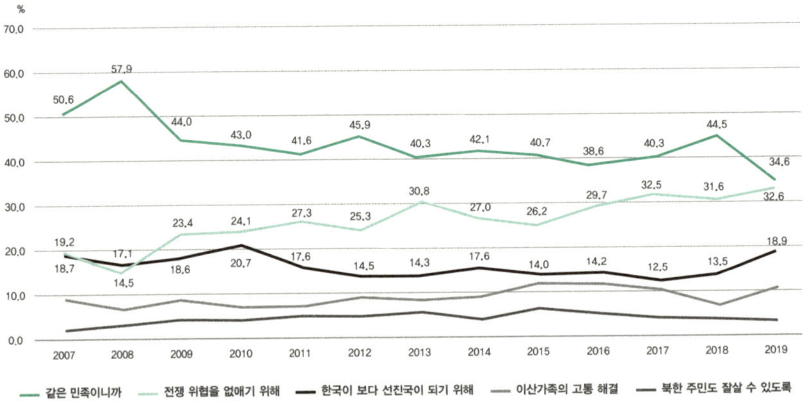

출처: 서울대 통일평화연구원

| '희망하는 통일 한국의 체제'에 대한 조사 결과 |

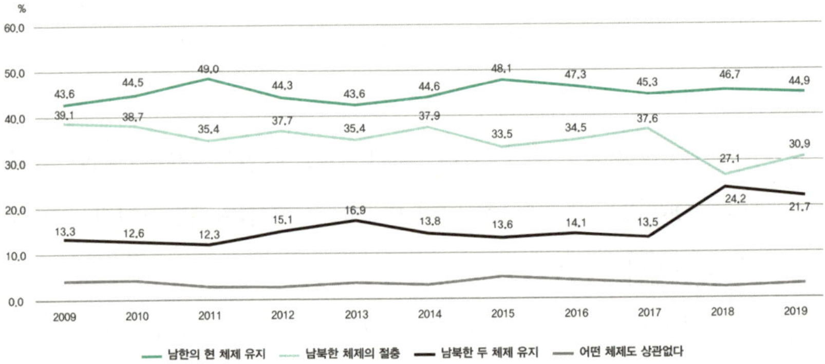

출처: 서울대 통일평화연구원

탈북자에 대한 인식도 서서히 '부정적'으로 바뀌고 있었다. 탈북자 수용에 대한 인식을 묻는 질문에서 "원하는 사람들은 모두 받아들여야 한다"고 응답한 비율은 계속 낮아지고 있었다. 반면, 선택적으로 받아들이거나, 더 이상 받아들여서는 안 된다는 응답은 꾸준히 증가했다.

필자가 2013년에 『2020-2040 한국교회 미래지도』에서 통일 주제를 다룰 때에도 젊은 청년층을 중심으로 통일에 대한 필요성 약화나 부정적인 분위기가 형성되고 있었는데 2019년에는 그 비율이 좀 더 높아진 듯하다.

| '탈북자 수용에 대한 인식'에 대한 조사 결과 |

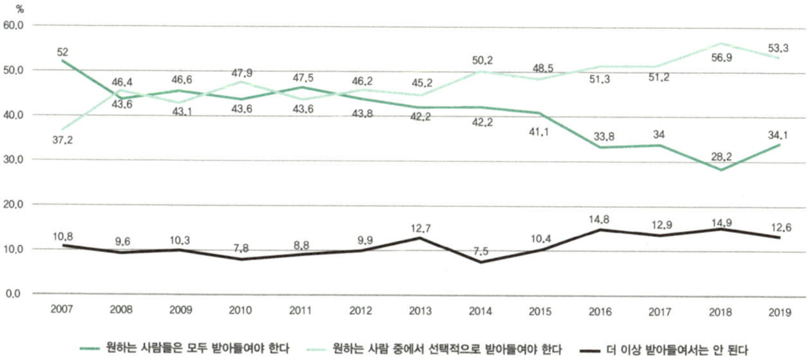

출처: 서울대 통일평화연구원

2019년 서울대 통일평화연구원이 실시한 '통일 의식 조사'는 전국 16개 시도에 거주하고 있는 만 19세 이상 65세 이하 성인 남녀 1,200명을 대상으로 일대일 개별 면접 조사 방법을 통해 실시했다. 청소년층은 조사 대상에서 빠졌다. 1998년 민족화해협력범국민협의회에서 조사한 '통일 의식 조사' 결과에서는 청소년층에서 통일에 대한 부정적 반응이 청년들보다 2배 가까이 높았다. 2004년 YMCA의 조사에 의하면, 청소년의 40%가 "통일되지 않았으면 한다"고 응답했었다. 더 심각한 결과는 청소년들 가운데 "북한 민족을 같은 민족으로 생각하지 않는다"는 응답이 무려 30% 가까이 나왔다.

필자는 『2020-2040 한국교회 미래지도』에서 독일의 통일에 결정적 기여를 했던 서독 교회의 사례를 소개하면서 한국 교회도 실질적 준비 행동을 시작해야 한다고 조언했다. 서독 교회는 통일 전부터 동독 교회를 위해 교회 예산의 42%를 나누었고, 예배 후 친교 시간에 성도들과 통일과 자유에 관해서 비전을 함께 나누고 기도했다. 그 외에도 현물 이전, 서독 정부에서 위임받은 정부 예산을 가지고 동독 교회를 돕는 나눔 사역 등 독일 통일에 필요한 실제적 준비를 차근차근 했다. 이런 사역은 결과적으로 전체적인 통일 비용을 낮추는 데 큰 기여를 했다.

서독 교회는 통일된 뒤에도 큰 역할을 감당했다. 동독 교회 목회자 급여 지급, 교회와 부속 건물 유지는 물론이고, 병원, 양로원, 요양원, 직업훈련소, 유치원 등 사회적 약자를 돕는 사역에 적극 지원했다. 서독 교회의 이러한 지원은 통일 이후 발생하는 사회적 갈등을 최소화하는 데 일조했고, 무신론적 사회주의에서 복음 확산의 길을 열면서 통일 이후 독일 교회의 건강한 성장에도 이바지했다.

2021년 2월, 숭실대 기독교통일지도자훈련센터(센터장 하충엽 교수)가 지앤컴리서치를 통해 전국 목회자 500명을 대상으로 '2020년 한국 교회 통일 선교 사역 실태 조사'를 실시한 결과를 발표했다. '통일의 필요성'에 대한 질문에 목회자 77.4%가 "매우 필요하다"고 응답했고, "약간 필요하다"도 12.4%였다. 대략 90% 정도가 통일의 필요성에 공감하고 있었다. '통일을 해야 하는 이유'를 묻는 질문에는 "남북 간 전쟁 위협을 없애기 위해"(34.2%), "같은 민족이니까"(30.2%), "한국이 더욱 선진국이 되기 위해서"(14.0%), "북한 주민도 잘살 수 있도록"(12.8%) 등의 순으로 응답했다.

'통일 · 북한 선교에 관심이 있는가'에 대한 질문에는 60.2%가 "그렇다"고 답했다. 하지만 '현재 통일 · 북한 선교를 실시하고 있는가'에 대한 질문에는 28.2%만 "하고 있다"고 답했다. 53.8%는 "지금까지 해본 적이 없다", 18.0%는 "과거에 했으나 지금은 하지 않는다"고 응답했다.

조사 결과를 종합하면, 통일의 필요성은 90%이지만, 통일 · 북한 선교에 관심이 있는 비율은 60%로 낮아지고, 실제로 통일 · 북한 선교를 하고 있느냐는 질문에는 28.2%로 크게 떨어졌다. 필요성, 기대, 관심, 실제적 행동 간의 차이가 매우 큰 셈이다.[9)]

다시 한 번 촉구하고 싶다. 한반도의 통일은 그냥 얻어지지 않는다. 더군다나 복음적 평화통일은 한국 교회와 성도의 철저한 준비와 희생정신 없이는 불가능하다. 한반도 통일은 경제적 이득 여부를 떠나서 민족적 소명이다. 진정한 복음적 평화통일의 기틀 마련은 하나님이 한국 교회에 주신 역사적 사역이다. 한국 교회와 성도는 북한에 있는 기독교인들의 고통과 부르짖음을 외면하면 안 된다. 하나님이 그들의 울부짖음과 고통을 듣고 계시기 때문이다.

통일의 시기와 방법은 하나님의 섭리 안에 있다. 하지만 하나님은 우리가 시대적 소명을 감당하기를 원하신다. 이제라도 한국 교회가 각 교단 차원에서 통일을 구체적으로 준비하는 행동을 시작해야 한다. 어린이와 청소년, 그리고 젊은 세대에게 통일의 역사적 소명 의식을 고취하고, 모든 교회가 각자의 분량에 맞게 통일에 필요한 실제적 준비를 시작해야 한다. 더 나아가 통일 이후에 북한 교회를 재건하는 데 필요한 다양한 물적, 인적 준비도 시작해야 한다.

이런 준비가 없이 갑작스럽게 통일을 맞으면 북한 기독교인과 사회적 갈등이 발생할 수 있고, 북한 지역의 교회 재건이라는 미명 아래 교단별 혹은 교회 간 잘못된 경쟁만 발생할 가능성이 크다. 그러면 통일은 축복이 아니라 재앙으로 돌변할 수 있다.

지구 회복을 이끌라.
창조 대명령의 완성이다

필자는 창조 대명령의 완성은 지구 회복이라고 생각한다. 아담의 범죄로 땅과 자연 생태계도 함께 저주를 받았다. 하나님은 인간을 구속하고 회복시키신 것처럼 하나님의 창조 세계 전체도 회복시키기를 원하신다. 하지만 타락한 인간은 하나님이 창조하신 지구도 파괴하고 있다.

필자는 코로나19 팬데믹 대재앙도 지구 환경 파괴의 결과물이라고 했다. 지금 전 세계에서 일어나고 있는 대규모 자연재해들도 지구 환경 파괴의 결과물이다. 주님이 다시 오실 그날과 그 시는 아무도 알 수 없다. 하나님 이외에는 그 누구도 종말의 시간을 알 수 없지만, 그 누구라도 종말의 시간을 앞당기는 행동은 할 수 있다.

유엔 산하 정부간기후변화위원회(IPCC)는 지구 평균 기온 1.4℃-5.8℃까지 상승을 인간에게 남아 있는 지구 종말의 시간표라고 제시했다. IPCC는 인류가 온실가스 배출량을 최대로 늘려서 5.4℃까지 평균 기온을 상승시키면 깊고 무시무시한 길, 지옥으로 가는 길, 파멸적 재앙이 열리는 최악의 시나리오가 펼쳐질 것이라고 경고했다. 필자는 IPCC가 발표한 자료를 기반으로 지구의 평균 기온이 1℃씩 상승할 때마다 어떤 재앙이 일어나는지를 정리해서 소개하겠다.[10)]

지구의 평균 기온이 1℃ 상승할 경우 기온 변화가 숲, 바다, 아프리카와 북극에까지 자연 생태계의 모습을 바꾼다. 대표적 재앙은 세계 곳곳에서 극심한 가뭄과 대형 산불이 빈번하고 반복적으로 일어나는 상황이다. 2015년 영국 기상청은 지구 기온이 1850-1900년 평균치보다 1.02℃ 높다는 조사 결과를 발표했다. 2015년은 지구의 평균 기온이 1℃를 넘은 첫

해로 공식 기록된 날이다. 현재, 우리는 지구 온난화가 만들어 내는 대재앙의 관문이라고 지목하고 있는 '지구 기온 2℃ 상승'의 절반에 이르렀다.

국내에서도 지구 온난화 영향 증거가 속속 나타나고 있다. 귤이나 사과 재배지가 북쪽으로 계속 이동 중이다. 대나무도 충청이나 경북을 넘어 서울까지 자생지를 넓혀 가고 있다. 본래 대나무는 온난대림에 속하는 다년생 풀로서 중국에서 양쯔강(장강) 이남에만 서식했다. 우리나라도 제주도, 전라남도 등 남부 지방에서만 서식했다.

과거에는 재배하지 못했던 농작물을 재배할 수 있게 되었다고 마냥 좋아만 할 일이 아니다. 지구 전체의 평균 기온이 상승하면서 지구상에서 가장 큰 빙하를 보유한 남극도 녹아내리고 있다. 빙하가 녹아내리면 해수면 평균치가 올라간다. 빙하는 이산화탄소나 메탄을 가장 많이 포집하고 있는 방패다. 이것이 녹아내리면 방어벽이 깨지면서 온실가스 배출이 급격히 상승하면서 평균 기온 2℃의 관문으로 질주하는 속도를 빠르게 만든다.

빙하는 햇빛의 80% 이상을 반사하지만, 바다는 햇빛의 95%를 흡수하여 온도가 높아진다. 지구의 대기 온도가 상승하고 다시 얼음이 녹는다. 이런 위험이 스스로 강화 피드백을 작동시키면 앞으로 10-20년 후에 최소한 북극의 빙하 지대가 궤멸될 수도 있다. 강화 피드백을 멈추지 못하면 히말라야 만년설이 전부 녹아내리고, 북극의 빙하와 동토층이 완전 궤멸되고, 남극의 대빙하 지역이 더 많이 녹아내린다.

온난화로 가장 빠르게 충격을 받고 있는 지역은 열대 지방이나 사막이 아니다. 북극이다. 북극의 현재 기온 상승 폭은 지구 전체의 상승 폭보다 2배 빠르다. 지난 50년 동안 2-3℃ 높아지면서 북극의 일부는 풀과 나무가 자라는 초목 지대로 변하고 있고, 북극곰의 서식지가 줄어들고 있다.

현재 지구 평균 기온 1℃ 상승으로 일어나기 시작했고, 앞으로 일어날 추가 재앙들을 거론하면 다음과 같다.

- 안데스산맥의 작은 빙하 녹음 → 5,000만 명 물 부족
- 매년 30만 명이 말라리아 등 기후 관련 질병으로 사망
- 영구 동토층이 녹아 러시아와 캐나다의 건물 및 도로 손상
- 북극 바다의 얼음이 영원히 사라질 가능성 직면
- 세계 대부분의 산호 죽음
- 10%의 생물 멸종 위기

지구의 평균 기온이 2℃ 상승할 경우, 플랑크톤이 소멸하고 바다가 산성화된다. 대표적 재앙은 대홍수가 대륙을 휩쓰는 일이다. 1℃ 상승과 정반대 현상이다. 대홍수의 원인은 집중호우와 해빙이다. 기후 불안정으로 슈퍼 태풍 발생이 늘어나고, 지구 곳곳이 몬순기후대로 변하면서 집중호우가 발생하는 지역이 늘어난다.

2021년 7월, 중국 허난성에 기상 관측 이래로 가장 많은 비가 내렸다. 3일 동안 내린 비의 양은 정저우 지역에서 1년 동안 내릴 비의 총량과 맞먹었다. 중국에서는 1000년 만에 한 번 있을 만한 폭우라는 평가가 나왔다. 지구 평균 기온이 2℃ 상승하면 이런 홍수가 빈번하게 발생한다. 물론 가뭄도 반복되어 기아로 고통받는 사람들이 늘어난다. 이렇게 평균 기온이 2℃ 상승하면 가뭄과 대홍수가 반복적으로 발생하는 구조가 만들어진다.

더 중요한 것이 있다. 인간의 생활에 치명적 위험이 실제로 발생하는 시점이 평균 기온이 2℃ 상승할 때다. 예를 들어, 곡물 재배에 치명적 위

기가 발생하여 국제 곡물 가격이 크게 상승하여 전 세계 소비자를 공격한다. 기후 변화로 대규모 주거지 이동이 발생한다. 대규모 기후 난민의 출현이다.

선진국에서도 기후 난민이 발생할 수 있다. 해안가에서는 쓰나미 공격이 빈번해지고, 해수면이 증가하며 도시와 마을이 사라지고, 내륙 지역에서는 사막화로 도시와 마을이 사라지기 때문이다. 산림이 사라지면 그 장소는 사막이 된다. 사막의 모래바람이 인간이 생존할 수 없는 지역으로 만든다. 기후 난민의 숫자는 독재와 경제적 고통을 피해 후진국에서 발생하는 난민 숫자와 비교되지 않을 정도일 것이라고 예측한다.

기후 난민이 발생하지 않는 지역도 안심할 수 없다. 지구의 거의 모든 지역에서 인간에게 치명적인 열파(heat wave)가 발생한다. 전염병의 공격도 거세진다. 북극의 해빙이 여름철에는 완전히 녹아 없어진다.

가뭄과 사막화로 세계 곳곳에서 작은 물줄기는 완전히 말라 사라지고, 큰 강들도 수위가 줄고 수질이 나빠진다. 먹을 수 있는 물이 줄면 물을 뺏기 위한 전쟁이 벌어진다. 전 세계가 죽음의 전쟁으로 빨려들어 갈 수 있다. 물 부족은 핵전쟁의 공포를 넘어서는 위협이다. 전 세계 인구 절반을 잃는 대가를 치르고서라도 물을 확보하려는 선택을 강요하게 된다. 다음 번 세계전쟁은 이념이나 경제가 아니라 기온 상승이 직접 원인이 될 수 있다.

전문가들은 현재와 같은 추세라면 앞으로 30년 후가 되면 지구의 평균 기온이 추가로 1℃ 상승(1900년 기준 2℃ 상승)할 가능성이 높다고 전망한다. 지구 평균 기온 2℃ 상승으로 일어날 추가 재앙들을 거론하면 다음과 같다.

- 남아프리카와 지중해에서 물 공급량 20-30% 감소
- 열대 지역 농작물 크게 감소(아프리카는 5-10%)
- 5억 명이 굶어죽을 가능성 높아짐
- 6,000만 명 이상이 말라리아에 노출
- 2003년에 유럽에서 수만 명이 죽었던 혹서가 매년 나타남
- 홍수로 1,000만 명이 영향
- 아마존이 사막과 초원으로 변함
- 그린란드와 서남극의 빙산이 녹음
- 몇백 년 안에 해수면 7미터 상승
- 해양 산화, 모든 산호와 다른 바다 생물들 멸종
- 33% 생물 멸종

지구의 평균 기온이 3℃ 상승할 경우, 지금까지와는 차원이 다른 재앙이 다가온다. 대표적 재앙은 아마존 우림 지대와 바닷속 산호숲들이 사막으로 변하는 것이다. 바다 온도가 높아지면서 산호초가 완전히 멸종하는 백화 현상이 일어나면, 바다 생태계가 뿌리부터 흔들린다. 아마존 우림 지대가 완전히 소멸되면 지구는 폐암에 걸린 시한부 상태와 비슷한 상황에 처하게 된다. 인간이 할 수 있는 일이 없어지고 속수무책 상황이 시작된다.

실제로는 3℃가 인간 대응의 마지노선이다. 그다음부터는 끝장이다. 지옥문이 열린다. 지구를 버리고 화성으로 이주할 준비를 시작하거나, 하나님의 기적만 바라야 한다. 지구의 평균 온도가 3℃ 오르면 식물이 심한 스트레스를 받고, 가뭄과 뜨거움으로 먹이가 줄고, 생태계가 혼란에 빠진다. 인간도, 식물도, 동물도 점점 생존의 한계점에 도달한다. 지구가 뜨거

워진 상황에서 집중호우가 내리면 더위를 식히는 작용보다는 엄청난 습도를 발생시켜서 오히려 땀을 배출하기가 더 어렵게 만든다. 습기가 없는 날에는 열파 현상이 인간을 괴롭힌다.

북극과 남극에서 엄청난 양의 빙하가 녹으면서 해수면이 상승하며 플로리다, 뉴욕, 런던이 물에 잠긴다. 방글라데시는 전 국토의 20%가 수몰 지역이 된다. 기후 변화로 집중호우만 빈번해져서 물 부족 문제는 더 심해진다. 대부분의 국가와 도시들은 단수나 제한 급수를 시행하고 수자원 시설과 급수 시설에는 군대가 배치된다.

상당수의 저수지에서 물이 말라 버리고 남아프리카, 호주, 남유럽, 남미, 미국 서부, 중앙아시아 등에서는 사막화가 가속된다. 건조해진 아마존 우림 지대가 산불로 몸살을 앓는다. 아마존 산림이 심하게 훼손되면서 온실가스가 배출되고, 이산화탄소를 흡수할 여력도 급격하게 줄어든다.

열대 지역은 벌레들에게 점령을 당하고, 북반구 전 지역에 걸쳐서 열대 지방의 풍토병이 발생한다. 침수 지역이나 사막화가 진행되는 지역의 주민들이 다른 도시로 이주하거나 국경을 넘어 다른 나라로 대이동을 한다. 일부의 나라는 국경을 넘어오는 사람들을 막기 위해 군대를 동원하는 선택을 해야 한다. 지구 평균 기온 3℃ 상승으로 일어날 추가 재앙들을 거론하면 다음과 같다.

- 지구 온난화 제어 불가능
- 나무 등이 타서 지구 온도를 1.5℃ 추가로 상승시킬 동력이 생성
- 유럽에서 10년마다 심각한 가뭄 발생 → 10-40억 명 물 부족
- 기근 피해자 5억 5,000만 명 증가
- 아프리카와 지중해 주변에서는 물의 양이 30-50% 줄어듦

- 최대 300만 명이 영양실조로 사망
- 해수면 상승으로 작은 섬과 낮은 땅이 잠김
- 최대 50%의 생물 멸종 가능성

지구의 평균 기온이 4℃ 상승할 경우, 인간의 과학 기술이나 생활 노력으로는 되돌리기는 고사하고 늦추기조차 불가능하다. 지구 평균 기온이 3℃ 상승하면 추가 동력이 발생하여 자동으로 4℃ 상승이 일어나고, 다시 5℃ 상승으로 거침없이 진군한다. 깊고 무시무시한 길, 지옥으로 가는 길, 파멸적 재앙을 더 이상 되돌릴 수 없는 상황에 빠진 것이다.

대표적 재앙은 4℃부터는 1년 365일 국가 재난 비상 상황이 전개되는 것이다. 지구 어디에도 환경 재난에서 숨을 곳이 없어진다. 지구 평균 기온 4℃ 상승으로 일어날 추가 재앙들을 거론하면 다음과 같다.

- 30–50%의 물 감소, 아프리카 농작물 15–35% 감소
- 아프리카에서 최대 8,000만 명 말라리아로 사망
- 해안 지역 인구 최대 3억 명 홍수 피해
- 이탈리아, 스페인, 그리스, 터키가 사막이 됨
- 유럽 중앙의 온도는 여름에 50℃ 가까이 됨
- 남극의 얼음이 녹아 가면서 해수면 5미터 추가 상승
- 북극의 얼음이 녹음, 북극곰 등 얼음을 필요로 하는 생물 멸종

지구의 평균 기온이 5℃ 상승할 경우, 지구는 더 이상 우리가 알던 행성이 아니다. 지구상에 존재하는 모든 빙하가 사라지고 정글도 불타 사라진다. 대표적 재앙은 지구상에서 이미 엄청난 사람들이 기아, 난민 생활, 전

염병, 기후 재난, 물을 빼앗기 위한 전쟁으로 죽은 현실이다. 세계 곳곳이 지옥이다. 간신히 살아남은 사람들 사이에도 격렬한 투쟁이 멈추지 않는다. 과학 기술이 발전했다면 부자들과 기득권자들은 이미 달이나 화성으로 이주를 시작했을 것이다.

지구의 평균 기온이 6℃ 상승할 경우, 어떤 식으로 지구가 멸망할지 그 누구도 상상할 수 없다. 지구가 불타올라 생지옥이 될 수도 있다. 반대로, 정상적인 열 염분 순환(thermohaline circulation) 구조에 왜곡이 생기면서 해수 컨베이어벨트가 망가지면서 빙하기가 도래하여 거의 모든 생명체를 죽음으로 몰아넣는 고통을 줄 수도 있다.

지구 온난화와 환경 재앙은 인간이 하나님이 선물로 주신 창조 세계를 오남용하고 탐욕 때문에 무분별하게 파괴한 결과다. 하지만 이런 오남용이나 탐욕을 탓하기에 앞서서 교회와 성도는 아담의 범죄 때문에 저주받은 땅의 회복과 보호 책임을 가진다.

예수 그리스도의 십자가 은혜는 인간만 구원을 받고 이 땅과 자연 생태계는 내팽개쳐져도 상관없는 좁은 것이 아니다. 십자가의 은혜는 인간과 창조 세계 전부의 치유, 회복, 구속을 목적으로 한다. 파괴되고 훼손되는 지구를 회복시키는 사역은 하나님의 뜻이다. 지구를 회복시키는 사역은 수많은 미래 피해와 고통을 줄이는 사역이고, 인류를 지키는 사역이다. 지구를 지키는 것은 우리 집을 지키는 것, 하나님 나라를 지키는 일이다. 그리고 창조 대명령의 완성이다.

지금이라도 교회와 성도가 환경을 파괴하는 인간의 무분별한 행동에 대해 경계하고 대응하고, 올바른 미래로 이끄는 사명을 감당하지 않으면 지구 온난화는 걷잡을 수 없게 되고, 우리 모두가 대재앙에 빠지게 될 것이다.

세월을 아끼고
성령에 사로잡힌 선한 청지기가 되자

영국 웨스트민스터사원에는 헨리 7세(Henry VII), 엘리자베스 1세(Elizabeth I), 영국 총리들, 아이작 뉴턴(Isaac Newton), 찰스 다윈(Charles Darwin), 스티븐 호킹(Stephen Hawking) 등 왕족과 영국을 빛낸 위인들의 무덤과 묘비명이 있다.

2000년 초부터 인터넷에는 웨스트민스터사원 바닥에 새겨져 있는 묘비 내용 하나가 떠돌아다녔다. 주후 1100년경에 사망한 이름 없는 성공회 주교의 묘비에 적힌 글이다.[1] 하지만 해당 글은 웨스트민스터사원 바닥이나 벽에 새겨진 묘비명에는 없는 내용이다. 일종의 인터넷 밈이다. 어떤 곳에서는 해당 글이 유대교 랍비 이스라엘 살란터(Rabbi Israel Salanter, 1810-1883)의 가르침 중 하나라는 주장도 있다.[2] 하지만 이런 진위 여부 논쟁을 떠나서 글의 내용은 읽는 이에게 영감을 주기에 충분하다. 바로 이런 글이다.

> "내가 젊고 자유롭고 상상력에 한계가 없을 때 나는 세상을 바꾸는 꿈을 꿨다. 나이가 들고 현명해지면서 세상이 변하지 않을 것이라는 것을 알게 되었고, 그래서 나는 내 시야를 다소 줄이고 조국만 바꾸기로 결

심했다. 하지만 그것 역시 움직일 수 없어 보였다. 내가 황혼기에 접어들면서, 마지막 필사적인 시도에서, 나는 나와 가장 가까운 가족들만 바꾸기로 결심했지만, 안타깝게도 그중 어느 것도 성공하지 못했다. 그리고 지금, 내가 임종의 자리에 누워 있을 때 나는 문득 깨달았다. 내가 먼저 내 자신을 바꿨더라면 나는 내 가족을 바꿨을지 모른다. 그들의 격려와 영감으로 나는 조국을 더 발전시킬 수 있었을 것이고, 누가 알겠는가, 내가 세상을 바꾸었을지도 모른다."

"When I was young and free and my imagination had no limits, I dreamed of changing the world. As I grew older and wiser, I discovered the world would not change, so I shortened my sights somewhat and decided to change only my country. But it, too, seemed immovable. As I grew into my twilight years, in one last desperate attempt, I settled for changing only my family, those closest to me, but alas, they would have none of it. And now, as I lie on my death bed, I suddenly realize: If I had only changed myself first, then by example I would have changed my family. From their inspiration and encouragement, I would then have been able to better my country, and who knows, I may have even changed the world."

한국 교회와 성도의 빅체인지는 한 사람에게서 시작된다. 한 사람이, 한 교회가 하나님의 기준(성품과 뜻)으로 빅체인지하면 한국 교회 전체에 거대한 변화가 시작될 수 있다. 하나님의 기준(성품과 뜻)은 알아듣고 이해하기에 복잡하고 어려운 것이 아니다. 우리 안에 있는 욕심을 이기는 것이 어려울 뿐이다. 사탄이 우리 안에 있는 탐욕을 자극하여 속이는 유혹을 이기는 것이 어려울 뿐이다. 아담도, 아브라함도, 다윗도 실패했다. 예수님의 제자들도 실패했다. 당연히 내 스스로의 힘으로는 불가능하다. 하지만 성령에 사로잡히면 가능하다. 성령에 사로잡히면 자발적으로 하나님의 성품과 뜻에 순종할 수 있다.

성령에 사로잡힘은 어떻게 가능할까? 우리 안에 계신 성령이 일하시고, 우리가 우리 안에 계신 성령에 사로잡히려면 기도, 말씀, 사명(행 1:8,

20:24)이 필요하다. 구약에서는 기도해서 성령이 오시게 해야 했다. 하지만 신약에서는 약속하신 성령이 우리 안에 이미 와 계신다. 그렇기 때문에 구원받은 성도는 "성령이여, 내게 와 주소서"라고 기도하지 말고, 이미 와 계신 성령에 사로잡히게 해달라고 기도해야 한다. 그래서 성숙한 기도자는 내게 필요한 의식주만 구하는 것이 아니라, 성령에 사로잡힘을 구한다(눅 11:13).

성령에 사로잡힌다는 것은 황홀경에 빠지는 것이 아니다. 이미 와 계신 성령이 하나님의 뜻(계획)으로 나를 사로잡아 가심을 구하는 것이다. 성령에 사로잡힌다는 것은 예수님의 사랑에 매인다는 의미다. 하나님의 기준에 매인다는 의미다. 이를 위해서는 하나님의 말씀, 즉 하나님의 성품과 뜻에 귀를 기울여야 한다. 가능하면 온 교회가 한마음으로 말씀에 귀를 기울이고 성령에 사로잡힘을 구해야 한다(행 1:14).

성령에 사로잡히면 자기 스스로 성령의 사로잡힘을 확신할 사인(sign)이 나타나고, 남들도 내가 성령에 사로잡혔다는 확신을 갖게 되는 사인이 나타난다. 사랑이 바로 그렇다. 용서가 바로 그렇다. 희생이 바로 그렇다. 자기 낮춤이 바로 그렇다. 즉 성령의 열매가 바로 사로잡힘을 보여 주는 사인이다. 사람의 능력으로 스스로 할 수 없고, 성령의 사로잡힘으로만 가능한 일이다. 성령에 사로잡힘을 알려 주는 불가능한 행동 중 하나는 사명 감당이다. 성령에 사로잡히면 사도 바울처럼 내가 달려갈 길과 주 예수께 받은 사명(행 20:24)을 발견하게 된다.

> "보라 이제 나는 **성령에 매여** 예루살렘으로 가는데…내가 달려갈 길과 주 예수께 받은 사명 곧 하나님의 은혜의 복음을 증언하는 일을 마치려 함에는 **나의 생명조차 조금도 귀한 것으로 여기지 아니하노라**"(행 20:22-24).

성령에 사로잡히면 하나님이 거룩한 통찰력으로 현재와 미래를 판단하고 선택할 수 있는 능력도 주신다. 시대를 분별하는 능력이다(왕상 3:12). 시대를 분별하는 능력은 우리가 달려갈 길, 주 예수께서 주시는 사명을 찾는 강력한 도구다. 필자는 한국 교회와 성도가 하나님이 주관하시는 빅체인지 시대에 일어나는 다양한 변화를 통찰하여 '하나님이 기뻐하시는 시대적 소명'을 찾기를 간절히 소원한다. 주님이 계속 외치신다.

"세월을 아끼라. 때가 악하니라!"

세상 발전도 빠르지만, 하나님을 향한 죄악과 배신도 교묘해진다. 하나님이 이끄시는 거대한 세상 변화 속에서 주의 뜻이 무엇인지를 분별하고 시대적 소명을 감당하기를 부지런하게 해야 한다. 예수님은 이런 사람을 '선한 청지기'라고 부르신다. 그리고 우리에게 이런 삶을 지금 당장 살라고 명령하신다.

어떤 이들은 "내일 일을 위하여 염려하지 말라 내일 일은 내일이 염려할 것이요 한 날의 괴로움은 그날로 족하니라"(마 6:34)라는 말씀을 빌려서 오늘에만 충실하면 된다고 주장한다. 미래를 생각하고 준비할 필요가 없다고 말한다. 아니다. 이 말씀은 내일을 생각하지 말라는 의미가 아니다. 뒤 구절에 초점이 있다. 미래에 나타날 괴로움까지 오늘 합쳐서 심리적, 정신적 고통에 빠질 필요가 없다는 말씀이다.

"염려하여 이르기를 무엇을 먹을까 무엇을 마실까 무엇을 입을까 하지 말라"(마 6:31)라는 말씀도 세상 염려를 하지 말라는 의미다. 미래를 생각할 필요가 없다는 뜻이 아니다. 의식주를 비롯한 생존에 필요한 모든 것은 오늘도, 내일도 지금까지 나를 지켜 주시고 때를 따라 공급해 주신 하나님이 계속 주신다는 약속이다. 오늘 주신 것을 내일도 주신다는 약속이다. 하나님이 판단하시기에 필요하다면 오늘 주신 것보다 내일 더 주신다는 약속이다. 그러니 이런 것에 대한 염려('오늘 가진 것이 내일도 유지될까? 오늘보다 내일 더 생길까?')로 마음을 망가뜨리지 말라는 말이다. 마음을 채우지 말라는 의미다. 의식주와 생존에 필요한 것만 하루 종일 계산하고 있지 말라는 말이다.

오늘 필요한 것, 내일 필요한 것은 하나님이 정하신다. 하나님이 당신에게 주신 계획(달란트)에 맞게 때를 따라 주신다. 이런 하나님의 섭리를 믿고 우리는 하나님이 주신 창조 대명령, 지상 대명령을 충성되고 지혜롭게 수행하는 선한 청지기로 사는 데 집중하라는 뜻이다.

한국 교회와 성도여! 성령에 사로잡힌 선한 청지기로 되돌아가자. 선한 청지기는 하나님이 맡겨 주신 것을 하나님의 기준에 맞추어 잘 다스리며 하나님을 위해 모두 사용하고 천국(본향)으로 돌아가는 사람이다. 교회든, 성도든 끌어모으기만 하는 사람은 어리석은 부자와 같다(눅 12:16-21). 하나님이 주신 선물을 땅속에 묻어 두고(사용하지 않고) 사는 1달란트 맡은 어리석은 청지기가 되지 말자(마 25:18).

모세는 바로의 궁정에서 배운 모든 지식과 지혜, 40년간 미디안 광야에서 겪은 고난과 좌절 등 모든 좋은 것과 약한 것과 실패와 고난의 경험을 이스라엘 민족이 출애굽하고, 가나안 땅에 들어가고, 국가를 형성하는 데 사용했다. 이스라엘 백성도 애굽에서 익히고 얻은 수많은 지식, 기술과 지혜와 물질을 하나님의 장막과 성전을 건축하는 일부터 하나님의 국가를 형성해 가는 데 모두 사용했다.

한국 교회와 성도들도 세상(애굽)에서 배운 모든 지식, 기술, 지혜와 물질(부)을 창조 대명령과 지상 대명령을 준행하는 데 온전히 사용해야 한다. 부디 이 책이 이런 거룩한 도전을 시작하는 교회, 하나님의 성품과 기준으로 빅체인지하고자 하는 성도들에게 도움이 되기를 간절히 기도한다.

주

PART 1 | 세상은 미래로 빅체인지한다

CHAPTER 1. 하나님이 세상을 빅체인지하신다

1) 최윤식, 『2030년 부의 미래지도』(서울: 지식노마드, 2009), pp. 7, 16.
2) 최윤식, 『2020 부의 전쟁 in Asia』(서울: 지식노마드, 2010), pp. 152-154.
3) 김난영, "백악관 전 비서실장, '코로나 감염' 트럼프 죽을까 걱정", 뉴시스, 2021.6.29.
4) 최윤식, 『2030년 부의 미래지도』, pp. 146-148.
5) 같은 책, pp. 16-17.
6) 같은 책.
7) 최윤식, 『2020-2040 한국교회 미래지도』(서울: 생명의말씀사, 2013), pp. 12, 39.
8) 같은 책, pp. 134-135.
9) 같은 책, pp. 169-195.
10) 유성민, "코로나19로 인해 평범한 일상이 바뀐다", 사이언스타임즈, 2020.3.17.
11) 네이버 지식백과, 봉건사회의 사상구조(『사상사개설』, 1996.4.1., 고영복).
12) Glen Scrivener, "Responding to pandemics: 4 Lessons from Church History", 2020.3.22. www.thegospelcoalition.org.
13) Wendy J. Gade, *Pandemic Flu Plan for the Church: Ministering to the Community in a Time of Crisis*(Bloomington, IN: WestBow Press, 2016).
14) 이상규, "초기 기독교는 전염병에 어떻게 대처했을까?", 한국기독신문, 2020.3.27.
15) Glen Scrivener, 앞의 글.
16) 네이버 지식백과, 면죄부 판매(『독일사』, 2005.4.28., 권형진, 위키미디어 커먼즈).
17) Justin Tayler, "When the Deadly Outbreak Comes: Counsel from Martin Luther," 2020.4.24. www.thegospelcoalition.org.
18) 제니퍼 라이트, 『세계사를 바꾼 전염병 13가지』, 이규원 역(서울: 산처럼, 2020).
19) 조성관, "스페인 독감과 천재 화가의 죽음", 뉴스1, 2019.12.5.
20) 이병문, "1918년 스페인 독감, 당시 세계 인구 3분의 1 감염된 후 '소멸'", 매일경제, 2020.4.17.
21) 오춘호, "뉴욕의 아픔에서 코로나를 읽는다", 한국경제, 2020.4.2.
22) Influenza Encyclopedia, "The American Influenza Epidemic of 1918-1919." http://www.influenzaarchive.org.
23) John M. Barry, *The Great Influenza: The Story of the Dealliest Plague in History*, 2004.
24) 윤지호, "전염병이 바꾼 인류의 역사", 존 배리, '대독감'(The Great Influenza), 월간중앙, 2020.3.27.
25) Influenza Encyclopedia, "The American Influenza Epidemic of 1918-1919." http://www.influenzaarchive.org.

26) 신동수, "1920년대 미국 '영적 대공황' 2020년 한국 교회에 주는 교훈", 크리스천투데이, 2020.11.26.
27) 같은 글.
28) 송홍근, "스페인 독감, 식민지 조선을 휩쓸다", 신동아, 2020.1.31.
29) 정우진, "3중 변이 등 '퍼펙트 스톰'… '인도 실제 감염자 5억 명'", 국민일보, 2020.4.28.
30) 김영현, "발표치보다 10배 더 숨겼다. '인도 코로나 사망자 실제론 400만 명'", 연합뉴스, 2021.7.20.
31) 오정은, "WHO '코로나 사망자, 실제론 2-3배 많다. 최대 800만 명'", 머니투데이, 2021.5.21.
32) 민영규, "ADB '코로나19로 세계 경제 손실 최대 1경 818조 원 전망'", 연합뉴스, 2020.5.15.

CHAPTER 2. 경계를 게을리하면, 새로운 신들이 등장할 것이다

1) Archer, *Old Testament Introduction*, p. 384.
2) 박원익, "아이언맨의 AI 비서 '자비스' 곧 현실화", 신동아, 2021.7.7.
3) 차미영, 코로나19 과학 리포트, "인공지능으로 바이러스 진단, 예측", IBS, 2020.3.12.
4) 조성훈, "코로나와 싸우는 AI, 자가격리자 문진하고 치료제도 찾고", 머니투데이, 2020.4.6.
5) 송화선, "중국발, 언택트 기술 혁명, 코로나19가 준 선물?", 신동아, 2020.4.15.
6) 김지웅, "미국 우주 스타트업, 미국 3D 프린팅 로켓 공장 건설", 전자신문, 2021.7.4.
7) 황민규, "중국, 알리바바 이어 '중국판 우버' 디디추싱에 철퇴", 조선일보, 2021.7.5.
8) 고일환, "규제보다 더 무서운 공산당 인민재판, 숨죽이는 중국 기업", 연합뉴스, 2021.7.8.
9) 신경진, "미국 상장한 중국 우버에 혹독한 보복, 죄목은 북한 장성택과 같았다", 중앙일보, 2021.7.11.
10) 김동표, "북 '축지법, 사실은 불가능' 김일성, 김정일 신비화 부정 주목", 아시아경제, 2020.5.20.
11) 이정은, "유튜브에 뛰어든 북한, '7살 꼬마 유튜버' 등장", MBC 뉴스, 2020.5.25.
12) KBS1, 글로벌 다큐멘터리, "네트워크가 지배하는 세상."
13) Yuval Noah Harari, "The World after coronavirus", FT, 2020, March 19. https://www.ft.com/content/19d90308-6858-11ea-a3c9-1fe6fedcca75.
14) 한지연, "전체주의적 감시냐, 시민적 역량 강화냐 갈림길", 머니투데이, 2020.3.28.

CHAPTER 3. 경계를 게을리하면, 미래 인간은 전지, 전능, 영생을 훔칠 것이다

1) 네이버 지식백과, 결정적 지능[結晶的 知能, crystallized intelligence](『교육심리학용어사전』, 2000.1.10., 학지사).

2) YouTube Originals, The Age of A.I. S1, E4.
3) 안별, "어밀리아, 30초에 300쪽 매뉴얼 암기, 20개 국어 구사", 조선위클리비즈, 2020.5.15.
4) "중국 외식업계, 코로나19 위기에 로봇으로 대응", 로봇신문, 2020.6.10.
5) 이성원, "DHL, 애비드봇의 자율형 청소 로봇 '네오' 대거 도입", 로봇신문, 2020.4.30.
6) 장길수, "유통 분야 혁신을 주도하는 로봇 5종", 로봇신문, 2020.4.13.
7) 김윤주, "코로나 확진자 8,900명 나온 타이슨, 결국 사람 대신 로봇 쓴다", 조선일보, 2020.7.10.
8) 이기범, "LG전자, 900개 사무직 업무에 로봇 기술 도입", 블로터, 2020.4.16.
9) 서현진, "일본, 간호 로봇 시장 연 2백-3백%씩 성장 예고", 로봇신문, 2014.1.7.
10) 이영완, "코로나로 사람 떠난 연구실에 로봇 과학자가 왔다", 조선일보, 2020.7.9.
11) YouTube Originals, The Age of A.I. S1, E6.
12) 최인영, "바둑AI연구소 등장. 회원은 프로기사들", 연합뉴스, 2021.5.25.
13) 김익현, "알파고 파워, 영국 프로축구에서도 통할까", ZD Net Korea, 2021.5.10.
14) 네이버 지식백과, 러다이트운동[Luddite Movement](두산백과).
15) 네이버 지식백과, 원자탄-인류 역사상 최악의 과학기술 드라마(『세상을 바꾼 발명과 혁신』).
16) 네이버 지식백과, 비대칭 무기[Asymmetric Weapon, 非對稱武器](『국방과학기술용어사전』, 2011).
17) 이철민, "육해공으로 AI가 쳐들어온다. 인간 잡으러", 위클리 조선비즈, 2020.3.20.
18) 윤태희, "미군이 개발한 AI조종사 대뷔 '첫 훈련 비행서 큰 성과'", 서울신문, 2020.12.18.
19) 이정호, "1초에 20cm 질주, 무서운 속도에 질긴 생존력. 바퀴벌레 꼭 닮은 소형 로봇 개발", 경향신문, 2021.7.11.
20) 김준래, "미래 전장의 핵심은 AI기반 드론 봇", 사이언스타임즈, 2019.12.24.
21) "코로나19 접촉, 이젠 안심… 스마트 AI로봇 나섰다", 연합뉴스, 2020.7.7.
22) 곽노필, "머스크, 뇌에 뉴럴링크 칩 심은 돼지 공개", 한겨레, 2020.8.29.
23) 이현경, "미래학자 레이 커즈와일 '2030년 사람 뇌와 AI 잇는 인터페이스 나온다'", 동아사이언스, 2020.9.18.
24) 김윤종, "'슈퍼 솔저' 개발 경쟁 현실화? 미국 '중국, 군인에 인체 실험' 의혹 제기", 동아일보, 2020.12.10.
25) 이철민, "육해공으로 AI가 쳐들어온다. 인간 잡으러", 위클리 조선비즈, 2020.3.20.
26) 로드니 A. 브룩스, 『로봇 만들기』, 박우석 역(서울: 바다출판사, 2002), p. 33.
27) 배일한, 『인터넷 다음은 로봇이다』(서울: 동아시아, 2003), p. 23.
28) 같은 책, pp. 14-16.
29) 기축 인간은 틀이나 기계를 뜻하는 기(機), (회전의 중심이 되는) 차축 축(軸)을 사용한다. 같은 책, pp. 25, 36.
30) 장길수, "일본 '믹시', 자율형 대화 로봇 '로미' 판매", 로봇신문, 2020.6.11.

31) EBS 다큐프라임, "원더풀사이언스, 자연에서 배운다: 생체모방공학", 2009.1.22.
32) "Blind patient reads words stimulated directly onto retina: Neuroprosthetic device uses implant to project visual braille", Science Daily, 2012.10.22. https://www.sciencedaily.com/releases/2012/11/121122095433.htm.
33) 김형자, "사람 눈 꼭 닮은 인공 눈 개발 성공", 주간조선, 2020.6.1.
34) YouTube Originals, The Age of A.I. S1, E1, "적정선은 어디인가?"
35) 이영완, "'케이크 먹어 볼까' 생각하자 로봇 팔이 움직였다", 조선일보, 2021.1.4.
36) 이한선, "유연 압전 박막 소재 활용한 고효율 나노 발전기 개발", 아주경제, 2014.5.15.
37) 배일한, 『인터넷 다음은 로봇이다』, p. 156.
38) 네이버 지식백과, 외골격 로봇(『시사상식사전』, pmg 지식엔진연구소).
39) 서충환, "영남대 로봇기계공학과 최정수 교수 기술 적용 '아이언맨' 로봇 세계 대회 1위 차지", 대구일보, 2020.11.22.
40) 이현경, "스파이더맨 슈트처럼 몸에 착 붙는 인공 근육, 1,500배 무게도 번쩍", 동아일보, 2021.6.18.
41) 네이버 지식백과, 학생백과, 꿈의 나노 물질 그래핀.
42) 네이버 지식백과, 학생백과, 차세대 신소재, 탄소 나노 튜브.
43) 테오도르 핸슈, 『세상을 뒤집을 100가지 미래 상품』, 김영옥 역(서울: 콜로세움, 2008), p. 27.
44) 같은 책, p. 333.
45) YouTube Originals, The Age of A.I. S1, E3.
46) UBS handbook on Genesis 10:25. FSB, John D. Narry, Genesis 10:25.
47) 대한예수교장로회 고신총회 설립 60주년 기념 성경 주석, 창세기 10:21-32.
48) 네이버 지식백과, "조선 시대에 왕들의 평균 수명은 몇 살일까?"
49) https://namu.wiki/w/국가별%20평균%20수명%20순위.
50) 김효진, "세계 최장수 146살 인도네시아 노인 숨 거둬", 한겨레, 2017.5.1.
51) 임선영, "중국 '세계 최고령은 134세 할머니' 생일잔치 공개", 중앙일보, 2020.6.30.
52) 김경미, "2045년 평균 수명 130세, 생명 연장의 꿈 이룰까?", 서울경제, 2018.6.29.
53) 이성규, "금세기에 세계 최장수 기록 경신된다", 사이언스타임즈, 2021.7.6.
54) 같은 글.
55) 유효정, "중국, 5G 원격수술 첫 성공", ZDNet Korea, 2019.1.21.
56) 이성규, "병원에 안 가도 정확하게 암 진단" 방송 중에서, YTN, 2014.6.15.
57) 최윤섭, 『이미 시작된 미래, 헬스케어 이노베이션』(서울: 클라우드나인, 2014), pp. 34-35.
58) KBS 사이언스 21, "바이오 혁명, 제4편-0.1%의 비밀, 맞춤의학."
59) 두산백과, 맞춤 아기. http://terms.naver.com/entry.nhn?docId=1221876&cid=40942&categoryId=32326.
60) KBS 사이언스 21, "바이오 혁명, 제4편-0.1%의 비밀, 맞춤의학."

61) 테오도르 핸슈, 앞의 책, p. 24.
62) 피터 W. 허버, "의학의 미래를 진단한다." http://worldff.pofler.com/wff/07_spnotice/07.php?mode=list&number=1488&page=1&chj=2&hj=&b_name=looking_world.
63) "암 진단, 치료하는 박테리아 나노로봇 세계 최초 개발", 연합뉴스, 2013.12.16.
64) http://www.sciencemag.org/topic/2015-breakthrough-year.
65) 네이버 지식백과, 한경경제용어사전, 유전자 가위.
66) "새 유전자 개량 김진수 교수 등 올해 과학언론인상", 연합신문, 2015.12.8.
67) 김윤진, "유전자 가위 정확도 1만 배 상승, 유전질환 치료 빅뱅", 매일경제, 2018.4.25.
68) 문병도, "유전자 가위, 축복인가, 재앙인가", 서울경제, 2016.4.25.
69) 이영완, "모더나 화이자 백신, 암 백신의 길을 열다", 조선일보, 2020.12.6.
70) 차원용, 『미래기술경영 대예측』(서울: 굿모닝미디어, 2006), p. 556.
71) 미치오 카쿠, 『미래의 물리학』, 박병철 역(서울: 김영사, 2012), p. 299.
72) James Woods, "Futurescape; Cheating Time," Discovery.
73) 이혜림, "줄기세포 싣고 몸속 손상 부위 찾아가는 마이크로로봇", 동아사이언스, 2017.10.30.
74) "유도만능줄기세포로 신장 조직 생성 성공", 매일경제, 2013.1.23.
75) 『트렌즈』(*Trends*)지 특별취재팀, 『10년 후 일의 미래』(서울: 일상이상, 2013), pp. 230-231.
76) 황은순, "이건희 회장 위협하는 심부전, 10년 내에 줄기세포로 치료할 수 있다", 주간조선, 2014.6.1.
77) James Woods, 앞의 글.
78) 노진섭, "'150세 가능' vs. '130살이 한계'", 시사저널, 2019.1.28.
79) NHK, "인간게놈 4부: 생명시계의 비밀", KBS 1999년 방송.
80) 김병희, "면역세포 조정해 뇌 노화 되돌린다", 사이언스타임즈, 2021.1.22.
81) 이성규, "금세기에 세계 최장수 기록 경신된다", 사이언스타임즈, 2021.7.6.
82) NHK, "인간게놈 4부: 생명시계의 비밀", KBS 1999년 방송.
83) 이광효, "중국 과학원장, 원숭이 복제 성공에 '인간 복제할 생각 없다' 유전적 환경 똑같은 상태서 실험", 아주경제, 2018.1.26.
84) "유전자 편집으로 '우울증' 갖고 복제된 원숭이 5마리", 한국일보, 2019.1.24.
85) 김수한, "인간과 원숭이 세포 결합해 신인류 탄생? '키메라' 논란 가열", 헤럴드경제, 2021.4.27.
86) 두산백과, 맞춤 아기. http://terms.naver.com/entry.nhn?docId=1221876&cid=40942&categoryId=32326.
87) 원호섭, "신의 영역 넘보는 유전자 가위, 남녀 전환 DNA 스위치 발견", 매일경제, 2018.6.25.
88) 고든 벨, 짐 겜멜, 『디지털 혁명의 미래』, 홍성준 역(서울: 청림출판, 2010), pp. 48-106.
89) YouTube Originals, The Age of A.I. S1, E1.
90) 최윤식, 『미래학자의 인공지능 시나리오』(서울: 대성korea.com, 2016), pp. 47-49.

91) 조인혜, "과학자들, 레고 로봇에 벌레의 뇌 업로드 성공", 로봇신문, 2017.12.18.
92) 이케가야 유지, 『교양으로 읽는 뇌과학』, 이규원 역(서울: 은행나무, 2005), pp. 190-193.
93) 승현준, 『커넥톰, 뇌의 지도』(서울: 김영사, 2014), p. 21.
94) 같은 책, pp. 401-430.

CHAPTER 4. 빅체인지 시대, 새로운 미래 고통들이 몰려온다

1) 임주리, "미국, 사망 중 70%가 그들인데, 흑인이라서 마스크도 못 쓴다", 중앙일보, 2020.4.10.
2) 김재영, "세계 인구 26%, 한 번 이상 주사 맞아. 이 중 49%가 접종 완료", 뉴시스, 2021.7.18.
3) 김영현, "발표치보다 10배 더 숨겼다. '인도 코로나 사망자 실제론 400만 명'", 연합뉴스, 2021.7.20.
4) 이경희, "코로나 대유행 1년, 미국인 5명 중 1명 '친구, 친척 잃어'", 연합뉴스, 2021.3.12.
5) 네이버 지식백과, 좀비기업[zombie company](두산백과).
6) 박선미, "싼 이자도 못 내는 취약 기업, 줄도산 악몽", 아시아경제, 2021.6.25.
7) 김경민, "가계부채 2,000조 시대 눈앞 'DSR보다 장기 고정금리로 관리해야'", 파이낸셜뉴스, 2021.7.8.
8) 배정원, "미국 실업률 30% 달하면, 푸드뱅크 감당 못해… 제2대공황 온다", 중앙일보, 2020.4.23.
9) 한스 큉, 『이슬람: 역사, 현재, 미래』, 손성현 역(서울: 시와진실, 2012), p. 1050.
10) 공일주, 『이슬람과 IS』(서울: CLC, 2015), p. 78.
11) 명지대학교 중동문제연구소, 『IS를 말한다』(서울: 도서출판 모시는사람들, 2015), p. 194.
12) 같은 책, pp. 24, 27, 41, 47.
13) 필립 젠킨스, 『신의 미래』, 김신권 역(서울: 도마의길, 2009), pp. 20-21.
14) 같은 책, pp. 21, 26.
15) The Pew Forum on Religion and Public Life, 2011.1.27. "2010년과 2030년 사이의 미래 이슬람 인구에 대한 예측"(The Future of the Global Muslim Population: Projections for 2010-2030). http://www.pewforum.org/2011/01/27/the-future-of-the-global-muslim-population/.
16) 앤드류 니키포룩, 『대혼란-유전자 스와핑과 바이러스 섹스』, 이희수 역(서울: 알마, 2010), pp. 11, 26.
17) 같은 책, pp. 355-361.

PART 2 | 한국 교회, 어디로 빅체인지할 것인가

CHAPTER 5. 한국 교회, 위기를 통찰하자

1) 최윤식, 『2020-2040 한국교회 미래지도』, p. 39.
2) 같은 책.
3) "2014 주요 교단 총회 결산 1. 교세 위축되는 개신교", 국민일보, 2014.9.29.
4) 양한주, "교회 10곳 중 2곳 주일학교 운영 못해", 국민일보, 2021.2.23.
5) 필자의 기본 시나리오 아래서 2045년 한국 교회 교육부 전체 숫자는 218만 명가량으로 예측된다. 2060년, 한국 전체 인구 중에서 1-29세가 차지하는 비율은 2045년과 거의 비슷하다. 하지만 2060년 한국 전체 인구 숫자는 42,701,594명으로 2045년 48,479,728명 대비 12% 정도 감소한다. 그렇기 때문에 2060년 한국 전체 인구 중에서 1-29세가 차지하는 비율은 2045년과 비슷하지만 총인구 숫자는 12% 정도 감소한다. 이런 변화를 2060년 한국 교회 교육부 전체 숫자 변화에 반영하면 2045년 한국 교회 교육부(1-29세) 전체 숫자 260만 명보다 12% 정도 감소한 190만 명 정도로 추정된다.
6) 우성규, "예장통합 전체 교인 수 10년째 내리막길. 다음 세대 '절벽' 심각", 국민일보, 2020.8.20.
7) 2021년 기준으로 한국의 시군구 66%가 데드크로스 현상에 직면했다. 자연스럽게 데드크로스 지역에 있는 교회들도 데드크로스 현상이 시작되었을 것이다. 한민선, "지방 소멸 대응, 출산율 보지 말고 '살 만한 공간' 만들어야", 머니투데이, 2021.6.30.
8) 우성규, "'일꾼' 서리집사도 내리감소, 사역 공백 우려", 국민일보, 2020.9.21.
9) 종교개혁 500주년 기념 한국 교회 미래 전략 수립을 위한 설문 결과 보고서, 2017.5., 대한예수교장로회총회교육진흥원.
10) 조현, "'코로나 1년' 한국 교회 신뢰도 급락 76% '신뢰하지 않아'", 한겨레, 2021.1.30.
11) 우성규, "한국 교회 코로나 대응 평가 '극과 극' 교회와 시민들 인식 차 뚜렷", 국민일보, 2021.4.15.
12) 같은 글.
13) 허연, "개신교 청년 절반 '10년 후 교회 안 다닐 것'", 매일경제, 2021.2.19.
14) 안규영, "청년이 교회 떠나는 이유. 청년들 '목회자 언행 불일치에 실망' 사역자 '복음의 본질을 듣지 못해서'", 국민일보, 2021.4.29.
15) 최기영, "미국인 직업별 신뢰도 조사해 보니 성직자 '신뢰한다' 39%로 지속적 하락", 국민일보, 2021.2.3.
16) 임보혁, "청년들이 교회에 바라는 두 가지 '진정성과 포용'", 국민일보, 2021.3.17.
17) 최기영, "미 목회자 49% '성도들이 음모론 확산하는 모습 자주 목격'", 국민일보, 2021.2.1.
18) 조현, "목사, 99% '교회 내부 혁신 필요' 32.8% '주요 개혁 대상은 목회자'", 한겨레, 2021.1.19.

CHAPTER 6. 한국 교회, 어디로 빅체인지할 것인가

1) 경제에 대한 하나님의 원칙과 교회사에 나타난 실천 사례에 대한 자세한 내용들은 필자의 저서 『2020-2040 한국교회 미래지도 2』를 참고하라.

PART 3 I 한국 교회, 빅체인지를 이끌라

CHAPTER 7. 한국 교회가 최우선으로 이끌어야 할 새로운 사역 5

1) 서영빈, "정년 60세 더 늘려 봐야 실제 은퇴 나이는 '49.1세'", News1, 2019.9.22.
2) 이인열 차장 외 7인, "6075 신중년 열의 아홉은 '난 젊다. 일하고 싶다. 활기차다'", 조선일보, 2013.9.9.
3) 서윤경, "1인 가구 900만 시대, 가족의 개념 넓혀 맞춤 목회로 품을 때", 국민일보, 2021.1.6.
4) 탁지일, "2021년 이단 트렌드 전망", 국민일보, 2021.1.5.
5) 김민구, "메타버스에 대해 나와 당신이 알고 싶은 7가지", 한경오피니언, 2021.6.29.
6) 서윤경, "영국 목회자 43% '온라인 소통으로 성도 늘어'", 국민일보, 2021.7.21.
7) 박용미, "중고등학생 종교 영향도, 미래 인식 조사-청소년 40% '온라인 예배 집중 안 돼'", 기독신문, 2021.4.26.
8) 최윤식, 『2020-2040 한국교회 미래지도』, pp. 197-198.
9) 김아영, "목회자 통일 선교 '관심과 실천' 사이 간극 크다", 국민일보, 2021.2.25.
10) 마크 라이너스, 『6도의 악몽』, 이한중 역(서울: 세종서적, 2008), pp. 137-199. 권 다이어, 『기후대전』, 이창신 역(서울: 김영사, 2011), pp. 16, 39. 모집 라티프, 『기후변화, 돌이킬 수 없는가』, 오철우 역(서울: 도서출판 길, 2010), pp. 54-55.

맺는말

1) https://www.scrapbook.com/poems/doc/12475/378.html.
2) http://kolhalev.net/sites/default/files/YK_5776.pdf A teaching from Rabbi Israel Salanter-The founder of the Modern Musar or Jewish Ethical Mindfulness Movement.

사명선언문

너희가 흠이 없고 순전하여……세상에서 그들 가운데 빛들로
나타내며 생명의 말씀을 밝혀 _ 빌 2:15-16

1. 생명을 담겠습니다

만드는 책에 주님 주신 생명을 담겠습니다.
그 책으로 복음을 선포하겠습니다.

2. 말씀을 밝히겠습니다

생명의 근본은 말씀입니다.
말씀을 밝혀 성도와 교회의 성장을 돕겠습니다.

3. 빛이 되겠습니다

시대와 영혼의 어두움을 밝혀 주님 앞으로 이끄는
빛이 되는 책을 만들겠습니다.

4. 순전히 행하겠습니다

책을 만들고 전하는 일과 경영하는 일에 부끄러움이 없는
정직함으로 행하겠습니다.

5. 끝까지 전파하겠습니다

모든 사람에게, 땅 끝까지, 주님 오시는 그날까지
복음을 전하는 사명을 다하겠습니다.

서점 안내

광화문점 서울시 종로구 새문안로 69 구세군회관 1층
02)737-2288 / 02)737-4623(F)

강남점 서울시 서초구 신반포로 177 반포쇼핑타운 3동 2층
02)595-1211 / 02)595-3549(F)

구로점 서울시 동작구 시흥대로 602, 3층 302호
02)858-8744 / 02)838-0653(F)

노원점 서울시 노원구 동일로 1366 삼봉빌딩 지하 1층
02)938-7979 / 02)3391-6169(F)

분당점 경기도 성남시 분당구 황새울로 315 대현빌딩 3층
031)707-5566 / 031)707-4999(F)

일산점 경기도 고양시 일산서구 중앙로 1391 레이크타운 지하 1층
031)916-8787 / 031)916-8788(F)

의정부점 경기도 의정부시 청사로47번길 12 성산타워 3층
031)845-0600 / 031)852-6930(F)

인터넷서점 www.lifebook.co.kr